ちくま学芸文庫

エルサレムの20世紀

マーティン・ギルバート
白須英子 訳

筑摩書房

1. オスマン帝国時代のエルサレム。ヤッフォ門を入ってダビデ通りを旧市街のバザール方面に向かって右側の建物（4つの大きな窓のある）はオーストリア郵便局。左側の建物はドイツ銀行パレスチナ支店。［ケレン・ハイェソッド写真資料館］

2. 1910年頃のベツァレル美術工芸学校生たちの野外授業。［シオニスト中央資料館］

3. 第一次大戦中に「嘆きの壁」に向かって祈るオーストリア＝ハンガリー帝国軍の中のユダヤ兵たち。［ユダヤ機関資料館］

4. 騎馬将校の前方にあったオスマン帝国時代の城壁は、1898 年、ドイツ皇帝行幸の際、騎乗のまま入城できるようにヤッフォ門のそばが一部壊されていたが、1917 年 12 月、アレンビー将軍は聖都エルサレムに敬意を表して正門より徒歩で入城した。トルコ風の時計塔は後年の建造物だが、城壁の輪郭をゆがめるとして、英国委任統治政府により撤去された。［英帝国軍事博物館］

5. 1918年、エルサレムに連行されて英国軍の監視下に置かれたトルコ兵捕虜たち。［英帝国軍事博物館］

6. 英国陸軍第40大隊ロイヤル・フュージリアーズ連隊の2人の兵士と、1918年、入隊間もないユダヤ人新兵たち。［シオニスト中央資料館］

7. 旧市街を眼下にしたスコプス山の英国軍人墓地。1919 年撮影。木製の十字架はのちに墓石に置き換えられた。［エリヤ写真サービス］

8 左. 1921 年 3 月、ヘブライ大学の記念植樹祭に来訪したウィンストン・チャーチルと同行のパレスチナ初代英国高等弁務官ハーバート・サミュエルを沿道に並んで迎えるユダヤ人少女たち。［シオニスト中央資料館］　9 右. 前列左から、アブドゥラ国王（トランスヨルダン）、ハーバート・サミュエル、ウィンストン・チャーチル、後列（左から）ジェイムズ・ド・ロスチャイルド、ロナルド・ストーズ（サミュエルとチャーチルの間）。［シオニスト中央資料館］

10. 十字軍時代の聖墳墓教会正面入り口を見上げる英国兵たち。［英帝国軍事博物館］

11. イスラームの最高聖地の一つである「岩のドーム」の外側で、この「聖域」の管理人に敬意を表して捧げ銃する英印軍のムスリム兵士たち。［ハンナ・サフィェ写真資料館］

12. ネビ・ムーサ祭：ヘブロンから旗幟を掲げてヤッフォ門に近づく巡礼団。エルサレムで初めて反ユダヤ人暴動が起こったのがこの1920年4月のネビ・ムーサ祭の最中だった。［ユダヤ機関資料館］

13 左. 英印軍兵士の一人がギリシア正教会の司祭を探しているところ。［ハンナ・サフィェ写真資料館］ **14** 右. ハジ・アミン・アル・フセイニ。エルサレムの名門一族の一員で1921年から37年までエルサレムのムフティを務めた。［ハンナ・サフィェ写真資料館］

15. 1967年まではムスリム・モグラビ地区の路地を通ってしか行けなかった「嘆きの壁」。「壁」の上部は、ムスリムには“ハラム・アッシャリフ（聖域）”とされ、「岩のドーム」「アル・アクサ・モスク」をはじめ、いくつかのムスリムのための祈りや学習の場所があり、「神殿の丘」と呼ばれている。［ユダヤ機関資料館］

16. 1936年、続々とやってくるユダヤ人移民と、パレスチナをユダヤ人国家とアラブ人国家に分割する英国案に、女性校長と共に反対デモ行進するアラブ人女学生たち。［ハンナ・サフィェ写真資料館］

17. 1939年、ユダヤ人に移民と土地購入を制限するこの年の「パレスチナ白書」に対するユダヤ人たちの抗議デモ。［ケレン・ハイェソッド写真資料館］

18 左. 1946年7月、ユダヤ人テロリストにより爆破された直後のキング・デーヴィッド・ホテルのウイング。死亡者は90人以上。[英帝国軍事博物館] **19** 右. ユダヤ人には“ベヴィングラード”として知られる、エルサレム中心部に英国軍が設けた保護地区の境界。ここから先はユダヤ人とアラブ人の車両、歩行者は入ることができない。[『エルサレム・ポスト』紙写真集より。ハウザー撮影]

20. 1948年2月、英国軍脱走兵により爆破された直後の“ベヴィングラード”から徒歩5分のベン・イェフダ通り。50人以上のユダヤ人が死亡。[ユダヤ機関資料館]

21. 1948年5月、エルサレムから撤退する英国軍兵士たち。［ケレン・ハイェソッド写真資料館］

22左. 1948年5月、アラブ軍の砲弾が旧市街のユダヤ人地区を直撃。煙がたなびく左方向にこの地区のふたつの大きなフルヴァ（廃墟）・シナゴグとティフェレト・イスラエル（イスラエルの希望）・シナゴグが戦闘中に損傷を受け、それから間もなく解体された。［ハンナ・サフィェ写真資料館］　**23**右. ユダヤ人地区にあるフルヴァ・シナゴグ。ヨルダンからの砲撃で大きな損傷を受け、仕方なく解体された。［ハンナ・サフィェ写真資料館］

24. 西エルサレムのフランス広場。キング・デーヴィッド・ホテルを定宿にしている駐在員たちがバルコニーでお茶を飲んでいる。ホテルの背後に、西エルサレム最大のシナゴグの白いドームが見える。［イスラエル政府広報局］

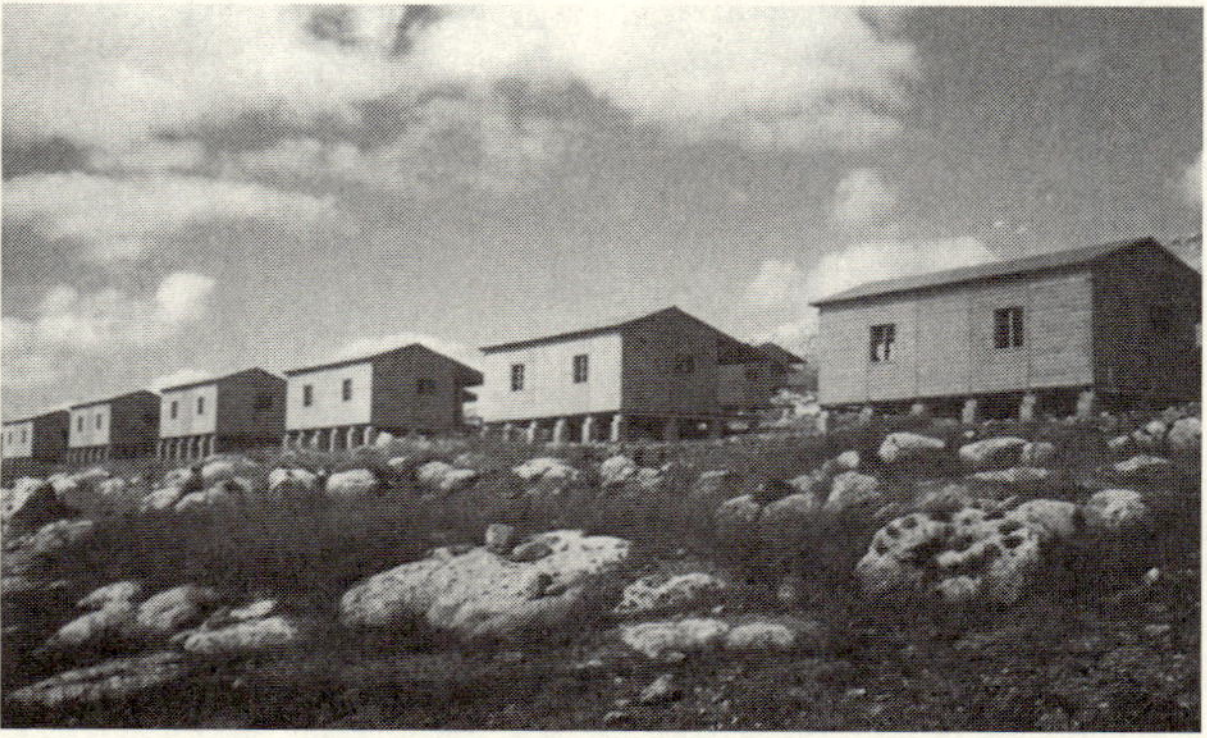

25. エルサレム周縁部にある移民者用住宅。［ケレン・ハイェソッド写真資料館］

26. 1967年6月の戦争。イスラエルの爆撃機がスコプス山のヴィクトリア・ホスピスに隣接するヨルダン軍基地を爆撃。[『エルサレム・ポスト』紙写真集より。ベマハネ撮影]

27左**.** 1967年6月、聖ステファノ門から「神殿の丘」へ進む（左から）ウジ・ナルキス（中央方面軍司令官)、モシェ・ダヤン（国防相)、イツァク・ラビン（参謀総長)。[『エルサレム・ポスト』紙写真集より]
28右**.**「嘆きの壁」に到達したイスラエル兵士たち。

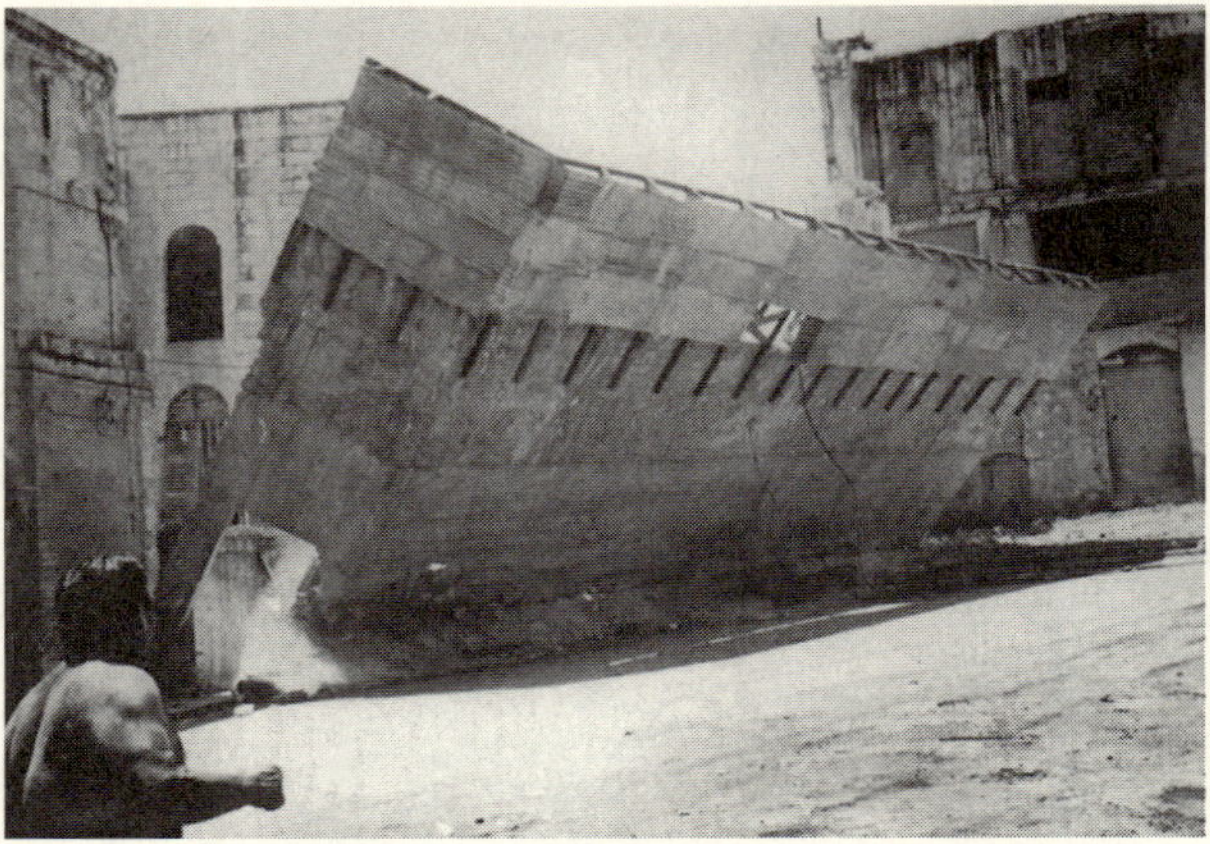

29. 1967年6月、東西エルサレムを分断していたコンクリート壁の一つが解体されるところ。[『エルサレム・ポスト』紙写真資料集より。ロス撮影]

30 左. 1965年から93年までエルサレム市長を務めたテディ・コレック。この写真は、1967年のエルサレム争奪戦で戦死した兵士たちを1974年の追悼式典で挨拶しているところ。[エルサレム市写真資料集より] **31** 右. エルサレム市の境界壁の北東角にある1967年6月のアラブ人戦死者のための戦争記念碑。この闘いで戦死した兄を偲ぶ14歳のアドナド・イムハマド。[『エルサレム・ポスト』紙写真資料集より。M.ゴールドベルグ撮影]

32. 1977年11月にエルサレム・シアターで行なわれたメナヘム・ベギン首相（イスラエル）とアンワル・サダト大統領（エジプト）の記者会見。サダトのうしろの最右端はこの訪問中、サダトの副官を務めたイスラエル人メナヘム・ミルソン大佐。4年後、サダトは過激派ムスリムによって暗殺された。［イスラエル政府広報局］

33. 1995年11月、ユダヤ人過激派の一員に殺害され、国会堂前に安置されたイスラエル首相イツァク・ラビンの棺の前に灯された追悼の蠟燭。［イサアク・ハラリ撮影］

34. 1995年11月、エルサレムの「ヘルツルの丘」の軍人墓地にあるラビン首相の墓に葬儀の直後詣でたヨルダンのフセイン国王。[エフライム・キルシュトク撮影]

【目次】エルサレムの20世紀

はじめに　027
第1章　眠りから覚めた古代都市　一九〇〇―一九〇九年　039
ゲットーよりも薄汚れた〝聖都〟　039　「ユダヤ国家」のヴィジョンと現実　044　『内側から見たエルサレム』　051　「青年トルコ人」革命の余波　067　異国情緒に彩られた町　071
第2章　抗争のはじまり　一九一〇―一九一四年　079
エルサレムの再建は近い？　079　ユダヤ人大学構想と使用言語論争　085　熱狂的なロシア人巡礼団　095　「シオニストにやられる前に」　100
第3章　第一次世界大戦　一九一四―一九一七年　108
英国の策動とトルコの反発　108　「来年こそはエルサレムで」　114　オスマン帝国の退場　122
第4章　英国軍による征服　一九一七年一二月　127
白旗を掲げたエルサレム市民　127　アレンビー将軍、聖都へ無血入城　130　シオニス

トと正統派ユダヤ教徒の対立 135

第5章 英国の軍政統治 一九一八―一九一九年 143

建設熱心な征服者 143 シオニスト委員会の多難な船出 151 バルフォア宣言の行方 160

第6章 不協和音のなかで 一九二〇―一九二一年 174

自衛団「ハガナー」誕生 174 英首相ロイド・ジョージの固執 181 植民地相チャーチルのエルサレム訪問 185 過激派ムフティの登場 196

第7章 英国委任統治、最初の六年 一九二二―一九二九年 204

ニュータウン建設 204 デ・ハーン謀殺事件 217 ヘブライ大学とキブツの開設 223

第8章 一九二九年の暴動 235

アラブ人の襲撃 235 暴力行為の正当化とユダヤ人ボイコット 243

第9章 全体主義の影 一九三〇―一九三六年 250

共産主義の洗礼 250 ムフティの反ユダヤ・プロパガンダ 254 ヒトラー政権成立によるドイツ系ユダヤ人移民の急増 259

第10章　一九三六年の暴動とその余波　268
「アラブ人は聖地の〝ユダヤ化〟には同意しない」　268　ランボールド卿の「異人種」発言　272　ピール委員会のパレスチナ分割案　277　ムフティ、ナチスと結託　282　「英国の二心ある裏切り」　290
第11章　第二次世界大戦　一九三九―一九四五年　300
駆け込み寺エルサレム　300　戦争は終わったが……　308
第12章　騒乱の町　一九四五―一九四七年　313
「フィッツジェラルド計画」の挫折　313　キング・デーヴィッド・ホテル爆破事件　314　国連、パレスチナ分割決議案採択　317　アラブ人の「分割反対闘争」　322　狙撃、刺殺、投石の日常化　327
第13章　断末魔の英国委任統治　一九四八年一月―五月　337
戦場と化した聖都　337　エルサレムを棄てる人々　346　デイル・ヤシンの殺戮　353　アラブ人村の破壊　358　狙われたハダサ護送隊　362　「すべてがあまりにもひどい」　366

第14章　二週間戦争　一九四八年五月一四日―一九日　374
こっそり逃げ出した委任統治政府　374　戦火のなかの独立宣言　377　アラブ軍団のエルサレム侵攻　379　ハガナー奮戦　382　「棒きれでだっておまえらに勝てた」　389　「ビルマ・ロード」の建設　396
第15章　再生への道のり　一九四八年六月―一九四九年一二月　403
つかのまの平和　403　国連調停官ベルナドッテの暗殺　407　銃声のなかでのコンサート　415　エルサレムかテルアヴィヴか　420
第16章　二都物語　一九五〇―一九六七年　430
ヨルダン人とパレスチナ・アラブ人の反目　430　アブドゥラ国王の暗殺　433　近くて遠い旧市街　436　分断された都市　442　「ヤド・ヴァシェム」の建設　455　アイヒマン裁判　457　名物市長テディ・コレックの改革　461
第17章　六日戦争　一九六七年六月　469
世界中に流されたナセル大統領の電話　469　「われわれは兄弟だ、われわれは兄弟だ」　474
「嘆きの壁」で号泣するイスラエル兵　482　高揚ムードあふれる統一エルサレム　494
第18章　再統合、最初の二年　一九六七―一九六九年　505

爆破された東西の壁　505　実効なき国連決議　510　「われわれは蟻のようにここにいます」　516

第19章　調和を求めて　一九七〇—一九八〇年　527

聖都の景観論争　527　「贖罪日」戦争　535　サダト大統領のイスラエル訪問　543

第20章　合併からインティファーダまで　一九八〇—一九八九年　550

「エルサレムのゆゆしき愚行」　550　「私はエルサレムのアラブ人でなくてよかった」　554　「インティファーダ」勃発　560　「最後に石に当たるとは」　566

第21章　エルサレムにはたくさんの顔がある　574

「アッラーフ・アクバル！」　574　エドワード・サイード教授のエルサレム帰還　582　パレスチナ暫定自治「原則宣言」調印　589　イスラーム教徒にとっての民主主義　593　ラビン首相暗殺　600

単行本解説　**ユダヤ人とエルサレム**

——離散した民族の心を結ぶ永遠の都　石田友雄　610

訳者あとがき　632

文庫版のための訳者あとがき
新しい世代がエルサレムの未来に向けてできること 641
エルサレム略年史 654
文献目録 664
人名索引 676

エルサレムの20世紀

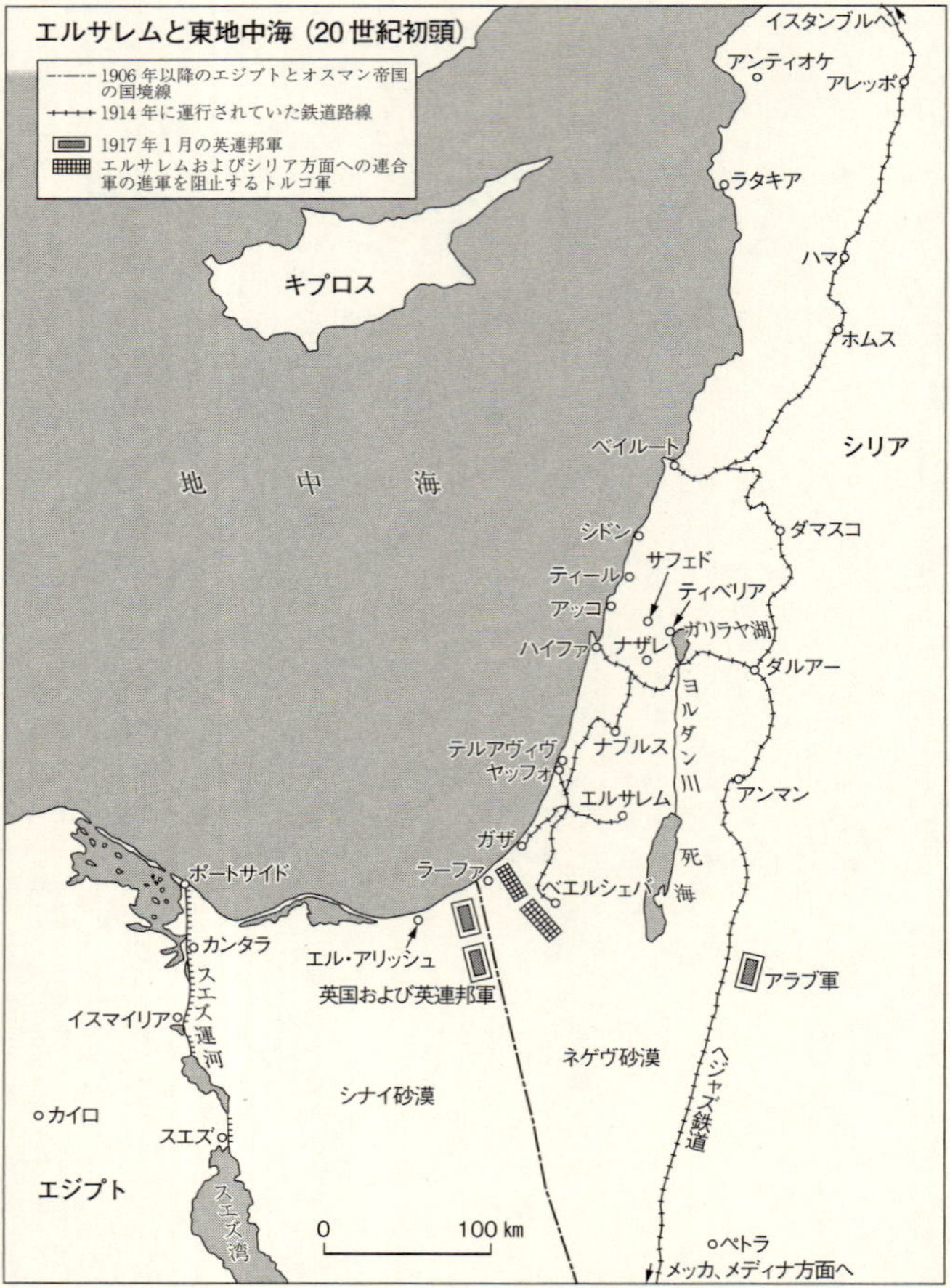

エルサレムと東地中海（20世紀初頭）
1906年以降のエジプトとオスマン帝国の国境線
1914年に運行されていた鉄道路線
1917年1月の英連邦軍
エルサレムおよびシリア方面への連合軍の進軍を阻止するトルコ軍
イスタンブルへ
アンティオケ
アレッポ
ラタキア
ハマ
ホムス
キプロス
シリア
ベイルート
地中海
シドン
ダマスコ
サフェド
ティール
ティベリア
アッコ
ガリラヤ湖
ハイファ
ナザレ
ダルアー
ヨルダン川
ナブルス
テルアヴィヴ
ヤッフォ
アンマン
エルサレム
ガザ
死海
ラーファ
ベエルシェバ
ポートサイド
エル・アリッシュ
カンタラ
英国および英連邦軍
アラブ軍
スエズ運河
イスマイリア
ネゲヴ砂漠
シナイ砂漠
ヘジャズ鉄道
カイロ
スエズ
エジプト
スエズ湾
0
100 km
ペトラ
メッカ、メディナ方面へ

はじめに

二〇世紀初頭のエルサレムは、オスマン・トルコ帝国の一地方州にある小都市で、首都コンスタンティノープル〔現在のイスタンブル〕からもっとも遠い町の一つだった。人口はわずか七万人。多数者《マジョリティ》のユダヤ人が四万五千人、アラブ人は二万五千人であった。二〇世紀末のエルサレムは独立国家イスラエルの活気あふれる首都で、人口は五〇万人を超え、その約四分の一がパレスチナ・アラブ人である。

エルサレムは丘陵地で、一九九五―九六年〔ユダヤ暦五七五六年〕に、その小高い丘の一つでダビデ王の建都三千年祭が祝われたが、その時点では世界の主要大国はどこも、この都市をユダヤ国家の首都として認めていなかった。少数者《マイノリティ》のアラブ人たちに政治的不満はあったものの、市全体としてはおおむね繁栄していた。この市のさまざまな都会的生活環境は、大部分の市民に他の首都の住民と同じような充足感を与えている。そのうえエルサレムは何百年もの間、ユダヤ教徒とキリスト教徒にとって信仰のよりどころとしての〝聖都〟であったばかりでなく、イスラーム教徒にとっても信仰の中心地であるメッカやメディナに次ぐ重要な宗教的センターの一つでもあった。

エルサレムがまだ、トルコの一地方州の小都市だった頃でさえ、ここは特別な行事の中心地だった。一九一〇年頃まで、クリスマスや復活祭には、毎年キリスト教徒の巡礼者がどっと押しよせ、にぎやかな行事が繰り広げられていた。町なかで特に目立ったのはロシア人巡礼者で、彼らの大部分は、この長旅のために一生かかって貯めたお金をはたいてやってきた農民だった。一九〇四年には、エルサレムは第四回日曜学校世界大会の開催地に選ばれた。それから九〇年後のこの都市は、毎年、百以上の世界規模の団体や組織から、会合開催地に指名されている。

一九一七年、エルサレムはエドマンド・アレンビー将軍麾下の英国主導部隊によってオスマン・トルコ帝国支配から解放された。その後、第一次大戦後の一〇年間に、エルサレムにユダヤ人の入植を奨励したのは英国政府である。その英国政府が現在、この町をイスラエルの首都として認めていないことにエルサレムのユダヤ人は心を痛めている。一〇年ほど前、英国カトリック教徒の著述家テレンス・プリティが『エルサレムはだれのものか?』というタイトルの本を出すと、すぐさま別の二人の著者が同題の本を出版した。これは単なる反語ではなく、二〇世紀中ずっとエルサレムの所有権や地位をめぐる論争からほとばしり出ていた、耐えがたい悲鳴のようなものだった。エルサレムにとってこの一〇〇年は、テロリズムに痛めつけられ、戦争や暴力をともなう敵対行為によって否応なしに分断され、社会的、宗教的、文化的に意義深い復興期のさなかでさえ抗争が絶えない、呪われた世紀だったのである。

パレスチナにユダヤ人の郷土をつくろうという一八九七年に始まったシオニスト運動は、一九一七年の「バルフォア宣言」と英国のパレスチナ委任統治の制定によって奨励された。英国は委任統治開始の段階でエルサレムにいくつかの自治機関を設立した。そのなかには、保健や教育に関するものも含まれていた。だが、紛争の兆しはたちまち表面化した。一九世紀半ば以来、この都市では人口の過半数がユダヤ人で、一九二〇年代もその状況に変わりはなかったにもかかわらず、英国当局は〔行政的な取り決めにより〕初代市長にアラブ人を選び、その後継者にもアラブ人ばかり任命していた。

増えつづけるユダヤ人施設のなかには、一九二一年にウィンストン・チャーチルが敷地内にナツメヤシの記念樹を植えたヘブライ大学や、ユダヤ民族図書館、ハダサ病院ならびにメディカル・センターも含まれていた。近代的な郊外開発計画の先駆けとして、三つのユダヤ人居住区も建設された。だが、委任統治開始から二〇年の間に三回のアラブ人の蜂起があり、その結果、アラブ人とユダヤ人の棲み分けが行なわれるようになって、別個のバス路線も敷設された。一九三六年にアラブ人に殺害されたユダヤ人のなかには、アラブ人とユダヤ人の和解を提唱していたルイス・ビリグもいた。彼は書斎で昔のイスラームの伝承本を調べている最中に殺された。

英国統治によってエルサレムの暮らしが近代的で快適になってくると、ユダヤ人入植者ばかりでなく、アラブ人の流入も急速に増えた。英国の人口調査によれば、一九二一―三三年に入植によって増加したエルサレムの人口はユダヤ人が二万人、アラブ人は二万一千人を超えている。これらのアラブ人入植者は、ユダヤ人と同様、モロッコ、アルジェリア、リビア、イエメンなどの遠方からやってきた。

一九四八年のエルサレム攻防戦の時点で、この町には一〇万人のユダヤ人と六万五千人のアラブ人がいた。英国の委任統治開始時に、ユダヤ人の要望の取り次ぎ役として国際連盟により設立された「パレスチナのためのユダヤ機関」は、国連によるエルサレム管理計画を、「大きな犠牲」をともなうが「困難な問題解決にユダヤ人の貢献」が役立つことを願って承認した。アラブ人はこの提案を拒否した。この計画には、一〇年後に市の将来の体制について国民投票を行ない、住民の要望を汲みあげるという但し書きがつけられていた。人口動態から推測すれば、これでほぼ間違いなくユダヤ人の市政への発言権が大きくなるはずだった。

エルサレム攻防戦の間、地中海沿岸部との連絡路の遮断にシリア兵が参加した。イラク兵は市の西郊外の真ん中に陣取った。他方、エジプト兵は市の最南端のユダヤ人居住区ラマト・ラヘルに侵入した。戦争が終わったとき、エルサレムは二つに分断されていた。町なかに広い無人地帯が設けられ、有刺鉄線やコンクリートの障壁を境界に休戦ラインが定められた。アラブ人は休戦ラインの西側にあったにぎやかな居住区をすべて失い、ユダヤ人は東部と北部の居住区を全部奪われた。イスラエル兵とヨルダン兵は町なかを突っ切る境界線沿いに対峙した。

一九四九―六六年の人口増加は、こうした分断を深刻化した。アラブ人の人口は二万八千人増えて七万人になり、ユダヤ人は一一万一千人増えて一九万五千人に達した。これらのユダヤ人入植者のなかには、モロッコ、イラクその他のアラブ人地域で長い間嫌がらせや迫害を受けていた人たちが大勢いた。

一九五三年、ヨルダンのフセイン国王は、東エルサレムを「ハシム王国のもう一つの首都」と宣言した。だが、ヨルダンの事実上の統治センターはアンマンに置かれたままだった。一九六七年六月、エジプト支援のヨルダン軍による市の北部のスコプス山と、南部のラマト・ラヘルへの砲撃開始で賽《さい》は投げられた。エルサレムは二〇年足らずの間に二度目の戦場と化した。

イスラエル政府はそれまで、フセイン国王に戦争に突入しないように働きかけていた。それなのに彼が開戦を決意したことがエルサレムの将来に決定的な影響を与えた。ヨルダン軍の砲撃開始後、二日もしないうちに市の元ヨルダン地区はイスラエルの支配下に入れられた。物理的障壁はたたき壊された。イスラエル国防相モシェ・ダヤンは、「われわれはアラブの同胞に対し心から友好の手をさしのべる。だが、今われわれが戻ってきたこのエルサレムを二度と手放しはしない」と宣言した。市街地の五分の一にあたる東エルサレムはやがて併合され、市の境界線は改められた。

一九六七年の市の再統合に続き、一九四九年の休戦ラインであるそれまでのヨルダン国境以遠にも新しいユダヤ人居住区が建設された。ソヴィエト連邦からどっとやってきた入植者たちが、そうした新しい郊外住宅地の人口を増やした。一九九四年末のエルサレムのユダヤ人の人口は四二万人を超え、アラブ人は一五万五千人になっている。

一九六五―九三年にエルサレム市長を務めたテディ・コレックの政策により、東エルサレムのアラブ人住民に、ヨルダン統治時代には導入されていなかった上下水道、診療所、公園や公共広場などの施設が提供された。彼らはイスラエルの病院にも自由に行くことができるようになった。近隣のアラブ人居住区の規模は大きくなり、にぎわいも増した。だが、アラブ人キリスト教徒のコミュニティーはイスラーム教徒から敵視されて、有力者たちが家族ぐるみ移住してしまったためにさびれていった。

エルサレム市内のキリスト教徒コミュニティーは、聖地詣でという大切な伝統的慣習の守護者である。キリスト教徒の巡礼者は毎年数十万人もこの町にやってくる。キリスト教のどの宗派もイエスゆかりの地で礼拝するが、礼拝所は宗派ごとに分かれていることが多い。イエスが祈りの場所としていたといわれる「ゲッセマネの園」を探すと、三つの異なった場所が挙げられるといった風である。イエスが磔《はりつけ》にされたというゴルゴタの丘も、現在の旧市街の城壁の内と外の二つの異なった場所がそれぞれ、こちらこそ本物と称している。磔の地とされている二つのうち、礼拝者が多いほうの聖墳墓教会のなかにも、六つの異なったキリスト教徒の宗派がそれぞれ独自の祭壇と礼拝所をもっている。

市内の主だったキリスト教徒団体には、東方正教会、ローマ・カトリック、ギリシア・カトリック、アルメニア正教、プロテスタント、コプト正教があり、それぞれが独自の要求、念願、財産、指導者、信者を擁している。イエスゆかりの地、聖堂、修道院、尼僧院、巡礼宿泊所《ホスピス》、公園などに管理人として住み込んでいる信徒たちは実に献身的だ。近年、スコプス山にはモルモン教徒の大学が建てられ、そのアーチ型の優雅な正面玄関からは旧市街を一望できる。

遠方のキリスト教徒もエルサレムへの関心を表明するのを忘れない。一九九四年夏、ヴァチカンは一九四八年以来はじめてイスラエルへ使節を送り、ローマ・カトリック教徒の要望に特別な配慮を求めた。それから一カ月もしないうちに、ロシアのエリツィン大統領の使者がやってきて、市内のキリスト教徒の古代遺跡について新しいロシアが大いに関心をもっていることを強く印象づけた。イスラエルはあらゆるキリスト教徒の要望に好意的に対処することには同意したものの、ロシアからの使者にきっぱりと申しわたしたように、すべての宗教団体の信仰上の権利については細心の注意を払って擁護するが、ロシア側がいうような政治的権利はイスラエルが保有するのが当然であると主張した。

一九六七年の第三次中東戦争以降、アメリカと英国は首都として承認していないエルサレムへ自国の大使館を移転することを拒否している。あるアメリカ古参外交官は、国務省にエルサレムのハイアット・ホテルで開かれる会合への出席許可を求めたところ、認められなかった。その理由は、このホテルが事実上、一九四九―六七年の休戦ラインのヨルダン側にほんの数メートル入った東エルサレムに建っているためだった。英国とアメリカの観点からすれば、イスラエルは西エルサレムに「法律上の《デ・ユーレ》」権限はなく、東エルサレムに

「事実上《デファクト》の」権限もないことになる。一九六七年以降、イスラエル政府は東エルサレムの併合と首都への編入を宣言しているにもかかわらず、英米両国はイスラエルを占領軍政府としかみなしていないのである〔一九九七年六月二八日付の『エルサレム・ポスト』紙によれば、エルサレムに新しくアメリカ大使館を建設するための予算一〇億ドルがアメリカ上院で可決され、エルサレムではすでに工事が開始されている〕。

一九九四年夏、イスラエルのラビン首相とヨルダンのフセイン国王がワシントンで、「エルサレムはだれのものか?」という複雑な問題の一因となっている市内のムスリム〔イスラーム教徒〕の聖地に関するハシム王国の特別な立場を確認する同意書に署名したとき、東エルサレムをパレスチナ・アラブ人の首都にしたいという要望も強調された。この要望は、この町がイスラエルの支配下に再統一された当初からはっきり示され、その後もずっとムスリムの間に根強くある熱烈な願望であることが、ことあるごとに表明されてきた。たとえば、一九九四年八月にエルサレム市外で開催されたパレスチナ薬学学会は、パレスチナ・アラブ人の著名政治家や宗教関係者たちがしばしば表明する「エルサレムはパレスチナ人の首都である」という主張に連帯意識をもっていることを示すジェスチュアとして、最終日の会合を市内のホテルで行なった。

一九九四年夏にはまた、ヨルダンとイスラエルは友好関係にあるというジェスチュアとして、フセイン国王がエルサレムの上空を西から東へ飛行し、「ハラム・アッシャリフ〔「岩のドーム」とアル・アクサ・モスクのある崇高な聖域〕」の上空を旋回し、地上にいたラビン首相と無線で交信した。その一七年前には、エジプトのアンワル・サダト大統領が、西エルサレムのイスラエル国会《クネセット》で演説する前に、まず東エルサレムに行き、この「聖域《ハラム》」で祈りを捧げた。どちらの出来事も市の歴史上、衝撃的な一瞬で、イスラエルと近隣アラブ諸国それぞれが和解への希望をそれとなく感じるまたとない劇的な場面だった。

一九九四年はじめ、イスラエルとパレスチナの高官たちがウィーンで会談し、エルサレムの「将来の地位」について意見を交換した。同年八月一六日、この話し合いはカサブランカで再開され、一週間後には会場はマラケシュに移された。イスラエルとパレスチナ解放機構（PLO）のヤセル・アラファトとの間で結ばれた「オスロ協定」の一部として、イスラエルは近い将来、エルサレムの将来の地位を協議する交渉のテーブルに着くことを公式に承認した。

エルサレムの再統一から三〇年あまり経った今日、この町のユダヤ人とアラブ人は事実上、棲み分けを行なっている。病院、博物館、ホテルのロビー、急速に増えつつある社会福祉施設や慈善施設など、双方の物理的な接触の場はある。一九九四年夏、市内では『ロメオとジュリエット』のユダヤ・アラブ合同公演が行なわれた。一九九五年夏には、ユダヤ人とアラブ人の青年団体が、ユダヤ人の郊外保養地にある静かな自然環境のなかで、イスラエルとパレスチナの両方の旗を立てて一堂に会した。だが、西エルサレム住民は日常生活においてめったに近隣のアラブ人居住区を訪れないし、アラブ人もまた、ユダヤ人居住区には行かない。境界線を越えて買い物や外食、レクリエーションに出かけることはほとんどない。どちらの側も相手側の普段の暮らしや、見えない境界線の向こうの都市開発、一見それとはわからない棲み分け区分の内側にある要望や念願についてはあまりよく知らない。

二〇世紀最後の五年が過ぎようとしている今、分断されたエルサレムにはいまだに架け橋がないままのように見える。それでも、この町の生活には、世界の他の都市と同じような活気があふれ、刺激が満ち満ちている。

オクスフォード大学マートン・カレッジにて　一九九六年一月八日

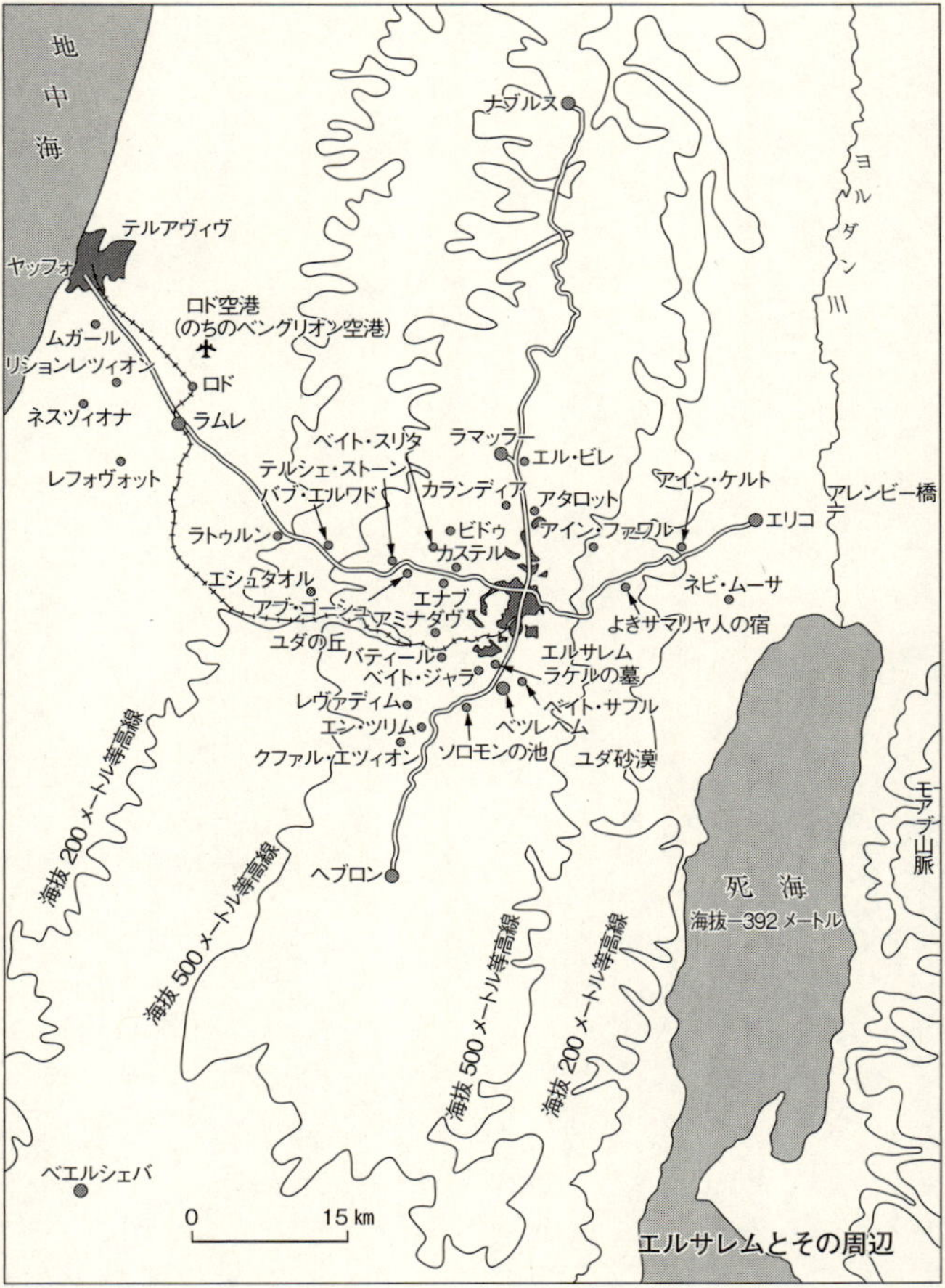
地中海
テルアヴィヴ
ヤッフォ
ロド空港
(のちのベングリオン空港)
ムガール
リションレツィオン
ロド
ネスツィオナ
ラムレ
レフォヴォット
ナブルス
ヨルダン川
ラマッラー
エル・ビレ
ベイト・スリタ
テルシェ・ストーン
バブ・エルワド
カランディア
アタロット
アイン・ケルト
アレンビー橋
エリコ
ラトゥルン
ビドゥ
アイン・ファブル
カステル
エシュタオル
ネビ・ムーサ
エナブ
アブ・ゴーシュ
アミナダヴ
よきサマリヤ人の宿
ユダの丘
バティール
エルサレム
ベイト・ジャラ
ラケルの墓
レヴァディム
ベイト・サフル
エン・ツリム
ベツレヘム
クファル・エツィオン
ソロモンの池
ユダ砂漠
モアブ山脈
海抜 200 メートル等高線
海抜 500 メートル等高線
ヘブロン
死海
海抜−392 メートル
海抜 500 メートル等高線
海抜 200 メートル等高線
ベエルシェバ
0
15 km
エルサレムとその周辺

第1章　眠りから覚めた古代都市　一九〇〇―一九〇九年

ゲットーよりも薄汚れた〝聖都〟

二〇世紀が開けてまもなく、エルサレムから数キロメートル北のラマッラーという町に住んでいたアラブ人キリスト教徒青年モウサ・カリールは、馬車ではじめて聖都にやってきた。「ヨーロッパの都市に近づくと見えてくるような、煙を吐いている高い煙突はなかった」と彼はのちに書いている。「目に入ってきたのはそびえ立つ教会の屋根、鐘楼、イスラーム教寺院《モスク》の尖塔《ミナレット》、四角い家々、そして旧市街を取り巻く城壁だった。町の景観すべてが、騎士道、宗教、時代を感じさせ、人間本来の詩心をかきたてた」。

だが、エルサレムの街路は「せまくてみすぼらしく、民家は粗末だった。そうした質素な外観はしかし、壮麗な教会やモスク、ミナレット、公共建造物がたくさんあるのであまり目立たなかった」。ミナレットからは、「神は至大なり。アッラーのほかに神はなく、ムハンマド（マホメット）は神の使者なり。きたれ祈りに。きたれ救いのもとへ」と、イスラーム教徒たちに呼びかける勤行時報係《ムアッジン》の声が響きわたった。カリールはまた、この最初の訪問で旧市街の北側にその二倍近い、一目見てずっと近代的とわかる「新しいエルサレム」も見た。そこはシオニスト団体の援助でこの町に戻ってきたユダヤ人の居住地だった。こうした入植者のおかげで、人口は一九世紀最後の二〇年間で三倍になっていた。

何百年もの間、朽ちるにまかせていたエルサレムは、一九〇〇年には発展しつつある都市の一つになろうとしていた。毎月どこかで新しい公共建造物が着工されていた。市内でもっとも目を引く建物の一つである聖母マリア永眠《ドルミシオン》教会の礎石がシオンの丘に敷かれたのは一九〇〇年一〇月七日である。それより二年前にエルサレムを訪れたドイツ皇帝《カイザー》ヴィルヘルム二世の援助により、ドイツ帝国独特の様式とその存在をこの町に誇示したいという皇帝の願いを受けて、ローマ・カトリック系のラザリスト修道会が企画したものだった。

それから一年もしないうちにダマスコ門の外側で、ドイツ人による二つ目の重要な建物である聖パウロ巡礼宿泊所の建築が始まった。エチオピアのタイチュ皇后の依頼で領事館通りの少し先に建てられた大きな教会と、そのすぐそばのエチオピア系住民と来訪者のための美しい二階建ての宿泊施設も、二〇世紀最初の一〇年間に建てられたものである。

一八九二年に地中海沿岸部とエルサレムを結ぶ狭軌単線鉄道が開通して以来、この町を訪れる人は着実に増えた。なかでも数が多かったのは、ロシアおよびギリシアの正教徒巡礼者とユダヤ人入植者だった。汽車の速度は信じられないほど遅かった。一九〇一年にこの町に住んでいた西洋人宣教師Ｅ・Ａ・レイノルズ-ボールによれば、「汽車があえぎあえぎ急坂を登っていく間に、飛び降りて花を摘み、また汽車に飛び乗るという離れ業を、私自身も何度もやったほどだった」

鉄道よりもっと頼りなかったのがエルサレムの給水システムである。二〇世紀はじめの市民はまだ、水槽に貯めた雨水を使って暮らしていた。たいていの家に水槽があったが、そのほとんどが極端に古く、非衛生的であることが多かった。水はまた、聖書に出てくるキドロンの谷の「ギホンの泉」から汲み上げて山羊の革袋に入れたものを市内に運んでくる巡回水売りから買うこともあった。一九〇一年、トルコ当局はベツレヘムの南にある「ソロモンの池」から丘の間を縫ってエルサレムまで二〇キロメートルにおよぶ水道管を敷設し、「悪計の丘」〔ここにあったカヤファスの別荘でイエスを殺す相談をしたという伝承による〕の下の古代のトンネルを貯水池にした。だが、この給水システムは、地形の高低差を利用したものであったため、トルコ当局が最善の工夫をこらしたにもかかわらず、この水道管を通じて市内に届く水の量は一日やっと約九〇立方メートルにすぎず、数年後には給水量が減ったまま、増えることがなかった。

エルサレムのユダヤ人は、法的にはトルコの統治下にあったものの、すでに半世紀近く、目は英国のほうを向いていた。ロンドンの『ジューイッシュ・クロニクル』紙によれば、一九〇一年二月三日、旧市街のユダヤ人地区にある礼拝堂のなかでもっともすばらしいフルヴァ・シナゴグ〔廃墟のユダヤ教会堂〕で、ヴィクトリア女王の死を悼む「感動的な追悼礼拝」が行なわれている。礼拝はアシュケナズィ〔ドイツ・東欧系ユダヤ人〕のラビ〔ユダヤ教導師）長サムエル・ザラントの司式で進められ、大きなシナゴグは「満員でなかに入れない群衆を警官が腕ずくで押し止めなければならなかった」。

この年エルサレムを訪れたユダヤ人のなかに、新たにラビに任命された二二歳のマーティン・メイヤーもいた。サンフランシスコ生まれの彼は、エ・ルサレムのアメリカ東洋学研究所で一年を過ごすことになり、一九〇一年九月に汽車でこの町にやってきた。そして、はじめて市の城壁が見えてきたときのことを、後年、次のように回想している。「私の胸は高鳴った。身体を動かすか声を出すかせずにはいられなかった。歌を歌いたかった。大声で叫びたかった。〝聖都〟だと思わずつぶやき、気を落ち着けるために何度か大きく深呼吸をした。ここはかつて私たちの郷土だった。ここで私たちは子孫を増やし、それが一つの勢力になって今日の私たちを存在させてくれているのだ」。

マーティン・メイヤーは駅から馬車で、市の北西のヤッフォ通りから少し入ったところにあるカメニッツ・ホテルに向かった。街路には「市電のようなものも走っておらず、ガス灯も電灯もない」ことに気がついて、彼はびっくりした。旧市街に行ってみるとさらに仰天した。「ニューヨークやロンドンのゲットーはここのユダヤ人地区に比べれば天国だ」と彼は書いている。「街路はせまくて汚く、曲がりくねっている。汚いというのはまだしもおだやかな表現だ。あちこちに糞がこびりつき、商店の出すゴミが道路の真ん中に山積みになっている。ここには長年のありとあらゆる汚れが堆積していた」。彼のアメリカ人精神がむらむらと湧き上がった。「われわれにこの町を二カ月間ほど預けてもらいたい。

有能な衛生技官が作業員を連れてやってきて、たちどころにきれいにするであろう」。

タルムード学院で学ぶ信心深いユダヤ人青年たちの暮らしぶりもまた、メイヤーに衝撃を与えた。「すすけたかび臭い建物のなかで、彼らは人生の花盛りを過ごしている。始終猫背にかがみこんでいるため、胸部狭窄や肺病になる」。だが、彼の泊まっているホテルからそれほど遠くないラエメル・スクールでは、「生徒たちは近代教育には欠かせない重要な基礎科目を学んでいる。子供たちが話すヘブライ語も聞こえてくる。ここは生きた実用的な言葉としてヘブライ語を導入した最初の学校だった。私は感嘆した」。

一九〇一年一〇月、プロイセンのアーダルベルト公がエルサレムを訪問した。「これはエルサレムの群衆を観察するよい機会になった」とマーティン・メイヤーは書いている。「それは想像していた以上におもしろい光景だった。男性は「アバ」、女性は「イザール」と呼ばれる色彩豊かなアラビア風の長衣に身を包んで、いろいろな種族のアラブ人老若男女が見物にやってきた。外観は明らかにアラブ人だが、頰の垂れ髪でそれとわかるイエメン系ユダヤ人、よく見かける帯付きの長袖服に帽子という恰好のロシア系ユダヤ人、モロッコ、グルジアその他のたくさんの東部地域出身者、独特の僧服を着たフランシスコ会修道士やイエズス会修道士、アルメニア正教、ギリシア正教などの僧侶たちもいた。万華鏡のような色とりどりの群衆のところどころに落ち着いた地味なたたずまいを見せるヨーロッパ人、独特の帽子《フェズ》にフロックコートという出で立ちののっそりしたトルコ人などを見ていると、東西の奇妙な混合をふと感じさせられた」。やがてアーダルベルト公の一行が近づくと、もう一つの対照的な光景が繰り広げられた。色あせた軍服姿のトルコ兵にくらべて、ドイツの海軍士官候補生たちはパリッと糊のきいた白と青の制服姿だった。

「ユダヤ国家」のヴィジョンと現実

二〇世紀に入る前にエルサレムを訪れた人物の一人に、シオニスト指導者のテオドール・ヘルツルがいる。彼は一八九八年のドイツ皇帝のエルサレム行幸のとき、パレスチナのあるユダヤ人不動産会社への支援を皇帝に懇請するためにこの町にやってきた。このもくろみは成功せず、エルサレムの町の光景も彼の心をそそらなかった。「叫び声、異臭、けばけばしい色彩、むさくるしい空気のよどんだ街路にたむろするぼろをまとった人々、乞食、足萎え、痩せこけた子供たち、悲鳴をあげる女、卑賤な商店主。かつての王者の町は本当に落ちぶれてしまっていた」とヘルツルは日記に書いている。一九〇二年四月三〇日、ヘルツルはウィーンで、この聖地の理想の姿を想定した小説を書き上げた。この『古くて新しい国《アルテノイラント》』と題した物語のなかで、彼は四年前にひどく失望させられたこの都市の未来像を詳細に描いている。ここは「かつてのように産業や行事がにぎやかに繰り広げられる都市」になるはずだった。

ヘルツルの小説の二人の主人公は、その新しいエルサレムの町を眺める。「聖墳墓教会、ウマル・モスク（「岩のドーム」のこと）など、たくさんのドームや屋根が見えた。だが、新しい壮麗な建物も増えていた。たとえば、その向こうには大きなきらびやかな平和宮殿の建物があった。旧市街は眠っているように見えた。だが、その周辺の光景はまったくちがっていた。市電による交通網が完備した近代的な住宅地が出現しており、広い道路には街路樹も植えられていた。そこには住宅、オフィス・ビル、たくさんの公園、りっぱな教育施設、ショッピング・センター、すばらしい公共建造物や歓楽街もあった。それは二〇世紀のコスモポリタン都市だった」。

ヘルツルが一八九七年に詳細に描いた「ユダヤ国家」のヴィジョンが実現するにはそれから五一年かかった。一九〇二年に彼が細部まで想定した近代的なエルサレムのヴィジョンが現実のものになったのは九〇年後のことだった。ヘルツルはまた、エルサレムを国際的な活動の場にしようという構想をもっていた。今日ある地方自治体、教育、科学、医学関連施設の大部分もそのなかに含まれていた。エルサレムを広い世界の問題に関与させたいという願いもあった。一九〇二年のヘルツルは「平和宮殿」をこう書いている。

「このすばらしい建物は、あらゆる種類の慈善事業、社会事業のユニークなセンターになった。ここで行なわれる事業は、ユダヤ国家やユダヤ人のためばかりでなく、他の国家や国民のためにも役立っている。地震、洪水、飢饉、旱魃《かんばつ》、伝染病などの災害に見舞われたとき、被災国はこのセンターに救援電報を打つ。ここには常に救援物資が備蓄されている。なぜなら、ここはそうした救援物資の寄贈も支給依頼も一手に引き受けているからである。あらゆる民族からなる常設委員会が、物資の配給が適正に行なわれるように面倒を見ている。ここはまた、援助を必要としている発明家や芸術家で、表玄関の上にラテン語で彫り込まれている"Humani nihil a me alienum puto"（私はだれも異邦人とはみなさない）という標語に引きつけられてやってくる人たちのためのセンターでもある。そして、実際にそれを受けるに値する人であれば、ここで援助を受けられる」。

これは、一八九八年にエルサレムにやってきたとき、この都市にひどく失望させられた人物のものとは思えないすばらしいヴィジョンである。だが、ヘルツルのこの小説がウィーンで書かれた一カ月後のエルサレムにいたマーティン・メイヤーは、このヴィジョンに疑問を投げかけている。その年の六月にこの町を発ってアメリカに帰国することになっていた彼は、最後の晩に月明かりのエルサレムを眺めながらこう書いている。「なんと美しい光景だろう。銀色の月光に照らされた死者の町のように静かな白い石造りの建物や白壁の家並みは、この町の汚れもむさくるしさも忘れさせ、王者の都だった昔の壮麗さだけを思い起こさせる。それはイマジネーションのなせるわざにすぎない。古きエルサレムは死に、過去のものになって久しい」。

古いエルサレムは死んだかもしれないが、新しいエルサレムの実現を自分の目で見ようと決意した人たちもいた。マーティン・メイヤーが去ってから三カ月後、エルサレムのユダヤ人の一団がこの町に対する希望を表明した。エルサレム生まれの教育者ダヴィド・イエリンもその一人だった。イエリンらは、一九〇二年九月一七日発行の小冊子に、自分たちの目的は「ヘブライ人〔ユダヤ人〕の都」を建設することであると書いている。「そこで話される言葉はヘブライ語になるであろう。この目標を実現するために、まず近隣にヘブライ人の居住区をつくることから始める。できればこの共同体のメンバー全員が一つの居住区に住むことが望ましい」。それから二年以内に、イェリンはパレスチナに全ユダヤ人教師のための教員組合を設立した。メンバー全員を結束させる要因になったのはヘブライ語だった。彼らは教育、学習はもとより、この地域全体の日常語をヘブライ語にすることに決めていた。

二〇世紀の最初の一五年間にもっとも頻繁にエルサレムを訪れたのは、キリスト教徒の巡礼者たちだった。彼らは信仰のためならば万難を排してやってくるように見えた。あるスペイン人巡礼団の一行は、一九〇二年四月一九日から四日間の聖地巡りの計画を立て、一日目はローマ・カトリック教会ゆかりの地で祈ったあとエリコまで行き、二日目はヨルダン川と死海を見て、三日目は荒地を徒歩で越えてベツレヘムを訪れた。キリスト教徒たちはまた、宗教関係の代表者会議のためにエルサレムへやってきて、やがてそれが一つの流行になり、九〇年後にはピークを迎えることになる。一九〇二年の春はいつもの春と同じように緑の草が大地を覆い、野の花は鮮やかに咲き乱れ、空は真っ青だが陽差しはまだおだやかだった。砂嵐と炎熱の夏が訪れる前の大気はさわやかで爽快だった。

二〇世紀最初の一〇年間に一番多かったのはロシア正教徒の巡礼団だった。一九九〇年代のエルサレムへの最大の入植者グループは、信仰心のないロシア系ユダヤ人になっている。昔のロシア人キリスト教徒巡礼団は、黒海沿岸のロシア領のどこかの港から船でヤッフォまできて、そこから汽車でエルサレム入りした。その数は一九〇四年には約一万人と推定されている。復活祭ばかりでなく、クリスマスや新年にもこうした巡礼たちがやってくるエルサレムは、この地方ではかなり大きな都市だった。一八九六年、遠方のコンスタンティノープルに代わって徴税任務にあたっていたオスマン・トルコ帝国の役人は、この町の住民数をきちんと把握しようとした。その結果、算出された総人口は四万五四七二人で、統計の精度にやや疑問はあるものの、まずはこれくらいだったろうと推定される。そのなかでユダヤ人の数は、パレスチナ全体では少数者だったにもかかわらず、エルサレムでは二万八一一二人と侮りがたい多数者になっていた。キリスト教徒とイスラーム教徒のアラブ人はほぼ同数のあわせて一万七千人強だった。

キリスト教団体はたくさんあり、どれもが積極的にりっぱな活動をしていた。一八九〇年にドイツのラザリスト修道会は市内に巡礼宿泊所と学校を建てていたし、ゴルゴタの丘のベネディクト女子修道会は孤児院を建設していた。ローマ・カトリックの御受難会は一九〇三年に診療所をつくった。一九〇四年にはサレジオ会男子修道会と女子修道会がそれぞれ学校を建てた。一九〇五年には、聖カルル・ボロメオ女子修道会が鉄道駅のすぐ南のドイツ人居住区《ジャーマン・コロニー》のなかに女子修道院と巡礼宿泊所を建設した。そこから東へ少し離れたところで、旧市街やオリーヴ山、遠くにモアブ山脈の見える急斜面に、フランスのクララ修道女会が修道院を建てたが、一九一四年に戦争が始まると彼女たちはアレクサンドリアに追い払われた。だが、終戦後に戻ってきて、それ以来ここに住んでいる。

エルサレムではもっとも裕福なギリシア正教会は、旧市街のなかにも外にもかなり広い土地を購入し、ヤッフォ門の内側にはホテルや商店を建て、そのうえに住宅をつくった。さらにヤッフォ門の近くと聖墳墓教会のそばに二つのマーケットを建設した。こうした新しい建物のことを、盲目のユダヤ人辞書編集者アブラハム・モシェ・ルンクツは一九〇四年、「旧市街に美観と壮麗さを添えた」と記している。ギリシア正教会が城壁外に購入した平地や丘陵地はたちまち近郊住宅地になった。ギリシア人居住区《グリーク・コロニー》、カタモンやアブ・トールはその一つである。郊外の近代的な新市街は、大半の旅行者が見たり書いたりする旧市街にくらべて、面積も人口もはるかに上回りつつあった。

ガイドブックの執筆者たちは旧市街の人々の暮らしぶりに好印象をもたなかったようだ。一九〇一年版のレイノルズ-ボールの『エルサレム』は、オスマン・トルコ帝国体制について、「この町に二、三時間もいれば、時代遅れの衰退しつつある大国の町にきたのだと痛感する」と手きびしい。痛烈な言葉には次のような裏付けがある。「街路には排水溝がなく、車の通行が可能な幅広い道はほとんどない。何はさておき衛生設備の普及が望まれる。ここには上水道もなければガスもなく、ヨーロッパのような商店もない。郵便も（ホテルを通じて以外）配達されない。警察は無能で腐敗している」。一番ひどいのは悪臭で、「台所のゴミが山積みになって嫌な匂いがするせまい路地や小道は、よく気をつけて歩くことをおすすめする」と警告している。「ロバにかごをくりつけたゴミ集めはときたましかこない」のだった。

三年前のテオドール・ヘルツルと同様、レイノルズ-ボールはこの町の実生活についてあまり知らなかった。住んでいる人のことも建造物も、旅行者のエキゾチックな、その場限りの好奇心をかきたてられた事柄として回想録などに登場することが多かった。だが、一九〇一年には印刷物による知識・情報の普及が進展していたことに、レイノルズ－ボールら当時の人々は気がつかなかった。現代ヘブライ語をパレスチナのユダヤ人の言語にすることを主張するとともに、聖書には出てこない新しいヘブライ語を生み出そうとしていたロシア生まれのエリエゼル・ベン・イェフダに、トルコ政府は、彼がつくったヘブライ語の新聞『ハシュカファー』の発行を許可した。ベン・イェフダが選んだこの名称は「見解」という意味で、明らかに当時のヨーロッパの二つの新聞、ロンドンの『オブザーヴァー』とパリの『オプセルヴァトゥール』に倣ったものである。発行は週二回で、資金を援助したのは、エルサレムおよびパレスチナ全土でたくさんのユダヤ人事業を実現させたフランスのエドモン・ド・ロスチャイルド〔ヨーロッパ一円に散らばる国際的金融業者一族の一人。家名のドイツ語読みは「ロートシルト」、フランス語読みは「ロートシルド」〕男爵だった。

エルサレムを訪れる人たちはみな、ここではユダヤ人が過半数を占めていることを知って驚いた。一九世紀半ば以来ずっとこの状態は続いており、敬虔なユダヤ教徒ばかりでなく、あまり宗教心のないユダヤ人も大勢この町を郷土にしていた。市の城壁外にもかなりの数のユダヤ人の居住区が建設されており、その赤い瓦屋根は、地中海沿岸部からの主要道路であるヤッフォ通りづたいにヤッフォ門へとやってくる旅行者たちを快く迎えた。鉄道できて、ヤッフォ門まで徒歩か馬車で行く旅行者たちは、一八九二年に建設されたユダヤ人居住区イェミン・モシェ地区と、一九〇〇年にできたやや貧しい人たちの住むシャアマ地区という二つの小さな居住区を通る。シャアマ地区にはユダヤ人もアラブ人も住んでいた。彼らが隣り合って暮らしたわずか三〇年後の一九二九年、ヘブロンの虐殺事件の死傷者が自分たちの家の前を通って市内に運ばれるのを見て不安になったユダヤ人たちはこの地区を去った。

『内側から見たエルサレム』

二〇世紀はじめにこの都市にはじめてやってきた英国人旅行者A・グッドリッチ－フリーア夫人は、一九〇四年にロンドンで出版した『内側から見たエルサレム』にこう書いている。「ユダヤ人は最近移民としてパレスチナにやってきたのだとばかり思っていた私は、エルサレムが事実上ユダヤ人の町であることを知ってちょっとびっくりしました。およそ六万人の住民のうち約四万人がユダヤ人です。市の交易の大部分は彼らの手に握られています。彼らは城壁内のユダヤ人地区から四方にあふれ出しているばかりでなく、自分たちでいろいろな入植地をつくり、その数は市の門から二キロメートル足らずのところに五、六カ所あります」。

フリーア夫人がエルサレムにきたのは、ドイツ皇帝来訪の二年後のことだった。「皇帝の来訪は、今なおエルサレムの歴史に残る日として特筆されています。その日のために道路が建設され、門が開かれ、市の清掃まで行なわれました。皇帝はこの歓待に対する心からの謝意の表明として、ご自身が本来コスモポリタンであると同時に超宗派的精神の持ち主であることを聖都において彼の臣民に示すため、市内の二つの場所にルーテル教会とローマ・カトリック教会を建立しました。エルサレムの交易、農業、商業はドイツ人がこれに参与するようになってから、これまでにない繁栄を謳歌しています。ドイツ人居住区として知られる郊外住宅地は、清潔と秩序の見本のようだと賞賛されています。絵のように美しいドイツ人村には、独自の教会、公会堂、楽隊、演習場、学校、農場、庭園、そしてもちろんビヤホールまであります。ドイツ人経営の三つの立派な孤児院、大きな総合病院と小児病院は、その規模においても、この種のものとしては唯一のプロテスタントの施設です」。

二〇世紀最初の一〇年間にもっとも増えたのはユダヤ人の建造物だった。ヨーロッパからやってくるユダヤ人の数は激増した。その大部分は、聖書にその名前が六〇〇回以上も出てくるエルサレムに住みたいという理想主義に駆られてやってきた人たちだった。東ヨーロッパ諸国の貧しい暮らしからなんとかして抜け出したいと願う人たちや、帝政ロシアのユダヤ人大虐殺《ポグロム》を免れて逃げ出してきた人たちもいた。一九〇三年から一九〇八年の間に新たに七つのユダヤ人居住区が建設された。堂々とはしているが特に個性のない石造りの建物の内側には、新参者たちの異なった出身地を彷彿させるにぎやかな中庭やシナゴグがあった。

リトアニア生まれのユダヤ人で、パリで教育を受けた彫刻家ボリス・シャッツも二〇世紀最初の一〇年間に入植したユダヤ人の一人だった。彼は一八九五年にブルガリアの首都ソフィアに移ってフェルディナント国王の宮廷付き彫刻家となり、ソフィアに王立美術学校を創立した。一九〇三年、彼はテオドール・ヘルツルに会ってたいへん啓発され、今度はシオニストとして旅をすることになる。一九〇五年、彼はバーゼルのシオニスト大会で、「ユダヤ人独自の」美術を教え、広めることを目的とした美術学校をエルサレムに設立することを提案した。この提案は承認されて、それから一年足らずの一九〇六年にベツァレル美術工芸学校が創立された。「ベツァレル」という名は、聖書に出てくる「契約の箱」をつくり、細工を施す工匠（「出エジプト記」第31章1―11節）にちなんだものである。

シャッツはブルガリアからエルサレムへ六人の学生を連れてきて、この学校の第一期生とした。この学校は、本来孤児院として設計され、その頃完成したばかりの銃眼付きの石造りの建物のなかに開校した。シャッツはエルサレムとパレスチナのユダヤ人のためにユダヤ工芸産業を興そうとしていた。美術学校生たちは工芸と、何かの楽器の演奏の両方を勉強することが期待された。工芸の種目には、絨毯《じゅうたん》織り、金（銀）線細工、銅製器具、木工、レース編み、金属細工、象牙彫り、版画などがあった。学校では、現代ヘブライ語も教えた。このことは、市内に大勢いたユダヤ人の大半がドイツ語を話し、ヨーロッパの一大国の言葉でもあるドイツ語が、ユダヤ人の日常語であるのは当然であると思っていた彼らに、大きな意識の変革をもたらした。ヘブライ語は離散民《ディアスポラ》の間でも祈りの言葉として保持されてきたからである。

皮肉なことに、ベツァレル美術工芸学校への最初の財政援助は、ドイツの慈善家オットー・ヴァールブルクとドイツのシオニスト・グループからきた。彼らはまた、この学校の工房で生産された品物を市場に出す手伝いもしてくれた。今日、エルサレムのイスラエル博物館に展示されている工芸品のいくつかは、ベツァレルでつくられたものである。シャッツは、この学校でつくられる作品のスタイルは、「ユダヤ人独特のもの」であるとともに、市場性のあるものでなくてはならないと強く主張した。この点で、彼は成功したといえる。最初の五年間で、ベツァレル美術工芸学校とその工房から、四六〇人の学生と工芸家が巣立っていった。

ヨーロッパの大国もユダヤ人の進取の気性に負けてはいられなかった。どの国も躍起になってエルサレムに自国の公共機関を進出させたがった。一九〇〇年にフランスとドイツは市内に特定郵便局を開設した。ここでは郵便物の発送も受け取りもできた。どちらもそれぞれ特製切手を貼ってくれ、ヨーロッパのみならずそれより遠方にも、ヨーロッパなみに効率よくきちんと届けてくれた。ロシア帝国もさっそくこれに追随し、一九〇一年に独自の郵便局を開設し、地中海東部沿岸《レヴァント》諸国のロシア郵便局特製切手を発行した。一九〇八年にはイタリアも同じような措置をとった。ヤッフォ門の内側でもっとも瀟洒《しょうしゃ》な建物に陣取っていたのはオーストリア郵便局だった。

ヨーロッパ諸国の活動に刺激されて、トルコ郵便局も遅ればせながら一九〇一年に鉄道駅のそばに支局を開設し、巡礼者たちも家に帰り着く前に故郷へ旅の感想を届けることができるようになった。トルコ郵便局はユダヤ人への特別配慮として、一九〇四年に居住区のメア・シェアリームと、五年後にマハネ・イェフダに二つの支局を開いた。ヨーロッパとの郵便物の量は着実に増加した。この町にやってくるロシア系ユダヤ人の数が増えるにつれて、近親者に追随を促す手紙が、寄付を求める手紙に負けないくらい増えた。ヨーロッパからの郵便為替の到着も毎日のようにあった。

市の多数者がユダヤ人であるという事実は、単に人口比率としてばかりでなく、人々のものの考え方という点からも、多くの訪問者に強烈な印象を与えた。とりわけキリスト教の宣教師たちは、ユダヤ人のこの都市への愛着と、彼らには昔から、救世主がいつの日かエルサレムに現われるという熱烈な信仰があることに気づいた。キリスト教では、救い主は〝再臨〟するとみなされている。宣教師ばかりでなく、キリスト教徒の考古学者たちも、旧市街の街路や中庭の下に旧約聖書や新約聖書に書かれている歴史的事実の証拠はないかと探していた。

一九〇〇年、アメリカ東洋学研究所が、ヤッフォ門を入ってすぐのグランド・ニュー・ホテルのなかに設立された。この創立には、アメリカの新約聖書学者でハーヴァード大学教授のジョセフ・ヘンリー・セアの先見の明によるところが大きい。その主な狙いは、聖地の地理と歴史を通して聖書学を掘り下げようとするものだった。その二年後には、ドイツ・プロテスタント古代文化研究所が聖地に設立された。ドイツのプロテスタント神学者グスタフ・ヘルマン・ダルマン博士の指導のもとに五〇人のドイツ人神学者がここで働き、聖書とエルサレムの関係をドイツ語で詳しく説明する公開講座も開かれた。

この都市に住むムスリムとキリスト教徒のアラブ人は、少数者とはいえかなり大勢おり、シオニズムに同調するユダヤ人が非常に多いことに気がついて困惑した。二〇世紀はじめのエルサレムのユダヤ人の大半はオスマン・トルコ帝国の支配下で暮らすことに満足しており、その被支配民であること以上に野心はなかった。だが、一八七九年以降、シオニズム運動はパレスチナになんらかの形のユダヤ人の独立集団——「ユダヤ人自治体」と呼ばれることもあれば未来の「ユダヤ人国家」を想定したものであることもあった——をつくることを強く求めるようになり、ユダヤ人の入植がシオニズムの呼びかけの中心を成すようになった。

成り行き次第でユダヤ人の独立国家ができるかも知れないことに一番不安を抱いたのはエルサレムのアラブ人たちだった。一九〇〇年暮、オスマン・トルコ帝国当局はユダヤ人のパレスチナ入りと、ユダヤ人の土地購入をしやすくする法令を公布した。エルサレムに住む大勢のアラブ人地元役人は署名を集めてコンスタンティノープルに抗議した。

この抗議に対しては何の返答もなかった。だが、いったん顕在化した不安は消え去ることはなかった。

二〇世紀の最初の一〇年が終わる頃、市の城壁外の人口は、城壁内の約二倍近くになっていた。市内の大通りはもはや、冬になると泥水が渦を巻いて流れることもある、ごみごみして悪臭の漂うほこりっぽいバザールではなくなった。旧市街の外側のヤッフォ通りや領事館通り、絶え間なく拡張されつつあるユダヤ人居住区などには、ホテルや商店、ヨーロッパの郵便局や領事館が目につくようになった。アメリカ領事館やイタリア領事館もその頃にできた。領事たちの役目は、トルコ以外の市民権をもっている市内在住者を保護することだった。ロシア系ユダヤ人もたくさんいて、大国の保護のもとに自分たちの権利を侵害されないよう、また冷遇や不当な措置を受けたときは賠償を求める断固とした気構えでいた。

この時期に、城壁外にりっぱな個人住宅もいくつか建設された。一九〇八年に、ロシアの中央アジアの中心地ブハラからきたユダヤ人商人マシハ・ボロチョフは、ヤッフォ通りにコリント式列柱を配したエントランスとライオンの彫刻の付いた門がある壮麗な邸宅を建て、道行く人の目を引いた。新世紀開幕とともに、ホテルの建設も盛んになった。バルナバス・マイスターマン神父の書いた『新版聖地ガイド』によれば、ヤッフォ門を入ってすぐのグランド・ニュー・ホテルは「カトリック教徒のモルコス氏の経営」、セントラル・ホテルは「ユダヤ人のアムドルスキー氏の経営」とある。いったん城壁外に出れば、ヤッフォ通り沿いに「ホール氏経営のパーク・ホテル、その先の左側には英国人ヒューズ氏経営のホテル・ヒューズ、右側のフランス領事館のそばにはドミニク・ブーレル氏経営のこぢんまりしたオテル・ド・フランス」がずらりと並んでいた。

グッドリッチ－フリーア夫人は、マイスターマン神父より四年前にエルサレムの日常を詳しく描いた本を出版している。フリーア夫人は、エルサレムのヤッフォ門のすぐ向かいという地の利のよいところにアルメニア総主教によって建てられたホテル・ファストに二年間滞在して、市内を隅から隅まで探検し、いろいろなコミュニティーのメンバーと知り合いになった。彼女はまず、市の水の供給について関心をもち、観察を続けた。

「新しいエルサレムの水道工事についていろいろなところが出している出版物の説明にはちょっとユーモラスな描写があります。『ブルーブック』によれば、「一九〇一年に行なわれた公共工事のなかで特記すべきは、市の南一〇キロメートルほどのところにあるソロモン時代の貯水池として知られている泉から鉄管で水を引いてエルサレムに供給したこと」であるといいます。山羊の皮袋に入れた水を背負ったり、空の灯油缶をロバの背に振り分けにしてくくりつけた男性や、頭上に壺を載せてベツレヘム街道の泉の周りに水を汲みに群がる女たちの姿は、エルサレム市民の風物詩です。雨期には水はタダですが、夏には買わなくてはなりません。

ところが、最近の送水路はソロモン時代のものとはちがって、直径一〇センチほどの練鉄管で、しかも大部分が地上に配置されているので、ロンドン子ならストローと釘一本で、今私たちが払っている一立方メートル当たり五ピアストル以下で喉の渇きを癒すことでしょう。実際、いちいち例を挙げるのははばかられますが、ロンドンの〝ストリート・アラブ（浮浪児たち）〟は東洋の従兄弟たちより一枚上手《うわて》なところがたくさんあります」。

フリーア夫人はエルサレムの〝ストリート・アラブ〟をロンドンのわんぱく小僧と比較した。ロンドンのわんぱく小僧のほうが「ずっとスポーツマン精神に富んでいることはたしかです」と彼女は書いている。「彼らは、青少年であれ、大人であれ、エルサレム流の闘い方はフェアではないと嘲笑するでしょう。ここではほんのちょっとしたことでナイフが抜かれるのです。私たち自身も、不当に安い料金で馬車屋をやっている男がひどい目に遭っているのを見ました。ですが、こういうのはまだ、労働組合主義みたいなものといえます。他にも行列に割り込んで水を汲もうとしたとか、力ずくで優先順位を奪おうとしたとかいうのも、自然の理にすぎないかも知れません。でも、はじめの数分はある程度距離を保って争っていたのが、たちまち袖を引きちぎって空中に放り投げ、しまいには取っ組み合いになって相手の肩に嚙みついたり、髪の毛を引っ張ったり、顔をひっかいたり、あげくの果てに二人とももんどりをうって地面に転げ込み、上になったほうが小石をつかみ――こういう武器が聖地をつくったのですけれども――相手の頭、顔、胸など手当たり次第に打ったりすれば、ロンドンのホワイトチャペル〔東部の下層民が多く住む〕でさえ、「みっともないことはやめろ」と罵声が飛ぶことでしょう」。

世紀の変わり目にエルサレムにできた新しい建物の一つに、ヤッフォ門のすぐ先のところに建てられた病院があった。「政府の支援によってできたムスリムのためのすばらしい病院で、面白いことに、経営は通常、愛徳会として知られている聖ヴィンセント・ド・パウロ女子修道会が行なっています」とフリーア夫人は書いている。「すべての段取りがきちんとしていて申し分がなく、これ以上の病院はないといっても過言ではありません。建物の設計もみごとなもので、外来患者の診察室、調剤室、手術室、男女別階の病棟、モスクなどの施設も、二四時間受け入れ可能で、うまく運営されています。全体を監督する医師には現地人もヨーロッパ人もおり、アラビア語の話せるきちんと教育された看護師もいます。ムスリムの経営委員会もしばしば開かれ、警察に逮捕された犯罪者のなかで医療の必要な人たちを収容する別棟もあります」。

「回復期の人たちのためによく手入れされた庭もあります。病院のあちこちや調剤室のなかにまで花が飾られているのには心が和みます。この宗派の決まりで、修道女たちは出産の立ち会いや梅毒患者との接触、特定の手術の立ち会いなどが禁止されていますが、緊急の場合や補助看護師の手の足りない場合には、人道的見地から規則は無視されることさえあります。修道女たちは、"laborare est orare"（労働は祈りである）という偉大な鉄則のすばらしい見本を示しています。彼女たちの信仰上の日課でさえ、仕事の忙しい時間帯とぶつからないように考慮されています。日課であるミサは、たとえ彼女たちの祈りが患者たちの支えとなるにしても、仕事に差し支えがないように午前四時から始まります」。

町なかで見かけるユダヤ人とアラブ人について、フリーア夫人はなかなか鋭い観察をしている。「エルサレムにいるアラブ民族とユダヤ民族の肉体的特徴を比べてみると、イシュマエル〔『創世記』第16章に出てくる、アブラハムがエジプト人の女奴隷ハガルに生ませた息子〕はイサク〔アブラハムの正妻サラの子〕よりも美男子だったにちがいないと思わざるをえません。あるいはこうした事実に思い当たるのは女性たちのなかにいるときなので、年齢を考慮に入れたとしても、もしかするとハガルの娘たちのほうがサラの娘たちよりずっと美人だったのではないかと、つい思いたくなるといってもよいかも知れません」。

フリーア夫人はムスリムの家庭にもしばらく滞在し、ムスリムの女性の暮らしもよく見ている。「彼女たちは友だちにきてもらったり、訪ねたりする以外にほとんど娯楽がありません。社交的な行事はたいてい戸外で行なわれ、エルサレム周辺にもそういう会場が五、六カ所あります。木陰が多いそうした場所では、午後になると女性たちのグループがコーヒーを飲んだり、甘いお菓子やナッツを食べている姿をよく見かけます。ナッツの殻の跡をたどっていけばその先に女性たちがいるものです」。彼女はムスリムの男性の観察も怠らなかった。「彼らには男性専用のカフェがあって、そこで水タバコを吸ったり、コーヒーを飲んだり、ときには一日中トランプやトリックトラック〔バックギャモンに似たゲーム〕に興じたりしています」。

エルサレムの町を行く人の靴にも彼女は目を留めた。「一足一〇フランであつらえた靴は、まるで城壁がたまたま崩れ落ちてできたようなエルサレムの道路を歩いてもちっともすり減りません。乗りやすい馬は一頭五シリングで借りられます。二頭立ての上等な幌付き軽四輪馬車は一日一六シリング、ちょっと気取ってそのどれかを呼び寄せても、エルサレムから一マイル以内なら六ペンスで行きます。乗り合いバスはありません」。

エルサレムの二〇世紀はゆっくりと幕開けした。ヤッフォ通りではじめて自転車を見かけるようになったのは一八九八年である。「自動車はベイルートでは走っていましたが、聖都にはまだきていません」とフリーア夫人は書いている。他にも彼女の注目を引く光景はたくさんあった。「小型ピアノとか鉄柱、六メートルもある鉄道線路用レールなどを一人で運ぶ男がいます。洗濯物は雪のように真っ白になって戻ってきます。おまけに値段は、ドレスやここの気候には欠かせない〝白もの衣類〟も込みです。家具は高価なうえに品薄ですが、最近はアリヤンス・イスラエリトの工房に行けば手頃な値段で木製、金属製のどんなデザインのものでも求めることができます」。

フリーア夫人のいうアリヤンス・イスラエリトとは、正式名称を「アリヤンス・イスラエリト・ユニヴェルセル」といい、エルサレムのユダヤ人の互助会のようなものだった。一八六〇年にパリで創立されたこの団体は、迫害や貧困であえいでいる各国のユダヤ人同胞に手を差し伸べることのできる〝恵まれたユダヤ人〟の世界的組織として発足した。初期の活動は主にロシアとルーマニアを対象に行なわれた。一九一二年までに「アリヤンス」はトルコ帝国のヨーロッパ側に五二校、アジア側に六三校の学校をもつまでに成長した。後者にはエルサレムに一八八二年に設立された男子校、一九〇六年創立の女子校の二校も含まれる。

エルサレムにはまた、一八八〇年に設立された女子のためのエヴェリナ・ド・ロスチャイルド・スクールがあり、一八九八年からは英国ユダヤ協会が管理している。生徒数五〇〇人を超えるこの学校ではヘブライ語が基本言語で、正課の半分はヘブライ語で行なわれていた。市内の他のユダヤ人教育施設のなかには教員養成所もあり、七〇人の教育実習生と三人の幼稚園教諭研修生が学んでいた。古くからあるラエメル・スクールには男子生徒三〇〇人以上が通っていた。一八五六年に設立されたラエメル・スクールは一九〇三年に新市街に移転した。

　トルコ当局は、「アリヤンス」経営の学校を含むエルサレムのさまざまなユダヤ人教育施設に何の制約も付けなかった。オスマン・トルコ帝国の支配者たちに不満を抱いていたのはムスリムのほうだった。「いろいろな点でトルコのくびきをもっとも重く引きずっているのはムスリム住民です」とフリーア夫人も記している。「彼らの立場は一様ではありません。国家の最高権威者であるトルコ皇帝《スルタン》は、預言者ムハンマド（マホメット）の後継者であるとともに神の代理人《カリフ》ですから、彼に従うことは宗教的義務でもありました。他方、シリア人にとっては、トルコ人はアラブ人やヘブライ人と同様、異邦人で被征服民族であるという意識が絶えず付きまといます。アラブ人にとっては、彼らはアラブ人の国を滅ぼしたタタール人の末裔で、コーランの教えにもとづく純粋なイスラーム教から離れ、彼らの信仰に混乱をもたらした近代改革の旗頭だということになります」。

　だが、エルサレムのユダヤ人は、「領事館に保護されているヨーロッパ人と同じような特権をもっていました。ラビ長の地位は知事《パシャ》〔オスマン帝国は一八八八年にヤッフォ、ガザから死海までの地域をエルサレム特別行政区に指定し、中央政府が任命する知事《パシャ》を置いた〕に次ぐもので、新しいトルコ皇帝が即位するたびに市の門の鍵を授与されるのが常でした。この鍵は宗教的儀式と関連があり、塗油と香料により清められ、聖別されます。鍵の所有権が永久的であったのかどうかについては諸説があります。ですが、多分そうではなかったように思われます。そうでなければ即位のたびに改めて授与式が行なわれる必要はなかったからです。その場だけの、実際には役に立たない特権のように見えるものに多額の賄賂が贈られるからには、この儀式がユダヤ人にとっては何か深遠な意味があるのではないかと推測せざるをえません。彼らの祖先の都を取り戻したことを暗に示す行為のようでもあり、トルコ当局に渡す賄賂は、いわば預言者からの心付けのようでもあります。かりにその場限りであるにしても、彼らが事実上、支配的な立場にあることへの満足を象徴する行為のようにも見えます」。

二〇世紀初頭はユダヤ人にとって比較的幸運な時代だったとフリーア夫人は述べている。「都市としてのエルサレムはさまざまな点でユダヤ人の恩恵をたくさん受けていました。それなのに、ユダヤ人は日常のいろいろな場面で絶えず屈辱を受けていた」という。そこで彼女はエルサレムのユダヤ人が遭遇する不利な条件を列挙する。「ユダヤ人の子供たち、特に女の子は他のキリスト教徒やイスラーム教徒の子供たちから護ってやらなくてはなりません。いくら数百年の伝統とはいえ、ユダヤ人が学校の行き帰りに街路で浴びせかけられる軽蔑の言葉を無視する忍耐力にはしばしば感心します。彼らがエルサレムの繁栄にどれだけ貢献しているかを考えれば、神殿の丘の西壁の前で祈るときや、シロアムの村の東にある墓を荒らされないために、あるいはベツレヘムの道路際《ぎわ》にあるラケルの墓〔「創世記」第35章16―20節に出てくる族長ヤコブの愛妻ラケルが旅の途中の出産で死亡したところに建てたという伝承による）をユダヤ人の共有物としてそっとしておいてもらうために、アラブ人に相当な金を払わなくてはならないのは悲しむべきことです」。

ユダヤ人がラケルの墓で妨害されることなく祈りを捧げることができるかどうかは、二〇世紀はじめと同様、世紀末の今日も大きな問題となっている。フリーア夫人がエルサレムを訪れてから九〇年以上経った一九九五年には、イスラエルと新たに設立されたガザとヨルダン川西岸地区のパレスチナ・アラブ人を代表するパレスチナ自治政府との間で、イスラエルのユダヤ人がこの聖所を訪れるときにどのような権利をもつかについて、長時間にわたりこまごました交渉が行なわれた。当時討議された西岸地区のパレスチナ自治計画によれば、ラケルの墓は、自治協定が凍結されればパレスチナ警察の管轄区の三六〇メートルほど内側になる。イスラエルのユダヤ人はたったのこれだけの距離をイスラエル警察に護ってもらうことになるのか？　それとも合同警察パトロール制を敷くべきか？　石を投げたアラブ人、攻撃に仕返しをしたユダヤ人がいたら、どちらの警察に拘引するのか？　彼らはどちらの司法権によって裁かれるのか？　ラケルの墓自体はフリーア夫人の時代と少しも変わっていないが、一九八七年のパレスチナ・アラブ人の蜂起以来、石や爆弾が投げられるのを防ぐため、周囲にはコンクリート塀が建てられている。

「一見したところ、エルサレムのユダヤ人の立場は古代とはちがいます」とフリーア夫人は書いている。「彼らはここでは移民であり、外国人なのです。おそらくロンドンやニューヨーク以上にそう感じさせられていることでしょう。私たちの知るかぎり、反キリスト教徒的な偏見はまったくない、著名な小説家である英国系ユダヤ人は、聖墳墓教会中庭のようなところにさえ、きびしく入場を断られました。現在、完全にムスリムの管理下にある神殿の丘地帯にも、彼は自発的に足を踏み入れるのをやめました。律法の二枚板（モーセの十戒）を入れた箱と神の臨在がなければ、事実上、至聖所であるはずがないと思うユダヤ人が、（彼らにとっての）至聖所をはからずも冒瀆してはならないといわれているからです」。

「ユダヤ人が故郷をもたない流浪の民であり、ザングヴィルのいう「キリスト教徒時代のユダヤ人にとっての長いみじめな夜に匹敵する」あらゆる苦難の継承者であることを目のあたりにするのは、有名な嘆きの壁の前です。そこでは、大勢のユダヤ人が集まる金曜日の午後の決まった時間ばかりでなく、一日中、しかも毎日、特定の時期には真夜中でさえ、それぞれの人が明らかに心からの悲しみを表明しているのを見ることができます。アブ月の第九日には、ユダヤ人は九日間肉とワインを断ち、結婚式などの祝いごとを控え、『荒れ果てた宮殿、破壊された神殿、打ち壊された壁、過ぎし日の栄光、亡き者にされた偉大な人々のために』という彼ら独自の祈りの言葉を繰り返し唱え、一人静かにひざまずいて涙するのです」。

「ユダヤ人入植協会、英国ユダヤ協会、アリヤンス・イスラエリトが成し遂げた仕事を見ると、行き当たりばったりの慈善や、律法学者的な嫌がらせも、離散を繰り返しながらも連帯を失うことのなかった人々を完全に堕落させたり、徹底的に意気沮喪させることはできなかったことをしみじみ感じさせられます。二千年にわたる迫害も彼らを滅ぼすことはできなかったのです」。ユダヤ人のエルサレムに対する強いあこがれについて、フリーア夫人はこう続ける。「事実上の所有権は数において優勢な者にあり、実力の尺度は業績によって測られます。高度な文明は地道な人類愛の賜物であり、真に国土といえるものはこれを耕地として使えるようにした人のものであるとすれば、ユダヤ人の存在自体が深遠な悲劇であった時代は終わり、彼らの暗い運命に終止符が打たれ、エルサレムは彼らのものになるのが、私たちにとっては測りしれない神の摂理によるはからいであるように思われます」。

「青年トルコ人」革命の余波

一九〇八年夏、ダマスコ門の外側で、オスマン・トルコ帝国憲法の復活を祝ってトルコ軍楽隊の演奏と祝砲が天にとどろくきらびやかな行事が行なわれた。長い間〝ヨーロッパの病人〟といわれてきたトルコは、「青年トルコ人」の奮闘によって刷新され、帝国の辺境にもより自由な体制への期待が高まった。エルサレムでは、ルヒ・ベイ・アル・ハリディとサイド・ベイ・アル・フセイニの二人のムスリムがコンスタンティノープルのオスマン帝国議会議員に選出された。これはエルサレムのユダヤ人にとって、必ずしも吉兆ではなかった。この二人のムスリム議員の一人サイド・ベイ・アル・フセイニは一九〇五年のエルサレム市評議会議長時代に、地中海沿岸部からエルサレムへ上がってくる途中にある小さなユダヤ人村モツァの土地をユダヤ人に売ることを懸命に阻止した人物である。そこはテオドール・ヘルツルが一八九八年のエルサレム訪問の途中で記念の植樹をした村だった。

新憲法の発布でエルサレムには困った問題が一つ起きた。キリスト教徒のアラブ人がはじめてイスラーム教徒と同じように兵役義務を負わされることになったのである。「彼らはそれを嫌がりました」とエルサレムの英国国教会主教の娘エステル・ブライスは一九二七年に出版した『私たちがエルサレムにいたとき』という回想録に書いている。「実際の話、兵士に強要される苛酷でみじめな生活はキリスト教徒にはいっそうつらく感じられました。彼らはいくら貧しくても、ムスリムの同僚たちよりは生活水準が高かったからです。名目上は、もし妻がいて当人以外にその扶養者がいないことが証明されれば、兵役を免除されました。実際には、こうした徴兵逃れがいつも認められたわけではありません。ある年、聖ジョージ大聖堂の石工の一人に徴兵令《アスケリ》が下ると、彼は乞食女と結婚し、自分は妻の唯一人の扶養義務者であることを証明して軍隊から解放されました。ところが、彼は自由の身になるとさっさと彼女を離縁し、どちらもけろりとしていたのを覚えています。もう一人の私が知っていた一八歳の青年は、母親と弟や妹数人を一人で養っていたので、なんとかして軍隊から解放してもらおうと、貯金をはたき借金までして五〇トルコ・ポンドを工面しました。上官はその金を受け取って、彼を故郷に返しましたが、兵営を出て二日目に帰省の途中で再度捕らえられたその青年は、ヨルダンの東の戦地へ送られてしまいました」。

「郷里でどんな仕事をしていたかには関係なく、いきなり農耕生活とは無縁な兵舎に入れられた新兵たちの暮らしは極端にひどいものでした。エルサレムの古くてせま苦しい兵舎には、全国から集められた大勢の新兵たちが当局の命令で別の基地に異動が決まるまで、まるで羊のように囲い込まれていました。あるたいへん暑い夏のこと、大勢の新兵がエルサレムに連れてこられ、ヤッフォ門の脇のダビデの塔の要塞のなかに閉じ込められたあと、古い兵舎に移されました。彼らの三度の食事の世話をする人がだれもいないこともしょっちゅうでした。もっともひどいのは、彼らに水の供給が必要であることをだれも思い出さなかったことです。兵隊たちのことはすっかり忘れられていたのです。英国国教会のある宣教師が、帰宅の途中、たまたまこの兵舎のそばを通りかかると、「お願いだ！　水をくれ！」という苦しそうな叫び声が上から聞こえました。目を上げると頭上の柵の間から手が何本も突き出されているのが見えました。彼はすぐにトルコ軍司令官のところへ行ってこのことを報告しましたが、司令部ではそんなことはたいした問題ではないように見えたので、自宅の貯水槽の水をこのみじめな兵隊たちに与える許可だけもらって、自分の使用人に手伝わせ、バケツに水を入れて兵舎に運んでやりました」。

エステル・ブライスはまた、主教宅の護衛官《カワス》以下、大勢の家事使用人の日常を生き生きと描いている。「一例を挙げると、護衛官と馬小屋番はムスリムで、料理人と台所女はべツレヘム人（ギリシア正教徒）、奥女中はアルメニア人、門番はムーア人、相当ならず者の庭師はギリシア系レヴァント人でした。彼らはみんな驚くほど仲良くやっていました。もめごとといえばたいていは宗教上の問題で、ときには激しくやり合うこともありましたが、長引くことはなく、回数もまれでした。

護衛官はムスリムの男性公務員で、総主教、主教、領事の私邸に置くことがトルコの法律で義務づけられていたことも説明しておかなくてはなりません。当初は、外国人のキリスト教徒である主人の身の安全を守る責任者だったのですが、のちには、当然のことながら、この地位は単なる形式的なものになりました。護衛官は緋色か青の長いだぶだぶのズボンをはき、腰には派手な色のシルクのサッシュを巻いて金のブレードで縁どりした短い上着とベストというひときわ目立つ制服を着ていました。主人やその家族の一員といっしょに外出するときには、純銀製の柄と浮彫模様のある銀製の鞘の付いた長い三日月刀を身に着けていました。わが家の護衛官はこうした銀の飾りの部分をしょっちゅう長い時間をかけて磨き上げていたものです。その三日月刀はずいぶん古いもので、刃は美しい形をしていましたが、指一本切ったことはないのではないかと思います。護衛官はいつも主人の前を歩きます（他の使用人たちは夜道でランタンをもつとき以外はうしろに付きます）。彼の仕事は路上の障害物を除去することです。これはたいへん有り難いことです。人間のためであれ、動物のためであれ、乗り物のためであれ、道路に使用規定をもうけることなど、トルコの役人はもとより、他のだれも思いつきもしないのですから」。

一九〇九年二月一三日、「青年トルコ人」の革命をきっかけに、コンスタンティノープルでは大宰相が失脚した。エルサレムでは、ムスリム、キリスト教徒、ユダヤ人が合同して「統一と進歩のための青年トルコ人」委員会地方支部をつくったばかりでなく、文学と政治の同好会であるエルサレム愛国協会を設立した。当時エルサレムで教えていたダヴィド・イェリンはベルリンの友人に、「こうした団体でムスリム（およびその上流階級）がユダヤ人やキリスト教徒と提携するのをはじめて見た」と書いている。二〇世紀の最初の一〇年が終わる頃、地元のアラブ人の農業改革を促進するために、ユダヤ人主導の株式会社が設立された。六千株のうち五千株は非ユダヤ人の所有だった。

異国情緒に彩られた町

当時のエルサレムのガイドブックにはどれも、町で評判のいいものがいくつか紹介されている。一九〇七年版のトーマス・クックの『パレスチナ・シリア案内』もその一つだ。クックの推薦ホテルはたった一つ、「クック事務所のそばの」グランド・ニュー・ホテルだけである。旅行者に推薦できる医師は、「英国人ウィーラー、マスターマン、カント博士、ドイツ人グリュッセンドルフ、アインスラー博士、フランス人ルー博士」の六人で、マスターマン博士はこの案内書の共同編集者にもなっている。

このガイドブックによると、この町の第一印象はこうだ。「エルサレムをはじめて見た旅行者の大半は失望する。想像していたほど強烈な魅力がないのだ。歴史のなかのあれほど壮麗かつ神聖な出来事から連想すると、一時間足らずで一周できる城壁に囲まれたこの小さな町が聖都だという感じはしない。たしかにそうだ。イエスが歩きまわった頃のこの町は今より三分の一ほど大きかった。今では大部分が畑になっているシオンの丘にはいくつもの宮殿が建っていて、今、農夫がせっせと耕している辺りや、一面の荒地のどちらから見ても、りっぱな首都にふさわしいすばらしい建造物があった。町の内外に今でも見られるユダヤ人、キリスト教徒、アラブ人の遺跡がどれほど古いものであるかが探検者にわかるのは、しばらくたってからである」。

一九〇四年にエルサレムを探索したフリーア夫人も、市の規模の小ささや見映えのしない外観ばかりでなく、市内のキリスト教徒の態度にも失望した。「エルサレムの中心であり、至聖所である聖墳墓教会は、なんと戦場なのです。ベツレヘムの降誕教会と同様、ここでもキリスト教徒がお祈りをしている間に物を盗んだり、果ては殺人事件など起こらないように、トルコ兵が監視していなくてはならないのです。これは単なる話ではありません。わが主の生誕地を示す祭壇の下にローマ・カトリック教会所有の銀の星があります。一八四七年にこれがギリシア人に盗まれたといわれています。一八五二年には新しいものが置かれましたが、一八七三年にまたもや盗難未遂事件がありました。その同じ場所のすぐ近くで、一八九三年にロシア人巡礼団の護衛官が行列に道を開けさせようとして拳銃を発砲し、ローマ・カトリック教会の聖具室係が死亡し、同僚三人が怪我をしました。最近では一九〇一年一一月に、一七人のフランシスコ会修道士が聖墳墓教会の中庭でギリシア人に重傷を負わされました」。

キリスト教徒だったフリーア夫人はエルサレムに約一万二千人のキリスト教徒がいることをうれしく思った。そのうちの一四〇〇人ほどがプロテスタントで、大部分はドイツ人だった。彼女は宣教の分野で新しい道が開けることを心から願った。エルサレムはまた、常に相当な変り者たちも引きつけた。「毎年、エルサレムには大勢の変人たちがやってきます」と、ベテランのアメリカ人ツアー・ガイドだったローラ・フロイドは、一九〇七年一月七日付の郷里への手紙に書いている。「ここには約六〇人の〝サンファルド〟と呼ばれるアメリカ人がいます。そのうち一二人は二年前にきましたが、他の人たちはつい最近やってきました。サンファルドは自分たちを〝アリヤー（エルサレム聖都移住者）〟とか、〝全能の神の代理人〟とか呼んでいます。彼らは世界中の友人に〝聖霊〟を発信するつもりでいるのです。彼らはここヤッフォに大きな家を一軒ずつ借りています。自分たちは決して死なないといいにくる人もいます。私もそういう人に何人か会いました。そのうち三人は、自分たちは絶対死なないと公言していたのに亡くなりました。他の人だっていつかは死ぬと思います。ここにはたくさんの異なった宗派の人たちがいます。みんなそれぞれ、聖書の真の解釈について意見がちがうのです。どの宗派も自分たちだけが正しいと宣言しています。まったく騒々しいかぎりですが、同時に（私にとっては）聞いているとなかなかおもしろいものです」。

一九〇二年は冬期に雨が少なかった。フリーア夫人によれば、「旱魃という悲惨な結末になりそうな年」で、「雨にまつわる不安は、川も、湖も、湧き水さえもなく、水の供給はほとんど家庭用の貯水槽に溜めた雨だけが頼りというところに住んだ人でないとわからない」という。

雨ごいのために、「ムスリムは懺悔の行列を始めました。総督《パシャ》をはじめ市の要職にある人たちが全市の六分の一を占める神聖な『聖域《ハラム》』の構内をはだしでめぐり歩きました。断食をして祈りを捧げていたユダヤ教徒も、私たちキリスト教徒に同じように祈願せよと求めました。しまいには、ユダヤ教徒の信仰心をときと場合によっては尊重するらしいムスリムの宗教指導者たちまでが、やけになって同じ苦境にあるユダヤ人に、いっしょに集まって天の慈悲を乞うなら聖域内に入ってよいと呼びかけました」。

「岩のドーム」とアル・アクサ・モスクの建っている「崇高な聖域《ハラム・アッシャリフ》」へ入ってくるようにというムスリムの申し出をユダヤ人は断った。大勢の正統派ユダヤ教徒は二度も破壊された「神殿」のある伝統的な場所に立ち入ることは禁止されていたのである。その代わりに彼らは「ムスリムが死守していた聖域にあるダビデの墓で祈る」許可を求めたとフリーア夫人は記している。「許可が下りると、一二月一七日、彼らはそこに集まりました。夕刻前、雨が滝のように降り、旧市街には鮮やかな虹がかかりました」。

フリーア夫人はエルサレムの建造物についても遠慮なくこう書いている。「エルサレムにはモスクの彩色と、聖墳墓教会の正面《ファサード》以外に芸術的に美しいといえるものはありません。魅力的なのは色彩で、形とか、暗示的意味とか、歴史的風習の固持とか、中東《オリエント》人の心理などではありません。大きな新しいユダヤ人居住区は醜悪で、実用一点張りです。ドイツ人の居住区は段違いにきれいなモデル村です。英国人はユダヤ人の肉体を救うための病院と魂を救うための教会に莫大な金を投じましたが、その結果できたものは芸術家にも実用主義者にも満足を与えていません。聖ジョージ英国国教会大聖堂はオクスフォード大聖堂を小型にしたような教会ですが、他の所にあるのよりはずっとましです」。「ドミニコ会（聖エチエンヌ）の近代的なフランス風の建物は、ステンドグラスはフランス趣味ですが、この種のものとしては満足できます。再建された聖アンナ教会は初期十字軍時代の趣きを踏襲していて、考古学的な関心をそそります。ノートル・ダム・ド・フランスの化粧タイルの礼拝堂は色が鮮やかです」。

ギリシア正教会の内陣の飾り付けについては、「論外」とフリーア夫人はいかにもプロテスタントらしく、やや軽蔑的な感想を述べている。「かぎ針編みの組みひもやパッチワーク、クリスマスツリーに吊るすような飾り玉や造花、こういうのを芸術だと思い、ときにはすごくりっぱだと感じるのはロシア人だけです。聖ヤコブ・アルメニア教会の飾り付けも洗練されていないものが多いのですが、なかには美しく、豪華なものもあります。ルーテル派の新しい〝贖《あがな》い主《ぬし》教会〟のほうが、全体として清らかで、荘重な感じがします。新しいムスリムの郊外住宅は今のところ見てくれは悪くありません。なぜか〝クイーン・アン様式〟と呼ばれる一八世紀初頭の赤煉瓦建築に嫌になるほど似ていますが、オリエンタルなたっぷりした空間と荘厳さはよく保たれています」。

ヨーロッパからやってくる人たちはエルサレムをしみじみ眺め、祈り、寄付をしてゆく。一九〇二年には、オーストリア＝ハンガリー帝国のヴィンディッシュグレッツ公が新婚旅行で訪れた。花嫁はハプスブルク家の王位継承予定者でマイヤーリンクの狩猟小屋で怪死したルドルフ皇太子の娘だった。イエスが実際に磔刑にされた十字架の断片を、四世紀にビザンツ時代のローマ皇帝の母后ヘレナが発見したといわれる場所に建つ聖墳墓教会の一番深いところにある礼拝堂は、ハプスブルク家の奉献による記念建造物である。これは四〇年前、のちにメキシコ皇帝になり、一八六七年に三五歳でメキシコ人に処刑されたマクシミリアン大公が若き日に献納したものだった。

イスラーム教徒、キリスト教徒、ユダヤ教徒の巡礼者たちのにぎやかなおしゃべりに、旅先での英語、ドイツ語、フランス語、イタリア語の静かな話し声に慣れていたヨーロッパ人はみなびっくりした。エルサレムの町なかではインドの言葉まで聞こえた。インド亜大陸から「聖域」を訪れるムスリムの巡礼ばかりでなく、アラビア海に面したマラバル海岸に住むトマス・アクィナスの信奉者であるキリスト教徒もきているのだった。フリーア夫人によれば、エルサレムのユダヤ人とアルメニア人はまた、「インドと常に付き合いがあり、大勢の巡礼者や商人を迎え入れていたので、エルサレムの町を歩くとさまざまなインドの方言が耳に入った」という。

二〇世紀最初の一〇年間のエルサレムは、コンスタンティノープル、カイロ、バグダードなどのようなさまざまな要素の入り交じった、色とりどりの異国情緒たっぷりの町だった。そしてまた、急速な成長の可能性を秘めていると同時に、争いの火種を抱えた町でもあった。

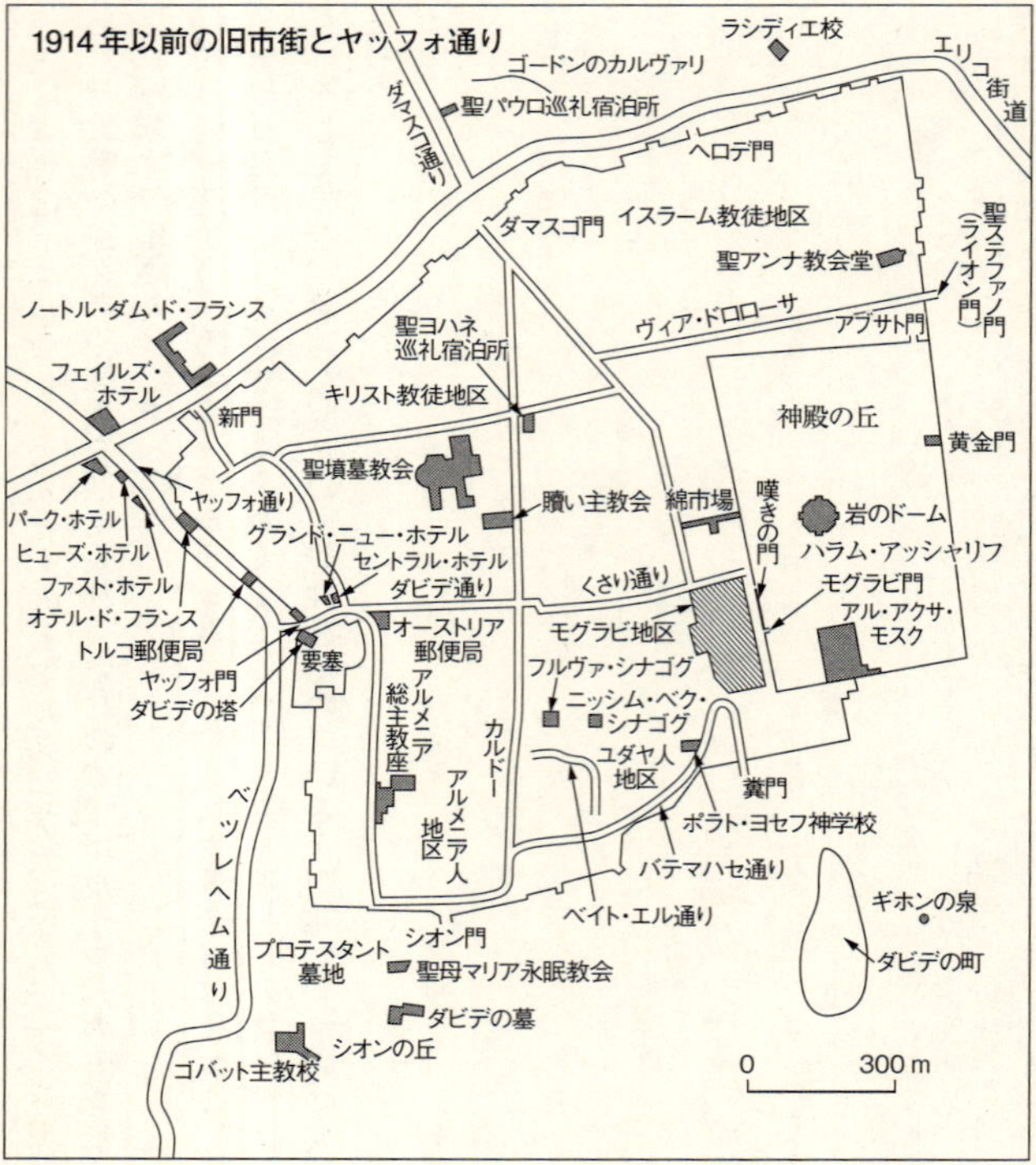

1914年以前の旧市街とヤッフォ通り

第2章　抗争のはじまり　一九一〇―一九一四年

エルサレムの再建は近い？

一九一〇年、ドイツの皇帝の子息アイテル・フリッツ公がエルサレムを訪問した。それより一三年前のドイツ皇帝の行幸のとき、騎乗のまま旧市街に入城できるように、ヤッフォ門のすぐ南のオスマン帝国時代につくられた城壁の低い部分がぶち抜かれていた。皇帝の来訪を記念して建てられた城外のシオンの丘にそびえ立つ聖母マリア永眠教会と、スコプス山とオリーヴ山の尾根にどっかりと建つアウグスタ・ヴィクトリア巡礼宿泊所は、一九一〇年にもそのままの威容を誇っていた。二つとも堂々たるドイツ様式の建物で、ドイツ人建築家が設計したものである。

聖母マリア永眠教会は、ラインラントの諸建築で名高いハインリヒ・レナルトがライン川を見下ろす古風なヴォルムス大聖堂をモデルにして設計した新しい教会だった。内装はエクス・ラ・シャペル（アーヘン）にあるシャルルマーニュ宮殿礼拝堂を模したものである。エルサレムの南側に高くそびえる教会の外観は、この町の東西南北のどこの展望台からも見ることができた。第二次大戦後に出版されたホーデ神父のガイドブックによれば、「ライン渓谷のほうが似合いそうなその堂々たる尖塔は中世の要塞を彷彿させた」。レナルトはしかも、薄茶がかったピンクのエルサレム・ストーンが夕陽に映えて金色に輝くのをよく知ったうえで、これを控え壁や鐘楼にふんだんに利用した。

アウグスタ・ヴィクトリアを設計したのはロバート・ライプニッツである。地元の伝統的建築をばかにしていた彼は、セメントまで輸入して、トルコ皇帝からドイツ皇帝に与えられた約八ヘクタールの敷地の真ん中にどっしりした中世ドイツ要塞風の建物をつくった。その高い塔は、晴れた日には四〇キロメートル近くも離れ、千メートルあまりも低いところを流れるヨルダン川の川岸からも見ることができる。内部の設備はエルサレムでももっとも近代的といわれ、自家発電装置を使った照明、ヨーロッパ式の浴槽やトイレットを含む配管工事はエルサレムではじめてのものだった。

これらすべてを、皇帝の息子はドイツ民族として、また皇室の一員として誇らしく眺めることができた。同じ一九一〇年にエルサレムを訪れた英国人ロナルド・ストーズは、友人といっしょにエルサレムで印刷された聖書を必死で探し回っていたとき、「アイテル・フリッツ公の歓迎パレードに二度もぶつかり、これをやり過ごさなければならなかった」と四半世紀後に書いている。「城壁外で意気軒昂だったのはロシア人で、復活大祭には大挙してやってくる巡礼者たちの宿泊施設や、大寺院、公共広場まである数ヘクタールのロシア人街をつくりあげていた」。だが、ドイツはたちまち彼らを凌駕するかのように見えた。城壁外のアウグスタ・ヴィクトリア巡礼宿泊所や聖母マリア永眠教会ばかりでなく、「旧市街にそびえ立つルーテル派の贖《あがな》い主《ぬし》教会や、ダマスコ門とシリア＝トランスヨルダン道路の交差点を射程範囲に入れる銃眼付きのローマ・カトリック系聖パウロ巡礼者宿泊所」ももっていた。もっと前からこの町にあるフランスやイタリア系の修道院や病院は、「大部分が同じくらいの大きさか、ときにはもっと巨大なものさえあるのに、あまり目立たないように感じられた」。

一九一〇年のエルサレムにはシオニスト活動もあった。ロシアから入植したばかりだった二四歳のダヴィド・グルエンは「ベングリオン」という筆名で労働者シオニストの週刊新聞『アフドゥット（団結）』の小さな編集局に入った。彼は貧しく、無名だったが、自分が企図し、夢見ているユダヤ人国家のようなものについて同僚と果てしない議論を交わした。その夢のいくつかは、旧市街のあるアラブ人カフェで思い浮かんだと、この未来の首相の伝記作者ミハエル・バル・ゾハルは書いている。「その店はオリエント風のメロディーを絶え間なく流す近代技術の最先端の蓄音機が自慢だった」。

一九一二年二月、メンデル・ベイリスというもう一人のロシア系ユダヤ人がエルサレムにやってきた。彼は一二歳のキリスト教徒の少年を殺害して、その血を宗教儀式に使ったという儀式殺人の容疑で、裁判もなしにロシアで二年間拘禁されたあと、無罪が判明した。彼の裁判で、ロシアに激しい反ユダヤ感情が巻き起こり、ベイリスの名は当時、ユダヤ人の間でも非ユダヤ人の間でもよく知られていた。彼がエルサレムに着くと、ムスリム・アラブ人は彼にアル・アクサ・モスクを訪れることを許したばかりでなく、「偉大なユダヤ人の英雄」の一人として歓迎した。だが、彼は多くのロシア系ユダヤ人と同じように、新しい町テルアヴィヴに住んだ。

ベイリスがエルサレムにきてまもなく、英国人のプロテスタント牧師J・E・ライトがこの町に到着した。彼は待っていた手紙がこないのでいらいらした。「その理由は、狂信的なインド系ムスリム数人が、ヤッフォから郵便馬車でやってくる配達夫たちを襲い、彼らのうち三人と馬四頭を殺して郵便物を略奪し、なかに入っていると思われる金をあさったためである」と彼は日記に書いている。東方のエリコへ旅したライトは「よきサマリヤ人の宿［その昔、この付近で巡礼者を狙う追い剝ぎが出没し、襲われた旅人をあるサマリヤ人が助けたという「ルカによる福音書」10章25―37節のイエスのたとえ話にちなんで、オスマン帝国時代の派出所の廃墟をこう呼んだ］」を訪ねた。「最近もここで何度か殺人事件があった」と書いているほど、エルサレム周辺の道路は危険だった。

それでも人々の暮らしを快適にするものは続々と建造された。一九一二年、エルサレム在住の視覚障害者アブラハム・モシェ・ルンクツは、ヤッフォ通りの入り口にユダヤ人盲学校を建てた。彼は毎年、エルサレムの日々の出来事が手に取るようにわかる暦を発行していた。市の南部で「スルタンの池」のすぐ南側のベツレヘムやヘブロン方面へ向かう街道の起点付近に聖ヨハネ騎士団による英国眼科病院ができたのはそれから三〇年もあとのことである。

ユダヤ人たちは自分たちの好みに合った新しい居住区を熱心に求めていた。一九一二年一一月七日付のテルアヴィヴ発行のあるヘブライ語雑誌に、「ヤッフォ郊外のテルアヴィヴと同じくらい広くて、もっときれいで魅力的な居住区をエルサレムに建設するために、タルピヨット協会が設立された」というニュースが載っている。タルピヨットの住宅建設は翌年始まる予定だった。「周知のとおり、この協会はドイツ人居住区に隣接した鉄道線路沿いの土地をすでに購入しており、テルアヴィヴと同様のすばらしい住宅地に」なりそうだった。ルンクツは一九一三年のユダヤ人暦に「エルサレムの再建は近い」と記している。

だが、英国人観察者はそれほど楽観的ではなかった。一九一二年一一月二三日、エルサレム駐在の英国領事P・J・C・マグレガーは、領事館の保護を受ける資格のある英国生まれのユダヤ人二〇人にまつわる問題について、コンスタンティノープルの英国大使に次のように報告している。「添付リストにある過去数年間にパレスチナに大挙してやってきたユダヤ人の大部分は職業のない被救済民です。メイヤー・ゴラル、ガブリエル・ゴラル、ハリス・シャーウインター、スマ・エプスタイン、アーロン・フリードマン、サラ・スイフトは財産がありますが、九人は当地のいろいろなユダヤ人団体からの義援金《ハルカー》で暮らしています。三人は、最近、領事館を通じてユダヤ人中央慈善委員会の救援者リストに載せてくれるよう申請書を出しましたが、却下されました」。

「二人を除いて全員が身体強健でなく、亜熱帯性気候の生活条件に適応できずに悲惨な状態に陥っています。実際、当地の医療関係者の見解によれば、エルサレムが最近とみに非衛生的になっているのは、質の悪い不健康なユダヤ人人口が急増していることに大きな原因があり、彼らが病気の蔓延、とりわけあらゆるタイプのマラリアの蔓延の媒体になりがちであるとのことです。

このリストのなかで、最近、訴訟問題で領事館が頭を痛めているのは二人だけです。エルサレムのユダヤ人コミュニティーのなかで、英国系ユダヤ人が一番望ましくない種族であるという汚名を着せられるのは私の望むところではありません。他方、ほんのちょっと面接しただけですぐにわかるほど、あらゆる点で異邦人であるのも困りものです。彼らのなかで仕事に就ける程度の英語の知識があるものは三人だけで、生かじり程度が六人、残りはイディッシュ語しか話せません。こうした人たちは近代的なエルサレムのスラム街にたむろしている同類の人たちと、衣服や習慣では見分けがつきません。

英国国民として領事館に登録されていて、しかも右記のような分類に属するユダヤ人の所帯主は六〇人です。そのうちの大部分が居住地の原住民にますます同化する傾向のあるオリエントの人たちですが、あえていわせていただけるなら、個人のありようがその人物を保護する国家の体面に大きな影響を与えるような土地のコロニーに、やたらにそうしたユダヤ人が増えないことを切に願っております」。

マグレガーはさらに、アメリカ合衆国政府は、「同じ立場にあるアメリカ人から聞いたところによれば、アメリカに帰化したユダヤ人のパレスチナ移住を阻止することを目的にした、外国の長期居住者のアメリカ国籍を無効にするという法律を承認した」と付け加えている。

シオニスト・ユダヤ人たちとの話し合いでは、彼の態度はそれほど高飛車ではない。一九一三年一月二九日付のマグレガーの報告によれば、「当地でもっとも教養があり、かつ熱心なシオニスト運動のリーダーの一人」と話し合ったところ、彼はパレスチナのユダヤ人がドイツびいきであり、オスマン帝国びいきでもあるという英国各紙の非難を否定した。このリーダーは、「シオニストがドイツびいきであり、トルコびいきでもある」という人たちは「責任感の強いリーダーの見解も、庶民の考え方もわかっていないと断言した」。ユダヤ人はある時期、トルコ人に多くのことを期待した。そしてそれが期待はずれに終わったあとも、ことをうまく運ぶためには当然のことながらオスマン帝国愛国者の仮面をかぶりつづけざるをえなかった。同様に、彼らはイディッシュ語を話す民族のなかで自然と指導的立場にあったドイツ系ユダヤ人を通じてシオニスト運動を進めることを余儀なくされた。だが、彼らはユダヤ人の組織体制を確立するために英国の保護を確保しようと常に闘ってきた。英国以外に、父祖の地にヘブライ語を話すユダヤ人を入植させるという彼らの目標達成を支援してくれる国はないと確信していたからである。

ユダヤ人大学構想と使用言語論争

一九一二年、アメリカ最大の慈善事業家の一人ネイサン・ストラウスはエルサレムに保健所のようなものを設立し、もっとも近代的な医療機器をアメリカから船で送らせた。同じ年、アメリカの主導的なシオニストでラビのイェフダ・L・マグネスが、二度目のエルサレム訪問中に、ストラウスの病院と学問的な研究施設との合体を提案した。マグネスはそのような施設がエルサレムのユダヤ人の学問研究施設、ひいてはれっきとした大学を創るための第一歩になることを願っていた。だが、ストラウスはまずは実用的なものをつくることに専念した。一九一三年一月一二日にニューヨークを出航するとき、彼はローズ・カプランとレイチェル・ランディという二人のアメリカ系ユダヤ人看護師を同伴した。彼女たちはやがて、アメリカのハダサ婦人シオニスト機構から財政支援を受けて福祉看護施設を設立することになる。のちに「ハダサ」施療院として知られるようになるこの〝社会福祉施設《セツルメント》〟は、その春エルサレムで仕事を始めた。この事業をスタート時点から助けたのは、ジュネーヴで医師免許をとった二四歳のロシア生まれのユダヤ人女性ヘレナ・カーガン博士だった。エルサレムではトルコ政府によって女性が医師として働くことが禁じられていたため、彼女は二人の「ハダサ」の看護師たちと共同で仕事をすることになった。

一方、マグネスは別な方向から自分の大学設立構想を模索していた。「まず考古学研究所で端緒をつくり、それを発展させて人文科学研究所にしたい」と彼は一九一三年に、ロシア生まれのシオニストのリーダーだったハイム・ヴァイツマン博士に書いている。その年の後半、彼は再び考えを変えて、夢を広げた。「エルサレムの大学は美術工芸学校のようなものからスタートするべきです。世界中からやってくるユダヤ人教師や聖職者たちがここでしばらく過ごしたいという気持ちになることでしょう。そのような学校、ひとくちにいう大学の魅力と重要性は、人文科学がユダヤ人の記録、ユダヤ人の暮らしを第一の基本にして、ユダヤ人によって教えられるようになることだと私は思います」。

エルサレムにユダヤ人大学をという構想は、一九〇二年以来、継続的に開かれているシオニスト大会にも提出された。ロシアのあちこちで開かれたユダヤ人の公開討論会で、もう一人のロシア生まれのシオニストのリーダーであるメナヘム・ウスシュキンもこれを主要テーマに取り上げた。それに肩入れしたのが一九〇六年以来、英国のマンチェスター大学の教授をしていたヴァイツマン博士だった。ヴァイツマン博士は一九一三年にウィーンで開かれたシオニスト大会で、エルサレムにユダヤ人大学をつくることを呼びかけ、満場を沸かせた。このときの聴衆の一人だったイスラエル・コーヘンは、ヴァイツマンがこの機会を利用して「ユダヤ文化の復活の推進と、中部および東部ヨーロッパのあちこちの大学ですでにさまざまなきびしい差別に苦しんでいるユダヤ人学生に便宜を図ることのできる」大学をつくる意図があったと書いている。

将来の教師の一人に予定されたのは、ドイツ系ユダヤ人で、パレスチナ・マラリア撲滅協会の有力メンバーでもあったパウル・エールリヒだった。彼にはフランクフルトの研究員のポストが約束されていた。「もし彼がフランクフルトで働くことになったら、われわれの役には立ってもらえない。彼はドイツ人の食い物にされてしまうであろう。もし彼にエルサレムで働いてもらえるなら、エルサレムにとってたいへん重要なことの一つになるはずだ」とヴァイツマンはいった。だが、まずはじめに大学を設立するための資金を工面しなくてはならなかった。ヴァイツマンはこの仕事に多くの時間を投じはじめた。彼はマンチェスターでハリー・サケルという支持者を得た。彼はジャーナリストで、エルサレムにユダヤ人大学をつくることは教育的にも、世界中のユダヤ人の学問や意欲の向上のためにも利益になると確信していた。

一九世紀後半からエルサレムの考古学的踏査にはヨーロッパ人の姿が目立っていたが、二〇世紀はじめにはそれがますます顕著になった。一九一〇年には、オリーヴ山で四世紀に建てられたビザンツ教会の遺跡が発見された。これは建立後、ペルシア人によって破壊されたが、十字軍によって再建され、その後、再び破壊されたものである。一九一〇年にはまた、モンタギュー・パーカーを隊長とする営利目的の発掘隊が、第二神殿の財宝を探しにやってきて、「崇高な聖域《ハラム・アッシャリフ》」の下を掘り進んだ。これはエルサレムのムスリムばかりでなく、オスマン帝国全体に大きな波紋を巻き起こした。

英国国教会の主教の娘エステル・ブライスの回想によれば、パーカー隊長の発掘作業が行なわれたのは、ちょうどモーセの死を記念するムスリムのネビ・ムーサ祭と復活祭がぶつかったときだった。「エルサレムはいろいろな宗派に属する興奮しやすい巡礼者や旅行者でごった返していました。こうした祭りに先立って長くてきびしい断食が行なわれるため、さまざまな面で体を張って抵抗することができずにいた彼らは、ちょっとした火種ですぐに燃え上がる火口《ほくち》のようなものでした。こうした火のつきやすい人間が大勢集まっているところへ、英国の発掘隊がモスクの神聖な岩の下から黄金門に通じる古代の地下通路へ侵入したというニュースがまるで爆弾のように投下されたのです。

聖域の管理権は数世代にわたってあるムスリムの一族が固守していました。この先祖代々の見張人に気づかれずにだれかが穴を掘っていって、最後にモスクの構内に出ることなどできるはずがないと思われていました。そこで一族の長か、あるいは一族のうちのだれかが発掘隊から金をもらったのだという噂が流れました。すると、彼らのなかの若手の一人が、金がばらまかれたときに自分が無視されたことに腹を立て、当局に自分が知っていたことをばらしました。

エルサレムの町にはさまざまな噂が飛び交いました。どれも完全な嘘とも、まったくありえないこととも思えませんでした。英国人は魂をコントロールする力を与えられるといわれる〝ソロモンの指輪〟を探しにきたのだという噂もありました。もし彼らがその所有権を得ていたなら、彼らは魂を解き放し、全世界を自分たちの意のままにしていたでありましょう。連中は〝契約の箱〟〔モーセがシナイ山で神から授かったといわれる十戒を刻んだ二枚の石版を収めたもの〕や〝つり香炉〟などの聖具を発見してもち去ったという噂もありました。あるアラビア語の新聞によれば、「それらのことは、神とこの町にやってきてわれわれの貴重な宝物をもっていった英国人しか知らない。実際、われわれの損失は大きいが、それよりひどいのは英国の発掘隊の厚かましさである。一番罪深いのは、見張りをするふりをして彼らに発掘を許した家長《シェイフ》や役人たちだ」。同じ新聞の別の頁には、「英国人は賢い国民である。彼らの抜け目なさはだれでも知っている」と皮肉られました。

　ムスリム、町民、農民《フェラヒン》など二千人近い群衆が、トルコ政庁《セライ》の前で大声を張り上げました。彼らは知事《パシャ》とその家族全員を撃ち殺す、英国人は皆殺しにするなどと脅しました。ちょっとでも冷静さを失えば、腹を立てた群衆がなんらかの行動に出かねない状態でした。彼らはこの機会を逃してはならないと思い込んでいたのです。キリスト教徒とユダヤ人の商店主は大急ぎでシャッターを降ろしました。それほど気が立っていない人たちは家のドアを閉めて難を避けました。オリエントの群衆にとって大事なのは、実際に何が行なわれたかではありません。それが実際に行なわれたはずだとか、そういう企てがあったにちがいないという思い込みによって彼らは動くのです。何千人もの群衆が大声で叫び、脅しをかければ、〝真実〟の静かで小さな声は暴徒の喧騒のなかにかき消されてしまいます。ユダヤ人とムスリムが共通の大義名分を掲げているのを見たのはこのときだけでした……。

　この事件がユダヤ人とムスリムの一番微妙な宗教的感情を傷つけたということを忘れてはなりません。オリエントのユダヤ人はみな、モスクの広大な構内には、かつてその栄光を世界に輝かせた彼らのすばらしい神殿があったのだから、そのどこかに〝聖具〟や〝契約の箱〟が隠されているにちがいないと信じているのです。万一ユダヤ人がこうしたものが隠されている場所を踏めば、ただちに死ぬと思われているので、たとえ山のような金貨をやるといわれても、彼らは決してモスクの構内に足を踏み入れません。ユダヤ人はみな、〝あの英国人たち〟は、憎むべきムスリムの管理人たちに賄賂をやって、神聖な構内に入り込み、神を冒瀆したと思っています。どちらも自己存続にかかわる共通の敵に大事なものを傷つけられたという思いが、ふだんは基本的な点で対立関係にあり、おたがいの目的や意図に懐疑的なムスリムとユダヤ人を一致団結させたのです」。

パーカー隊長はこっそり町から姿を消した。この発掘で、予想外の収穫があった。古代エルサレムの給水システムに関していろいろなことがわかったのである。パーカーはもう一度この町に戻って発掘をつづけようとしたが、トルコ当局は彼のこの地への上陸を許可しなかった。

一九一三年にはじめて、ユダヤ人による主としてユダヤ人地区の考古学的発掘が行なわれた。その資金を出したのはやはりユダヤ人のエドモン・ド・ロスチャイルド男爵だった。レイモンド・ヴァイル隊長が調査場所に選んだのは、エルサレムのもっとも古い建物が集合している「神殿の丘」の真南の傾斜地にあたる「ダビデの町」だった。三千年前、ダビデはこの町を占領したあと、神殿を建てるためにそれまで脱穀場だったところをエブス人から買い取った。

ユダヤ人による考古学的発掘調査にはずみをつけたのは、民族的関心だけでなく学問的関心であった。「糞門〔昔、町の汚物がこの門を通って捨てられたのでこう呼ばれるようになった〕」付近と「神殿の丘」の南側にあるヘロデ王時代の都市の発掘者であるロニー・ライヒ博士は、一九一三年のこのユダヤ人の最初の発掘についてこういっている。「他の国の考古学者とちがって、ユダヤ人の考古学者は第一神殿や第二神殿時代、あるいは「ミシュナ〔口伝律法を紀元二世紀に編纂したもの〕」や「ダルムード〔ミシュナの注解〕」時代の遺跡を発掘し、これを調べることによって、自分たちが遠い過去と直結しているという思いを新たにするのです」。一九九五年夏、愛国心に満ち満ちたライヒ博士は筆者の目の前で、新世代の旅行者や観光客のために整えつつあった街路を指して、このはるか下には紀元七〇年にローマ人がヘロデ王時代の神殿に投げつけた大きな石を砕いてつくった道路があると語った。

一九一三年はエルサレムの近代ユダヤ人の間で激しい争いが頂点に達した年だった。問題は言葉だった。エリエゼル・ベン・イェフダ、ダヴィド・イェリンおよび彼らの仲間たちが主張するように、ヘブライ語を日常語とするべきか、それとも二〇世紀の現状から見て、教育、通商、社会生活に使用する言語はドイツ語にするほうが道理にかなっているのではないかと議論は分かれた。ベルリンのドイツ政府は、自国の影響力を大きくする手段としてドイツ語の採用に期待をかけ、議論をそちらに有利に進めるように働きかけた。一九一三年六月、エルサレムのユダヤ人初等学校がフランスの保護下に入ったという間違ったニュースが広がると、議論は白熱した。

フランス系ユダヤ人の資金援助によるアリヤンス・イスラエリト・ユニヴェルセル系の

学校と、一九〇一年に設立されたドイツ系ユダヤ人のパレスチナ支援団体の一組織であるヒルフスフェライン（ドイツ援助協会）が金を出した小・中学校と大学という二つの対立するユダヤ人教育機関が角を突き合わせた。こうした勢力に対抗するため、教育者ダヴィド・イェリンはエルサレムにヘブライ語教師養成所を設立した。一九一三年六月一五日と、その二日後にもう一度、エルサレム駐在ドイツ総領事エドムント・シュミットは、ドイツ政府がヒルフスフェライン系の学校をドイツの保護下に入れるべきであるとベルリンに進言した。これで「急進的なシオニストたちによるヒルフスフェライン系の学校のユダヤ化を阻止できるのではないか」と期待した。

シオニストたちは妥協案を提出した。ヒルフスフェライン系の小・中学校ではヘブライ語のみを使用するが、大学では一科目のみヘブライ語で教え、他の講義はドイツ語とするというものである。ヒルフスフェラインはこれを拒否した。だが、この協会傘下の学校の一つであるエルサレムのラエメル・スクールはすでにヘブライ語で授業をしていた。これは、エルサレムのユダヤ人学校の教育用言語としてヘブライ語をはじめて導入したヒルフスフェラインの教育部長エフライム・コーヘン－ライスの努力によるものだった。ところが、そのコーヘン－ライスが一九一三年には彼の管轄下の教師の大半が提案した小・中学校でのヘブライ語使用促進案を拒否した。

使用言語論争にはまた、政治問題もからんでいた。一九一三年一一月一七日、ハイファ駐在のドイツ領事ユリウス・ロイトヴェット－ハルデッグはシオニストについてベルリンにこう報告している。「ユダヤ民族の言語の使用を過度に奨励することはアラブ人の猜疑心を拡大する一方、こうした内輪もめによってユダヤ人社会を弱体化します」。内輪もめはなおも続いた。一九一三年一二月一〇日、教師と生徒がエルサレムのラエメル・スクールのまわりですべてのユダヤ人学校の教育用言語をヘブライ語にすることを支持するデモを行なった。すると窓ガラスがめちゃめちゃに割られた。コーヘン＝ライスはトルコ警察を呼んで抗議行動をやめさせた。教師たちはただちに解散させられ、生徒たちもこれに従った。ヤッフォ駐在のドイツ領事ハインリヒ・ブローデは、ヘブライ語擁護者は「アナーキストのアジテーター」であるとベルリンに報告している。

妥協提案は他でも行なわれた。エルサレムのユダヤ人女子学校の女性校長ヴェラ・ピンツォヴェルはドイツ総領事に、自分のところの学校の教育用言語はヘブライ語だが、ドイツ語を外国語として大いに奨励すると語った。英国領事P・J・C・マグレガーはコンスタンティノープル駐在の英国大使に一九一四年三月一五日付でこう書いている。「当地の英国保護下にある唯一のユダヤ人教育施設は、英国ユダヤ協会経営のエヴェリナ・ド・ロスチャイルド・スクールです。この学校はこの種のモデル校で、正統派ユダヤ教では女子の高等教育を禁じているものの、教育施設としては正統派ユダヤ教路線に従って管理運営されています。それが結果的にはシオニストたちに不評で、彼らは女性校長に対し、彼女がヘブライ語を最重視しなければ嫌がらせをするといって脅していました。それが不成功に終わったのは、ひとえにシオニストらが自分たちの行為のために英国の保護を受けそこなうのを恐れたことと、校長と職員が完全に一致団結していたためであるといえましょう」。

一年ほどの間にシオニストの論理は説得力をもつようになった。イディッシュ語、フランス語、ラディノ語（多くのスペイン系ユダヤ人が話す中世スペイン語）ばかりでなく、これを凌ぐほどでないにしてもドイツ語も同じように普段のユダヤ人の生活の一部になっているような土地で、そしてまた現代ヘブライ語がすでにシオニストの公私両面での使用言語として確立されているような土地で人々をまとめていくには、ヘブライ語を共通言語とすることが一番であると彼らは力説した。

ドイツ政府もようやくこれを了承した。「ヘブライ語の他にドイツ語も奨励されるなら、ドイツは十分に報われるだろう」とある古参ドイツ人外交官は一九一五年三月に書いている。それから三年後、第一次大戦でのドイツの敗北で、この議論に対するドイツ官界の影響力はまったくなくなった。

熱狂的なロシア人巡礼団

一九一四年にはロシア人の巡礼団がこれまでになくどっと訪れた。その年の復活大祭に、黒海のロシア側のあちこちの港からやってきたロシア人団体に同行した英国人スティーヴン・グラハムは『ロシア人巡礼団とともに訪れたエルサレム』（一九一四年、ロンドン）にこう書いている。「巡礼者たちが自分たちの死装束用にエルサレム土産をあれほど熱心に集め回るのには驚いた。彼らの頭は死と最後の復活の朝のことでいっぱいなのだ」。巡礼者たちは銀製や木の十字架をもって聖墳墓教会のイエスの墓所へ行く。「彼らはこの墓で十字架を清め、小さいものは自分が墓に入るときに首にかけ、大きなものは胸の上に置く。彼らは自分の死装束と十字架の刺繍の付いた帽子をヨルダン川の水に浸し、エルサレムの土を棺に入れるためにもち帰る。彼らは腕に〝エルサレム〟という文字と、聖母マリアの肖像の入れ墨までした。そうすれば墓のなかでも目立ち、天国へ行っても自慢できるというわけだろう。そうしたシンボルやマークによって、自分の安らぎの場所が得られると彼らは信じている」。

一九一四年のギリシア人、シリア人、アラブ人正教徒巡礼者たちのハイライトは聖火祭の儀式だった。巡礼の最大の意義は、旅の苦労や不測の事態、不自由や困難、混雑や押し合いへし合いをすべて体験できることにある。毎年の復活大祭前の聖土曜日に聖墳墓教会で行なわれる一大行事に、この町はいつになく盛り上がる。スティーヴン・グラハムは、ロシア人巡礼者のふりをしてその一部始終を見て回った。「午後二時頃、総主教と聖職者たちが現われ、盛大な儀式が開始されると、信者たちの歓声は鎮まった。総主教と一二人の大修道院長、四人の輔祭は全員、教会の僕《しもべ》であることを示す光沢のある真っ白な祭服で正装していた。準備が整うと、キリストの苦しみ、十字架、埋葬、栄光ある復活を描いた聖幡《せいばん》を手にした白い法衣の聖職者たちが行列をつくった。聖職者たちは二人一組になり、彼らのうしろを奇跡の十字架をもった別の聖職者たちが、やはり二人一組になって続いた。

やがて大勢の聖職者が束にしたろうそく（イエスの生涯の一年を一本として三三本を一束にしたもの）を手に二列になって現われた。

聖火が運び出されるとすぐ、聖職者たちは自分のもったろうそくの束に火を移し、それを巡礼者たちに分け与えることになっている。総勢の最後に総主教がお供を連れて登場し、イエスの墓の聖堂のまわりを賛美歌を歌いながら三度回る。やがて聖墳墓への入り口の扉の前に立った総主教は、なかへ入る前に主教冠《ミトラ》をはじめ、この世の栄光を表わすすべての標章をはずす。通詞《ドラゴマン》が聖墳墓への入り口の封印を破り、総主教は内陣に入ることを許される。入る前に輔祭たちは、聖火が運び出されたらすぐに火を移してもらうために、腕いっぱいのろうそくの束を彼に渡す。

総主教が聖堂の奥の院に入る前に祭服を脱ぐのは、彼が薬物をいっさいもっていないことを示すためか、あるいは少なくとも単純な人間にそう思わせるためである。彼はたしなみとして必要な着衣以外はすべて脱ぎ、裸同様の状態で奥の院に入る。すると扉はただちに閉められる。辺りが奇妙に静まり返るなかで胸は高鳴り、人々は総主教が姿を消した至聖所のなかで何が起こっているのだろうとあれこれ想像する。するとしばらくして、そこから俗世への神のとりなしを示すかのような、かすかな合図が発せられる。

緊張が高まるなかで、頭上からこの世のものとも思われない荘重な鐘の音《ね》が響きわたる。だれしも〝聖墳墓への熱い思い〟で四肢はすくみ、首ばかりが鶴のように長くなる。こうした数分の〝神のためらい〟の間に、信者たちの胸のなかに疑いの入り混じった高揚感がよぎるのだった。

やがて墓所の北側の壁から黄色い閃光が群衆の頭上にぱっと広がり、またたくまにろうそくからろうそくへと火が移される。墓所の内陣にいた総主教から、一本残らず点火されたろうそくの束が渡された。すでに書いたように、一つの束にはそれぞれ、イエスの享年を表わす三三本のろうそくが束ねられていた。年の数のろうそくは、あっというまにばらされてわしづかみにされ、頭上にリボンで吊り下げられたり、ぎっしり詰まった群衆の間に落ちたりした。私たちの顔や衣服の上に熱いろうが絶えずしたたり落ち、時折、炎が耳を焦がすこともあった。「聖火では最初の三〇分はだれも火傷しないから大丈夫」と巡礼者の一人が私にいった。

興奮した復活祭参加者は火のついたろうそくの束を丸ごと胸元に突っ込んで消そうとした。炎を故意に地肌につけて、喜びで恍惚状態になる人も大勢いた。大勢の巡礼者は自分が死んだときにかぶせてもらう帽子に芳香のする綿を詰め、それでろうそくの火を消した。あざやかな銀色の十字架を刺繡したこうした死者用の帽子を、彼らは死ぬ日まで大切にとっておき、なかの綿ごとかぶせてもらって墓に入るつもりなのだ。聖火を大事に護るために、手のひらをかざして風を避けながら、群衆のなかを大急ぎで駆け抜けて宿舎に戻る者もいた。もっと用心深い人は、二重になったランタンの芯に火を移した。

群衆は、まるで麻薬を吸うか魔術にかけられでもしたかのように、恍惚のあまり気が狂っているように見えた。彼らは囃したてたり、大声で叫んだり、歌を歌ったり、踊ったり、喧嘩したり、そのやり方も動機も実にさまざまで、衣服もしゃべる言葉も異なり、平静な見物人には「響きと怒りの満ち満ちた、何の意味もない白痴の語る話」〔シェイクスピアの『マクベス』の台詞〕のように思えた。だが、そこへ群衆を導く声が響いた。おそらく総主教自身の声だったように思われる。それは「キリエ・エレイソン（主よ、憐れみたまえ）、ハリストス・ヴォスクレース（キリストは甦りたまえり）……」と、東方正教会に属するいろいろな国で使われている言葉で繰り返された。ロシアの復活大祭前夜と同じように、上機嫌のスラヴ人はこの啓示の瞬間、再びキリストにあって自分たちはみな兄弟姉妹であり、たがいに愛し愛される存在であること知って喜びにあふれ、接吻し合った。

小柄のカーキ色の制服を着たトルコ兵たちにとってそれは命がけの試練だった。辺りは物音や人声がすさまじくて、彼らは群衆を制御できなかったようだ。総主教が人々に祝福を与えようと姿を見せると、そちらに向かって群衆が殺到した。アラブ人正教徒たちは鞭がビューンとうなりをあげ、ライフルの銃床を荒々しくたたきつける音ものともせず突進し、華奢で小柄な、白髪混じりの高齢の総主教をつかまえて、意気揚々と彼を祭壇に運び上げた。群衆はしかし、移動しはじめていた。私たちのなかで進路を選べた者はほとんどいなかった。ただもう、押された方向に歩いて行くしかなかった。ようやく宿舎にたどり着いてほっとした」。

スティーヴン・グラハムはエルサレムのキリスト教会暦のなかで、もっとも記念すべき年中行事を経験したわけである。

エルサレムではとんでもない噂が広まりやすい。一九一一年夏、一〇年ほど前からエルサレムのアリヤンス・イスラエリト・ユニヴェルセル・スクールの校長をしていたアルベール・アンテビが友人に語ったところによれば、あるアラブ人農民が彼のところへきて、ユダヤ人たちは本当にエルサレムにユダヤ人の王を置こうとしているのか、その王は外国人だろうが、アラビア語を話すのかと訊ねたという。「どう見てもユダヤ人は非愛国者になりつつある。ユダヤ人は隣人からその所有物を略奪しようとする裏切り者だとキリスト教徒が盛んに非難し、イスラーム教徒もこれに同調している」と彼は書いている。

一九一二年には再度、オスマン帝国議会選挙が行なわれ、エルサレムからルヒ・ベイ・アル・ハリディとウスマン・アル・ナシャシビという二人のアラブ人が選ばれた。二人は、アルバニア出身の新しいエルサレム地区担当知事マフディ・ベイがシオニスト運動に理解あるところを示したことにひどく腹を立てた。エルサレムの英字新聞『トゥルース（真実）』によれば、マフディ・ベイは地中海沿岸平野部のユダヤ人入植地に自治権を与え、彼らが土地購入をしやすくしようとしていた。彼はまた、ユダヤ人に「中央管理センター」となるような広々した自治政府ビル」を建てることも許可するつもりであると発表した。

アラブ人の抗議行動は頻発し、ルヒ・ベイ・アル・ハリディとウスマン・アル・ナシャシビはエルサレムのキリスト教徒アラブ人有力者と組んで、マフディ・ベイを退陣に追い込んだ。だが、新しい知事の着任前に、平野部の土地がさらにシオニストたちに売却された。これがまた、さらなる抗議行動を誘発した。二一歳のアリフ・アル・アリフは、一九一三年一月二五日付のアラビア語紙『ファラスティン（パレスチナ）』にこう書いている。「こうした状況が続けば、やがてシオニストたちは村から村、町から町とわれわれの国全体を支配下に入れてしまうであろう。近い将来、エルサレムは全部売り渡されてしまうにちがいない……」。この警告から一年もしないうちに、ユダヤ人労働者の一団がエルサレムの北のアタロットの土地を耕しはじめた。そこは石だらけの斜面を開拓した典型的な小農場で、労働者たちはシオニストの第一の義務である肉体労働の成果をあげることを期待していた。だが、アタロット農場の存在は、ここに住む農夫たちが町へ行くたびに通らなければならないアラブ人のいくつかの村の怒りをかきたてた。

ユダヤ人の入植に懸念を示していた青年アリフ・アル・アリフは、一九二〇年、エルサレムで反ユダヤ人暴動のリーダーの一人として英国官憲に逮捕され、死刑を宣告されたが、減刑されて流刑となった。のちに彼は英国委任統治政府の役人となり、一九五〇年から一九五五年まで、ヨルダン統治下の東エルサレムの市長を務めることになる。

一九一三年春、パレスチナ・アラブ人の間に反シオニスト会議を開催しようという話がもちあがった。エルサレムのイスラーム教徒アラブ人有力者の一人ムハンマド・サラ・アル・フセイニがこのアイディアを公的に支持した。会議は開催にまでこぎつけなかったが、エルサレム、ヤッフォ、ハイファ、ガザ、ナブルスの著名人たちが集まって協会のようなものをつくり、「シオニストにやられる前に」国有地を買い上げることになったと一九一三年七月一二日付の『ファラスティン』紙は報じている。

その年の暮れ、ロシアのシオニストのリーダー、メナヘム・ウスシュキンは三度目のパレスチナ訪問のあとロシアに帰り、ユダヤ人の農村部への入植ばかりでなく、「ユダヤ人の町、とりわけ民族国家の中心、世界の中心となるエルサレム」をおおやけに支持する発言をした。小冊子の形でばらまかれた彼の発言のなかで、ウスシュキンは「エルサレムの周囲をユダヤ人の入植地でぐるりと取り巻き、シャッツ教授がベツァレルでなしとげたようなさまざまな産業を興さなくてはならない。汚れ放題とはいえ、神聖な場所であるはずの嘆きの壁で、辱めや非難を受けずに祈れるようにしなければならない」と書いている。彼のいうシオニストの目標は、「本当に文化的な国家が心から誇ることができるような、新しいエルサレム」を建設することだった。

エルサレムのイスラーム教徒とキリスト教徒にとって、そうした企図は警戒心をかきたてた。ギリシア正教徒ハリル・アル・サカキニは、一九一四年二月二三日の日記に、シオニストの「パレスチナ征服」は、アラブ人国家の中心部の征服に等しいと書いている。なぜなら、パレスチナはアラビア半島とエジプトやアフリカを結びつけている絆だからである。数日後に続けて彼は、パレスチナが「アラブ文明のゆりかご」ではなかったにしても、「その一部」ではなかったとはいえない。エルサレムにあるムスリムゆかりの聖所やムスリムの学校は「この国がアラブ人の国、イスラーム教徒の国であることを雄弁に物語っている」と記した。

シオニズムに対するアラブ人の抵抗運動は勢いを増し、規模も大きくなりつつあった。争点はエルサレムの役割にあった。ナブルスのアラブ人たちはすでに、自分たちの町がエルサレム地区に編入されることに反対していた。「シオニストというバイ菌に感染させられたくないからだ」と彼らは公言した。シオニストのリーダーたちはアラブ人の抗議に慎重に耳を傾けたが、自分たちの方針を曲げることはなかった。一九一四年三月九日、ハリル・アル・サカキニの前述の日記からわずか二週間後、ドイツ生まれのアルトゥル・ルピン博士の日記にはこうある。「今日、ジョン・グレイ・ヒル卿からスコプス山の広大なすばらしい場所にある土地を購入することに成功した。エルサレムのユダヤ人大学の敷地の一部をはじめて獲得したことになる」。

エルサレム全体を一望でき、東には死海と、遠くにモアブ山脈を望むスコプス山の頂上にあった英国人の邸宅をアルトゥル・ルピンが購入したことがシオニスト運動の将来を決定した。その購入資金は、少数の裕福なユダヤ人慈善家からばかりでなく、ウスシュキンに啓発された何万人もの貧しいロシア系ユダヤ人からの総計五万フランにものぼる寄金からも捻出された。一九一四年に戦争が始まっていなかったら、ユダヤ人大学は一九一七年か一八年にエルサレムに開校されていたことだろう。トルコ政府はいっさい反対はしなかった。

ルピンがスコプス山の英国人所有の屋敷を購入してから六日後、P・J・C・マグレガーはコンスタンティノープル駐在の英国大使に、ユダヤ人の「ナショナリスト精神」はエルサレムのシオニスト学校に「ますます活発に」現われてきていると報告している。マグレガーは同時に、ユダヤ人の土地購入と移民に対するこれまでのトルコの厳重な取り締まりはなくなったとも書いている。それを彼はトルコ政府がこの問題に「無頓着」であるからだと見た。大学創立者たちは、「この大学を英国風のものにし、できることなら英国の大学の一つの姉妹校にしたい」と願っていることも書き添えた。エルサレムのある著名なシオニストが彼に語ったところによれば、大学用地の購入には「二万一五〇〇ポンドが費やされており、外国の保護が必要だ」という。

シオニスト事業に対するアラブ人の反対運動は、コンスタンティノープルでオスマン帝国議会の新たな選挙が行なわれた一九一四年にさらに激化した。ユダヤ人はすでに、エルサレム在住の有力なシオニスト、ダヴィド・イェリンを帝国議会に送っていたが、アラブ人はこれに対抗する構えだった。エルサレムの地方政治家で、市の名門一族のメンバーでもあるラゲブ・ベイ・アル・ナシャシビはムスリム・アラブ人有権者たちに、「私が議員に選ばれたら、日夜全力を尽くしてシオニズムと、シオニストの来るべき弊害と危険を除去するようにがんばります」と訴えた。

ラゲブ・ベイは候補者のなかで最高得票で当選した。エルサレムのシオニストのリーダーたちはもう一人の有力候補者だったサイド・ベイ・アル・フセイニをつかまえて、なぜ彼がシオニズムを強く非難するのかと訊ねると、彼は、人気を得たかっただけで「アラブ人の世論を考えてのことだった」と答えた。歴史家ヨシュア・ポラトはこうコメントしている。「こうした言い方は話し手の誠実さを疑わせやすい。だが、アラブ人の世論のなかに反シオニスト的傾向があったことを間違いなく証明している。オスマン帝国議会の議員候補者が当選したいと思ったなら、それを考慮に入れなければならなかったはずだ」

あるエルサレムのユダヤ人は、一九一四年四月九日にアルトゥル・ルピン宛の手紙に、エルサレムのムスリムたちが「彼らの秘密結社の会合で」ユダヤ人の移民問題が論議の的になっていると聞いたと書いている。

その月、コンスタンティノープル駐在のアメリカ大使ヘンリー・モーゲンソーとロンドンのアーサー・フランクリンという二人の著名なユダヤ人がエルサレムを訪問した。二人とも、明らかに対立関係にある超正統派ユダヤ人とシオニスト・ユダヤ人のどちらにも非同情的だった。このことについて、P・J・C・マグレガーは一九一四年四月二六日付でコンスタンティノープルの英国大使にこう書いている。モーゲンソーはエルサレムを発つとき、「いくつもの派閥の非妥協的な気構えにすっかり失望させられたように見えました。彼はフランクリンにあんまり一生懸命に難事に挑まないほうがいいと忠告していました。フランクリンは、自分が代表する英国系ユダヤ人たちはシオニズムにも反シオニズムにも関心がないと私にいいました。彼らと世界中のユダヤ人とを結ぶ絆は、共通の信仰であって、フランクリンの目的はそれを基盤にエルサレムのユダヤ人を一つの確固とした集団として一体化することでした。彼はまた、ユダヤ人の慈善行為をより効率的に組織するための地固めと、正統派ユダヤ教団に蔓延している悪弊の抜本的改革を望んでいました。私は、フランクリンがシオニズムや自由思想と、保守派の旗頭である正統派ユダヤ教との分裂の実態についてあまりにも無知であることに驚きましたが、それは黙っておりました。しかし、それらについて私が知っている事実は話しておきました。出立前、彼は私のいったことが正しかったことを心ならずも認めました」。

エルサレムでのシオニストの相続く成功は、エルサレムの正統派ユダヤ教徒とシオニストとの間の対立を生んだばかりでなく、アラブ人を神経過敏にしていた。一九一四年五月一三日、エルサレムの有力なムスリム長老の一人アブド・アル・カディル・アル・ムズガルは、英国＝パレスチナ会社のエルサレム支店のユダヤ人支配人イツァク・レヴィ博士に、「アラブ人青年もシオニストの若者も極端に狂信的愛国心に燃え、潜在的な危険分子になっていることに不安を抱いている」と語った。その二週間後、『ファラスティン』社主のイサ・アル・イサは、エジプトの大新聞の一つ『ル・ジュルナル・ド・ケール（カイロ新聞）』に「シオニスト侵略に終止符を打つ非常に重要な運動が、今にも起ころうとしている」と書いている。

一九一四年六月下旬（まさにこの週、サラエヴォでオーストリアのフランツ・フェルディナント大公の暗殺が引き金となって、やがてトルコまでが戦争に巻き込まれることになった）、ある小冊子がエルサレムにばらまかれた。見出しは「シオニストの危険に用心せよ」とあり、署名は「一パレスチナ人」となっていた。書き手は同胞のムスリムに腹を立て、「諸君、あなたがたは世界中で、また歴史上で悪名高い連中の奴隷か奉仕者になりたいのか？　この国は自分たちのものだといって、あなたがたの国から諸君を追い払うためにやってきたシオニストどもの奴隷になりたいのか？　シオニストたちはわれわれの国に入植し、われわれをここから追い払おうとしているのだ。諸君はそれに不満ではないのか？　あなたがたは滅ぼされたいのか？」と書いている。

こうした問いかけはその後数十年にわたる抗争を予告していた。だが、そういう紛争が表面化する前に、エルサレムは他の多くの都市と同じように戦争のどさくさに巻き込まれ、先行きの見通しがつかなくなった。

第3章　第一次世界大戦　一九一四—一九一七年

英国の策動とトルコの反発

一九一四年七月下旬、ヨーロッパは今にも全面戦争に入りかねない気配だった。一八八七年以来、エルサレムの英国国教会主教を務めてきたブライスは七月二一日、たまたまこの町を去ることになった。娘のエステルはこう回想している。「正午の汽車の時間までに、駅は別れを惜しむ人たちでいっぱいになりました。いろいろな国の領事館、東方教会その他の代表の方たちが別れを告げにきました。そのなかに、みんなに人気があって、知らない人はいないドイツ領事夫妻もおられました。ドイツ領事は別れの言葉を述べながら、何度も「私はずっと平和を求め続けてきたのです——私はずっと平和を求め続けてきたのです！」と繰り返しいわれました。父はそのとき、彼がどういう意味でそういっているのかわかりませんでしたが、あとになってようやく合点がいきました」。

ハイム・ヴァイツマン博士は、八月一日パリで、パレスチナにおけるシオニスト事業の主要支持者の一人であるエドモン・ド・ロスチャイルド男爵と会見し、エルサレムのユダヤ人大学の核となるような研究所の設立に資金援助を頼む予定だった。ところが、外交危機の折から、会合は八月八日に延期された。そして、それも行なわれないうちに英国とフランスはドイツと交戦状態に入り、会見は中止になった。「大学設置のための過去一五カ月の努力はすべて水の泡になりそうな予感がした。私は悲嘆にくれた」とヴァイツマンは書いている。

開戦から約三カ月の間、トルコは紛争の局外にいた。だが、ドイツ皇帝とその顧問官たちはトルコ政府に働きかけ、コンスタンティノープルの事実上の支配者である軍事相のエンヴェル・パシャに、トルコがドイツの味方として参戦すれば利するところが多いと説得した。一〇月、エンヴェルはトルコ旗を掲げたドイツ提督の指揮するドイツ軍艦二隻に、ロシアの黒海沿岸のいくつかの港を砲撃することを許可した。その結果、一九一四年一〇月三一日、オスマン帝国は英国、ロシア、フランスのヨーロッパ三大強国と交戦状態に入った。シオニスト運動の盛んなドイツのユダヤ人シオニストたちは、トルコが手柄を立てれば自分たちの要望に政府の配慮が厚くなるだろうと期待した。ドイツ政府がベルリンとコンスタンティノープルの代表的シオニストたちの兵役を免除してくれたのはその現われであるように思われた。おかげで彼らはシオニスト活動を続けることができた。

エルサレムではまた、戦争開始後二カ月ほどはここに住むユダヤ人にとって万事が好都合に動いているような感じがした。実際、トルコ人知事《パシャ》ザケイ・ベイは、ユダヤ人が祈りにゆく「嘆きの壁」の前のスペースを広くするために、モグラビ地区と呼ばれていたこの地域にあるムスリム・アラブ人住宅二五軒を、彼らの住み替え費と、壁の前を公共広場にするための費用に当たる総額二万ポンドで売却することまで申し出た。

残念ながらエルサレムのユダヤ人には、それを購入するだけの資金がなかった。それに、トルコ当局の今後の好意も当てにはできなかった。一九一四年一二月、エルサレムのラビ長がヤッフォのユダヤ人追放措置について苦情を申し立てると、オスマン帝国第四軍司令官ジェマル・パシャは、「自分に関係のないことにまで余計な口を出すなら」ラビ長職を解任すると高飛車に出た。数カ月後、ムスリム・アラブ人たちはトルコ当局に働きかけて、ユダヤ人が「嘆きの壁」の前にベンチを置いたり、ろうそくを灯したりすることを禁止する条令を公布させた。

「嘆きの壁」は何百年もの間、ユダヤ人が昔ここにあった神殿を思い起こして祈りを捧げに行く場所だった。ヘロデ時代の石垣の上に建っていた神殿がローマ人によってすっかり破壊されたあと、残った石垣の西の部分にあたる「嘆きの壁」が当時を偲ぶ最後のよすがになっていたのである。ユダヤ人の間では「西壁」として知られているこの場所に、ベンチやろうそくをもちこむことを禁止する条令は、ささいなこととはいえ、信心深いユダヤ人のいらだちの種になった。オスマン・トルコ帝国のラビ長ハハム・バシがコンスタンティノープルに直訴して、この問題について最高レベルで掛け合い、禁令を撤回させた。それ以降、この壁をめぐるいらだちは容易に解消されなくなる。

第一次大戦中、パレスチナとエルサレムの将来はトルコに敵対する主要大国の間で少なからぬ論議の的になっていた。一九一五年三月、英国自由党政権の閣僚の一人で、ユダヤ人ではあるがシオニストではないハーバート・サミュエルは、世界中のユダヤ人が移住できるような英国の保護領をパレスチナに設立することを提案した。やはり政府の要人の一人で、のちに首相になるデーヴィッド・ロイド・ジョージもこれを支持した。当時の彼の同僚の記録によれば、彼は「ユダヤ人および彼らの過去や未来についてはこれっぽちも気にしていないが、ベツレヘム、オリーヴ山、エルサレムなどのキリスト教徒の聖地を〝不可知論的無神論者で不信心者のフランス〟が所有もしくは保護下に入れるのを手をこまぬいて見ているのは屈辱的であると考えていた」。もう一人の英国政治家ジャック・ピーズは同じ三月の日記にこう書いている。「サミュエルは、ユダヤ人の観点からすれば聖地をフランス人に渡すべきではない、とユダヤ関係者に警告した。彼はダマスコ（ダマスカス）ならよいが、エルサレムは渡したくなかった」。

一九一五年はじめ、英国の政治家の間には、保守党国会議員マーク・サイクス卿が提案した「エルサレム、ベツレヘム、ヤッフォ地域にロシア特別行政区をつくる」というもう一つの可能性を支持する向きもあった。英国の同盟国であるロシアに戦争継続を奨励する必要があると考えられていたのである。

一九一五年一〇月、対トルコ戦への参戦を促すために、アラビア半島のアラブ諸国にさまざまな領土提供案が差し出された。すなわち、オスマン帝国の四つの都市ダマスコ、ハマ、ホムス、アレッポ〔現在はいずれもシリア領〕を将来彼らの領土の一部にするという約束である。一九一五年にアラブ人蜂起のリーダーだったメッカの太守フセインに送られた都市リストのなかには、エルサレムは含まれていなかった。だが、英国はやがて、エルサレムと、ヨルダン川東岸のパレスチナ全域（トランスヨルダン）を英国管理地域の一部に含めたいと考えるようになった。

戦争勃発から一年もたたないうちに、エルサレムはたいへんな窮乏状態に陥った。トルコ軍はガリポリ半島とメソポタミアに上陸した連合軍に立ち向かい、アナトリア東部ではロシア軍と戦っていた。新任知事《パシャ》イゼット・ベイを長とするエルサレムのトルコ政府は攻撃される危険を感じていた。英国の大軍がエジプトにいて、トルコ軍のスエズ運河奪取は不可能だった。市内のユダヤ人とアラブ人のどちらの忠誠も当てにできなくなっていた。大勢のユダヤ人がエジプトに追い出された。暮らしにくさや飢えがつのる市内にとどまっている人たちもいた。最近できたばかりなのに閉鎖されたたくさんのユダヤ人施設のなかにはベツァレル美術工芸学校もあった。創立者のボリス・シャッツは市内の他のユダヤ人有力者と同様、投獄された。トルコ政府ににらまれたアラブ人はトルコのアナトリア地方にある強制労働収容所に送られた。

レイチェル・ランディとローズ・カプランの二人のアメリカ人看護師でやっている小さなハダサ施療院も、戦争が本格的になるにつれて窮地に追い込まれたユダヤ人施設の一つだった。一九一五年はじめ、トルコ政府は病院の建物はすべて自国用に接収し、非トルコ人の医師はすべて市から追い出すか、出身国の軍隊に奉仕するべくヨーロッパに帰らせた。フランス、ロシア、英国など連合国の市民は全員国外に退去させた。一九一五年一月、レイチェル・ランディはニューヨークの本部宛にこう書いている。「戦争が始まって以来、ここの乳幼児たちにこれまでのような幸運は期待できなくなりました。あと数週間のうちに相当数が死亡するでしょう。いうまでもなく、すべて飢えが原因です」。

レイチェル・ランディは病気のため、アメリカへ帰った。その後の戦争中にローズ・カプランは癌で死亡した。二人のやってきた仕事は、ヘレナ・カーガン博士と三人のユダヤ人助産婦に受け継がれた。後年のカーガン博士の回想によれば、戦争が長引くにつれて、エルサレムの人口は減り、飢える人が増えて街路には死体が転がっているようになったという。彼女が世話をしている子供たちになんとか飢えをしのがせるため、牛を飼って、少なくともミルクだけは与えられるようにした。彼女が一番頼りにしていたのは、モラヴィア生まれの眼科医で一九一二年にエルサレムにきたアルベルト・ティホーだった。だが、彼はまもなくトルコ軍の軍医として召集されてしまった。ヘレナ・カーガンはマラリアにかかったが、自分がエルサレムにやってきた第一の使命である子供たちのための医療奉仕は決してあきらめなかった。

一九一五年六月二三日、レバノンの地中海沿岸のいくつかの町で始まりそうになっていたアラブ人の対トルコ蜂起の計画を知ったシリアの名門一族の一人カミル・アル・アサド〔前シリア大統領バッシャール・アサドの伯父〕は、エルサレムにやってきて、ジェマル・パシャに自分が得た情報とだれがリーダーであるかを通報した。蜂起の中心的リーダーとされたアブド・アル・カリム・アル・ハリルはただちに逮捕され、陰謀を企てた廉《かど》で絞首刑に処せられた。ベイルートに大勢いた他のアラブ人ナショナリスト、ダマスコやエルサレムにも散らばっていた何人かの仲間も同様の処分を受けた。エルサレムではガザのムフティ〔イスラーム大法官。イスラーム法の解釈・回答者でカーディの上に立つ。大きな行政区に一人〕のアリフ・アル・フセイニとその息子ムスタファも、ヤッフォ門の外側の公衆の面前で絞首刑にされた。戦後、ある英国将校が、アラブ人当番兵からこのガザのムフティについて聞いた言葉をこう記している。「いい人で、とっても尊敬されていたからね、おいらはみんなと集まって、吊し首にされるのを見にいったよ」。

「来年こそはエルサレムで」

戦争が始まると同時に、トルコ第四軍司令官ジェマル・パシャは聖ジョージ大聖堂にあったブライス主教館を接収した。ジェマルが司令部を英国国教会宣教師館に移すと、主教館はエルサレム特別行政区知事《パシャ》イゼット・ベイの公邸になった。

一九一七年はじめ、連合軍はガザの南に大軍を集結させた。この港の奪取には二度失敗したが、再度挑戦が行なわれることは明らかだった。大勢のトルコ軍傷兵がエルサレムに運び込まれたため、その四月、ジェマル・パシャはアメリカ人居住区のベルタ・ヴェスターに、ヤッフォ門を入ってすぐのところにあるグランド・ニュー・ホテルを病院に転用する許可を与えた。「ホテルはまもなく傷病兵を受け入れることができるようになった。そこはもう〝りっぱ《グランド》〟でも〝新しく《ニュー》〟もなく、汚れて害虫だらけで、石鹼も消毒剤もなかったので、力仕事でその埋め合わせをするしかなかった」と、彼女はのちに『私たちのエルサレム』（ニューヨーク、一九五〇年）に書いている。

パレスチナ征服の見通しが立った英国政府は、ハイム・ヴァイツマン博士の率いるシオニスト機構の強い要請を受けて、パレスチナが英国統治下になった暁にはここに「ユダヤ人の民族郷土」を設立することを約束する方向へと動きだした。トルコおよび中東問題の専門家ウィリアム・オームズビー＝ゴアは一九一七年四月一日、英国の内閣官房長官に「エルサレムのトルコからの解放は、キリスト教徒、ユダヤ人、アラブ人のいずれからも歓迎されるばかりでなく、世界中に道義的かつ政治的影響をもたらすであろう」と進言している。

英国エジプト方面軍の新任司令官エドマンド・アレンビー将軍は、ガザ奪取計画を練っていた。英国軍、オーストラリア軍、ニュージーランド軍、インド軍からなる麾下の部隊は、ガザが陥落しさえすれば、西からか南からか、あるいはその両方から確実にエルサレムに迫ることができそうだった。九月初旬、アウグスタ・ヴィクトリア巡礼宿泊所にあったドイツ軍司令部が英国軍に数回爆撃された。当時、陸軍病院として使用されていたアメリカ人居住区のメンバーだったマギー・リーの日記によれば、「司令部に落ちた爆弾のうち、命中したのはドイツ皇帝と皇后の肖像画のある教会だけだった」という。

九月下旬、アレンビー軍はガザとベエルシェバで軍事作戦行動を開始した。この二つの町が陥落すれば、エルサレムへの進路が開けるはずだった。ベエルシェバは一〇月三一日に陥落した。一一月五日、元ドイツ軍参謀総長で、パレスチナ前線の陣頭指揮を委ねられていたエーリヒ・フォン・ファルケンハイン将軍がアレッポからエルサレムに到着した。着いたとたんに彼は、トルコ軍司令官のジェマル・パシャが「ニリ〔ネツァハ・イスラエル・ロー・イシャケル（イスラエルの栄光は偽らない）のヘブライ語のイニシャル〕」グループのメンバーであるパレスチナ・ユダヤ人の小グループにひどく腹を立てているのを知った。彼らは英国軍のためにスパイを働いた廉で捕えられていた。ジェマルの知らないうちに、その一人がベエルシェバ地域の大事な情報を彼らに渡していたのだ。

一一月七日、ガザはアレンビー軍の手に落ちた。すでにベエルシェバは支配下にあり、これでエルサレムへの進軍路は開かれた。アレンビーの軍事行動にぬかりはなかった。ガザ陥落の翌日、撤退するトルコ軍の後備軍が総崩れになり、大勢を捕虜にし、大砲、弾薬などを奪取した。一一月八日、ジェマル・パシャはエルサレムとヤッフォの主だったユダヤ人を集め、「ニリ」のメンバーばかりでなく、ユダヤ人全員をスパイとみなすと告げた。この不吉な脅しを聞いたドイツ国会議員の一人オスカー・コーンは、ベルリンの当局にジェマルの報復措置を抑制するように要請した。ユダヤ人に好意的であることで知られていたフォン・ファルケンハインが調停に立った。ダマスコにおける裁判で、「ニリ」のメンバー二人が死刑を宣告され、処刑された。投獄された者もいるが、有罪が立証されなかった者は放免された。

一一月九日、オーストラリアとニュージーランド機動部隊の前衛隊は、西からエルサレム丘陵地帯の入り口のラトゥルンまで三〇キロメートルあまりのところまで達した。南からはベエルシェバからヘブロンとベツレヘムを通ってエルサレムへと兵を進めようとしていた。

この日、ロンドンで、英国政府は外相A・J・バルフォアから一週間前にロスチャイルド卿に宛てられた書簡を公表した。それは、バルフォアが英国の影響力を利用してユダヤ人のために「パレスチナに民族郷土」を設立することを約束したものだった。一一月九日、コヴェント・ガーデンのロイヤル・オペラ・ハウスで開かれた「感謝会」でハーバート・サミュエルは、「あの国の人口の大多数を占めるアラブ人の権利を十分に、公正に認めるばかりでなく、「キリスト教徒とムスリムの聖地には常に敬意を表し、いかなる事態においてもその管理責任はそれぞれの宗教団体の代表に委ねるべきである」ことを強調した。彼はまた、ユダヤ人が毎年、祖先のエジプトからの脱出を記念して行なう「過越祭《すぎこしのまつり》」の宴のさなかにお互いが交わす「来年こそはエルサレムで」という挨拶の言葉を何度も引用して、エルサレムへのユダヤ人の夢について語った。

サミュエルは会場の大勢の聴衆に向かってこういった。「私は、東ヨーロッパで何世紀にもわたって、数百万の人たちがせまいところに押し込められ、権利を剝脱され、虐待に打ちひしがれ、意欲に満ちた人々が将来への展望を閉ざされ、才能の発揮を許されず、天性をはばたかせることもできず、あらゆる精神的苦痛に耐えてきたことを思い起こします。私には彼らが、自分たち自身が辺りを照らしつづける灯火であり、生き生きとした思想の宿る身体でありつづけようとして、あらゆる困難を耐え忍び、あらゆるものを犠牲にしてきた姿が目に浮かびます。いつの日か、なんらかの形で古代の栄光がよみがえることを常に信じて、彼らの目はいつも遠い一点を見つめてきました。彼らはいつも、過越祭の夜、家族が集まって「来年こそはエルサレムで」と挨拶し合ってきました。毎年毎年、何世代にもわたって、何百年も、数えればすでに数千年もの間、「来年こそはエルサレムで」を合い言葉にしてきたのです」。

「その永年の夢がついに実現され、シオンの丘にユダヤ文明が昔のままの知的、道義的威力を復活した暁には、世界の他の国々に残された同胞の間に新たな自信と新たな存在意義が広まることを確信します。彼らの目は輝き、曲がっていた腰はついにまっすぐに伸び、世界中のユダヤ人への尊敬が高まることでしょう。本日、われわれがここに集まったのは、英国政府、すなわちわが政府がこれらすべてを可能にし、われわれが非現実的な願望ではなく、近い将来に実現可能な希望として「来年こそはエルサレムで」といえるようにしてくれたことに感謝するためであります」。

サミュエルはこの最後の言葉をヘブライ語で結んだ。「近い将来に実現可能な希望」は本当にもうすぐ実現しそうだった。一一月一七日、アレンビー麾下の歩兵隊はエルサレム丘陵地帯に突入した。同じ日、フォン・ファルケンハイン将軍は、トルコ軍に援軍を送ると確約しながら結局は彼らを放り出したままエルサレムを去り、六〇キロメートルあまり北のナブルス（聖書に出てくるシケム）に撤退した。ファルケンハインはエルサレムを固守せよという命令を受けていなかった。市の防衛は、この地区のトルコ軍司令官アリ・フアド・パシャと、この地区担当の知事《パシャ》イゼット・ベイの二人のトルコ軍人の手に委ねられた。当時、市内にいたスペイン領事ドン・アントニオ・バロバル伯爵の回想によれば、エルサレムに残っていたドイツ軍将校たちは「この都市の運命にはまったく無関心で、撤退の前夜まで酒を飲んで騒いでいた」という。

　エルサレム市内での戦闘を避けるため、アレンビーはエルサレム＝ラマッラー街道を分断し、ナブルスや北部のドイツ軍司令部とトルコ軍との連絡路を断つことを目的に、市の北部に最終攻撃を開始した。一一月二一日朝には、アレンビー軍は、オリーヴ山にあるロシア正教の昇天教会の尖塔や、アウグスタ・ヴィクトリアの元ドイツ軍司令部のタワーの見えるネビ・サムエル（預言者サムエルの墓があった場所という伝承による）でトルコ軍と戦った。

「われわれは苦戦した」とドイツ外務省からトルコ軍に派遣されていたフランツ・フォン・パーペン少佐（のちのドイツ首相）はベルリンに報告している。「長い間保持してきたいくつかの有利な戦略拠点を放棄せざるをえなくなったあと、軍隊がこれほど完膚なきまでに崩壊するとは夢にも思っていませんでした。軍の解体がこれほどひどくなかったならば、今日でさえ、まだエルサレムの南で踏みとどまっていられたはずであります。今はしかし、第七軍は騎馬偵察すらいっさいやりません」。

フォン・パーペンの見るところによれば、トルコ軍の士気は低かった。「独身の兵隊たちはたいへん勇敢に戦うが、有能なはずの将校たちはやる気がなく、その他の連中は逃げ出してしまっていました。エルサレムだけでもわれわれは二〇〇人の将校と、五千―六千人の脱走兵を逮捕しました」。フォン・パーペンはまた、トルコの軍事相エンヴェル・パシャが「政治的影響力を考慮して、あらゆる手段を尽くしてエルサレムを保持せよと強硬にせきたてている」とも書いている。「軍事的見地からすれば、これは失策です。なぜなら、この疲労困憊した軍隊を一つにまとめるには、敵軍との接触を避け、新たな師団に再編成するしかないからです。だが、それには何カ月もかかります。今のところ、見込みは五分五分です」。

その夜、ネビ・サムエルが陥落した。ついにエルサレムを目のあたりにした軍隊のなかにはたくさんのユダヤ兵がいた。彼らの大部分は、「ユダヤ人部隊」もしくは「ユダヤ軍」として知られる二つの英国フュージリア連隊に特別志願した人たちである。第三八大隊は主に英連邦内で召集され、第三九大隊はアメリカで召集された。やがてエルサレムの軍政官になるロナルド・ストーズ大佐は、のちに「エルサレムを奪取した分遣隊の一つを指揮していたある英国人将軍から聞いたところによれば、もっとも勇猛果敢だったのは、ロンドン連隊のある若いユダヤ人一等兵で、尾根の向こうに突然エルサレムが目に入ると、すっかり感情が高ぶったためか、トルコ兵の機銃掃射をものともせず一人で飛び出し、そこにいた一団全員を殺し、銃を奪い取った」という。

パーペンは悲観的な見方をしているが、英国軍の猛攻撃にもかかわらず、トルコ軍は壊滅しなかった。英国軍の公式戦史記録によると、「重要な戦略拠点におけるトルコ軍の回復力はめざましかった」ことが強調されている。一一月二二日、トルコ軍はネビ・サムエルで「勝算なしと知りつつ三回の強硬な反撃を行なった」。双方に多数の死傷者が出た。突然の寒波の襲来と、トルコ軍の激しい抗戦で、英国軍は新たな攻撃計画を一週間延期せざるをえなくなった。やがてトルコ軍は、一一月二七日から四日間連続の反撃を再開した。シュロップシャー、チェシャー、ウェールズの三つの地域出身の英国義勇軍連隊がトルコ軍を撃退した。その後、一一月三〇日にはオーストラリア軽騎兵隊が攻撃してきたトルコ軍大隊と交戦し、兵士二〇〇人を捕虜にしたほか、それを上回る敵兵を殺した。トルコ軍はエルサレム方面に撤退しはじめた。

エルサレム市内では、トルコ人知事《パシャ》のイゼット・ベイが、英国軍を喜んで迎え入れそうなユダヤ人を一人残らず市中から追い出すという、ジェマル・パシャがかつてやったような強硬政策を実行した。アメリカ国籍のユダヤ人四〇人とオスマン帝国の国籍をもつ多数のシオニストが町から追放された。彼らは強制的に徒歩でエリコを通り、ヨルダン川を渡らせられた。エルサレムのドイツ領事館駐在のクルト・ツィムケ博士の記録によれば、これらのユダヤ人は「まるで罪人のように殴られたり、蹴られたりしながら」、町から追い出されていったという。イゼット・ベイは一二月九日、さらに大勢のユダヤ人を強制移住させ、数百人を逮捕した。シオニスト機構パレスチナ事務所長のヤアコヴ・トン博士もそのうちの一人だった。

オスマン帝国の退場

一二月四日、アレンビーはエルサレムをぐるりと取り囲むトルコの軍事拠点全部に一斉攻撃をかけた。英国軍は一二月六日、側面攻撃の一環として南から軍を進めてヘブロンに入った。だが、三日間連続の雨でそれより先に進めなかった。ユダの丘陵地帯を濃い霧が這い、トラックは土石流にはまりこんで動きがとれなくなった。本攻撃は一二月八日早暁に行なわれ、市のすぐ西で必死の構えのトルコ軍が塹壕を張りめぐらしたばかりのデイル・ヤシン村を奪取した。

トルコ軍の砲撃はすさまじく、西側からはそれ以上前進できなかった。だが、包囲網はじりじりと狭められ、同日の朝、すでにヘブロン入りしていた騎兵隊がベツレヘム経由で北進し、市の唯一の東側の補給路兼脱出路であるエルサレム＝エリコ街道を分断した。トルコ警察はその朝、エルサレム在住者で捕虜になりたくない者はただちに町を出るように警告した。英国の公式戦史にはこう書かれている。「トルコ軍がどのような市の明け渡し準備をしていたかは次のような事実によって知ることができる。アルメニア人地区の一四〇〇人の居住者のうち、その通告を受け取ったものは三〇〇人だった。仕方なくシケム（ナブルス）かエリコへ脱出せざるをえなかった人たちに乗り物を提供できないことを知ったジェマル・パシャは、全員徒歩で行かせよと短い電報を打っただけだった。トルコ軍の護衛付きとはいいながら、突然果てしない道程を歩かされることになった大勢のアルメニア人やギリシア人の老若男女のなかには、道中、暴漢に襲われたり、飢えや疲労で命を落とす者も大勢いたが、電報の発信が遅れたために命拾いをした者もいた。オスマン帝国支配下のエルサレムに最後の太陽が昇り、日没とともに斜陽大国トルコは姿を消した」。

関係者全員に大きな影響を与えたこの重要な歴史的瞬間について、英国公式戦史はこう続く。「宵闇がせまる頃、英国軍がリフタを通過し、まもなく市内に姿を見せるだろうという知らせが入った。すると市の西部と西南部のトルコ軍は突然パニック状態に陥った。午後五時、市民は、トルコ軍の輸送部隊が縦列をつくり、ヤッフォ通りを市内に向かってすさまじい勢いで馬を走らせて行くのを見てびっくりした。道すがら、彼らは目に入るか、声の届く範囲内にいるすべての部隊に敵の襲来を知らせた。戦争にうんざりしていた歩兵たちは一瞬立ち止まってものを考えたり、戦ったりする気力もなく、あわてて立ち上がると、軍靴もはかず、ライフルもたずに逃げ出した。将校に鞭で打たれて、やっと隊内に戻った者もいれば、ぬかるみにはまって撤退をいっそう混乱させた者もいた」。

エルサレム市内の状況はこうだった。「トルコ軍は無惨に敗北して、四〇〇年にわたる占領地から姿を消した。ユダヤ人は喜びに沸いた。娘たちはあちこち走り回り、捕まえて強制移住させようとしていた警察の目を逃れるために納屋や地下室、屋根裏などに隠れていた父や兄弟に、「トルコ軍が逃げて行くわ。解放される日はもうすぐよ」と呼びかけた。悪夢は急速に消え去った。だが、トルコ軍はまだうろついており、夜になると銃声が絶え間なく聞こえた。たぶん、気休めに大きな音を立てて野蛮人魂を慰めていたのかも知れないし、自分たちの撤退の足音を目立たなくする意図があったのではないかとも推察される。目的は何であれ、銃声の響きは大半の市民を屋内に閉じ込めた。オスマン帝国最後の動向の目撃者はほとんどいなかった」。

深夜になってから、エルサレム地区担当知事《パシャ》イゼット・ベイは自ら電報局に出向き、職員を退去させたあと、ハンマーで機器をたたき壊した。英国公式戦史によれば、「日曜日の午前二時、西および西南方面からきた疲労困憊したトルコ軍が隊列をつくってヤッフォ門を通過していった。グランド・ニュー・ホテルの窓から、あの足音は何だろうと心配そうにのぞき見していた人たちは、「撤退だぞ」という将校のぶすっとした声に大喜びした。その朝、午前二時から七時にかけてトルコ軍は列をつくって町を出て行き、最後の軍靴の足音が町にこだました。

二〇八二年前の同じ日にも、同じように嫌われていた別の種族の征服者たちが、ついに保持しきれなくなったこの都の見納めをした。一九一七年のエルサレム解放が、おそらくパレスチナの他の住民よりもユダヤ人にとって好都合だったのは、トルコ軍の敗走がちょうど、紀元前一六五年に「マカビのイェフダ」が異教徒セレウコス家から神殿を奪回したことを記念する「ハヌカ」という民族的な祭りと偶然に一致したことだった。役人で最後にこの町を出たのはエルサレムの地区担当知事だった。彼はアメリカ人住民のフレデリック・ヴェスターから〝借りていた〟だけで接収したわけではない軽装二輪馬車で市を去った。夜明け前、彼は一通の降伏文書を残してエリコ街道へと急いだ。日が昇るとすぐ、市長は数名の震えおののく警官に二本の白旗をもたせて、この文書を英国軍司令官に届けに行った」。

最後のトルコ兵は午前七時頃、市の東側のたった一つの門である聖ステファノ門を通ってエルサレムから去ったといわれていたが、英国公式戦史によれば、「それ以後も、武装した落伍兵たちがまだ、北壁のすぐ外側の道路に出没し、銃剣を突きつけて食べ物や水を徴発していた」という。「次の食事にありつけるかどうかもわからない敗残兵の身になってみれば、これをひどい犯罪とは決めつけられないが、オスマン帝国政府が四〇〇年にわたって君臨してきた町の、死の前の最後のあがきとして記録しておく。やがてトルコ軍が潮が引くようにヨシャファトの深い谷底に消えると、空腹とトルコ警察ににらまれるのを恐れてじっとしていた市民はにわかに立ち上がり、公共の建物や、公的目的のために接収されていた各種の建物を襲い、略奪した。彼らはダビデの塔の隣にあったオスマン帝国軍の兵舎の屋根やドア、床まで剝がして焚きつけにした。政府がそれまで何の補償もせずに接収した建物がほとんどだったから、住民は自分でその埋め合わせをしようとしたにすぎないとみなすべきであろう」。

数時間の略奪で、オスマン帝国統治下のエルサレムの数百年にわたる物語に幕が下ろされた。

第4章　英国軍による征服　一九一七年一二月

白旗を掲げたエルサレム市民

一九一七年一二月七日朝、エルサレムの北西の入り口に近いアラブ人村リフタの近くで、第二〇ロンドン連隊（ブラックヒースとウーリッジ）の英国軍兵士H・E・チャーチとR・W・J・アンドリューズが早起きして水を探しに出かけた。二人はどこかに使わなくなった井戸が見つかるか、農民に水を恵んでもらえれば有り難いと思っていた。彼らがある丘のてっぺんに着くと、かなりの数の民間人が近寄ってきて、休戦旗を掲げた大勢の集団がすぐそばまできていると告げた。

二人の兵士はすぐにこのニュースを第一九ロンドン連隊のフレデリック・ハーコムとジェイムズ・セジウィック軍曹に知らせた。軍曹らが町のほうに歩いていくと、民間人の服装をした者やトルコ軍の軍服姿の者などが入り混じった一団が大きな白旗を掲げながら近づいてくるのが見えた。一行は市の鍵の束をかかえた市長のフセイン・エフェンディ・アル・フセイニとエルサレム警察署長ハジ・アブド・アル・カディル・アル・アラミを先頭に、イマーム（イスラーム教導師）、ラビ、キリスト教の司祭らが続いていた。彼らはエルサレムを引き渡すことができる、位の高い英国軍将官を探していた。「たしかにそれは「柔和で謙遜な者［「マタイによる福音書」11章28節］」の言い分を弁護しにやってきた「キリスト」の町の歴史を彷彿させる光景だった」と同じ兵士のS・F・ハットンは書いている。「からりと晴れ上がった一二月の朝、全キリスト教徒の要塞の鍵束が、カムデン・タウン出身の、たまたまその近くを歩いていただけで当惑気味の二人の下町っ子曹長に、徒歩でやってきた人たちから手渡されることになるとは」。

それは午前八時のことだった。「市の鍵束はこの当惑気味の二人のロンドンの若者に渡され、町が明け渡された。彼らはもちろん、すぐに上官に報告した。ところが、その上官さえもいったいどうしてよいかわからない様子だった」という。二人の曹長は英国砲兵隊将校W・J・ベックとF・R・バリー少佐を見つけ、市の要人たちと会い、市長と話してもらった。だが、この二人の少佐も、市の正式な引き渡しを承認できるような、もっと上級の将校を探さなくてはいけないのではないかと思った。

二人の少佐はそれにふさわしい位の人間を探しに戻る途中で、たまたまベイリー中佐に会ったが、彼も自分はそれほど偉くはないと思って引き渡しを断った。しばらくして、彼はやっと、第一八〇旅団の司令官C・F・ワトソン准将を見つけた。ワトソンはすぐに馬に乗って出かけ、自分よりもっと偉い将官がまもなく到着すると市長に伝えて安心させた。ワトソンはそのまま馬で丘を降りてエナブまで行き、第六〇師団の司令官J・S・M・シエイ少将を見つけ、エルサレム市長が市を引き渡そうとして待っていると説明した。シェイ少将は、それまで探し求めていた将官のなかでは一番位が高かったが、さらに自分の上司の第二〇軍団の司令官フィリップ・チェトウッド中将に指示を求めた。その間にワトソン准将は馬車に乗った市長のあとについて少数の騎馬護衛隊とともにヤッフォ通りを進み、住民たちに戦闘が終わったことを告げた。成り行き上、ワトソンはヤッフォ門に到着した最初の英国軍人になった。時刻は午前九時半だった。彼はただちにヤッフォ通りのトルコ郵便・電報局と、ヤッフォ門に英国軍護衛隊を配置した。

市の北部では、フィリップ・チェトウッド中将がシェイ少将にエジプト方面軍を代表して降伏を承認せよと指示していた。午前一一時、シェイ少将は自動車で市の入り口に引き返し、ヤッフォ通りへ乗り入れた。第一次大戦勃発直前にユダヤ人によって建てられた「正義の門《シャアレ・ツェデク》」病院で、彼は公式降伏文書を受け取った。それから彼はヤッフォ門を出てすぐのところにあるトルコ郵便局に乗りつけ、市長と警察署長もそこに呼び寄せた。英国公式戦史によれば、「職員たちはシェイ少将が最高司令官の名において市の降伏を承認したことを知らされた。ワトソン准将は秩序維持に必要な措置をとるように指示された」。

英国軍は戦闘なしにエルサレムに入り、聖都に入城することができた。獅子心王リチャード一世〔第三次十字軍に参加し、エジプトのサラディンと戦った〕が、ちょうど一兵卒のチャーチとアンドリューズが到着したのとほぼ同じ市の北部の地点までやってきてから七〇〇年以上が経過していた。だが、獅子心王はそれから先へは進めずじまいだった。

トルコ軍はオリーヴ山を放棄しなかった。一二月九日朝、彼らは近くのスコプス山から市の北部の居住区に散開していた英国軍とインド軍に集中砲火を浴びせた。その日の午後、この尾根にあったトルコ軍の陣地に攻撃がかけられ、公式戦史によれば、「死者七〇人を出したあと、彼らは銃剣で駆逐された」。

一二月一〇日、さらなる戦闘が行なわれて、トルコ軍はオリーヴ山から最終的に追い払われ、二度と市内を見おろして銃弾を撃ちまくることができなくなった。

アレンビー将軍、聖都へ無血入城

一二月一一日、三週間前にロンドンで出されていた指示に従い、アレンビー将軍がエルサレム入りした。

公式記録によれば、アレンビー将軍が徒歩で入城できるように、「長い間使われていなかった」ヤッフォ門が開けられた。彼は「一八九八年にドイツ皇帝ヴィルヘルムのために壊された城壁の切れ目を通らずに聖都に入った」。

新しい征服者を一目見ようと集まってきた「おびただしい群衆」について、公式記録はこう続く。「彼ら自身が面食らっていた。なぜなら、過去三年以上にわたって、警察は一つの場所に三人以上の人間が集まらないように、殴ったり、罰金を科したり、投獄や追放まで行なっていたからである。三回の大きな出来事すべてを目撃した人たちの証言によれば、アレンビー将軍の歓迎にヤッフォ門に集まった群衆は、ヴィルヘルム皇帝の政治的意図が見え見えの巡礼行幸のときよりも多く、その一〇年後にオスマン帝国憲法復活を祝いにもっと広いスペースのあるダマスコ門に集まった群衆よりもおびただしかった。嬉し泣きをしている者も大勢いた。たがいに抱擁し合う司祭たちの姿も見られた。だが、一九〇八年の「青年トルコ人」の勝利を思い起こさせる空々しい和解に似た大げさな行為はなかった。あのときの勝利がやがてもたらした恐怖と災難を知っている人には、吐き気を催すような思い出があったからである。アレンビー将軍は徒歩で市内に入り、徒歩で去って行った。式典の間、連合国旗は掲揚されなかった。当然のことながら彼らの敵の旗も見られなかった」。

旧市街に入城するアレンビー将軍の背後に、二〇世紀はじめにヤッフォ門の上に建てられたトルコの時計台が見える。これを実際に見た英国人バシル・マシューズは『エルサレムの解放』(一九一八年、ロンドン)にこの「醜悪至極な建造物」について、「この不格好で趣味の悪い石造りの代物を見ると、アレンビーがこのウェディングケーキ風の時計台の真正面めがけて、エルサレムに砲弾を一発撃ち込んでおいてくれればよかったのにと思う」と書いている。エルサレムの名が「〝平和の町〟を意味しているのは恐ろしく皮肉である。まことにこの町は平和であったためしがないのだから! アレンビー将軍がやってくる前でさえ、この町は一六回も襲撃されているのだ」。

アレンビーはダビデの塔の要塞の入り口に一段高く設《しつら》えられた露台に立った。「頭上には数機の飛行機がうなりをあげ、見物人はめずらしそうに空を見上げた」とマシューズの観察は続く。アレンビーは降伏受諾宣言書がおごそかに読み上げられるのに耳を傾けた。それには三大宗教の聖所すべてで秩序が維持され、信者たちが自由にそれらの場所を利用できるように安全が保障されることが明記されていた。宣言書ははじめに英語で、それから、フランス語、アラビア語、ヘブライ語、ギリシア語、ロシア語、イタリア語で読み上げられた。公式記録によれば、「それがすむと、エルサレムに残っていたいろいろなコミュニティーの著名人や高位聖職者たちがアレンビー将軍の前に進み出た。この短い式典のあと、最高司令官はヤッフォ門から出て町を去った」。

その日、市の六キロメートルあまり北のラマッラー方面へ向かう街道沿いのテル・アル・フルという町で小規模の反撃があったが、たちまち鎮圧された。

アレンビーはこの勝利で意気揚々だった。それまで三年間の西部戦線における後退と不振からようやく抜け出せた気持ちだった。エルサレムにいる間に彼は、サソリの尻尾を噛み切るほど強靭な顎をもった大グモを捕まえ、それに「ヒンデンブルク」という名をつけた。彼の格別に大きな軍馬の名もまた、「ヒンデンブルク」だった。この名のドイツの陸軍元帥が西部戦線に張りめぐらした塹壕を、アレンビーはとうとう突破できなかった。ヒンデンブルクの軍隊はまだ不敗のままそこにいたから、きっとその名が彼の念頭にこびりついていたのであろう。

エルサレムの陥落は連合国側にいろいろな思惑をかきたてた。カトリック教徒は、八〇〇年以上も前にサラディンに征服されて失った聖地が、ようやく西側のキリスト教徒の支配下に戻されたという思いを深くした。ローマでは勝利を祝う教会の鐘が鳴り響き、ロンドンでもローマ・カトリック教会の大聖堂の鐘が勝利を告げた。世界中のユダヤ人が、五週間前に「パレスチナにユダヤ人の民族郷土」を約束した「バルフォア宣言」によって、自分たちユダヤ民族の夢に新たな曙光が射しはじめたと感じた。

アラブ人もまた、興奮していた。「アレンビー」という名はアラビア語で「預言者」を意味する「アル・ナビ」と綴り字の形がよく似ていた。彼はエジプト方面から攻めてきたので、これは「ナイル川の水がパレスチナに流れるとき、西からきた預言者（アル・ナビ）がトルコ人をパレスチナから追い出すであろう」という、アラブ人に昔から伝えられている預言が成就するときがきたように思われたのである。

エルサレムのユダヤ人も幸運に恵まれた。彼らが国外退去させられる予定の前夜、スペイン領事がトルコ政府を説得し、「保釈金を払って」彼らを牢獄から釈放することになった。ところが、退去命令の実行予定日である一二月九日までに、トルコ軍は町から逃げ出してしまっていた。ユダヤ人の間には、ジェマル・パシャの怒りから彼らを護ってくれたドイツの将軍フォン・ファルケンハインに対する感謝の気持ちもあった。一二月一五日、ヤアコヴ・トン博士はドイツのシオニスト機構の同僚宛にこう書いている。「ドイツ政府の力強い手で、あの危機的なひとときにわれわれを護ってもらわなかったならば、われわれは取り返しのつかない被害に遭っていたでありましょう。とりわけ最後のきわどい数日間に最高指揮権がファルケンハイン将軍の手にあったことは幸運でした。ジェマルが責任者であったなら、彼がしばしばわれわれを脅していたように、われわれ住民を一掃していたことでしょう」。トン博士の見解によれば、フォン・ファルケンハインは「ユダヤ人住民を破滅から救った」のである。

アレンビーはロンドンの指示に従って行動した。聖地に対する謙虚な気持ちを表明するために、連合国旗は市内に掲揚しなかった。アレンビー麾下の将校の一人、H・O・ロック少佐は、勝利の直後の様子を『聖地における英国軍』（一九一九年、ロンドン）でこう回想している。「キリスト教徒の征服者がエルサレムに足を踏み入れてから七〇〇年になる。だが、今にいたるまで、キリスト教徒がイスラーム教徒より大きな顔をしているようなことはない。それどころか、イスラーム教徒にとって神聖な建物にはすべて、わがインド軍のなかのムスリム部隊が衛兵として配置され、キリスト教徒にとって神聖な場所は、キリスト教徒の衛兵が護った。これまで、エルサレムが、その住民の安全にこれほどひたむきになり、この市とそこにあるすべてのものの保全にこれほど気を遣った征服者に占領されたことはなかったであろう」。こうした言葉は自己満足の響きがないではないが、事実だった。

シオニストと正統派ユダヤ教徒の対立

エルサレムは完全に英国支配下に入れられたものの、前線はまだ、市の北方三〇キロメートル足らずのところにあった。一二月半ばに、トルコ軍はこの町へ三回の反撃を試みたが、いずれも撃退された。彼らはやがて冬ごもりに入った。エルサレムでは、英国軍がパレスチナ中部とガリラヤ湖の解放を目指して予想される戦闘に備えて、ユダヤ人大隊の召集に懸命だった。

一二月中旬、慈善事業家エドモン・ド・ロスチャイルド男爵の息子で、英国のロスチャイルド卿の従兄弟にあたる英国軍将校ジェイムズ・ド・ロスチャイルド少佐がエルサレムのラビたちに会い、このユダヤ人部隊召集運動への支援を頼んだ。ところが、正統派ユダヤ教徒のコミュニティーは、ユダヤ人のエルサレムやパレスチナへの帰還は人為的もしくは政治的配慮によってではなく、神の意図によって行なわれると信じているため、シオニスト運動には長い間反対してきた。したがって彼らはシオニスト政策の不当な要求と思われるものには強い怒りを示した。エルサレムの正統派ユダヤ教徒たちは祈りと研究を主眼とした隠遁者的な生活を送る者が多かったが、それでも市内の宗教心の薄いユダヤ人やシオニストを数のうえでは凌ぎ（後者は四人か五人に一人の割合）、論議がもちあがると、彼らは頑として自分たちの主張を曲げなかった。

ジェイムズ・ド・ロスチャイルド少佐とラビたちとの会合は、英国統治下ではじめてのシオニズムと正統派ユダヤ教との対決だった。会合には、市内の有力者の一人で、信者たちにハイム師として親しまれてきた、シオニズムにあからさまな反対を唱えていたラビ・ヨセフ・ハイム・ゾンネンフェルトが出席した。このラビの娘婿で伝記作者のヒレル・ダンツィガーによれば、ロスチャイルド少佐は、英国軍の他の数人のユダヤ人将校たちと同様、「熱心に、雄弁に」ユダヤ人部隊の召集問題について弁じた。「彼らはこうした自由志願制が、まだ単なる約束にすぎない『バルフォア宣言』の具体化に大きく貢献するであろうと主張した」。

将校たちが話し終わると、「室内はしんと静まり返った。それまではユダヤ人大隊の召集に賛意を表明したラビたちまで何もいわなかった。そして全員の目がハイム師に向けられた。最終的な決断は彼に委ねられていることをみんな知っていたからである。ハイム師は立ち上がって、簡潔に、しかし力強く、自分はこの案に反対であるとはっきりいった。ハイム師の発言のあとはだれも何もいおうとしなかった。何の措置も決定されずに会合は延期され、出席者は退場した」。ロスチャイルド少佐はのちに、「ゾンネンフェルト師と私との個人的闘いは私の負けだった」と書いている。

正統派ユダヤ教徒は、その後もエルサレムのシオニストたちに何度もそのような闘いを挑み、市内には一〇年ごとに気まずい対立が表面化した。ユダヤ人部隊の召集が巧みに妨害されたことを知ったハイム・ヴァイツマンは憤慨した。彼は正統派ユダヤ人コミュニティーを、少人数なのにまとまりの悪いシナゴグを指す軽蔑的なイディッシュ語を使って、「こういう〝クロイツェル〟が存在する限り、われわれ自身の組織がこの国を支配できるようになる見込みはない」と断言した。

正統派ユダヤ教徒の反対があったにもかかわらず、新兵の召集運動は続き、それがうまくいったおかげで、一九一八年にアレンビーが攻撃を再開するまでには、第四〇英国フュージリア大隊は全員、主にエルサレム出身のパレスチナ・ユダヤ人で揃えられた。

英国軍がエルサレムに入城してわずか四日後の一二月一二日、ヤアコヴ・トン博士は市内のユダヤ人指導者を集めて会合を開き、エルサレムのユダヤ人市評議会の設立について討議した。彼は英国が統治体制を確立した暁には、シオニストの声が十分に汲み上げられるようにしておくことが大事だと思ったのである。正統派ユダヤ教徒コミュニティーはこうしたシオニストの手回しのよさに警戒感を抱いた。トン博士がこの初会合に招集した一五人の代表のうち、正統派ユダヤ教徒はわずか五人だった。他の五人はシオニストの「官吏・教員連合会」のメンバーで、それ以外には、市のオリエンタル系、あるいは一五世紀末にスペインから追放されたユダヤ人の末裔であり、心情的にはシオニストのスファルディ系が三人、どのグループにも属さない代表が二人いた。正統派ユダヤ教徒たちは自分たちの見解が少数意見であることを知って憤慨した。彼らはすっかり出し抜かれたのである。

ハーバート・サミュエルは一二月一六日、ロンドンから息子宛にこう書いている。「エルサレムの陥落、というより解放は、この国で大きな感動を巻き起こしています。あらゆる種類の人たち、それもほとんどが未知の人たちから熱狂的賛歌《ディテュランボス》を受け取っています」。その週、英国政府はロナルド・ストーズ大佐をエルサレムの軍政官に任命した。一二月二〇日にエルサレム入りした彼は三六歳で、すでに英国のエジプト保護領管理に一〇年の経験をもち、最近ロンドンの戦時内閣官房室のメンバーになったばかりだった。着任早々、ストーズは友人の将校から「エルサレムで我慢できるのは風呂とベッドだけだ」と聞かされたと日記に書いている。市の通貨の流通事情については、「いつもながら、ユダヤ人は小銭の両替に五、六パーセントの口銭を要求する。シオニストはこれを機会にこうした卑劣な行為をやめさせるべきだ。市は健康的で、今のところ性病の報告は一件のみ」。市にはその頃、自家用車も、一般市民用の電話もなかった。彼のいる軍政部にも、フォード車が「全部で」一四台あるきりだった。

ストーズ大佐は戦前に滞在したことのあるヤッフォ門を入ってすぐのモルコス氏経営のグランド・ニュー・ホテルを訪ねた。そこはアメリカ赤十字運営の病院に転用されていた。病院のなかでストーズは、最近の戦闘で「肩に負傷した」あるトルコ軍将校に言葉をかけた。ホテルの所有者モルコスの哀れを誘う話によれば、トルコ兵たちはこのホテルの発電機、ベッド、現金を洗いざらいもっていってしまったという。一二月二二日は一日かけて全市を見回り、名所旧跡も訪ねたストーズは、トルコ兵が自分たちの乗る汽車の燃料用に、周辺一帯から一万本以上のオリーヴの木を切り倒したことを知った。ストーズの日記によれば、「不毛の地に育った荒々しい去勢馬のようなこの市は、あらゆる種類の悲劇を連想させる瞬間を実に敏感に嗅ぎ分ける。おそらくそれは、盛りのときを間違いなく自分の利益や魅力のためではないことに費やしてきたためであろうか。ヴェネツィアのような死にかけた美しさ、テーベのような防腐処理を施された壮麗さ、フェラーラのような奔放さ、ラヴェナのような憂いはない。だが、古代と現代をごちゃ混ぜにし、記録された歴史の日付を消してしまったように見えるこの市は、盛りを過ぎたとはいえ、純粋で、生気にあふれている」。

ストーズは一二月二二日、一時間以上にわたってエルサレムのムフティでムスリムの精神的指導者であるカメル・アル・フセイニと会談した。彼の執務室は「聖域《ハラム》」を一望できるところにあった。ムフティは「四五歳くらいの洗練された、折り目正しい風貌で、応対にもそつがなかった」とストーズの日記にある。彼とストーズが話している間に、ときどき「訴訟当事者が、常に一人ずつ、彼の前に現われて判決文のようなものを受け取り、音もなく出ていったので、たがいの会話がひどく中断されるようなことはなかった」。ムフティは自分の従兄弟の一人に「聖域」を案内させましょうといってくれたが、ストーズがそのガイドといっしょに「岩のドーム」に入ろうとすると、インド人ムスリム兵の護衛に阻止された。ムスリムの感情を逆撫でしないために、英国将校も兵士もだれ一人として、「決してその建物の中に入らなかった」。

一二月二三日、ストーズは正統派ユダヤ教徒のアシュケナズィ系のラビたちの会合に出席した。中部および東部ヨーロッパ出身の信心深いエリートか、あるいは過去二〇〇年間にヨーロッパから移住してきたユダヤ人の末裔である彼らは、シオニストがエルサレム・ユダヤ人市評議会で明らかに多数派を占めるような段取りが設定されたことを知ったばかりだった。

ラビたちはシオニストとの闘いにストーズを味方につけようとして彼を歓迎した。ストーズの日記によれば、その数は約二〇人ほどで、「彼らは私を会議室に丁重に迎え入れた。そこは一階にある（屋外からは階段を昇って入る）ありきたりの部屋で、およそ不似合いなレンブラント風の毛皮の法服に毛皮の帽子をかぶった巻き毛のラビたちが、細長い樅の木の板でできたテーブルをはさんで私の両側に座っていた。彼らのなかにはアラビア語やフランス語を話す人もいたが、全員に共通な唯一の言語はドイツ訛りの強いイディッシュ語だけだった。私の右側に座ったこの日の議長と称する人だけが、まあまあの英語を話した。私が彼らに、アレンビー将軍のエルサレム入城の日は、たまたまマカビのイェフダを記念するハヌカ祭の日だったことに気がついたかと訊ねると、肯定のどよめきの声が上がった。世界大戦勃発のニュースがエルサレムに届いたのは、紀元七〇年、ローマのティトゥス軍によって第二神殿が破壊されたことを偲ぶアブ月九日だったことも不思議な一致だという」。

ストーズはラビたちに、ユダヤ人の小銭の両替レートのことで不愉快な思いをしていると文句をいった。すると彼らは、小銭の両替レートが高いのは、バザールの商人たちがエジプト紙幣を受け取るのを拒否し、「硬貨」だけしか受け取らないため、小銭が不足しているからだと説明した。ふたたびストーズの日記によれば、「これを潮に、ジャム、リションン・レツィオン製のブランデー、砂糖、アーモンドなどが運び込まれ、解放軍の到来を祝う乾杯に応えて、私もエルサレム・ユダヤ人コミュニティーの健康と繁栄のためにグラスを上げざるをえなかった。彼らのなかに、ヨーロッパと同様、詩人や画家、音楽家などがいるかと訊ねたところ、自分たちは思索やエネルギーのほとんどを宗教に捧げているのだと、その中の一人がきっぱりといった」。

三日後、この「驚くべき勢力をもった宗務院《シノド》」は市のシオニストたちに異論を唱えるために断固とした方策を採った。ラビたちがストーズと会った日に計画されていた市評議会の会合で、代表者の比率がシオニスト指導者たちによって変更され、四五人に拡大された市評議会メンバーのうち、正統派ユダヤ教徒に割り当てられたのはわずか一一議席だった。三日後、こうした屈辱に対処するため、正統派ユダヤ教徒は自分たち自身の「アシュケナズィ・コミュニティー評議会」を発足させ、彼らの要望を英国軍政府に直接提出することにしたのである。

英国統治下で迎えた最初のクリスマスは、六〇〇年以上前の十字軍時代以来はじめて、エルサレムを取り戻したキリスト教政権のもとで祝われることになった。英国はまだ、トルコと交戦中だったが、聖都はもはやトルコ軍の射程圏外にあった。一二月二六日、ストーズはオリーヴ山の頂上に登り、「エリコ方面に砲弾を発射している」二基の砲台のそばにしばらく足を止めた。翌日、彼は「聖域」の見晴らし台から、「重厚な建物群と、遠くのモアブ山脈が夕焼けに真っ赤に燃える火のように輝く」のを見つめた。

エルサレムの美しさは新しい征服者の心を打った。

第5章　英国の軍政統治　一九一八―一九一九年

建設熱心な征服者

一二月二八日、ロナルド・ストーズ大佐は正式にエルサレム軍政官に任命された。彼は公邸はもたず、ヤッフォ門を出てすぐのファスト・ホテルに部屋を取った。執務室はヤッフォ通りを数メートル下ったヒューズ・ホテルの一階にあった。「ここで何ができるかわかった。それからファストへ昼食に戻ると、玄関ホールのところで、副官を連れた少将が最上の部屋を求めている声が聞こえた。経営者のファスト氏はあいにくそれは軍政官が使っているというと、「軍政官はこの私だ」とワトソン将軍は答えた。彼はパレスチナ南部からの任務の報告に忙殺されていて、自分の地位の取り消し電報を受け取っていなかったのだ。私はその夜、「スイート」を彼に譲り、町を案内した」とストーズはのちに書いている。

一二月三一日、ストーズは市内のムスリム、キリスト教徒、ユダヤ人のそれぞれのコミュニティーから新年の挨拶を受けた。ユダヤ人は、シオニストが取り仕切るエルサレム・コミュニティーと、八日前に彼をもてなした正統派アシュケナズィ・コミュニティー評議会のメンバー、両方の代表がやってきた。ストーズはただちにエルサレムの政治の舵取りのむずかしさを直感した。ユダヤ人コミュニティーばかりでなく、ムスリムやキリスト教徒コミュニティーもいくつかの派閥に分かれていて、しばしば激しくやりあったり、それぞれの派閥が互角で自分たちの言い分を譲らないこともわかった。

次の対トルコ攻撃のために待機していた大勢の英国軍兵士たちにとって、エルサレム訪問は息抜きにはもってこいのひとときだった。英国の砲兵隊中尉ロバート・グッドサールは一九一八年二月にエルサレム見物をした。彼の『パレスチナ回想』（カンタベリー、一九二五年）によれば、陸海軍の飲食娯楽施設用に接収されていたファスト・ホテルは、「将校の休暇には申し分のないところ」だった。大雨で不快感はいっそうつのった。一日目にりとあらゆる汚れとゴミで埋まっていた」。旧市街の街路は「汚いうえにせまく、あ町を案内してくれたガイドは、「国籍はどこかわからないが、汚れてはいるが暮らし向きのよかった頃をているように見えた。彼はトルコ帽をかぶり、聖都がすっかり故郷になっ偲ばせる外套を着て、ステッキをもっていた。絶え間なくべらべらしゃべるが、英語の知識はいたって限られていて、「彼女ハ話シタデスガ」といった調子で、いっていることの半分しかわからなかった」。

グッドサールはエルサレムにすっかり魅了された。オリーヴ山の頂上に着いたときのことを彼はこう書いている。「たっぷりした木陰のあるオリーヴの老木の下を選んで、私は斜面に腰を下ろした。そのときはじめて、目の前に広がる光景の美しさをしみじみ感じた。見渡すと、聖都と、パレスチナでもっとも畏敬の念をもって崇められているものすべてが眼下にあった。こういうときの人間の感情を分析するのはむずかしい。驚嘆、畏敬、大きなやすらぎのどれも、その一部しか表わしていないような気がする。私はしんとした静寂のなかにただずんでいるだけで、めったに経験することのないひとときの恍惚を感じ、景色を眺めて満ち足りた思いに浸った」。

エルサレムは解放者たちを歓迎した。「市民のなかで、トルコ軍の撤退を遺憾に思う者は一人もいないようだ」とグッドサールは見た。イスラーム教徒であるトルコ人は、同じムスリムのアラブ人を軽蔑し、民族意識の強いアラブ人が彼らに対抗する軍隊をつくってトルコ帝国を覆すのではないかと恐れていた。ストーズがのちに書いているところによれば、「一九一七年から一八年にかけての冬は、まだ人々の目に大きな不安が宿っており、緊張感は完全に消えていなかった。連合軍と友好関係にあることがわかったり、疑われたりして、キリスト教徒の家族全部が、わずか一時間前の通告でトルコのアナトリアの奥地に追放されたり、ムスリムのカーディ（裁判官）がヤッフォ門で吊し首にされたり、ユダヤ人の少女が拷問されて自殺したりしていたからである。だが、トルコ兵は自軍の旗を降ろし、四〇〇年間駐屯していた、というよりも露営していたかのような陣地を引き払うとき、現金、議事録、記録簿、薬品、外科手術用器具、相当量の家具、すべての食糧品など、市民あるいは解放者に少しでも役立ちそうなものは全部もっていってしまった」。
こういう状態のところにやってきた解放軍リーダーのストーズの仕事は、まず不足品を補い、町に活気を取り戻すことだった。食糧、安定した通貨、下水処理、飲料水の一定供給は彼の軍政下の業績の一つだった。一九一〇年にこの町を訪れたとき、ダマスコ門の外側にあったどっしりとした構えが印象に残っている聖パウロ巡礼宿泊所に司令部を移した彼は、トロイの勇士のごとく奮戦した。ベツレヘム街道にあった聖ヨハネ・エルサレム眼科病院の再建を許可したのも、彼が最初に行なったことの一つである。ここはトルコ軍が弾薬庫として使っていたが、撤退前夜に爆破された。「何一つことは迅速に運ばないように思えた。その週の大部分は爆発の瓦礫や不発弾の処理に終わったからである。患者を受け入れられるように再建されるには数カ月かかりそうだった」。

エルサレムのキリスト教徒アラブ人とユダヤ人には、少なくともヨーロッパの信者たちからなんらかの援助が寄せられるという特典があったが、ムスリム・アラブ人たちにはそのようなつてはなかった。そこでストーズは打開策として、エジプトのイスラーム教徒たちを説得し、無料の診療所と給食施設の設立資金をつのった。彼はまた、「アルメニア人、シリア人、ローマ・カトリック教徒、正教徒、プロテスタント、ムスリムなど、自分の懐《ふところ》に飛び込んできた」七千人あまりの難民に食糧や一時収容施設を見つけてやらなければならなかった。難民のなかにはチフス患者も大勢いた。

ストーズの業績のなかでもっともすばらしいのは、給水システムに関連したものである。英国軍が市内に入ってきたとき、ここには三つの給水源があった。その一つである家庭用の貯水槽に溜められた雨水は飲料水には適しない、と英国軍は判断した。他には、「ソロモンの池」からトルコ人の敷設した水道管を経由して市の南部に一日約七万六千リットルの割合で供給されていた水と、キドロンの谷の「ギホンの泉」から、あまり衛生的ではない山羊の革袋に入れて運んでくる水売りから買うしかなかった。英国の公式戦史によれば、「ギホンの泉」の水自体が「事実上、濁っていない下水に等しかった」という。

たくさんの軍隊がやってきたため、貯水槽の水も、「ソロモンの池」から引いてくる水もたちまち足りなくなった。新たな水源を探すため、ストーズは軍の工兵隊と協議し、一九一八年二月一一日、彼らが提出した計画書が承認された。厳寒のため工事の開始は四月半ばまで延期されたが、いったん工事が始まると、一気に、効率的に進行した。エジプト方面軍の公式戦史によれば、「工兵隊が提案し、首尾よく実行に移されたこの計画は、エルサレムの歴史と古代ロマンさえ彷彿させるものである。それは、基本的にはヘロデ王とポンテオ・ピラト〔一世紀はじめのローマ領ユダヤの総督〕時代の給水システムを改良したものである。大昔のローマ帝国の技師たちは、ワディ〔雨期以外は水のない涸《か》れ谷〕・アルルブ沿いのいくつかの泉から、岩をくりぬいた溝をつなげて、容量約一五二〇万リットルの貯水池まで水を引き、そこからソロモンの池を経由して石工の手になる導水渠を通じてエルサレムに水を送っていた。そこで今回は、まず泉から水を引いている、この岩をくりぬいた溝を徹底的に清掃した。溝のあちこちが、文字どおり〝積年の塵芥〟でせき止められており、それらを掻い出してみると、ほとんどあらゆる時代にわたる人骨もいくつか出てきた。次に、古代からの貯水池を修理し、ポンプを据え付けて、泉の近くにつくった容量約二〇万リットルの新しい貯水池に水を汲み上げることができるようにした。そこからサイフォンの原理を応用して、エルサレムの西側の高所まで水を運び上げるようにしたため、現在では市内のどこにでも水道管による給水が可能になった」。

エルサレムの給水システムについて、英国の公式戦史の説明はまだ続く。「英国軍政下での給水システム工事は本来、さしあたりの軍事的必要性と、民間人が自家用の貯水槽に溜めておいた水を軍隊が使わせてもらっていることの埋め合わせとして行なわれたものだが、こうした設備の設置は市にとって末永く役立つものとなるであろう」。工事は一九一八年四月一五日に始められ、九週間後の六月一八日には新しいシステムを通じて市民に水が供給された。重力の高低差が、給水システムの原理になったわけだ。これをうまく利用するために二〇キロメートルあまりにおよぶ水道管が敷設され、毎日約一一〇万リットルの水が供給されるようになった。夏のはじめに供給量が十分になると、エルサレムの大きな建物の貯水槽にもいっぱいに水が蓄えられた。「ローマ時代以来、聖都にこれほど豊富な水があったことはない」と公式戦史は記している。

エルサレムの歴史のなかで、英国軍政府ほど建設的な仕事に熱心な征服者はいなかった。

七〇人ほどのアルメニア人難民たちは、アメリカ赤十字から織工として働く彼らのために、旧市街のなかでも放置されたもっとも荒廃のひどい地域の一つである「木綿市場」をいくらか手入れして、定住地として確保してもらった。一九一八年はじめ、市庁舎ガーデンの近くのある家に読書室が設けられ、定期的に発行される軍事日報をはじめ、英語、フランス語、アラビア語、アルメニア語の新聞や雑誌も置かれるようになった。その春、ストーズは「チェス・クラブ」を創設して自分自身がその初代会長になり、ユダヤ人の会計係、ローマ・カトリック教徒の秘書、および数人のムスリムも運営委員会のメンバーに入れた。やがて第一回のチェス・トーナメントが行なわれ、ストーズの回想によれば、「四位までがユダヤ人、五位は軍政官（すなわち自分自身）だった」という。

ストーズはまた、当時、英国軍の前線に従軍していた名ヴァイオリニストのチャイコフを任務から解放し、エルサレム音楽学校を設立した。この学校の最初の教授になったチャイコフは、エルサレムで演奏活動を行なったばかりでなく、エジプトにも出かけて、カイロやアレクサンドリアでエルサレム音楽学校の寄金募集のためのコンサートを行なった。

この音楽学校の設立当初から、少なくとも教授陣の四分の三と生徒の九〇パーセントがユダヤ人だった。「そこで私は市評議会のキリスト教徒とムスリムの議員を呼んで、私の行なっている他の事業と同様に、この学校の経営も所有権も国際的かつ非政治的なものにしておくことを切望しているが、もし向こう六カ月間に他の生徒の比率が事実上増加しなければ、この学校をユダヤ人コミュニティーに委ねざるをえないと警告した。六カ月待ったが成果は上がらなかったため、私は仕方なくこの学校の経営をユダヤ人に委ねた」。

ストーズは、ムスリム・コミュニティーが政府に期待している支援を提供することにも全力を注いだ。毎春一週間ほど、何万人ものイスラーム教徒が、ムスリムの伝承によると預言者モーセの墓があるとされているヨルダン渓谷を一望するネビ・ムーサで行なわれる祭りに、エルサレムから出かけていく。トルコ政府は、地元のムスリムの気持ちを尊重するしるしとしてこの行事を大切に扱ってきた。トルコ統治時代には毎年、ムフティと市長が、エリコ街道に設けられた祭り用のテントでトルコ皇帝の代理人を待ち受け、やがて勢揃いして知事公邸に赴き、ムスリムの聖旗をトルコ人知事に手渡す。そこから知事は華やかな行列を従えて「聖域《ハラム》」で行なわれる儀式に向かう。そこで長老のイマームが、正式に祭りの始まりを告げるのだった。

ストーズの回想によれば、「私自身がトルコ人知事の役目を果たした。軍隊はその場の雰囲気にとけこむために礼砲を（ときにはあまりそうしたくない時間にも）放ったばかりでなく、暑くて疲れる、あまり整然としていない祭りの行列のために軍楽隊を繰り出した」。ムスリムの行事へのこのような英国人の参加は、「イスラーム教徒ばかりでなくキリスト教徒の住民にも非常に大きな満足を与えたので、隊員たちも納得した。双方とも、英国人が彼らの伝統に関心をもち、彼らの望み通りのことをしてくれていると感じたようだ」とストーズは記している。

一九一八年三月にエルサレムを訪れた英国人のなかに、ヴィクトリア女王の三男コンノート公がいた。旧市街を案内してまわったロナルド・ストーズは、コンノート公の記憶力のよさに感嘆した。なぜなら、「彼は岩のドームの内装が、三三年前に彼がここを訪れたときよりきらびやかに見えることに気づいたからである。たしかに内部は一八九〇年にトルコ皇帝アブドゥル・ハミトによって金箔の張り替えが行なわれていた。彼はまた、三〇メートル近くも離れたところに立っているアラブ人警察官がオーストリア軍砲兵隊の剣をもっていることに私の注意を促した。また、彼は軍人の勲章の序列や組み合わせに精通していたが、儀仗兵の一人のユダヤ人警察官がフランスの軍功章とドイツの鉄十字勲章をともに着けていることに（それをもらうほどに勇敢だったことにも）驚きを示した」。

シオニスト委員会の多難な船出

一九一八年三月、ロンドンの植民地省はシオニスト委員会のエルサレムへの出発を許可した。ハイム・ヴァイツマン博士の率いるこの委員会は、パレスチナのユダヤ人住民と英国軍政府との連絡役を務める予定だった。軍政府はたとえ従属的なものであっても別の権威集団の到着を猜疑の目で見ていた。同じように落ち着かなかったのは、三カ月前にエルサレム・ユダヤ人市評議会に住民数に見合った代表を送ることをシオニストに拒否された正統派ユダヤ教徒コミュニティーだった。正統派ユダヤ教徒のリーダー、ラビ・ゾンネンフェルトの娘婿ヒレル・ダンツィガーはこう書いている。「ヴァイツマンはエルサレム訪問の最初の二週間、甘言や脅し、おだてなど、あの手この手で無理矢理二者を統一することに成功しかけた。だが、結局、たがいの不和のもとになった見解の相違は解決されず、一本化は達成されなかった」。

以後、エルサレムの英国軍政府とのあらゆる交渉で、ユダヤ人の中心的な代弁者になるのはシオニストたちだった。超正統派のシオニズム嫌いは広い賛同を得られず、地上のエルサレムを復活させる前に「神の国のエルサレム」を生み出さねばならないという彼らの信念に共感を示すユダヤ人を多数派にすることはできなかった。

シオニスト委員会のメンバーがエルサレムに着くと、さっそく軍政官の執務室に案内された。ストーズはその場で、エルサレムのムフティで市のムスリムのリーダーでもあるカメル・アル・フセイニ、その従兄弟で市政の管理責任者である市長のムーサ・カゼム・アル・フセイニをはじめ、イスラーム教徒およびキリスト教徒著名人に彼らを紹介した。そのなかにはギリシア正教徒で副市長のD・サラメ、市のムスリム教育長イスマイル・ベイ・アル・フセイニ（やはりフセイニの従兄弟）、現職のアルメニア総主教トルゴム・クシァギヤンもいた。「エルサレムの顔ぶれはさまざまで、先行きは心もとなかった」とストーズは書いている。

ストーズの回想によれば、ヴァイツマンは一同を安心させようと懸命だった。「シオニストたちが政治権力を奪おうとしているのではないかと人々を疑心暗鬼にさせるような発言にはおたがいに気をつけましょう。それよりも、双方が手を取り合って前進し、共同自治体を発足させるようにしようではありませんか」とヴァイツマンはいった。彼はまた、シオニストはアラブ人とアルメニア人の闘争を「きわめて同情的に」見守っていると述べた。「なぜなら、三者が相互に助け合えば、再び自由を回復できるはずだからだ」。

ムフティは感動して、ヴァイツマンが「そういってくれなければ、もしかすると湧き上がっていたかもしれない」不安を和らげてくれたことを感謝し、パレスチナに繁栄をもたらすには、「目的の一致」あるのみと、その成就を祈った。それからムフティは、「われわれの権利はあなたがたの権利であり、あなたがたの義務はわれわれの義務でもある」という昔からの預言者の言葉を引用した。だが、シオニスト委員会がエルサレムにユダヤ人施設をどんどんつくるにつれて、アラブ人はますます（ストーズの言葉を借りれば）「ゆゆしき事態のはじまり、政府内政府の出現の兆し」と感じるようになった。

三年後、ロンドンに行ったパレスチナ・アラブ人代表団が、英国植民地省から彼らの意向をシオニスト委員会にちゃんと伝えなければならないといわれたとき、こうした感情は一気に激化した。

シオニスト委員会が動きはじめた当初から、アラブ人は落ち着かなかった。委員会が市のユダヤ人職員である警察官、事務員、鉄道員、電話交換手らの賃金に上乗せして補助金を払いはじめたことに彼らは腹を立てた。委員会の言い分によれば、これはユダヤ人の賃金を地元のアラブ人の水準よりもヨーロッパの近親者に近いものにするための措置だった。彼らはまた、エルサレムにおける国王誕生日のパレードが、ユダヤ人の「安息日《シャバット》」と重ならないように延期されたことにも憤慨した。

アラブ人とシオニスト委員会との接触は次第に油断ができなくなってきた。ストーズによれば、「不安と疑惑にはさまれて、良好な関係は急激に危ぶまれるようになった」。その当時の一つのエピソードを彼はこう語っている。「ある日、ヴァイツマンがやってきて、ムフティにコーランを一冊プレゼントしたほうがいいのではないかと提案した。そこで私はカイロからりっぱなものを一冊取り寄せてやった。ムフティはその豪華な手書き本をムスリム裁判所にある彼の執務室のだれもいないところで内密に受け取りたいといってきた。その夜までに、執務室にもっていく箱のなかには実際には現金を入れておくということで、エルサレム・アラブ人との間で話し合いがついていた」。


ヴァイツマンは、善意と交渉と妥協とによって自分のさまざまな目的を達成したいと願っていた。だが、はじめからムスリムの感性にはついていけないと感じさせられた。彼は、ユダヤ人が煩わされることなく「嘆きの壁」に行けるように、その地域の管理人に七万五千ポンドで壁の前の小さな一区画をユダヤ人に譲ってもらうことを提案した。そこには二四、五軒の家があったが、その大部分は今にも崩れそうな古い建物だった。七万五千ポンドにはそれらの家のムスリム居住者の移転費も含めたつもりだった。壁の前にユダヤ人が安心して出入りできるように、一九一四年にも同じような提案が行なわれたことがある。

英国軍政府はヴァイツマンの提案を認めた。ストーズは乗り気になった。なぜなら七万五千ポンドの一部をムスリムの教育改革に使えると確信したからである。この提案をムスリムに受け入れやすくするため、ストーズはシオニストではなく自分からの申し出とすることにした。最初、万事がうまくいきそうに見えた。ところが、ムスリム側が承認を渋り、交渉は決裂した。「たとえムフティ自身はその気であっても、「崇高な聖域《ハラム・アッシャリフ》」の壁の外側に隣接した土地に対してさえ、干渉を受けたという噂が少しでも広まらないように、ムスリム民衆の揺れ動く微妙な気持ちに配慮せざるをえなかったのであろう」とストーズはいっている。

二〇年後のストーズの回想によれば、「実利性から考えて、この提案を承認してくれていたら、そののち何年にもわたる不愉快な屈辱を回避できたであろう。ユダヤ人が祈っているところで、アラブ人が壁や歩道を汚したり、鳴り物入りの楽隊が悲しいほど場違いな音を立てるといったマナーに反することをしたり、一九二九年にはついに激しい怒りが爆発するまでになったのである」。

ストーズはアラブ人とユダヤ人を公平に扱うと同時に、紛争が避けられそうもないと感じたときには断固とした措置をとろうとした。シオニストたちは白地の中央に薄水色の「ダビデの星」をかたどった旗やのぼりを何千本もつくって、祝日に家に掲揚したり、行列の参加者にもたせて民族的気炎を上げようとした。だが、ムスリムにはそれが挑発と感じられた。「たちまちそういった動揺をかきたてたので、旗の使用を事実上、禁止せざるをえなかった」とストーズは記している。

七〇年後、イスラエル政府はエルサレムにパレスチナ旗を掲揚することを禁じた。だが、時代が変われば規則も変わる。一九九五年には、パレスチナ旗とイスラエル国旗が両方とも妨害されることなくエルサレムにたなびくようになった。双方の合同会議が開かれるようなときには、一九九五年のアラブとイスラエルの学生団体の会合のときのように、二本の旗が並んで風に翻っている。

ヴァイツマンのあとのシオニスト委員会の最長老は、ロシア系ユダヤ人リーダーのメナヘム・ウスシュキンだった。他の委員会メンバーとちがって、彼はエルサレムにとどまる決心をし、自分のシオニストとしての理想を「エレッ・イスラエル（イスラエルの地）」の実現に置いた。ヨーロッパで戦争が勃発する直前に三度目のエルサレム訪問をした彼は、当時、市の周辺にはモツァ以外にユダヤ人入植地がほとんどないのを知ってびっくりした。そこで彼は一九一八年の初仕事として、エルサレムの西一二キロメートルあまりの岩だらけの丘陵地帯に広い土地を購入し、そこに「ブドウ畑の町《キリャト・アナヴィム》」と呼ばれる小さな村をつくった。ウスシュキンは最初の開拓者たちをこの村に連れてきた。彼らは石をどけ、昔の台地を修復して、戦前にガリラヤ湖周辺につくられたのと同じようなキブツをそこに建設した。キリヤト・アナヴィムのブドウ畑、果樹園、畜産品はエルサレムのユダヤ人への、もっとも近い非アラブ系の食糧供給地になった。

ストーズが軍政官になってから六カ月後、彼より位の高いアーサー・マネー少将がより広域の占領地全体の行政司令官としてエルサレムにやってきた。ストーズは相変わらずエルサレムの軍政官ではあったが、少なくともしばらくの間、彼の権威は多少光彩を失った。最初の六カ月の自分の軍政官としての権限について、彼はのちにこう書いている。

「弁護士も判事も法廷もなく、あるのは法律だけだった。当時のパレスチナにとっては好都合だったが、新聞もなかった。法的にも情報入手という点からも、われわれは「無知の国」に住んでいた。書き言葉、もしくは話し言葉によって、苦痛を和らげ、悪しきを正し、神聖なるものの冒瀆を禁じ、能力や善意を伸ばすことを可能にするには、アリストテレスのいう「情け深い主人」的な権力を行使しなければならない。たとえば、ファスト・ホテルの名前を変えるにあたって、ユダヤ人は「キング・ソロモン」にしたいといい、アラブ人は「スルタン・スレイマン（オスマン帝国時代の壮麗王）」にしたいという。どちらになってもエルサレムの住民の半分の意見が除外されることになるから、意見は聞かずに、「アレンビー」にせよと命じることができた。手続き的に不法行為を犯しがちだが、明らかに緊急度の高い改革を一筆書いただけで実行できるのは、のちに修正も廃止も可能であるし、非常に便利である」。

ストーズの業績のなかで一番後世に残ったのは、都市計画の領域だった。一九一八年四月八日、彼は英語、フランス語、アラビア語、ヘブライ語で、「軍政官の許可なしに何人もダマスコ門から半径二五〇〇メートル以内のエルサレム市およびその周辺地のいかなる建造物の取り壊し、建設、変更、修理もしてはならない」という布告を出した。この布告のすぐあと、ストーズは旧市街内に化粧しっくいと波状鉄板の使用を禁止する条例を発布した。これら二つの命令を出した目的は、新しい建物、もしくは構築物の外壁に石材以外のものを使わせないようにするためだった。コンクリートや木造の外装も禁じられた。ストーズの明察のおかげで、数千軒の建物すべてにエルサレム・ストーンが使用され、独特の風格が保持されることになった。この条例はそののち現在にいたるまで八〇年間にわたって守られている。

一九一八年五月一二日、市内のユダヤ人地区に考え方のちがいをめぐって激しい口論が響き渡った。その日、エルサレムのラビたちとの会合で、ヴァイツマン博士は彼らのイェシヴァ（宗教教育をする伝統的学校）で、もっと現代的なカリキュラムを取り入れるように正統派ユダヤ教徒リーダーたちを説得しようとした。ところが、正統派ユダヤ教徒のラビ・ゾンネンフェルトは「世俗的な反論者」との会合への出席を断った。もう一人の正統派のラビ・イツァク・イェルハム・ディスキンもやはり出席を拒否した。だが、三五人のラビとイェシヴァの校長らが出席し、彼らは現代生活に疎いというヴァイツマンの批判に耳を傾けた。ラピ・ゾンネンフェルトの娘婿ヒレル・ダンツィガーによれば、そのときのヴァイツマンは「イェシヴァ制度のなかで貧乏暮らしをしている教師たちを気遣う慈善家のように振る舞い、もう少し時代精神に沿った方向へカリキュラムを〝ほんの少し〟調整することで、彼らの窮状を緩和することが彼の目的であると、もったいぶった調子で述べた」。

ヴァイツマンはイェシヴァへの助成金としてロシアのユダヤ人からシオニスト機構を通じて送られてきた寄金をもっていた。だが、彼は、ヘブライ語を宗教関連用語としてばかりではなく、日常生活においても使用することなどを含む、正統派ユダヤ教徒にこれまで忌み嫌われていたシオニスト・イデオロギーの近代的な側面にイェシヴァの支持を得ることを条件にするつもりだった。話し合いはうまくいかなかった。まだ一〇代の少年たちばかりを教えている、あるイェシヴァの校長ラビ・アヴラホム・アハロン・プラハが立ち上がって博士の提案を公然と非難した。「われわれはこの子供たちの魂を神と両親から委ねられているのです。彼らは変化を望みません。快適な生活のためにわれわれに委ねられている神聖な任務を冒瀆せよというのですか？　われわれは全員一致で「反対票」を投じることを提案します。われわれはたとえ自分たちの快適な生活を犠牲にしても、命ある限りわれわれの神聖な任務を守りつづけるつもりです。もしもわれわれが飢えて死ぬことになったら、金のために自分を売らなかった勇気ある人間として死なせてもらいましょう」

ラビ・プラハのアピールは功を奏した。正統派ユダヤ教徒のカリキュラムはまったく変更されないことになった。ヴァイツマンの負けだった。二カ月後に戻ってきた彼は、今度は直接ラビ・ゾンネンフェルトにかけあったが、やはり成功しなかった。「彼らはこれまでのいかなる敵よりも強固な中世のゲットーの如き壁を自ら張りめぐらして、そのなかに閉じこもっていた」とのちにヴァイツマンは書いている。「われわれの力でこれを突き破るためにあらゆることを試みたが、うまくいかないことがわかった。おまけに、さらに半年をかけて積極的な努力をしたにもかかわらず、われわれの間の溝がいかに深いかを思い知らされて愕然とした」。

エルサレムの正統派ユダヤ教徒たちは何一つ変えるつもりはなかった。彼らは黒衣をまとって黒い帽子をかぶり、女性は質素きわまりない服装に顔をスカーフで覆っていた。安息日の晴れ着は中世後期のポーランドを思わせるスタイルや毛皮だった。彼らの生き方を変えようと万策を試みたヴァイツマンの努力もむなしく、その習慣は今日でも守られている。

バルフォア宣言の行方

戦争はまだ終わっていなかった。一九一八年七月一五日、ドイツ軍とトルコ軍の戦時捕虜五〇〇人が市内をぞろぞろと通った。だが、まだトルコ軍がエルサレムの北のパレスチナ全土を支配しているというのに、英国は市の将来の発展を計算に入れて統治を行なっていた。七月二二日、アレンビーがエジプトから連れてきた、アレクサンドリアの都市設計技師ウィリアム・マクリーンが考案した都市計画書が、最高司令官から承認された。この計画書の構想によれば、敷地の広さは旧市街の四倍以上になり、道路計画には街路や広場、役所や住宅、公園や庭園なども含まれ、西は「十字架の修道院」の先の丘（この丘には現在イスラエル博物館が建っている）にいたる近代的な町が出現することになっていた。

英国統治はまた、大戦勃発後トルコ政府が押しつけた制約や虐待からエルサレムのユダヤ人たちを解放した。一九一八年七月二四日、アレンビー軍がまだラマッラーの少し北で塹壕をはさんでトルコ軍と対峙していたにもかかわらず、アレンビーとヴァイツマンは将来のヘブライ大学のための一二個の礎石をスコプス山に設置する式典に出席した。それぞれの石はイスラエルの一二の部族を表わしていた。この定礎式の出席者の一人で、当時一九歳だったエドウィン・サミュエル（ハーバート・サミュエルの息子）の回想によれば、「アレンビー将軍とヴァイツマンが山の麓までずらりと並んだおびただしい数の群衆の前で礎石を据えている間にも、二〇キロメートルほど北で英国軍とトルコ軍の砲声がかすかに響くのが聞こえた。式典はまさに信念の固さを実証する行為だった」。

エルサレムの大学を世界中から集まったユダヤ人の学問と研究のセンターにするのはシオニストの長年の夢だった。「今ここに、戦争の悲惨さと荒廃を切り抜けて、新しい生命の兆しが生まれようとしています。この大学を、失われたものの復活にとどめるつもりはありません。たとえ戦時中であっても、よりよい未来のシンボルとして役立つものを生み出そうとしているのであります。この大学は、さまよえるイスラエルの魂のやすらぎの場所となるでありましょう」とヴァイツマンは挨拶した。

一九一八年九月、ロナルド・ストーズは彼のもっとも先見の明のある業績の一つである

「親エルサレム協会」を設立した。その目的は、認可された基準の範囲内で一定の美的外観を保持することを条件に、市内のもっとも人目につく建造物の修理、建築、開発を促進することだった。英国人役人、ムスリム、キリスト教徒、ユダヤ人リーダーなどがそろってこのプランに参加した。「一番便利な共通語はフランス語だったので、議事録もこれで記されることになった」とストーズはのちに書いている。「だが、にぎやかな私語、ときには大議論に近いものまで、アラビア語、トルコ語、ヘブライ語からアルメニア語まで飛び交った。市内の商人たちでさえ、エルサレムの将来の繁栄は（これより劣るキエフやマンチェスターやボルチモアではなく）エルサレムのあるがままを保護することに大きくかかっていることに気がついて、われわれの寄付金名簿に気前よく署名した」。

ストーズは、その資金をパレスチナおよびそれ以外の銀行や、裕福な英国人、アメリカ人からも集めた。彼はウィリアム・マクリーンを正式の都市計画担当者に、C・R・アシュビーを民間アドバイザーに任命した。協会の目的はその設立趣意書にあるように、「エルサレムの文化施設の保護および増設、公園、庭園、公共広場の提供や維持、古代遺跡の保護と保存……美術、工芸、産業の促進」だった。

ストーズ自身はこの「親エルサレム協会」の仕事と業績について、のちに次のように記している。「われわれはまず、「ダビデの塔」として知られている「要塞」にあった現代トルコ軍の兵舎の数百トンにおよぶ残骸を除去して、補修と清掃を行なった。この要塞は、ヨセフス〔紀元一世紀のユダヤの歴史家〕の記録によれば、ヘロデ王時代の「ヒッピクスの塔」と「ファサエルの塔」の土台の上に建てられたものである。神聖なものの冒瀆は極力避けたが、ときには後手に回ったこともあって、法的手段に訴えるしかなかった。「シロアムの池」のローマ時代の階段は損壊を免れたが、ある建設業者がすでに約二〇トンのローマ時代の石材を夜のうちに盗んで、ロバの背に載せて運び去ってしまっていた。その男には罰金五〇ポンドが科せられ、石材も取り戻したが、もとあった場所にきちんとは収まらなかった。

一九一七年から一八年にかけての冬はきびしく、色彩、総体的調和、幾何学的構造の粋といわれる岩のドームの北西の外壁が風で大きな被害を受けた。色鮮やかなタイルは壁から絶えず剝がれ落ち、旧市街で売られているのを見かけることもしばしばだった。幸いなことに、このモスクの外装ばかりでなく内装についても技術面から見たリポートをつくってもらうために、元エジプトの宗教寄進財産《ワクフ》省の建築家で、当時、帝国戦没者墓地委員会でくさっていたアーネスト・リッチモンドの協力を得ることができた」。

アーネスト・リッチモンドはマクリーンおよびアシュビーと協力しあい、「岩のドーム」は昔どおりに立派に修復された。この作業が行なわれている間に、リッチモンドは数百年前にこの「岩のドーム」のタイルの原物が焼かれた炉窯を発見した。まもなく、「岩のドーム陶器製造所」が設立され、そのすぐれた技術を生かして、破損したり紛失したりしたタイルの代替品ばかりでなく、一般販売用のタイル、鉢、水差し、ワイングラス、ビーカー、皿などを製造し、エジンバラやケープタウン、ニューヨークなどの遠方にまで販売するようになったとストーズは誇らしげに書いている。

一九一八年九月二〇日、アレンビーはほぼ一年前、エルサレム占領でひとまず停止していた英国軍の攻撃を再開した。一週間後、トルコ軍はガリラヤ地方から追い払われ、ドイツ軍司令官フォン・ファルケンハインはパジャマのままナザレへ逃走を余儀なくされた。三万人以上のトルコ兵が捕虜になった。九月末、ある英国軍将校のエルサレム便りは、「捕虜、軍事用具などが一日中市内に運びつづけられ、昨日ははじめてドイツ人が運転するドイツのトラック約二〇台が、全部で六人の英国人に護衛されて入ってくるのを見た」と伝えている。

ストーズ大佐の回想によれば、アレンビー軍がダマスコとアンマンへの進軍をためらっている間、エルサレムにいた彼は、「自分用のスタインウェイ・ピアノで『トスカ』からの『ヴィットリア』、ヘンデルの『イェフテ』と『シピオーネ』からの行進曲、アリストファネスの『小鳥たち』からの『結婚行進曲』(パリー作曲)、『巡礼たちの合唱』や『ヴァルハラ宮殿への神々の入城』などをメドレーで弾きながら」、トルコ軍のパレスチナ退散を祝った。

一九一八年一〇月三〇日、オスマン・トルコ帝国は不面目ながら敗北を認めて休戦協定に調印し、四年前に自信満々で始めた敵対行為を停止した。「バルフォア宣言」で「パレスチナに民族郷土」を約束されていたエルサレムのユダヤ人たちは、英国軍事政権の慈悲深い庇護のもとに、輝かしい未来が開けはじめたような気がした。ヨーロッパでの戦争もまもなく終了することは目に見えていたため、エルサレムのシオニストたちは「バルフォア宣言」の一周年記念式典を催した。当日の一一月二日、アメリカのハダサ婦人団体の資金援助によりユダヤ人看護師養成所が設立され、第一期看護学生が入学した。その日にはシオニスト委員会が市内でパレードも行なった。夜には人々は踊り、歌った。だが、ユダヤ人コミュニティーが浮かれている一方で、アラブ人たちは腹を立てていた。英国の支援のもとでユダヤ人がパレスチナで主導権をもつようになるのではないかと不安だったのである。

市内のアラブ人の間では、それまで世界の大国と信じきっていたドイツやオーストリア＝ハンガリー帝国が屈伏させられたのは、彼らがユダヤ人の命令に従わなかったからだと信じられていた。ロシア帝国も同様だった。英国は、ユダヤ人の命令に従わずに自国を危機にさらすようなことはしないであろう。だが、アラブ人リーダーたちは黙っているつもりはなかった。「バルフォア宣言記念日」の直後に、彼らはシオニスト政策に抗議する陳情団を組織した。

市長のムーサ・カゼム・パシャ・アル・フセイニを先頭に、年配のアラブ人市民からなる代表団は、陳情書をストーズに提出した。それには一〇〇人近くのエルサレムの著名アラブ人と近隣のアラブ人村の村長《シェイフ》たちが署名していた。ストーズは自国政府が決めた政策に反する発言はいっさいしなかったが、アラブ人によるこうした抗議活動はその後も続き、シオニストの理想と、英国の約束の根幹であるシオニズムとユダヤ人入植への反対運動は次第に強化されることになる。

一九一八年一一月一一日、同盟国のなかで最後まで戦っていたドイツが休戦に同意して、第一次大戦は終わった。一八九八年に意気揚々とエルサレム入りしたドイツ皇帝は、ベルギーの総司令部をひそかに出て、オランダに亡命した。

ドイツ降伏のニュースがエルサレムに届いた日は土砂降りの雨だった。英国軍のマネー少将とその部下たちは、ドイツ皇帝自身の創設したオリーヴ山のアウグスタ・ヴィクトリア巡礼宿泊所に陣取った司令部にいた。ストーズがあとから聞いた話では、「彼らはその礼拝堂に駆け込み、英国国歌の最初の三節を歌って盛大にシャンペンを開けたあと、宿泊所の鐘を打ち鳴らしたが、豪雨のため、それは市内には聞こえなかった」という。英国空軍部隊が灰色の荒れ模様の空になんとか照明弾を数発放ったが、「それらは非常にゆっくりと落下してきたので、一瞬、星だとばかり思った」。

第一次大戦終了後の最初の数カ月間に、ヴァイツマン博士と彼のシオニストの仲間たちは、一大決心をして、エルサレムの正統派ユダヤ教徒コミュニティーの一致団結したシオニズム反対意識を打破する努力をした。一九一八年一二月一五日、こうした努力が実を結んで、ラビ・ゾンネンフェルトと超正統派の反対をものともせず、長老ラビたちのグループと「スファルディ＝アシュケナズィ合同評議会」の創設委員会を開くことができた。会議の名称は、ゾンネンフェルトをこれ以上怒らせないように、「パレスチナ・ユダヤ人および最高宗教裁判所の宗教関係者代表」会議とした。ゾンネンフェルトの娘婿ヒレル・ダンツィガーによれば、この新しい会議は、正統派ユダヤ教徒コミュニティーの「強固に団結したシオニスト制度反対運動」にはじめて風穴を開けることができたという。

交戦状態が終わるとすぐマネー少将は四カ月の休暇をとり、ストーズ大佐が准将に昇格して、占領地全体の行政司令官代理に任命された。エルサレムの軍政官の資格はそのまま継続された。一九一八年二月二六日、彼の初期のプロジェクトの一つが実現した。アレンビー将軍が「それぞれ国語のちがうコミュニティーの代表を招いて正式に」眼科病院の再建落成式を行なったのである。

非公式なものとしては、ストーズが市の周辺の警察官派出所を見回りに出かけるたびにフットボールをすることにしていたことである。あるとき、彼がくるというので特別にフットボールの試合が計画された。のちにその警察の派出所長からストーズに、「Aチームのキャプテンはシュウィリ巡査部長（ユダヤ人）、Bチームのキャプテンはバダウィ巡査（ムスリム）で、チームのメンバーにはムスリムもキリスト教徒もユダヤ人もおりました。わずか五〇分の試合でみんなすっかり打ち解けた仲になったことは特にお知らせしておかねばなりません」という礼状が届いた。

ストーズは、今日でもオリーヴ山にその威容を誇る二一四段の階段のついた六階建ての塔をもつロシア正教の昇天教会を訪れたとき、ワーグナーのオペラ『ニュールンベルクのマイスタージンガー』の冒頭の四部合唱を用意していった。彼はその楽譜を手書きでコピーし、歩行用のステッキでこの曲を指揮した。そして「年老いたロシア人尼僧たちとこの曲の美しさを分かち合おうと全力を尽くした」。

エルサレムのキリスト教徒は、ヨーロッパ人もアラブ人も、ストーズを快く思っていなかった。その理由は、「キリスト教徒コミュニティーは、エルサレムがキリスト教のセンターとしての威信を失うことになりそうなことはいっさい許さない気構えでいたからである」と彼は一九一九年の日記に書いている。「彼らは、あらゆる面でユダヤ人を他の民族と同等に位置づけようとする私の努力を決して快く思わなかった」。ところが、ユダヤ人もまた、ストーズを敵視することがしばしばあり、自分たちの意図が思うように実現されないことに不満を抱いていた。たとえば、彼は「嘆きの壁」の交渉を意図的に決裂させたといって、おおやけに非難された。「ピンスク〔ベロルシア〕やプシェミシル〔ポーランド〕からきた熱心なシオニストは、彼らに強い反感をもっているアラブ人と、冷静で公平を旨とする英国人役人の間に立たされて、常に私が「味方よりも敵を重んじる」〔テオクリトス〔ギリシアの詩人〕がプトレマイオス〔エジプトを支配したマケドニアの王〕を表した言葉〕といいたげだった。ときにはまったく両者を混同しているとさえいわれた」。たとえば、「ユダヤ人医師たちは、彼らの才能がもっとも賞賛されていた保健省とひどく折り合いが悪かった」とストーズは二〇年後に書いている。

英国統治の最初の数年間に復活した公共サービスの一つが、ヘブライ語日刊紙の発行だった。これは一九一〇年にエリエゼル・ベン・イェフダによって始められたパイオニア的な事業だが、五年後にトルコ軍によって編集局が閉鎖されてしまっていたのである。一九一九年、二番目のヘブライ語日刊紙『ハダショット・ハ・アーレッ（この地のニュース）』が街頭に登場した〔「この地」とは「約束の地」、すなわちイスラエルのこと〕。この新聞は、数人の編集者で四年間努力したのち、経済的に安定度の高いテルアヴィヴに発行拠点を移した。テルアヴィヴのほうがゆっくりではあるが着実に近代都市へと成長しつつあったのだ。これは英国統治初期のエルサレムに起こった災難の一つだった。

一九一九年にはまた、「エルサレムのニュースはグッドニュース（福音）なり」をモットーにしたキリスト教徒の新聞『エルサレム・ニュース』も登場した。これはユリシーズ・グラント・マクイーン夫人とウィリアム・マクラッケンをリーダーとするアメリカの小さな宗教団体「セメンターズ」と呼ばれる福音主義キリスト教徒が発行したものである。だが、発行者の熱意の割には売れなかったので、彼らは一年もしないうちにアメリカへ帰ってしまった。

一九一九年二月一日、英国軍政府の注視のもとで、第一回ムスリム＝キリスト教徒連合代議員大会がエルサレムで正式の協議を開始した。こうした連合は、三カ月前にシオニスト委員会の主催でエルサレムで行なわれた「バルフォア宣言」記念式典に対抗する率直な意思表示として、エルサレムのアラブ人リーダーが中心となって設立されたものである。代議員大会はまず、パレスチナ・アラブ人の民族主義の未来像という、その骨格となる問題から討議しなければならなかった。パレスチナ・アラブ人と彼らの将来は大シリアに依存するのか、それとも大シリアの一部になるのか、あるいは単に自分たちの民族主義的野心のはけ口をパレスチナに求めているにすぎないのか？　エルサレムはダマスコに属していたはずではなかったのか、それとも独立地区だったのか？

ムスリム＝キリスト教徒連合代議員大会の最初の行動は、シオニズム拒否の長文の覚書を発行することだった。これについては、シリア派もパレスチナ派も、ムスリムもキリスト教徒も、エルサレム住民も他の町の代表も、みな賛成だったように思われる。二五人の代議員がこの覚書に署名した。署名しなかったのはわずか四人だった（そのうちの一人は、のちにフランスとシオニスト委員会の情報部の両方のために働いていたことが暴露された）。

代議員大会が「大シリア案」に賛成票を投じたとき、四人のエルサレム代表のうちの二人、英国派のヤクブ・ファラジと元トルコ将軍アリフ・パシャ・アル・ダジャニは二人のハイファ代表と二人のガザ代表を説得して、当初のシリアとの合併支持を撤回させた。一九一九年二月九日、この六人の代表は、パレスチナ・アラブ人の民族主義と彼らのシオニズム反対決意を最優先事項とする声明書を発行した。エルサレムで発行されたこの声明書は、その後の首都におけるアラブ人対ユダヤ人の政治的、物理的対決の基調を成すことになる。「パレスチナは、英国政府がパレスチナをシオニスト移民から守ることを条件に、国内問題において他の干渉を受けず、住民の意志を基盤にした独自の法律を公布できる……憲法に準拠した自治政府であるべきである」とそれは宣言している。エルサレムの三番目の有力者イスマイル・ベイ・アル・フセイニは、この反シリア、反シオニスト決議を支持した。パレスチナ・アラブ人の民族主義は、エルサレムをセンターとして、ようやく成年期に達した。

エルサレムのユダヤ人やアラブ人の希望とは無関係に、一、二年先にパレスチナ統治を英国に委ねることになる戦勝国にもまた、それぞれの思惑があった。一九一九年八月二八日、アメリカ大統領ウッドロー・ウィルソンの提唱によって、ヘンリー・キングとチャールズ・C・クレーンの二人の著名なアメリカ人がパリ講和会議に一つのリポートを提出した。そのリポートのなかで、彼らはパレスチナに「ユダヤ人の民族郷土」を設立することをやめて、パレスチナをシリアに合併し、国際的な諸宗派共通の委員会に聖都を管理させることを奨めていた。この「キング＝クレーン・リポート」は、キリスト教徒にとってもムスリムにとっても、聖都の守護者をユダヤ人にすることは「承認できない」ことが明記されていた。

キングとクレーンはアメリカに帰国した。彼らのリポートは、アメリカ上院がヴェルサイユ条約に全面的に反対し、アメリカ合衆国がヨーロッパおよび中東に関するあらゆる役割から手を引く決議をしたため、数カ月後に破棄された。

一九一九年一二月、一人の英国人役人がエルサレムにやってきた。彼はそれから二九年後に英国統治がほぼ終わるまで、この市に滞在することになる。その人物エドワード・キース-ローチは、敵国財産管財人を皮切りにエルサレム地区行政官まで務めた。着任時に彼を迎えてもてなしたのは、エヴェリナ・ド・ロスチャイルド女学校のアニー・ラダウ校長だった。キース-ローチの回想によれば、「われわれはおたがいの家を訪問しあい、楽器を演奏したり、歌ったり、朗読をしたりしたものだった。他に娯楽はなかったのだ。軍用映画館は冬の強風で吹き倒されてしまっていた」。

旧市街にはじめて足を踏み入れたキース-ローチは、色とりどりの光景にびっくりした。「段々坂の両脇には、紫色のナス、赤いカブ、大きなカリフラワー、レモン、金色のオレンジなど、色鮮やかな野菜や果物が並んでいた。道端の肉屋には、皮を剝いだだけの脂ぎった尻尾がついた山羊や羊の肉が、胃や腸などの内臓といっしょにぶらさがっていた。ハエが蔓延していた。荷物を積んだラクダが行き交うのが、英国の細い道にトラックが入り込んできたときのようにうっとうしく感じられた。バザールに住み着いているずんぐりしたガニ股のクルド人ポーターたちは大きな荷物を背中にくくりつけ、真鍮製の受皿をカチャカチャ鳴らすコーヒー売りのそばをすり抜けていった。頭から踵まで目の粗い白布を巻き付け、模様のあるモスリンか黒のヴェールで顔を隠したムスリム女性が、ダマスコ製の毛織の服のうえに金色の刺繡付きのヴェルヴェットのきれいな色の短いジャケットを着て、顎や唇に刺青をしたヴェールをかぶっていないアラブ女の脇を通ってゆく。込み合ったエルサレムの大通りにはアラブ人、ユダヤ人、ヨーロッパ人の姿が見える。彼らは身振り手振りを交えたり、熱弁でまくしたてたり、諭したりしながら、店から店へ、かごをしょったアラブ人少年をお供に連れて、品物をひっくり返したり、選んだり、突き返したりしていく。城壁内には荷車は見かけない。それらが入ってこられるほど広い道路もない」

こうした旧市街のざわざわした情景は、旅行者の土産話やヨーロッパ人の故郷への便りのなかにもよく出てくる。だが、喧騒と色とりどりの賑わいの背後には、たくさんの政治的意図があり、その足並みが揃うこともあるが、抗争に発展することのほうが多かった。

第6章　不協和音のなかで　一九二〇—一九二一年

自衛団「ハガナー」誕生

ロナルド・ストーズ准将の率いるエルサレムの英国軍事政府は、自分たちの努力で市内のユダヤ人とアラブ人の間の平和的均衡が維持されていることを誇りにしていた。だが、町の空気のなかには悪い前兆を示すいくつかの動きがないわけではなかった。「政治的には、エルサレムはだんだんやりにくい、ぎくしゃくしたところになりつつあった。バルフォア宣言に対するアラブ人の遺恨がますます大きく、かつ深くなってきたからである」とストーズはのちに書いている。エルサレムに住み着くユダヤ人が増え、発展しつつあるこの町の暮らしに溶け込むにつれて、アラブ人の怒りが爆発して具体的な行動に発展しかねなかった。

一九一八年三月以来エルサレムの市長を務めるムーサ・カゼム・パシャ・アル・フセイニは、戦時中のトルコ人市長とは兄弟で、ムフティの従兄弟だった。英国側から見れば、ムーサ・カゼムの市長としての任務はムスリム、キリスト教徒、ユダヤ人の三つのコミュニティーすべてを公平に代表することだった。だが、市内の名門ムスリム一族の家長だった彼は、エルサレムのなかで緊張が高まるにつれて、英国の委任統治と、世界中のユダヤ人がパレスチナにくることを許して彼らの「民族郷土」をつくるという英国の約束、この両方に反対するムスリムの運動のリーダー兼スポークスマンの顔をしはじめた。

ストーズの回想によれば、「ある日の午後、私は野次馬の先頭に立ってシオニスト事務局のほうへさっそうと歩いて行くムーサ・カゼムに会ったので、トラブルを起こさないうちに引き取ってほしいと懇願した。その夜、私は彼に政治をとるか、市長職をとるか二者択一にするべきだと警告した」。

市長にこうした選択を迫るとは、ストーズもなかなか抜け目がない。人によってはストーズのこうした中東人《オリエンタル》的な狡猾さを高く評価する向きもあった。カイロでうまく立ち回って一財産つくったことが知れ渡ってから、彼には「オリエンタル・ストーズ」というあだ名が付けられていた。政治か行政かという選択は、当時のもう一人の反シオニスト代表で、ムスリム宗教財団理事長のアリフ・ヒクマト・アル・ナシャシビにも突き付けられた。二人とも行政職を選び、アラブ人反対派のリーダーとしての発言は巧みに控えた。だが、巷には問題の多い将来を予測する声がたくさんあった。一九二〇年二月一〇日、C・R・アシュビーはシリア系ギリシア人の市長代理から、「あんたがた英国人は、すばらしい都市設計をしたり、われわれにたくさんの新しいことやめずらしいことを教えてくれたり、もう十分いろいろやってもらったから、あと二〇年以内にわれわれはあんたがたに出ていってほしくなるんじゃないかね」といわれたと故郷への手紙に書いている。

ムーサ・カゼムは市長職にとどまったが、アラブ人抵抗運動の指導者としての彼の衣鉢を継ぐ人物は他にもいた。そのなかでもっとも目立っていたのが人数も多くて有力なアル・ダジャニ一族の一人であるアリフ・パシャ・アル・ダジャニだった。アリフ・パシャは、ムーサ・カゼムと同様、元トルコ軍の将軍の位をもっていた。市内のアラブ人地区の反シオニスト感情は高まった。一九二〇年二月二七日、パレスチナ地区行政官のルイス・ボールズ少将は、英国政府による「バルフォア宣言」実施声明を発表した。ただちにアラブ人の反対デモが行なわれ、一五〇〇人のアラブ人がエルサレムを練り歩き、陳情書が提出された。その日には暴力行為はなかった。だが、三月八日に再度反対デモが行なわれ、それが数人のアラブ人によるユダヤ人の通行人や商店主の襲撃にまで発展した。英国当局はアラブ人の反対運動の激しさに警戒心を抱いた。「パレスチナはわれわれの土地で、ユダヤ人はわれわれの犬だ」というスローガンと同時に、ユダヤ人を殺せという呼びかけまでが聞こえてきたからである。三月一一日、ボールズ将軍はエルサレムでさらなるデモを禁止する条令を出した。

一九二〇年四月四日の復活祭に、平穏な町は急転直下、危機に見舞われた。英国統治になってから三度目のムスリムのネビ・ムーサ祭が、またキリスト教徒の復活祭と重なった。ストーズの回想によれば、「巡礼団は正午まではヤッフォ門に到着しそうもなかった。そこで私は、部下の一人に巡礼団の行列が三〇分以内にエルサレムに着く時間になったら、あらかじめ知らせてくれるように頼んでおいて、両親といっしょに聖ジョージ大聖堂の朝の礼拝に出かけた。ところが部下はそのことをけろりと忘れていた。礼拝を終えて、両親とともに軍政官執務室まであと三〇〇メートルほどのところまで歩いてきたとき、当番兵のハリルが背後からアラビア語で、「ヤッフォ門で暴動が起きて、男が一人怪我をして死んだそうです」とささやくようにいった。私はまるで胸に銃剣を突きつけられたような気がした」。

「あのときの恐ろしい言葉を思い出すだけでもぞっとする」とストーズは一六年後に書いている。暴動が起きたとき、ちょうど鉄道駅に着いたところだったユダヤ人ジャーナリスト、エリアフ・エプステインは二日後にこう書いている。「辺りは静まりかえっているように見えた。すぐに、戦時中のような光信号が駅から市内のある地点に向けて発信されるのが見えた。汽車から降りた客を乗せる馬車はほとんどなく、旧市街の近くへは行けそうもなかった。「何が起きたんだ?」と訊くと、彼らはうつろな目でちらりとわれわれを見て、さっさと姿を消してしまった」。

旧市街のムスリム地区の壁には、「政府はわれわれの味方だ、アレンビーはわれわれの味方だ、ユダヤ人を殺せ、ユダヤ人を殺しても罰せられない」と書かれたポスターがあちこちに貼られていた。ユダヤ人地区では、アラブ人がトーラット・ハイム神学校に略奪に押し入り、学生たちは地下室に隠れてようやく命拾いした。戦いが続くなかで、ガリポリ戦に英国軍とともに従軍したロシア生まれのウラジーミル・ジャボチンスキーを旗頭に、約六〇〇人のユダヤ人が集まって自衛団「ハガナー（防衛）」をつくった。

旧市街内でアラブ人のユダヤ人への攻撃が続くなかで、「ハガナー」分隊はヤッフォ通りをヤッフォ門方向に前進し、攻撃された同胞の救援に駆けつけた。未来の防衛軍は、英国兵にたちまち追い払われた。二日間で五人のユダヤ人と四人のアラブ人が死亡し、二〇〇人以上のユダヤ人が負傷した。戦闘が終わると、ジャボチンスキーと仲間一九人が逮捕された。ジャボチンスキーは一五年の懲役、他の連中は同三年の刑が宣告された。

この措置に対して、エルサレムでユダヤ人の抗議デモが起こるのを避けるため、英国軍事政府は囚人たちをスーダンに送り、そこで服役させることにした。だが、当時エジプトの統治を担当していたアレンビーは、エジプトのユダヤ人コミュニティーの抗議行動を恐れて、彼らにエジプト国境を越えさせなかった。そこで彼らはパレスチナに戻され、地中海沿岸のアッコに収監された。

一九二〇年四月四日にエルサレムで発生した闘争は、その後七〇年以上にわたって、ときには何日も、何週間も、何カ月にもわたりエルサレムに災いをもたらす暴力事件の発端となった。騒動が小康状態を保つことはしばしばあり、事態の好転が期待される時期もときにはあったが、街なかの暴力事件は、常に市民の自慢の種であり、ほのぼのとしたコミュニティー・ライフの源泉でもあった青空のすばらしいこの都市の日々を、ときには台なしにすることになる。

暴動が突発すると、まるで「これまで注意深く築き上げてきた英国人、アラブ人、ユダヤ人の間の相互理解の関係が、不安と憎しみに煽られて、風前の灯になってしまうように思われた」とストーズは書いている。シオニズムは、「少なくともアラブ人ムスリムとキリスト教徒を（歴史上はじめて）団結させた。今、彼らは単一戦線を組んで委任統治政府に敵意を表明している」。暴徒がいきりたつのはユダヤ人に対してだけではなかった。英国統治政府もまた、彼らにとって忌々しい、怒りの対象だったのだ。「陰で直接アラブ人の暴力行為の糸を引いていた」のは、ムフティの弟で市長の従兄弟のハジ・アミン・アル・フセイニだった。「多くの扇動者と同様、街なかでだれかをそそのかして暴力行為を起こさせ、それ相応の罰を受けさせたあと、本人は逃走した」。

四月末、英国陸相兼航空相ウィンストン・チャーチルは下院で、「まことに遺憾ながら、二五〇人の死傷者のうち一〇分の九はユダヤ人だった」と報告した。ユダヤ人を自衛のために武装させたウラジーミル・ジャボチンスキーが一五年の刑を宣告されただけでなく、二人のユダヤ人女性を強姦した二人のアラブ人もまた一五年の刑に処せられた。下院の異議申し立てにより、ジャボチンスキーの刑期は一年に短縮された。

たびたびの暴動の間、エルサレム市長のムーサ・カゼム・アル・フセイニは、彼の影響力を行使して同胞ムスリムに暴力行為をやめさせたり、従兄弟のハジ・アミンに扇動行為を控えるように説得するのを断った。「彼ははじめは頑固だったが、やがて反抗的になった」とストーズはのちに書いている。「私は当局に連絡して、彼をただちに解雇、更迭するように提案した」。これはさっそく実行されて、別のムスリム有力者で、フセイニ一族とはライバル関係にあるラゲブ・ベイ・アル・ナシャシビが彼に代わって任命された。ラゲブ・ベイは戦前のコンスタンティノープルのオスマン帝国議会議員だった人物で、当時からシオニズムには積極的に反対を唱えていた。

いくつかの暴動に引き続き、「嘆きの壁」をめぐるちょっとした事件が起こった。壁の上の「聖域《ハラム》」のムスリム管理人によれば、壁の上部に修理が必要だという。ユダヤ人にとってとりわけ神聖な場所であるこの「西壁」は、古代の神殿が建っていた高台の支え壁として残っている唯一のもので、彼らはその壁の下方の二千年前の石垣の前に毎日祈りを捧げにきていた。ところが、修理は彼らに一言の相談もなく始められた。ムスリムはこの高い壁が危険な状態になっているという。市内で一番権力があるユダヤ人組織のシオニスト委員会はストーズに抗議文を送った。「住民の心が政治的な事件で騒然としている最中に、なぜこのような危険が急に明らかになったのか？　これらの修理を、壁のそばで数百人のユダヤ人が祈りを捧げている土曜日に行なう必要はあったのか？　ユダヤ人の宗教的感情になんらかの考慮が払われてしかるべきではないか？」。

ストーズは、「聖域」自体の頂部であり、擁壁にもなっている「嘆きの壁」の上部を修理する権利をもっているのはムスリムの宗教寄進《ワクフ》財産省の聖域管理者であることを知った。「これまで文句なしに行使されてきた権利を乱用し、正当とは認められない故意の嫌がらせを行なったことにより、彼らは有罪とみなされた」。ユダヤ人にとって、祈っている間に嫌がらせを受けるのは不吉な前兆だった。

ストーズは著名な建築家C・R・アシュビーを調査に当たらせた。彼はユダヤ人代表を壁の下方に、アラブ人を上方に待機させて現場を調べた結果、壁の上から数メートルの部分は修理がぜひ必要であり、祈禱者の頭上に剝がれた壁の破片が落ちてくる可能性はあるが、「祈りの時間にまで作業をする必要はなく、また望ましくない」という結論を出した。アシュビーの提言により、「祈禱時間中はいかなる作業もしてはならない」という命令が出され、石垣の清掃および目地仕上げは「さらに詳しい調査が済むまで、天井部分から三メートル以下には行なってはならない」と定められた。石垣上部のムスリム修理権に制限をつけたこの決定は「ムフティの激しい反発を招いた」とストーズは書いている。

英首相ロイド・ジョージの固執

一九二〇年四月二四日、国際連盟のサン・レモ講和会議で、英国首相デーヴィッド・ロイド・ジョージはパレスチナの英国委任統治を受諾した。この委任統治は国際連盟の委託によるもので、英国は毎年、国連に統治状況を報告することになった。

一九二〇年七月一日、エルサレムに本部を置く、英国による民政が発足した。英高等弁務官公邸には最初、ドイツ人の建てた全市を一望できるアウグスタ・ヴィクトリア巡礼宿泊所が当てられた。初代高等弁務官ハーバート・サミュエルは、一九二〇年六月三〇日に汽車でエルサレム入りした。鉄道駅には新市長ラゲブ・ベイ・アル・ナシャシビが出迎えた。アウグスタ・ヴィクトリアに車で向かう途中、スコプス山のジョン・グレイ・ヒル卿の邸宅近くの広場から一七発の礼砲が発射された。公邸の玄関で、市長はもう一度歓迎の辞を読み上げた。

その日の午後、エルサレムの著名人全員が集まって歓迎会が開かれた。出席者の一人、アルトゥル・ルピン博士は、「四時から五時頃まで続いた歓迎会はユダヤ人全員に深い感動を与えた。普段は他のユダヤ人ほど感動しやすいほうではない私自身さえ、心を打たれた。これまで、ユダヤ人の民族郷土やサン・レモ講和会議の決定は紙に書かれた言葉にすぎなかったが、今やわれわれの目の前のユダヤ人高等弁務官がそれを体現しているのだ。宴会場に集まった政府高官や住民のあらゆる階層を代表する著名人らの前でサミュエルが読み上げた、パレスチナにユダヤ人の民族郷土が徐々に建設されるはずであるという国王のメッセージは、死者を蘇らせるファンファーレのように響き渡った。その場にいたユダヤ人のなかには目に涙を浮かべている人が大勢いた」と日記に書いている。

エルサレムに着任して最初の安息日に、アウグスタ・ヴィクトリアの高台からユダヤ人地区にあるフルヴァ・シナゴグまで徒歩で出かけたサミュエルは、その日に読んだ聖書の「イザヤ書」の一節、「慰めよ、わたしの民を慰めよとあなたたちの神はいわれる。エルサレムの心に語りかけ、彼女に呼びかけよ。争いの時は過ぎた、すんだことは詮索しない、と〔40章1―2節〕」に深く感動した。サミュエルの回想によれば、「私のなかにこみあげてきた感情が、大勢の礼拝参列者の胸にも広がっているように見受けられた」。その場にいた若い役人のマックス・ヌロックはのちに、「嬉しさにわれを忘れた見物人たちが、このイスラエルの貴公子《プリンス》のために砂利だらけのユダヤ人地区通りに高価なカーペットを敷き、通り道に花をまいた」と書いている。

英国の長老政治家のなかには、自国のパレスチナ統治への介入と同時に、シオニストの抱負を満足させられるかどうか、疑問視する人たちもいた。だが、委任統治を成功させようというロイド・ジョージの決意は固かった。懐疑派の一人カーゾン卿は、一九二〇年八月のある私信のなかで、「首相は感傷的、伝統的価値観からパレスチナにこだわり、エルサレムのことをまるで故郷の町の丘のことのように熱を入れて話す」と記している。

パレスチナおよびエルサレムの統治をできることなら円滑に行なおうとして、英国は相当な努力をした。ダマスコ門を出てすぐのところにあった聖パウロ巡礼宿泊所に置かれたエルサレム地区本部には、英国人キリスト教徒二人、ユダヤ人三人、ムスリム一人の計六人の地区役人が詰めていた。ユダヤ人役人の一人は、ハーバート・サミュエルの息子のエドウィンだった。一九二〇年一二月に行なわれた彼の結婚式には、高等弁務官公邸に八〇〇人の招待客が集まり、英国占領後はじめてここの鐘楼から鐘の音が響き渡った。

その冬、エドウィン・サミュエルが花嫁を連れて帰った家は、第一次大戦直前にドイツのテンプル騎士団が建てた石造りの田舎家だった。英国軍の到来で、ドイツ人は撤退させられていた。彼がのちに書いているところによれば、「そこにはセントラルヒーティングはなく、地元製のブリキのストーヴでオリーヴの木を燃やさなければならなかった。バスルームもなく、石造りの別棟にある金だらいで入浴した。これはなかなかの大仕事だった。まず、大鍋で湯を沸かし、それにポンプで汲み上げた水を混ぜた。電気もガスもなく、みんな石油ランプを使っていたが、これが必ず最悪のとき（ラマッラーの私たちの結婚式の夜など）にいぶり出すのだった。調理は空気ポンプで圧縮して気化した石油を使うプライマス社製のコンロで行なった。それでも、私たちはこの田舎家で幸せだった。そこには木陰のある小さな庭もあった」。

一九二〇年にはパイオニア的なユダヤ人がエルサレムにやってきて農業に取り組み、市の南のクララ修道女会修道院から東へ入ったところにある、聖書に出てくる「悪計の丘」に通じる道沿いに「教育農場」を設立した。この農場の目的は、ユダヤ人の所有地に再植林することができるような、パレスチナの気候に適した樹木の苗木を育てることだった。のちには野菜畑やブドウ畑、養鶏場などにも手が広げられた。

近代的な通信手段もエルサレムに導入された。一九二〇年にははじめて市内に電話が開通し、八〇回線分の加入者があった。それから一〇年後には三千回線を超えた。

その冬には、市民にとってはめずらしくはないが、エルサレムにいたことのない人にとっては想像できないような現象が起こった。エステル・ブライスの回想によれば、「一九二〇年から二一年にかけての冬、めずらしく大雪が降りました。雪の量がものすごかったため、エルサレムでは何軒かの古い家屋が雪の重みで倒壊したほどです。往来を行く人々は、道路の境界線が見えないため、高い石垣の上を楽しそうに歩いていました。ここの冬は英国よりは短いのですが、寒さが身にしみます。なぜなら、家の中の暖房の準備がまるでないからです。小さな鉄製または陶製のストーヴでは、大きな部屋のコーナーだけしか暖まりません。みんな困り果て、見るからにみじめな恰好に身体を縮め、やっと生きているといったあんばいです。彼らは足は丸出しなのに、頭にだけありあわせのものをかぶったりしていますが、それが結構よく似合っているように見えます」。

ブライスの説明は続く。「毎冬、密閉した部屋で火鉢に炭火を焚いたまま眠っていて死亡したという話をよく聞きます。生き残り組は、朝になって死んでいることがわかった友人たちの不運をひどく嘆きますが、こうした悲劇は避けようと思えば避けられるので、だれにでも起こるものではなさそうです。冬はきびしく、不自由が多いのですが、故郷の英国にはないすばらしい景観もあります。土砂降りの雨や大雪のあとの太陽の輝きはこのうえなく美しいものです。真っ青な空の下の濡れた街路や、エルサレムの周辺の丘陵地帯を覆う真っ白な雪に太陽が照り輝く光景は忘れることができません。こうした情景はめったに見られないでしょう」。

植民地相チャーチルのエルサレム訪問

一九二一年三月、ロイド・ジョージ政権の植民地相に任命されたばかりのウィンストン・チャーチルが、カイロ経由でまだ凍てつく寒さのエルサレムにやってきた。カイロで彼は、中東における英国の委任統治領の境界および政治体制を決定するための会議を主宰した。エルサレムでは、アウグスタ・ヴィクトリアにある高等弁務官公邸に滞在した。

三月二七日日曜日、チャーチルは宿舎の近くのスコプス山の英国戦没者墓地の除幕式に出席した。式典のあと、彼が行なった短いスピーチのことが二日後の『エジプシャン・ガゼット』紙に載っている。「植民地相は聖都を一望するオリーヴ山の今立っている場所に馳せる思いを心を込めて語った。そこには、大勢の宗教の異なる人々が、この地を解放し、住民に平和と友好をもたらすために命を捧げた勝利軍戦士たちの死を悼んで集まっていた。だが、その任務が成し遂げられたのを見にやってきた人たちには義務と責任が残された」。

チャーチルは集まった三大宗教界の著名人たちを前にこう続けた。「ムスリム指導者たちや、キリスト教の十字軍、ユダヤのマカビ家の勇士たちの遺骸が憩うこの地に眠る従軍兵士たちの亡骸に安らぎあれ。彼らの名を讃えよ。彼らの着手した仕事が完遂されることを祈る」。式典は儀仗兵の三発の礼砲と終礼ラッパの響きで幕を閉じた。

この戦没者墓地の入り口の石碑には、この墓地が「パレスチナ住民の無償供与地」に建設され、「エルサレム市当局はこの地を一九一四―一八年の連合軍の名誉ある戦死者の永遠の憩いの地として捧げる」と刻まれている。この墓地の門から上キドロンの谷の彼方に、名高い旧市街の「岩のドーム」や聖墳墓教会、ユダヤ教徒のフルヴァ・シナゴグのドームなどが見える。ここに二一八〇人の英国陸軍、空軍兵、一四三人のオーストラリア兵、五一人の南アフリカ兵、四〇人の西インド諸島兵、三四人のニュージーランド兵、および砲弾や手榴弾などで遺体が損傷を受けて身元が確認できない者六五人の墓がずらりと並んでいる。この墓地にはまた、南アフリカ、西インド諸島、ニュー・サウス・ウェールズ出身の三人の尼僧看護師と、英国軍に捕囚中に死亡した一六人のドイツ兵と三人のトルコ兵捕虜も葬られた。

インド出身のヒンドゥー教徒とムスリムの兵士たちは、市の南部のこぢんまりした庭園のなかの別の場所に埋葬された。そこからは遠くに「岩のドーム」が見え、まもなくタルピヨットという新しいユダヤ人居住区となる。彼らの永遠の安息地には、個人名ではなくヒンドゥー語とウルドゥー語の石碑が建てられている。

チャーチルのエルサレム訪問で、アラブ人とユダヤ人の間の大きな意見のちがいが表面化した。三月二八日、パレスチナ・アラブ人ハイファ大会の執行委員会は、パレスチナにおけるシオニスト活動に抗議する一万二千語におよぶ覚書を彼に提出した。それには、「アラブ人は高潔で心が広いが、執念深くもあり、悪行は決して忘れない。もし英国がアラブ人の主張を支持しないならば、他の大国が支持するであろう。インド、メソポタミア、ヘジャズ、パレスチナから今、英国へのシュプレヒコールが湧き上がっている。もし英国がそれに耳を貸さなければ、やがてきっと、ロシアがいつかアラブ人の要求を支持するであろう。ドイツでさえ、そうする可能性がある」とはっきり書かれていた。

ロシアの声は「国家間の会議ではまだ聞こえてこないが、やがてはっきり主張されるときがくるにちがいない」とアラブ人たちは警告した。彼らはまた、チャーチルに、「不自然な土地の分割」はいつの日か消滅するにちがいない。英国はアラブ人の主張の味方であるべきだ。なぜなら、アラブ人は東方への「鍵」を握っているからである。「彼らは東方へのドアも通路も押さえている。紅海とペルシア湾にはさまれたアラビア半島はインドへの通路であり、地中海に面したパレスチナは今日、超大国の勢力均衡の要になっている」と警告した。

このアラブ人による覚書は「パレスチナはアラブ人のものであり、バルフォア宣言ははなはだしく不当である」ことを証明しようとしたものである。「ユダヤ人の民族郷土」については、「ユダヤ人はすでに何千年にもわたって世界中に分散し、定住先のさまざまな国家の国民になっている。彼らは政治的にも、言語的にも別個の存在ではない。ドイツのユダヤ人はドイツ国民だし、フランスではフランス国民、英国では英国民である。彼らを結びつけている唯一つの絆は宗教と言葉であるが、ヘブライ語はすでに死語で、忘れられているといってよい。英国は一つの宗派と約束を結び、それを国連に届け出るとはいったいどういうことだ？　いやむしろ、ユダヤ人自身がこういう約束に同意するとはどういうことなのだ？　かりにユダヤ政権、ユダヤ国家が存在するとすれば、今日英国に勤務するユダヤ人高官はどう位置づけられるのか？　彼らはユダヤ国籍なのか、それとも英国籍なのか？　同時に両方であることはできないことは明らかであるのに」。

「ユダヤ人はあちこちでもっとも積極的な破壊の提唱者である」とアラブ人の覚書は続く。「とりわけさらなる危害を加えることができる、有力な立場にあるときはその傾向が強い。ロシアの崩壊は全面的に、あるいはだいたいにおいて、ユダヤ人がもたらしたものであることはよく知られている。ドイツとオーストリアの敗北も大方彼らのせいであるにちがいない。ドイツとその同盟国の運勢が上向いているときにはユダヤ人は彼らにおもねり、事態が連合国に有利になるとドイツ支持をやめて連合国のために自分たちの金庫の蓋を開け、その見返りにとんでもない約束を取り付けた」。

「おまけにユダヤ人は排他的で人付き合いが悪く、いっしょに暮らす人間とうまくやっていけない。その国の特権や利益は享受するが、何一つ見返りは出さない。ユダヤ人は世界中、どこへ行ってもユダヤ人のままだ。ユダヤ人はある国で富を蓄積すると、彼らに搾取されて貧乏になったその国の人たちを、自分が選んだ勝手な場所に移動させる。彼らは自分の利益になると見たら戦争を奨励し、軍隊を自分の意のままに利用する」。

チャーチル宛のこの覚書の最後に、パレスチナ・アラブ人リーダーたちは、「正義と権利の名のもとに」次の五つの要求を盛り込んだ。その第一は、ユダヤ人のための民族郷土建設という根本方針を廃止すること。第二は、「戦前からパレスチナにいるパレスチナ人によって選ばれた議会に対して責任をもつ」民族政府を創設すること。第三は、「民族政府が形成されるまで」ユダヤ人の移民を停止させること。第四は、「英国占領後に」つくられた法律はすべて廃止し、「民族政府が生まれるまで」新しい法律は制定しないこと。

最後がパレスチナを「その姉妹国」と分離しないこととなっている。

これら五つの要求は、チャーチルがパレスチナに到着する前に、民衆に陳情書としてたくさんばらまかれていたが、今回それが元エルサレム市長でハイファ大会議長ムーサ・カゼム・パシャ・アル・フセイニからチャーチルに手渡された。

チャーチルは即座にパレスチナ・アラブ人代表に、アラブ人のこの覚書のなかには「真実とは思えない記述がたくさんある」と答えた。そして、そのあとにアラブ人の申し立てに対する自分自身の見解を次のように述べた。「あなたがたはまず、バルフォア宣言の否認とパレスチナへのユダヤ人移民の差し止めを私に求めています。これは私の権限ではできないが、かりに私にその権限があったとしても、私はそうしたくない。英国政府はバルフォア卿の口を借りて、パレスチナにユダヤ人の民族郷土を設立することに賛成であることを示したのはすでに伝えられている通りです。それは必然的にユダヤ人のこの国への入植も含みます。バルフォア卿と英国政府によるこの宣言は、今回の大戦に勝利した連合国にすでに批准されているのです。この宣言はまだ勝敗の決着がつかない戦争の継続中に出されたものです。それゆえ、これは大戦の勝利の帰結として確立された事柄の一つとみなさなければなりません」。

「さらに、世界中に散らばっていたユダヤ人が、民族センター、民族郷土のようなものをつくり、再統合を望む者たちが集まれるようにするべきだという主張は明らかに正しい。とすると三千年以上にわたって彼らと親密かつ深遠な結びつきのあったこのパレスチナの地以外にどこにその場所があるでしょうか？　われわれは世界のためにも、ユダヤ人のためにも、また大英帝国のためにもそれがよいであろうと考えます。だがまた、パレスチナに住むアラブ人にとってもそれがよいのではないでしょうか。われわれはそれが彼らにとってもよいことであるように、彼らが虐げられたり、住んでいるところを追い出されたり、進歩と繁栄の恩恵にあずかれないことにならないように努めるつもりです。バルフォア宣言の第二部に注目していただきたい。ここで厳粛に、明確に、パレスチナ住民に対してその市民的、政治的権利の保護を約束しています」。

チャーチルは、トルコ軍を打倒したのはパレスチナ・アラブ人ではなかったことも強調した。「これらの地域を解放したのは英国軍です。パレスチナにおける大英帝国の立場は責任者であるとともに権利者であります。この責任の履行と、われわれが想定した高い目的のために、大英帝国の兵士たち全員が命を捧げ、血を流すという究極の犠牲を払ったのです」。高等弁務官公邸への道路沿いには英国兵士二千人以上が眠る墓地があると彼は続けた。「この地には他にももっとたくさんの、もっと大きな墓地さえあるのです」。

チャーチルは回答の最後に、アラブ人代表にこう述べている。「争いの結果生じるみじめさを分け合うより、協力によって生じる天恵を分かち合うならば、明るい平穏な未来があなたがたの国に開けるでしょう。大地は寛大な母です。母はその子供たちのために、彼らがその土地を公平に仲良く耕しさえすれば豊かな実りを与えてくれます」。

アラブ人代表は引き下がった。彼らの要求は拒絶され、その言い分は反駁された。代わってユダヤ人の代表者がやってきた。彼らもまた、最近創設されたユダヤ民族評議会の幹部の署名のある覚書を提出した。ユダヤ人の覚書にはイスラエルに民族郷土を再建することに対する英国の支援への感謝が表明されており、シオニスト・プログラムは「自分たちとアラブ人の間に誠実な友好関係を樹立することに重点を置く」ことが明記されていた。

ユダヤ人リーダーたちは次の点を強調した。「二千年にわたる流浪と迫害のあとに故郷に帰ってきたユダヤ人たちは、他の民族の権利を否定しようとしているのではないかという疑惑を黙って忍ぶことはできない。ユダヤ人は国家の復興に対するアラブ人の強い憧れがよくわかる。だが、アラブ全土に比べれば小さな一部にしかすぎないパレスチナにユダヤ人の民族郷土を再建するというわれわれの努力が、彼らの正当な権利を奪うことにはならないと考える。反対に、ユダヤ人のこの国での復活はアラブ民族に大きな活力をもたらすにちがいないと確信する。われわれの言語、人種、特性、歴史の近似性が、必ずや完全な相互理解に到達することを保証している」。

ユダヤ人代表への回答として、チャーチルはまず、彼がすでにムスリム代表に、「バルフォア宣言に明示された原則から離れる可能性はないとはっきり述べた」経緯から説明した。彼自身のユダヤ人の民族郷土に対する見解については、「シオニズムの主張は全世界のために役立つことであり、ユダヤ人ばかりでなく、この国のアラブ人住民に繁栄、安堵、進歩をもたらすだろうと確信している」と語った。

チャーチルは最後にユダヤ人について自分の感想を述べた。「私はあなたがたの主張が成功裡に実施されることを心から願っています。それぞれの段階で多大なエネルギーを必要とし、深刻な問題も生じるでありましょう。しかし私は、あなたがたがそれらを克服していく努力を心を込めて見守りたいと思います。あなたがたが正義と理想に燃えた高い士気によって鼓舞され、必ずこの国全体に幸福をもたらしてくれると信じていなければ、いつの日かあなたがたの仕事が成就することに大きな期待を抱くはずがありません」。

ユダヤ人代表の一人、アルトゥル・ルピン博士は、「アラブ人に吹き込まれて、われわれに悪印象をもっているのではないかと心配だったが、彼のこの言葉にその場にいた全員が深く感動した」と日記に書いている。その夜、ルピンはエルサレムの主だったシオニストたちを招いてチャーチルの歓迎会を開いた。ルピンのロシア生まれの夫人ハンナは、エチオピア通りの自宅でできるかぎりのご馳走を用意して彼をもてなした。

チャーチルと話すためにエルサレムにきていた人のなかに、トランスヨルダンの新しい統治者エミール・アブドゥラがいた。三月二九日、アブドゥラは「聖域」を訪ね、「岩のドーム」の外側で、彼を一目見ようと集まっていたムスリム・アラブ人の大群衆にひとこと挨拶しようとした。ところが「パレスチナをアラブ人に！」「シオニストを打倒せよ！」という叫び声に何度もスピーチを中断させられた。やがて抗議行動に出た群衆は、中央郵便局のほうへバルフォア宣言反対デモに繰り出したが、英国警察によって解散させられた。

同じ日の午後、チャーチルはエルサレムのヘブライ大学の建設予定地を訪問した。これはシオニストにとって長い間の夢の一つだった。ヴァイツマン博士が最初の一二個の礎石の一つをここに置いてからすでに三年が経過していた。彼らはチャーチルの建設予定地訪問を大学建設進展の一里塚にしたかった。この訪問は前夜になってから急に決まったにもかかわらず、市内のユダヤ人商店はすべて閉ざされ、ユダヤ人商店主はユダヤ人ボーイスカウトや女性ガイドたちでごった返す群衆のなかに紛れ込んだ。その場に到着したチャーチルに、著名なシオニストの一人であるナフム・ソコロフはひたむきな思いを込めて、「ユダヤ人はアラブ人と平和に暮らすことだけに満足せず、真心と同胞愛をもって共生していかねばなりません」と挨拶した。

やがてチャーチルは植樹を所望された。その前に世界中のシナゴグで毎週土曜日に朗読される旧約聖書、すなわち律法（モーセ五書）の巻物が彼に贈られた。これを受け取った彼は、こう挨拶した。「個人的には、私はシオニズムに心底共感を抱いています。この共感は二〇年前に私がマンチェスターのユダヤ人たちと接触して以来ずっともちつづけてきたものです。パレスチナにユダヤ人の民族郷土を建設することは全世界にとって天恵であり、世界中に散らばったユダヤ民族にとっても、大英帝国にとっても天恵であると信じます。これは人種や宗教のちがいを超えた、この国の住民全員にとってもまた、天恵であると私は固く信じています」。

チャーチルはそれからユダヤ人の率先性について彼の希望を語った。「この最後の天恵はあなたがたに負うところが大きい。われわれの約束は二面性をもっています。一方でわれわれはシオニズムを支援すると約束し、他方でその結果、非ユダヤ人住民が苦労することがあってはならないとはっきりいいました。それゆえ、あなたがたの行動の一つ一つが、パレスチナ住民すべてにとって道義的にも、物質的にも有益なものでなければなりません。そういう気持ちで行動していただければ、パレスチナに幸福と繁栄がもたらされ、平和と協調がこの地にみなぎり、この国は、私が今いただいたばかりの聖書に書かれているような乳と蜜の流れる土地、人種や宗教を問わず、苦しむ者はその苦しみが癒される楽園になるでしょう。あなたがたは世界中のユダヤ民族の代表であります。あなたがたの行為はすべての国のユダヤ人の手本であり、彼らの面目を施させるものでなければなりません。何百年にもわたるあなたがたユダヤ人の願いは、あなたがた自身の利益ばかりでなく世界中の人たちの利益として、ここで徐々に実現されていくでありましょう」。

チャーチルは、「私は今、植樹をしようとしております。このパレスチナの木陰に平和と繁栄がもう一度戻ってくることを祈ります」とスピーチを結んだ。彼の言葉にその場にいた者たちは深く感動した。最近パレスチナで弁護士を開業したばかりの英国人シオニストで、元ジャーナリストのハリー・サケルもこの植樹式の目撃者だった。彼はこの植樹祭の段取りには批判的だった。「チャーチルに大学の建設予定地に植樹を頼んだのがそのいい例でした。彼らが肝心のその木を彼に渡すときに木が折れてしまったのですが、予備はありませんでした。そこで当事者たちは、そこでは成長しそうもないちっぽけなナツメヤシの木を探し回りました。チャーチルは当惑顔で、サミュエルは〝苦虫をかみつぶしたような〟表情でした」と彼は英国の友人に書いている。

ハリー・サケルは英国政府が実際にパレスチナにとどまり、バルフォア宣言の公約を守るつもりなのかどうか心配だった。「チャーチルはユダヤ人とアラブ人の両方に対して、いともあっさりバルフォア宣言を再確約しました。だが、彼はユダヤ人に応分の寄付をせよといい、納税者や議会内の反シオニスト批判に圧力をかけました。アラブ人は腹を立て、ハイファでちょっとした問題が起こりました。彼らのデモを軍隊が解散させたのですが、たぶん軍隊の人数が多すぎたのだと思います。私はアラブ人の置かれている立場に納得できません。さらに、英国政府は財政的理由からすべてを放り出して撤退してしまうことになるのではないかと案じています。委任統治であろうとなかろうと、今日の英国がこのような金のかかる外交政策を遂行する余裕があるのかどうか疑問に思います。手っ取り早くここで石油でも発見して、海軍を誘い込むべきなのかも知れません」と彼は書いている。パレスチナではいつまでたっても石油は発見されず、英国はやがて財政負担と世論の非難にあえぎながら、アラブ人とユダヤ人の間に立って事態を静観しようとして疲労困憊した。だが、チャーチルがこの市を去った頃のエルサレムの英国人支配者たちは、英国が法と秩序、国家の安全と地域社会の繁栄を維持し、ユダヤ人とアラブ人が同じ国、同じ市で共存できる体制をつくりあげていくことができると信じていた。

過激派ムフティの登場

エルサレムのムスリム・アラブ人は、ムスリム・トルコ人が統治していた平和時でさえ、自分たちの民族独自の抱負は無視され、彼らの生活はコンスタンティノープルとオスマン帝国に従属させられていると感じていた。ユダヤ人の高等弁務官の率いるキリスト教徒の英国政府は、こうした事態を変えようと決意した。ハーバート・サミュエルとその部下たちは、ムスリムに権利を与え、彼らの生活を向上させようと懸命に努力した。ロナルド・ストーズはやや得意げにこう書いている。「岩のドームの北側外壁の破損修理は、アラブ人のイニシアティヴではなく、英国人が英国人建築家を起用してその任に当たらせた。アル・アクサ・モスク（イスラーム教徒にとってメッカとメディナの次に大切な聖所）の修理にさらなる資金が必要になったとき、高等弁務官はアラブ人リーダーによるムスリム世界全体からの資金集めのための世論喚起運動を（彼の名誉ある地位を盾に）認めたばかりでなく、寛大な自由主義精神からこれを奨励し、援助した。イスラーム教徒からの寄進がコンスタンティノープルにほとんど接収されていた時代とは異なり、英国統治時代にはすべてパレスチナのムスリムの希望する目的のためだけに使用された。八〇年前にはトルコが取り上げていた気前のよい寄付は、宗教寄進財産省に入ってくるようになった」。

エルサレム、つまり事実上、パレスチナのムスリム全員にとって何より好都合だったのは、ハーバート・サミュエルが一九二〇年の暴動の責任者ハジ・アミン・アル・フセイニをムフティに任命したことだった。ハジ・アミンは二カ月前に死んだムフティのカメル・アル・フセイニの従兄弟で、一族はエルサレムの名門の一つだった。

一八九三年エルサレム生まれのハジ・アミンの判断と行動は、それから二〇年にわたってムスリム・アラブ界を牛耳ることになる。彼はトルコ統治時代のエルサレムの公立学校で初等教育を受け、やがてカイロに出て、ムスリム改革思想家シェイフ・ラシド・リダのイスラーム哲学を基本にした学校で学んだ。彼は大学に行ったことはないが、その代わり一九一三年にメッカとメディナに巡礼をし、それを果たした敬虔なイスラーム教徒に贈られる「ハジ」という称号を得た。

ハジ・アミンがエルサレムに戻ってまもなく戦争が勃発した。彼はトルコ軍に従軍して、将校としてスミルナで戦った。トルコの敗北後エルサレムに戻った彼は、英国軍政官のアラブ人顧問室の事務官になった。その後、彼はヘロデ門を出てすぐのところにあるラシディエ・スクールの教師を務めるようになる。彼はやがてどぎつい民族主義的な記事を書いたり、持ち前の雄弁で大群衆を煽動したりしはじめた。このムフティの伝記作者で英国からパレスチナに移住してきたユダヤ人モーリス・パールマンによれば、「彼は家族のコネや、威勢のいい単刀直入な話しぶりとか文章で、アラブ人社会にたちまち地位を築き上げていった」。

ハジ・アミンは英国人とユダヤ人への憎悪を隠そうともしなかった。英国人でユダヤ人でもあるハーバート・サミュエルがなぜそういう人物をムフティに任命したかは、長いこと論議の的になっている。ハジ・アミンは一九二〇年七月の高等弁務官の恩赦に漏れた数少ない人間の一人だった。だが、その年の九月に彼は特赦を受けてパレスチナに戻ってきた。彼の従兄弟のムフティはそれから五カ月後に死んだ。ハジ・アミンはその後継者に自分から立候補した。一九二一年四月に行なわれたムスリムの選挙で、彼は四位だった。高等弁務官は上位三人のなかから後継者を選ぶことになっていた。その上位三人のうち、一人が辞退し、ハジ・アミンの名前が他の二人のものといっしょに候補者として提出された。彼が選ばれると、エルサレムのムスリムの声はにわかにとげとげしくなった。

英国委任統治時代にエルサレムにもちあがったたくさんの論争のなかで、ハジ・アミンのムフティ任命が、おそらくもっとも深刻なものだったであろう。英国政府の法と秩序の擁護者でユダヤ人でもあるハーバート・サミュエルが、未来の騒動と反ユダヤ感情の旗頭を役職につかせた張本人であるのは、まことに不可解に思われる。だが、この任命の前夜は恒例のネビ・ムーサ祭だった。一九二〇年のときはこれが流血事件にまで発展したが、一九二一年は平穏だった。こうした歓迎すべき変化はハジ・アミンの影響によるもので、これが彼の任命の大きな一因だった。

ハジ・アミンの任命に反対がなかったわけではない。エルサレムのアラブ人社会にかなりの勢力のあるライバル一族のなかで、アル・ナシャシビ家もまた、アル・フセイニ家の人間が再びムフティに任命されるのは不当だと感じていた。一族の一人で市長のラゲブ・ベイ・アル・ナシャシビは、この任命に反対運動を起こしたばかりでなく、こういう人間を最高レベルの地位につけることにおおっぴらに反対を表明した。一九二一年五月八日、ハジ・アミンはムフティに任命されたことを口頭で伝えられた。彼はただちにサミュエルに書面による確認を要求したが、それはいつまでたってもこないうえ、彼の任命は広報紙にさえ載らなかった。

ハジ・アミンはエルサレムの「ムフティ」という従兄弟の称号を引き継ぐだけでは満足しなかった。彼はパレスチナ全体のムスリムの精神的指導者になりたかった。これまで知られていなかった「グランド・ムフティ（イスラーム最高法官）」という称号がいつのまにか彼につけられ、これによって彼は英国委任統治領内のすべての町を傘下におさめるイスラーム法界の地位を確立した。これによって彼は元の仲間であるムフティたちよりも高額のサラリーを英国に要求し、認可された。

英国政府は、ムスリムに自分たちの宗教関連問題は自分たちで管理できると安心させるためにムスリム最高評議会を設立した。評議会には広範囲にわたる権限があった。ムスリム宗教寄進財産省の運営が委ねられたばかりでなく、ムスリムが行なう社会事業全般、すべてのモスクの管理からパレスチナ全土の教師、礼拝時の説教師の任命も一任された。評議会の収入は、小作農民が払う借地料と、政府の補助金でまかなわれた。評議会は議長一人、メンバー五人で構成されていた。議長はパレスチナの五三の異なった地区代表によって選ばれることになった。これは戦前のオスマン帝国議会への代表選出と同じ地域選挙人団だった。

サミュエルの伝記作者バーナード・ワッサースティンによれば、委任統治政府の役人たちの積極的支持と「サミュエルの理解と祝福を受けて」、面目を一新したグランド・ムフティが一九二二年一月、ムスリム最高評議会議長に選出された。彼の任命に反対したラゲブ・ベイ・アル・ナシャシビは多数決で負けた。評議会はその一回目の会合で、ハジ・アミンが「パレスチナ・ムスリム・コミュニティーの長」であるとともに「パレスチナ・イスラーム教徒の長」であることを確認した。

一九二一年五月一日、続々とやってくるユダヤ人移民に反対するアラブ人の暴動がヤッフォで発生した。地中海沿岸にあるいくつかのユダヤ人入植地も攻撃された。暴動はエルサレムまではおよばなかったが、ユダヤ人の家の略奪は市内のシオニストたちを狼狽させた。彼らの不安のもとになったのは、著名な英国人裁判官トーマス・ハイクラフト卿が率いる英国調査委員会の「家具および家財の略奪や破壊は、筆舌に尽くしがたいほど残酷で、徹底している」というリポートである。「アラブ人が本当にやりたがっているのは略奪である。うまく戦利品を入手できないと、今度こそはという略奪意欲が反ユダヤ運動の原動力となって堆積されていくといわれている。アラブ人は略奪が楽しみで戦うというのは本当である」。一九二一年の暴動の「略奪者は一方的にアラブ人で、犠牲者はほとんど例外なくユダヤ人だった」。

心配の種は略奪だけではなかった。「ハイクラフト・リポート」にはまた、「アラブ人たちは自分たちにとって実際に不都合なこと、あるいは不都合と想定されること、もしくは挑発的な行為に対してかっとなり、突然暴力行為に出る」傾向があり、実際には多数者であるパレスチナのユダヤ人はそれを恐れていることも記されていた。アラブ人を心理的に動揺させないために、ハーバート・サミュエルはすべてのユダヤ人の入国を一時停止する命令を出した。すでにハイファ港に到着して上陸を待っていたユダヤ人には入国許可が下りなくなった。数カ月後に入国が再開されてからも、「パレスチナに新移民を吸収できる経済的限界」を超えない範囲でという条件が付けられた。この一項と方針はアラブ人たちを喜ばせたが、ユダヤ人は狼狽した。

一九二一年暮れまでの一二カ月間に、全部で約八千人のユダヤ人が移民としてパレスチナに入国を許可された。その年の一一月、あちこちのモスクで行なわれたユダヤ人の入国に対する激しい非難がエルサレムで暴動に発展し、アラブ人の暴徒が旧市街のユダヤ人地区を襲撃した。ユダヤ人はもはや一年半前のときのように無防備ではなかった。ユダヤ人は一九二〇年のたびたびの暴動の最中に「ハガナー」と呼ばれる自衛団を結成していて、この襲撃者たちを撃退することができた。それでも四人のユダヤ人が死に、二〇人が負傷した。暴動が起きたのは一一月二日の第四回バルフォア宣言記念日だった。その日は、ハダサ看護師養成学校の三年コースを修了した第一期生の卒業式が行なわれる予定だった。卒業式は延期された。モンタギュー・ダヴィド・エデル博士とアルトゥル・ルピン博士の二人のシオニスト・リーダーは、襲撃事件の死亡者の葬儀をどのような形で行なうかについて意見が対立した。ルピンの一一月三日付の日記にはこう書かれている。「エデル博士は新たな騒動を誘発しないように、四人の死者を今夜静かに埋葬したがった。私はそれには反対で、日中公然と、りっぱな葬儀を要求した。わが民族の体面にかけても、そうしなくてはならないような気がした。私の要求は認められた」。

一一月四日、ハダサ看護学校の看護師と教師たちは、このおごそかな葬儀に参列した。葬列は昔の「領事館通り」で、今の「預言者通り」に面したロスチャイルド病院を出て、オリーヴ山のユダヤ人墓地へ向かった。ユダヤ人コミュニティーは一カ月の喪に服すと発表した。看護師たちの卒業式はさらに延期された。

二年間に二度目の流血事件だったにもかかわらず、ハーバート・サミュエルはグランド・ムフティが自分の味方であると感じていた。二年後、ロンドンで行なわれた閣僚会議でサミュエルが語ったところによれば、「ムフティと彼の親密な友人たちは、その頃一カ月か二カ月に一度はあった政治的危機に際して、民衆が興奮して暴力行為に走るのをいつも積極的に防いでくれた」という。

延期されていたユダヤ人看護師の卒業式はようやく一二月七日に行なわれた。祝辞を述べたのはエデル博士だった。著名な英国系ユダヤ人で最近設立されたシオニスト実行委員会のメンバーでもあったエデルは英語で挨拶した。ところが、彼が話しはじめたとたん、現代ヘブライ語のパイオニアであるエリエゼル・ベン・イェフダはこれに抗議して席を立った。エルサレムのそれぞれのコミュニティーと隣人との間のもめごとはよくあったが、それぞれのコミュニティーの内部でもまた、不協和音が高く鳴り響くことがあったのである。

第7章　英国委任統治、最初の六年　一九二二―一九二九年

ニュータウン建設

一九二二年三月一日、エルサレムに一人の男の子が誕生した。彼の生涯と死は、やがてこの都市に大きな影響を与えることになる。父親のネヘミア・ルビツォフはロシア生まれのユダヤ人で、二〇世紀はじめにアメリカに移住し、一九一八年にパレスチナに行きたくて英国軍に志願してこの都市にやってきた。妻との出会いは、一九二〇年のアラブ人の襲撃の際、ボランティアとして旧市街のユダヤ人街防衛に駆けつけたときだった。のちに「ラビン」という苗字を名乗るようになる息子のイツァクは、五年前にエルサレムが英国軍に引き渡された現場から歩いて数分の、ヤッフォ通りにあるシャアレ・ツェデク病院で生まれた。

委任統治下のエルサレムの街路には、平穏な日常的感覚が浸透しはじめていた。三月のムスリムのネビ・ムーサ祭は、これまでの二年間とちがって何事もなく終わった。これを目撃した英国人旅行者フィリップ・グレイブズは、ヘブロンからヤッフォ門へとやってき

た人々の行列に目をみはった。「旧市街にさしかかると、群衆の熱気は頂点に達した。興奮のあまり目がすわった男たちがくるりくるりと踊りまわる。無帽の彼らの長い巻き毛が、回転するたびに激しく揺れた。最後に緑色のヘブロンの幟《のぼり》が一〇人の旗手に守られて近づいてきた。誇らしげにその旗とともに歩いてきた彼らは、旧市街の迷路とぶつかる狭いダビデ通りのところで頭上の刀をきらりとひるがえらせて薄暗い小路に消えた」。

こういう健全な祭りのにぎわいは、ともすれば緊張や紛争に発展しかねない宗教行事に英国人統治者たちがうまく対処している証拠だった。一九二二年七月二四日、国際連盟理事会は、すでに英国に委ねられていたパレスチナの委任統治を追認した。トーマス・クックの案内書にはこう書かれている。「こうして世界でもっとも聖なる都は歴史の新しい局面を迎えた。長年の束縛から解き放たれて、悪しき政府――いやしくもそれが政府と呼べるものであったとすれば――の暗闇から自由と進歩の光のなかへ、再び歩みだしたのである。おそらく、この都市はもはや、ソロモン王やヘロデ王、ハドリアヌス帝やゴドフロワ・ド・ブイヨン〔フランスの第一回十字軍の指揮者〕時代のエルサレムではないであろう。栄枯盛衰の営みが堆積されて、この町が立っている丘はさらに高くなった。それにもかかわらず、この町は世界のどこの町よりも、いつきても親しみを感じる」。

一九二二年九月一六日に国際連盟が行なった二つ目の決議は、エルサレムにこの都市ではもっとも恒久的な組織の一つとなる「ユダヤ機関」を設置したことである。この機関には、英国委任統治政府と「提携して、ユダヤ人の移民を促進し、この地にイスラエル人の集中的な入植を奨励する」権限が与えられた。「ユダヤ機関」の役人はつねに英国政府と連絡を取りつつ、ユダヤ人の教育、保健、福祉の規模をだんだんに広げ、統括していく諸部門を設立していくことになった。エルサレムには他にも二つのシオニスト組織の本部が置かれていた。一九〇一年に創立された「ケレン・カイエメット（ユダヤ民族基金）」は、パレスチナ全土の入植地の購入、湿原の干拓、灌漑、小石類の片づけ、農耕、植林などを担当し、一九二一年に創設された「ケレン・ハイェソッド（パレスチナ建国基金）」は、全国規模のシオニスト活動のための資金集めを行なっていた。

エルサレムの委任統治政府による建設事業は、当初、建物の修理と「ニュータウン」と呼ばれる新しい市民センターをつくることに集中された。一九一九年から二二年まで民間アドバイザーを務めたC・R・アシュビーはこの仕事の基本理念について、「実際の仕事は、結局、紙の上に都市の設計図を引くことでもなければ、それを本に書くことでもなく、事務所のファイルにコメントを書き込むことでもなければ王立アカデミーの壁に飾る絵を描くことでさえもなかった。実際の仕事は、正しい判断のもとにこれを管理し、できるだけ理想に近いものに仕上げることだった。判断の唯一つの基準は、都市そのものの美観だった」と書いている。

歳月と手入れを怠ったせいで腐蝕の進んでいたダマスコ門の石造りの小尖塔はみごとに修復された。同じように顧みられなかった「岩のドーム」の建物もていねいに修理された。ヘロデ王時代の建造物であるヤッフォ門の「ダビデの塔」と「要塞」も元通りになった。

一九世紀末のトルコ時代にヤッフォ門に建てられた評判の悪い時計塔は撤去された。一六世紀にオスマン帝国のスレイマン壮麗王が建設した市の城壁の上にある壁垣の付いた遊歩道も通れるようになった。ムスリム宗教寄進財産《ワクフ》省は大部分が自分たちに所有権がある場所に英国政府が手を着けることを好まなかったため、旧市街の「鎖通り」の補修には着手できなかった。

まもなく新市街と呼ばれるようになった「ニュータウン」建設は、さらに野心的なプロジェクトだった。そのなかには、市の城壁沿いに緑地帯をつくることや、三千本以上の植樹、三つのユダヤ人居住区の建設、英国人、ユダヤ人、アラブ人それぞれが公共建造物を建てることのできる広くて新しい市民センターもあった。エルサレムの住民や来訪者にとってありがたかったのは、一三〇の道路に名前が付けられ、その街路名を英語、アラビア語、ヘブライ語で表示した美しいセラミック・タイルの道路標識が立てられたことである。ストーズが会長を務める「親エルサレム協会」が選んだそれらの名前は「歴史や詩、民間伝承を彷彿させるものばかりで、その由来は十分に研究に値する」とアシュビーは書いている。たとえば、旧市街の道路には「フェザー・レイン（矢羽小路）」、「ウォーターメロン・アレイ（西瓜横町）」、「ブラックスミス・レイン（鍛冶屋小路）」、「ストーク・レイン（コウノトリ小路）」、「ダンシング・デルヴィッシュ・ストリート（踊る修道者通り）」などの名が付けられた。新市街の八〇の新しい街路名のなかには、「預言者通り」、「ヘロデ街道」、「ヨセフス通り」、「イザヤ通り」などがある。

親エルサレム協会の大きな仕事の一つは、高等弁務官公邸として使われるようになった元アウグスタ・ヴィクトリア巡礼宿泊所を委任統治政府の行政センター兼社交場に改装することだった。最初、この改装工事には英国から専門職人を呼び寄せ、「メイプル」や「ウェアリング」などの老舗を利用したほうがよいのではないかと思われた。だが、ハーバート・サミュエルは、現地の素材と現地の労働者だけを利用することにした。この仕事の責任者だったアシュビーはのちにこう書いている。「この試みは美学的見地からだけではなく、人間的な見地から行なわれたものである。特殊技術を要する建築工事にはみな、人間的な側面がつきまとう。美的なできばえだけでなく、それを行なう人間に敬意を払う必要があるといってよい。なぜなら、手仕事が際限なく細分化されていた職人仕事時代には、同じ金を払うなら、人の顔が見えない工場でつくられたものよりも、いろいろなグループがたがいに相手の仕事のできばえを意識しながらいっしょに仲良く行なわれる作業のほうがずっとよい結果が得られることが日毎に明らかになったからである。

高等弁務官公邸で、石工、陶工、ペンキ屋、大工、鍛冶屋、建具屋、木彫り職人、室内装飾屋、織工、ガラス吹き工まで四〇人から五〇人の職人が働いているさまは、すばらしい光景だった。スコプス山にはまもなく、こうした人たちがせわしげに行き交うようになった。彼らが使った石は、地元エルサレム産の砂岩と大理石で、ガラスはヘブロン製だった。木材は、トルコ人がエルサレムの森をだめにしてしまっていたので、大部分はインドから運ばせなくてはならなかった。だが、製材は現場で行なわれた。職人仕事のなかでエルサレム以外で行なわれたのは絹織物だけである。地元にはよい織工がいなかったので、カイロ製のものが使われた」。

だが、一番の難題はめずらしい素材の調達ではなかった。アシュビーによれば、「最大の問題は、パレスチナの行政官がみな苦労する労働者間の協調の維持である。人種や宗教、伝統や習慣がみなちがう人たちをどうやっていっしょに働かせるか？　エルサレムでは普段から人種や言語がさまざまであるだけでなく、戦争によるありとあらゆる秩序の崩壊に加えて、工業化の波が職人の世界にも押し寄せ、西欧の作業場ではとっくに消え失せてしまっているオリエントの伝統的手法が、ここでも急速に崩壊しつつあった。

だが、みごとな手さばきの職人仕事や職人気質は、これまで人類の物語にたびたび登場してきたように、すばらしい融合物であることがわかった。共通言語のないムスリム、キリスト教徒、ユダヤ人、英国人、フランス人、ドイツ人、ギリシア人、アルメニア人、シリア人、ポーランド人、ロシア人などさまざまな国の労働者たちが、マシンガンをもった英国委任統治政府のパトロール隊がいつでも喉元に銃を突きつけるように巡回している街なかで、いっしょに働き、ふざけあい、しまいには仲良く酒盛りまでするのを見ているのは面白かった。私の四人の現場監督の一人はギリシア語とアラビア語とフランス語を話し、二人目はアラビア語とフランス語とアルメニア語を話した。三人目はドイツ語とアラビア語、四人目はアラビア語とトルコ語を話した。ユダヤ人の木彫り工、室内装飾屋、お針子らがしゃべっているのは、イディッシュ語、ポーランド語、ロシア語に古代ヘブライ語やニューヨークの安酒場で聞くようなアメリカ英語が混じっていることもあった。こうした多言語コミュニティーが生み出す仕事の美的できばえがどうであれ、言葉より実践の美術工芸が生み出す団結力に比べて、政治的手段がいかにむなしいかを目の当たりにする思いだった」。

親エルサレム協会は大部分の資金を一般からの寄付に仰いでいた。ストーズが広く呼びかけを行なっていたことが、その寄付者名簿からも察せられる。そのなかには、英国国教会主教や一流のアラブ人学者ゲオルグ・アントーニアス、現代ヘブライ語の創始者エリエゼル・ベン・イェフダ、カトリック枢機卿、エジプト・ナショナル銀行、アメリカのデパートの経営者マーシャル・フィールド、著名なエジプト系ユダヤ人ヴィクトール・ハラリ卿、一九世紀にユダの砂漠のすばらしい光景を描いた画家ホールマン・ハントの未亡人らがいた。デーヴィッド・ロイド・ジョージとアンドリュー・ボナー・ローの二人の英国首相をはじめ、市内に駐留していた第五一シーク教徒連隊や、武器製造業のベジル・ザハロフ卿も寄付者名簿に名を連ねている。親エルサレム協会は、アルトゥル・ルピン博士の率いるパレスチナ土地開発会社というシオニスト企業との緊密な提携のもとに事業を進めていた。この会社の目的は、新市街の外側の高台に公園や緑地を中心にしたユダヤ人居住区を建設することだった。彼らのもっとも野心的なプロジェクトは、市の南側の空地でベツレヘム街道の少し北のタルピヨットに居住区をつくることだった。

タルピヨットには土地付き住宅八〇〇戸、およびホテルやシナゴグも建設される予定だった。住宅地の一〇パーセントは公園や緑地にあてられ、病院、専門学校、劇場など三つの大きな公共建造物もつくる計画だったが、これは市の中心部から遠いというので資金が集まらなかった。この計画と夢はシオニスト活動をよく象徴していた。「彼らの情熱と希望は賞賛されなければならない」とアシュビーは書いている。

一九二二年夏、そのようなシオニストの希望が思いがけなく刺激される出来事があった。エルサレムのヘブライ大学建設が容易に進行しないなかで、ロナルド・ストーズがその代わりとして、支持者も批判者も「英国大学」という名で呼んでいたプロジェクトを、エルサレムを去る前の彼の最後の仕事の一つとして提案したのである。ストーズは、この新しい大学は、ヘブライ語部門とアラビア語部門の両方を備えたものにしたかった。彼はまず、パレスチナ大学設立委員会をつくり、ヘブライ語学部の担当者としてエリエゼル・ベン・イエフダ、ダヴィド・イエリン、ヨセフ・クラウスナーの三人の著名シオニストを招聘した。

クラウスナーがのちに書いているところによれば、「英国大学はヘブライ大学の強敵になりそうだった。それに、このような公立施設のユダヤ人に異文化が与える影響に対する不安もあった」。だが、ベン・イエフダとダヴィド・イエリンは二人ともストーズの招聘に応じた。エルサレムのシオニスト実行委員会議長だったメナヘム・ウスシュキンからかなりの圧力がかけられてはじめて二人は辞退したが、これはストーズをひどく怒らせた。ウスシュキンはまた、こうした横槍を宿願のユダヤ的性格をもった大学をエルサレムにつくることへの挑戦と見て不満を感じ、ヘブライ大学の「早期設立」のための特別委員会を設置した。

そのような大学はいつかは実現するのだろうか？　新しい大学は、主にウスシュキンの主張によって、まずは教育第一とし、研究は教育の延長線上に置き、その反対であってはならないと決定された。計画立案は、最近到着したばかりのアメリカ系ラビ、イェフダ・L・マグネスの手に委ねられた。彼は第一次大戦中、反戦論を唱えて、彼が主要メンバーの一人だったニューヨークのユダヤ人コミュニティーから疎外されていた。マグネスは迅速に行動した。一九二三年にヘブライ大学の最初の教育機関である化学研究所がスコプス山の建物のなかにオープンした。その年に大学図書館も開館し、三〇年前のトルコ時代に設立されていたユダヤ民族図書館と合併した。新しい図書館のヘブライ語セクションの司書は、ベルリンからエルサレムに着いたばかりの著名なドイツ系ユダヤ人学者ゲルショム・ショーレムだった。

ショーレムの回想録によれば、総合大学の実現には疑問をもつ人が多かったという。「エルサレムには未来の大学とその教授陣について不毛な討論を続けている少数の著名人委員会があった。それ以外の人たちはだれ一人として、一九一三年という早い時期に計画が立てられ、終戦前の一九一八年には形だけの定礎式が行なわれたことのプロジェクトが、近い将来に実現するとは思っていなかった。この計画に懐疑的な人や反対者は常にいた。要するに、当時は定職についていないユダヤ人学者がかなり大勢いて、そうした人たちの苗字に〝博士〟をつけて呼ぶのがはやったが、これは決してお世辞半分ではなかったのである。何らかの資格証明書を交付するような研究機関の開設によって、ユダヤ人インテリ階級の失業者数がさらに増加するのではないかと予想して、ぞっとする人たちも大勢いた。そのうえ、すでに述べたように、シオニストたちは会合のあるたびにエルサレムのヘブライ大学構想をプロパガンダとして利用していたにもかかわらず、金は集まらなかった。だが、事態は予想に反して好転した」。

化学研究所と図書館がスタートしたことによって、より大きな構想が実を結びはじめた。一九二四年四月にドイツ系アメリカ人の慈善事業家フェリクス・ヴァルブルクがエルサレムを訪れ、パレスチナを発つ前に、マグネス博士にユダヤ学研究所設立のための小切手の入った手紙を手渡したことがその転機となった。この研究所は、その年の一二月、マカビのイェフダがエルサレム神殿を異教徒から奪回して宮潔《みやきよ》めを行なったことを記念する「ハヌカ祭」の間にオープンした。マグネスは、研究ばかりでなく教育にもヘブライ語を使用し、入所希望者の「宗教、人種、主義、性別を問わない」ことを明示した。

一九二二年、著名な考古学者ジョン・ガースタングが、エルサレムのもっとも古い部分である「神殿の丘」の控え壁の下方にある「ダビデの町」の系統だった発掘を開始するため、資金募集を呼びかけた。一年ほどで資金が集まって、R・A・S・マカリスターのもとで作業は開始された。マカリスターは二年ほどの間に、ダビデの時代以前にエプス人が建てた城壁のかなり大きな部分と、その後ダビデの息子のソロモン王が建てた城壁を掘り起こすなど、一連の注目すべき発見をした。これらの建造物は三千年以上も前のものだった。

古い建造物がせっせと掘り起こされている間に、新しい建造物がどんどん建てられた。英国委任統治初期のエルサレムでは、ちょっとした建物の建設ラッシュが続いた。一九二二年、ギリシア正教総主教庁は「ユダヤ機関」の土地購入委員会に新市街の真ん中にある広々した傾斜地を売却した。そこに商店、ホテル、カフェなどがずらりと建てられたのが今のベン・イェフダ通りである。一九二三年には、ポラット・ヨセフ神学校というユダヤ人のためのりっぱなタルムード学院が、旧市街のユダヤ人地区に完成した。これはカルカッタ出身の著名なユダヤ人ヨセフ・アブラハム・シャロームが戦前から計画していたもので、一九一一年には建設が始まっていた。戦争でそのような建設はすべて中止せざるをえなくなったが、英国統治が確立されるとすぐ、シャロームは初志を貫徹した。

シャロームの目的は、ほぼ一〇〇年近く西欧系ユダヤ人が優勢だったエルサレムに、東方系ユダヤ人の伝統の枠《すい》を復活させることだった。八つの教室と図書室、講堂、研究室、事務局、寄宿舎のあるこの神学校には、大理石の柱の上にどっしりしたドームを載せたすばらしいシナゴグばかりでなく、広々とした教職員用の宿舎もあった。シャロームは信託基金を用意して、全学生と教授陣の維持費にあてた。この基金はすさまじいインフレにも耐えて、約二〇年間役立った。学院の位置自体がユダヤ人地区の端の眺望のきくところにあったため、その後、英国軍の前哨地にされたあと戦場になって、一九四八年にはついに破壊された。

委任統治時代のエルサレムには大勢の英国人役人がおり、首都の徐々に形成されてゆく活動すべてに忙しく立ち働いていた。役人のなかには英国系ユダヤ人も何人かおり、公平を旨とする委任統治という仕事に献身していた。役所のなかでは最年長のユダヤ人の一人、アルバート・ハイアムスンはロンドン北部出身の正統派ユダヤ教徒で、郵便局に勤める英国公務員だったが、エルサレムではパレスチナへのユダヤ人の入国審査をする移民省の長官になった。

もう一人のユダヤ人役人ノーマン・ベントウィチは、委任統治政府の司法長官だった。ハイアムスンと同様、彼も公平に努めた。だが、アラブ人たちは、有名なシオニスト・パイオニアの息子で、シオニズムに同情的な論文を書いているような人物が司法関係の高官につくべきではないと不満だった。シオニストたちは、アラブ側の妨害行為を含むさまざまな事件でベントウィチの措置がおだやかすぎると憤慨した。双方の利害関係の調整に奮闘したにもかかわらず、どちらのグループも満足させることができなかったベントウィチは辞任した。

一九二一年四月にムフティとなり、さらにその九カ月後にムスリム最高評議会議長になったハジ・アミン・アル・フセイニは、ムスリム世界全体にエルサレムの地位を高めることに多大なエネルギーを使い、優れた手腕を発揮した。彼は、「岩のドーム」とアル・アクサ・モスクの重要性を世界中のムスリムにこれまで以上に強く印象づけることを非常に大事な仕事と考えて最大の努力を払い、成功した。

一九二三年一〇月、手始めとしてハジ・アミンは「ドーム」と「モスク」の両方の修理資金を集めるためにインドに使者を派遣した。総額二万二千ポンドという多額の金が集まったが、そのうちの七千ポンドはインドのもっとも傑出した支配者の一人、ハイデラバードのニザームからの寄付だった。翌年、ハジ・アミンはヘジャズ、イラク、クウェート、バーレーンにも使者を送り、さらに六万四千ポンドを集めた。

この金を使って、ハジ・アミンは大々的な修復を計画した。崩れかかっていたアル・アクサ・モスクの正面外壁は修理され、「岩のドーム」には金の延板が張られた。歴史家イエホシュア・ポラートによれば、「この修復工事の重要性は計りしれない。それはパレスチナのムスリムばかりでなく他の国々のムスリム全員の目に、この二つのエルサレムのモスクの価値と重要性を強く印象づけた。ムスリム世界全体から寄付を集めたことは国際的な関心を呼び、おかげでエルサレムやパレスチナ各地に目が向けられるようになった。この努力が認められて、ハジ・アミンは世界的に有名なムスリムになった」。また、ハジ・アミンの意図どおり、これでムスリムはいっそうエルサレムに注目するようになった。

デ・ハーン謀殺事件

一九二四年、エルサレムの街なかで異常な殺人事件が起きた。犠牲者はまだ四〇歳を出たばかりのオランダ生まれのユダヤ人ヤアコヴ・イスラエル・デ・ハーンだった。それまで世俗的なユダヤ人だった彼は正統派に入信して、超正統派のラビ・ゾンネンフェルトの弟子になった。彼はゾンネンフェルトといっしょにエミール・フセインと会談するためトランスヨルダンに出かけた。エミール・フセインはそこに息子のアブドゥラを訪ねてきていた。シオニストたちは、強固な反シオニストのゾンネンフェルトとアラブの指導者たちとの結びつきをひどく心配した。

デ・ハーンは超正統派代表団を率いてロンドンにも行き、英国の政治家に正統派コミュニティーのシオニズム反対を説明する予定だった。代表団は、正当派ユダヤ教徒コミュニティーが世俗的なシオニスト団体や、超正統派とはやはり仲の悪いラビ長の権威に服従するべきではないと主張するつもりだった。出発の三日前、彼らの派遣目的が報道関係者に漏れた。翌日の一九二四年六月三〇日の夜、デ・ハーンはシャアレ・ツェデク病院付属のシナゴグで祈った。それからヤッフォ通りへ通じる小さな出口から数歩出たところで、三発の銃声が響き、彼は心臓を直撃された。警察が呼ばれ、犯人の追跡が行なわれた。警察の分遣隊を指揮していたのはユダヤ人警察官ダヴィド・ティドハルだった。

デ・ハーンの葬儀には、超正統派ユダヤ教徒二万人が参列した。彼らはデ・ハーンがシオニストに殺されたと思い込んだ。ラビ・ゾンネンフェルトは弔辞のなかで、謀殺は「イスラエルすなわちヤコブの声を鎮めるためにエサウの手口を利用したヤコブの子孫によって」延々と続けられてきた〔『創世記』25章―35章〕と述べ、こう付け加えた。「シオニスト・リーダーたちが落ち込んだ奈落の底を見よ。そして大声で「この凶悪なコミュニティーとは縁を切れ」と叫べ！」。

大勢のシオニスト・リーダーとその同調者たちもこの犯罪を非難した。犯人追跡を指揮した警察官ダヴィド・ティドハルが率いる警察の調査は要領を得なかった。正統派の要求によってティドハル自身が尋問を受け、彼の当日の行動に一つだけ落ち度があることがわかった。自分の管轄内のアラブ人警官を、早めにユダヤ人警官と交代させていたのである。数人の過激派シオニストが、デ・ハーンは世界中のユダヤ人の同情を引くために、超正統派ユダヤ教徒自身によって殺害されたらしいとほのめかした。

デ・ハーン事件にエルサレムのユダヤ人たちは頭をかかえた。彼がユダヤ人に殺されたのではないかという疑惑は、心が痛むだけではなく、ぞっとするものを感じさせた。この謎が解明したのはそれから四〇年もあとだった。殺害を行なったのは、事件の四年前にアラブ人のテロリズムと戦うために設立されたシオニストの自衛団「ハガナー」だった。「ハガナー」の団長ヨセフ・ヘヒトがエルサレムの「ハガナー」司令官ザハリア・ウリエリに「裏切り者を消せ」と命じたのである。ウリエリは実行志願者をつのった。ロシアからの移民である二人のユダヤ人警察官が応募した。

デ・ハーンの何が違反行為だったのか？「ハガナー」の公式史の編者が「ハガナー」

の立場から書いているところによれば、「デ・ハーンがいなかったならば、正統派ユダヤ教徒は政治的もしくは社会的重要性のない、自分たちだけの小さなコミュニティーを形成していたであろう。デ・ハーンは自分の人脈を利用して闘争を国際政治の舞台へと引きずり込もうとした。彼は、まだ萌芽期にあり、完全に組織化されていないシオニスト運動のライバルとなる政治組織を設立しようという野心を抱いていたのだ。これがデ・ハーンの危険なところだった」。

デ・ハーン殺害の真実が一九七〇年にイスラエル・ラジオ放送によってはじめて公開されると、エルサレムはまた騒然となった。事件から四六年後のダヴィド・ティドハルは殺害への関与を後悔していなかった。彼の回想によれば、「ハガナー」は「デ・ハーンのロンドン行きを許すな」と決議した。「彼を生かしておけばトラブルのもとになったであろう。私は自分が彼の殺害役に選ばれなかったのを残念に思っている。私の仕事はその実行者を援護することだった。その当然の義務として、私は現場に急行した。銃撃者たちがどの方向に逃走する必要があるか知っていたから、私は彼らを追跡する警官を反対方向に走らせた」。

ラジオ放送の反響は数カ月続いた。デ・ハーンの殺害時に彼の最強の敵の一人で、のちに名の知れた歴史家となり、伝記作家でもあったA・J・ラヴェルが新聞に書いているところによれば、彼自身はいまだにデ・ハーンの活動がユダヤ人の民族郷土を設立しようとするシオニストの努力を脅かすものだったと感じるが、「デ・ハーンの脅威をなんらかのもっとおだやかな方法で阻止できたのではないかと疑問を投じた者はだれ一人としていなかった」という。専門家たちがいくらデ・ハーンの殺害は「時代の必然だった」とか、「悲劇的な過ちだった」とか決めつけようとも、「私は謀殺の汚点は未来の歴史家たちの審判を逃れることはないであろうと危惧する者の一人である」。

エルサレムの街路での一人の男の殺害は多くの人たちの道義心を揺さぶり、かき乱した。

エルサレムの街頭にいくら騒乱があっても、この都市は相変わらず旅行者を引きつけた。エルサレム地区の知事補佐ハリー・リュークが編集した一九二四年のトーマス・クックの『パレスチナとシリア旅行案内』には、旧市街は時代を超えて人を引きつけるものがあると書かれている。「これらの通りの間に、そこから分かれた一〇一の狭い横町や小道がある。そこをラクダやロバ、羊や山羊、この町に住むそれぞれの身なりの人たちが絶え間なく通る。道の両側には地元の人が行く小さなカフェやバザールがところ狭しと並び、現代人の浅ましさがしばしば中世的な廃墟にのさばっている。教会、モスク、修道院、鐘楼、そそり立つ尖塔、暗いあばら屋や広々した中庭、リプトン紅茶やシャーベット、観光客やベドウィンなど、市全体があらゆる社会の特徴の見本市のようである。たったの〇・八平方キロメートルほどの小さな一見魅力のない町だが、民族誌博物館、骨董品のバザール、おまけにキリスト教徒にとってはもっとも聖なる場所など、いつきても面白い町である」。

新市街について、案内書はこういっている。「カフェとか、それに類した評判のよいものはエルサレムにはあまりない。レストランは一流ホテルの付属施設で、なかにはティータイムにダンスパーティーや毎週恒例の舞踏会をやっているところもある。ヤッフォ通りのブリストル・ガーデン・レストランはお薦めできる。市庁舎ガーデン（ティールーム、バンドなどあり）は午後の部と夜の部に分かれている。商店はヨーロッパのレベルには達していないが、急速に改善されつつある」。

ドイツ皇帝の入城のためにヤッフォ門がぶち抜かれる前にはじめてエルサレムにきた考古学者R・A・S・マカリスターが乗った馬車は、「狭くて危険な、直角に曲がった通路」を通らなくてはならなかったが、一九二四年の春に故郷のアイルランドに帰る前の彼は、この門を歩いて通り抜けた。「そこの雨宿り場には、呼び売りが露店を構えていて、彼が差し出す売り物のなかに『類猿人ターザン』のアラビア語訳があるのに気がついた。こういう風にヨーロッパはオリエントに援助の手を差し伸べ、オリエンタルが謳歌している天恵を分かち合っているのだった！」。

一九二四年一二月九日、英国のエルサレム占領七周年記念日に、西エルサレムにりっぱな新しい街路が開通した。このキング・ジョージ五世通りは、ヤッフォ通りを北から南へ、新しいユダヤ人居住区レハヴィアの東を通って鉄道駅につながる。レハヴィアにはじめて石造りのユダヤ人住宅を建てたシオニスト・リーダーのアルトゥル・ルピン博士は、この道路はラゲブ・ベイ・アル・ナシャシビ市長の「業績」だったと日記に書いている。「これで町の外観ががらりと変わった。この新しい道路が市の中心となった。それはここを歩いてみようと人を誘《いざな》うことのできるはじめての幅広い、長い通りだった」。

二〇世紀のエルサレム史に何度も登場する特徴の一つに、この町の状況に対する部外者の関心が挙げられる。世界中でエルサレムほど、遠くからこの町の暮らしのさまざまな面に批判が寄せられたところはないにちがいない。たとえば、一九二五年はじめ、ローマのカトリック教徒の関心事のスポークスマンであるヴァチカンの『オッセルヴァトーレ・ロマーノ』紙エルサレム特派員は、最近のユダヤ人移民の質について、理想家肌のシオニストも少数ながらいるが、ポーランドやロシアから迫害を逃れてやってきた「まったく信仰心のない」ユダヤ人もおり、大半は「シオニスト財団からの援助で暮らそうとする寄生虫」であると非難している。

この特派員は、エルサレムのユダヤ人がこの市のため、諸施設のために大奮闘していることには触れていないが、その前年だけでも、市のあちこちにその成果が見られた。カフェやレストランは市民の暮らしを楽しくするものの一つになりつつあったし、ブリストル・ガーデン・レストランは「パレスチナ一の料理、ワインの品揃え、オーケストラ」を誇るようになった。軽工業も花盛りになった。一九二五年のエルサレムでは、食卓塩、マカロニ、ソーダ水、カーペット、靴下類、羊皮紙、革製品、文房具、紙袋の製造工場や製本屋もあった。

エルサレム北部の第一次大戦以前にできた農業中心の小さなユダヤ人入植地アタロット

は、一九二五年には拡張されて、堅実で豊かなコミュニティーに成長した。ここの牧場からエルサレムに毎日新鮮なミルクが供給された。果物や野菜も提供された。農民たちは灌漑用に池を掘り、冬の間の雨をここに集めて貯水池にした。

ヘブライ大学とキブツの開設

英国委任統治の初期におけるエルサレムのユダヤ人の開発事業のなかでもっとも重要なのは、一九二五年春のスコプス山のヘブライ大学の開校だった。これはシオニストの戦前からの悲願だった。だが、その大学の開校式にバルフォア卿がくると発表されると、アラブ人はストライキを行なうと宣言した。この新しい大学の学長イェフダ・L・マグネスは、「アラブ人、ムスリム界、近東全域との関係が悪化した」と日記に書いている。彼は、エジプト人学者らが「どうしても快く受け入れられない」といっているという報告を受けた。バルフォア卿がエルサレムに着くと、そのような敵愾心は、この大学がアラブ人からは教育的、知的発展ではなく、政治的発展が目的と見られているのではないかというマグネスの不安をいっそう強くした。開校式の三日前、マグネスはこう書いている。「バルフォアはすぐに帰るであろう。そうすれば興奮はおさまる。だが、そのあとに何が残るか？部外者の心には、ユダヤ人は喜び、アラブ人は落ち込んだという事実。ムスリム・アラブ人の心にはいっそうの苦々しさと怒り。パレスチナ以外のユダヤ人の心には大得意。パレスチナ・ユダヤ人の間には隣人とのいさかいの増加か」。

開校式は一九二五年四月一日に行なわれた。会場はユダの荒野を一望する仮設野外劇場だった。「式次第は感動を呼ぶものだったが、スピーチが長いのと、寒いのが気になった」とアルトゥル・ルピンの日記にある。バルフォア卿は七千人の招待客に新しい大学の壮大な未来像を語った。ヘブライ語詩人ハイム・ナフマン・ビアリクは、「この土地で働いてきたシオニスト青年たちはつらい肉体労働を崇高で聖なるものへ、すなわち宗教的境地にまで引き上げた。われわれは今このスコプス山に開かれようとしている建物の内部を、その聖なる炎で照らさなければならない。われわれがエルサレムの上半分を建設している間に、この若者たちにエルサレムの下半分を燃えるような情熱で建設してもらいましょう。ともに歩むことによって、われわれの生活は活気づけられ、地に足の着いたものになっていくでありましょう」と挨拶した。

開校式の演壇には、この大学をユダヤ民族再生の要にしようと念じてきたヴァイツマン博士やメナヘム・ウスシュキンらのシオニスト・リーダーの姿もあった。外国から著名な学者たちも大勢出席した。深紅の礼服や、それぞれの大学の色鮮やかな式服式帽に身を包んだ学者たちは、「それぞれの母校からこの日に開校式を迎えた新しい殿堂への祝辞を携えてきていた。エルサレムに敬意を表しにやってきたオクスフォード、ケンブリッジ、コロンビア、ジョンズ・ホプキンズ、エジプト、アテネの各大学の学長は壇上にひとかたまりになって着席していた」とロンドンのシオニスト雑誌『ニュー・ジュディア（新しいユダヤ）』にエリアフ・エプスティンは書いている。

エルサレムのムスリムとキリスト教徒の著名人たちも、やはりきらびやかな礼服姿で開校式の壇上に並んでいた。だが、市内のユダヤ人の活動すべてに不満をつのらせていたアラブ人は、滞在中のバルフォア卿が、聖ジョージ大聖堂で行なわれたアラブ人キリスト教徒少年合唱団のコンサートへ出席することも、「聖域《ハラム》」への足の踏み入れも拒否した。第一次大戦前に、ロシア系ユダヤ人メンデル・ベイリスは英雄としてこの異教徒禁制の「聖域」に喜んで迎え入れられたというのに、一一年後には、元英国首相、外相まで務めた人物がユダヤ人入植への抗議行動の一環としてボイコットされた。

開校式には著名人でない人たちも大勢やってきた。その一人がユダヤ人農業労働者エリアフ・エプステインだった。仲間の労働者たちといっしょに、彼はこの式に出るために地中海沿岸部から六〇キロメートルあまりを歩いてきた。スコプス山に着いてみると、すでに数千人の招待客で席は満員だった。そこで彼は仮設野外劇場の端に立っていた松の木によじ登り、この祝賀式を見守った。四〇年後、その彼がこの大学の学長になる。

ハイファから年配のユダヤ人ハイム・シュヴァルツもこの式典にやってきた。彼の息子のルヴェンは一九一七年に「ニリ」のスパイとしてトルコ軍に処刑されていた。ハイム・シュヴァルツは馬車に乗る金がなかったので、ハイファから歩いてくる途中、やはりこの式典に馬車で向かう途中の姪夫婦の目に留まって、同乗させてもらった。七〇年後、この姪の息子ですぐれたアラブ文化研究者のメナヘム・ミルソンはこの大学の人文学部長になった。

開校の時点では、既存のユダヤ学研究所と化学研究所に二つの小さな研究室が付け加えられたにすぎなかった。一つは化学研究室、もう一つは微生物学研究室だった。後者は英国からきたサウル・アードラーが指導に当たった。さらにいくつかの研究室の追加と図書館の拡充を含む大学建設計画のための資金は、まもなく世界中のユダヤ人の慈善事業を通して獲得できた。最初の五年間の主な寄付者のなかには、プラハ、ウィーン、ベルリン、フランクフルト、シュトゥットガルト、クラクフ、ロンドン、ニューヨーク、デトロイト、シドニー在住のユダヤ人の名が見られる。

キャノン・ハーナゥアーは一九二六年版の『エルサレムの歩き方』(ロンドン)という案内書のなかで、一八四六年には約八千人だったエルサレムのユダヤ人の人口比率が、「今では当時の約一〇倍になっている」と書いている。「おかげで町はユダヤ色が濃い。とりわけユダヤ人の安息日である土曜日にはそれが目立つ。ユダヤ人の商店は閉まってしまうが、その日のうちに農産物を市場にもって行きたい農民には有り難くない。だが、街路は二三七二年前のネヘミヤ時代に始まる静かな安息日のたたずまいを取り戻している」。

同じ一九二六年、エルサレムではめずらしい開発事業が行なわれた。市の境界内にキブツが建設されたのである。つくったのはシオニスト左派の自称「労働者軍団」という開拓者たちだった。彼らがその場所として選んだ市の最南端の丘の上にあるラマト・ラヘルからは、ヤッフォ門や「岩のドーム」、オリーヴ山が遠望できた。その丘のてっぺんを考古学者たちが掘ってみると、三千年前のソロモン王時代に人が住んでいたことがわかった。その場所から発見された多神教の神の小さな彫像は、ここが昔、ソロモンが非ユダヤ人の妻たちのために建てた宮殿跡なのではないかという好奇心をかきたてた。伝説によれば、ソロモンは「神殿の丘」に神殿を奉献した日に、ファラオの娘の一人と結婚したといわれている。

ラマト・ラヘルからはまた、ローマ風呂を含むローマ時代の要塞の遺跡も出土した。五世紀のキリスト教会の礎石も現われた。東方正教会の伝承によれば、イエスの母マリアがお産のためベツレヘムにゆく途中、この丘の頂きで休息をとったという。キブツの庭からは北のエルサレムだけではなく、南のベツレヘムの町も見える。

キブツのメンバーたちは過去の伝説に心を奪われている暇はほとんどなかった。彼らは草木一本ない、激しい風がしばしば吹きすさぶ丘の上に、居住区や共同食堂、果樹園、農場などをつくらなければならなかった。彼らの偉業は今日まで残り、今ではエルサレムでもっとも人気のあるウォータースライド付きのスイミングプールもできている。

一九二六年夏、若いアメリカ人学者ジェイコブ・レイダー・マーカスはヘブライ大学で三カ月を過ごし、帰国前にマグネス博士に滞在中の印象と提案を書き送った。彼は巣立ちしたばかりのヘブライ大学の焦点の狭さを心配した。「この新しい学校は、アメリカのすぐれた大学の本来の姿である社会的精神と、より洗練された民族主義に満ちたものであってほしいと思います。大学は学問の製造工場であってはなりません。それは単に学生を育てるだけではなく、ユダヤ民族とその文化的伝統に尽くす社会的義務を自覚したユダヤ人を育てなければなりません。それはまた、世界のユダヤ人社会に必要とされる〝権威者〟を提供してくれるでありましょう。ノース・ダコタの農場くらいの大きさのユダヤ人居住区をつくるほどの金があれば、世界中のユダヤ人社会に革命を起こし、その血管にどくどくと血をたぎらせるような大学をここに建設することができるはずです」。これは、エルサレムをセンターにした、道理をわきまえ、想像力に富み、建設的で文化的なユダヤ人社会のあるべき姿だった。だが、マーカス博士はアラブ人とユダヤ人の関係に問題があることも見抜いていた。「アラブ人は非常に民族主義的傾向が強いことがわかりました。私はこの二つのグループの間に実行可能な協定が結べるとは思いません。英国は常に〝勢力の均衡〟という伝統的な政策をとることができるでしょうが、これがしまいにはアラブ＝ユダヤの協調関係をぶちこわしかねないのです」。マグネス博士はアラブ人とユダヤ人を和解させる方法が見つかるはずだと信じていた。

一九二七年五月七日、将軍から陸軍元帥に昇格し、子爵に叙せられたアレンビーが、スコプス山の英国戦没者墓地の除幕式にエルサレムを再訪した。以後、ここは「エルサレム戦没者記念墓地」と呼ばれるようになる。彼はまた、スコットランド系の聖アンドリュー教会と巡礼宿泊所の定礎式にも出席することになっていた。この教会は、聖都訪問の誓いが果たせなかった代わりに、エルサレムに自分の心臓を埋葬してほしいと願っていたスコットランド王ロバート・ド・ブルースを記念するものだった。一三二九年にブルースが死んだあと、同時代のスコットランド人が防腐処理を施したその心臓をもって国を出たが、スペインでムーア人と戦って殺されてしまった。ブルースの心臓はスコットランドに戻されてメルローズに埋葬された。アレンビーは、一九一七年のエルサレム解放者のなかの「スコットランドの英雄たち」を誇りに思うと挨拶した。今日でもこの教会にはスコットランドの守護聖人聖アンドリュー（アンドレア）の十字架の旗〔青地に白のX字型の十字架を染め抜いたもの〕が翻っている。

市の北側のサンヘドリヤや南側のメコール・ハイムも、一九二七年に開発された新しいユダヤ人居住区の一つだった。西エルサレムでは、フランシスコ修道士会はテラ・サンタ大学の、イエズス会はローマ教皇庁立聖書研究所の建設にとりかかった。

その年、自然の猛威がエルサレムの新旧の建物に大きな影響を与えた。七月一二日、大地震が町を揺るがせたのである。男性一人、女性二人が死亡した。元アウグスタ・ヴィクトリア巡礼宿泊所を改装した英高等弁務官公邸も被害がもっともひどかった建物の一つだった。スコプス山のヘブライ大学、聖墳墓教会、エチオピア・パレス、ベツァレル美術工芸学校も大きな被害を受けた。アル・アクサ・モスクでは壮麗な円柱のほとんどがぐらつき、中央部の天井や東側の袖廊《そでろう》、石床も被害にあった。改修には時間がかかった。アル・アクサ・モスクの円柱がようやく取り替えられたのは、二度目のかなり大きな地震のあとの一九三八年になってからだった。イタリアの独裁者ベニト・ムッソリーニはそのために、イタリア国民からの贈り物としてカララ産の大理石を提供した。

ユダヤ人地区にあったもっとも古い神学校の一つ、ベテル神学校も地震で崩壊した。この学校は、約二〇〇年前の一七三七年、ユダヤ教の神秘的聖書解釈法である「カバラ」を教えるためにトルコからエルサレムにやってきたラビ・ゲダリヤ・ハヨンが創立したものである。この神学校はすぐに再建された。

「地震救済基金」が設置され、九〇〇万エジプト・ポンドが集まった。そのうちの五〇〇万ポンドはアメリカ系ユダヤ人慈善事業家のネイサン・ストラウス個人による寄付で、「人種や宗教に関係なく困っている人全員に」役立ててほしいという但し書きの付いたものだった。政治的には対立しているアラブ゠ユダヤ両陣営のインテリ・リーダー格でアラブ人キリスト教徒作家のゲオルグ・アントーニアスとシオニストでジャーナリストのハリー・サケルからも気前のよい寄付があった。三年前、見捨てられて世話する人のいない幼児のためエルサレムに中東でははじめての乳児院を設立する中心人物になったのがサケルの妻ミリアムだった。彼女はまた、保母養成学校も設立した。彼女の姉妹リベカ・シーフが設立した婦人国際シオニスト機構（ＷＩＺＯ）の後援のもとに、この乳児院は、これがなければほとんど間違いなく死んでいたにちがいない乳児たちの世話と支援の拠点となった。

エルサレム乳児院が設立された一年後の一九二五年、アメリカ人居住区の創立者の娘ベルタ・ヴェスターがダマスコ門を入ってすぐのところにムスリム少女たちのための研修所兼診療所としてスパフォード・センターをつくった。彼女やエルサレム乳児院を助けた人のなかには、ロシア生まれのユダヤ人小児科医で、トルコ時代のエルサレムにきて独自の看護活動を開始したヘレナ・カーガン博士もいた。

一九二八年三月五日、ハーバート・サミュエルの後任の高等弁務官で、第一次大戦で活躍した司令官プルーマー元帥は、エルサレムではじめての美術工芸博覧会を開いた。会場は、ヤッフォ門の「要塞」が当てられた。「すべての展示品がパレスチナの人々の心のこもった作品です。全国津々浦々から集められました」と案内状にあった。「ダビデの塔」はエルサレム、ベツレヘム、ラマッラーからの工芸品の展示室になった。要塞内の他の場所には、ハイファ、ガザ、ベエルシェバからの製作品が飾られた。この行事の公式記録によれば、「それぞれの陳列台にはボランティアの婦人たちが立ち、品物を売ったり、注文を受けたりした。毎日午後にはお茶が出された」。

英国がエルサレムでもっとも野心的なプロジェクトである「ポンプを使った給水事業」に取りかかったのも一九二八年だった。その年、市の東側をエリコ方面へ数百メートル下ったワディ・ケルトにあるアイン・ファラの泉に水の汲み上げポンプが設置された。このポンプのおかげで、エルサレムはもはやベツレヘムの南の丘の「ソロモンの池」から高低差を利用して流されてくる水を頼りにせずにすむようになった。それから七年の間に、ワディ・ケルトのアイン・ファワルとアイン・ケルトの泉にさらに二基のポンプが据え付けられた。その後、一九三六年には、海岸平野部の端にあるラス・アル・アインからユダの丘の反対側を通って直径四五センチメートルあまりの水道管が敷かれた。水を標高約六〇〇メートルまで上げるために、六〇キロメートルのルート沿いに四カ所の中継汲み上げ基地が設けられた。

エルサレムでは都市計画のモデルのような居住区が次々と建設されていた。一九二二年に最初の住宅を建てたレハヴィアの建設業者は、それぞれの住宅の敷地面積の少なくとも三分の二は「庭と新鮮な大気のために空けておくこと、二軒の家の間には十分スペースをとること」などの規則を定めた。レハヴィアには二つの幼稚園と二面のテニスコートもつくられた。教育、文化、音楽、親睦などすべてが、新しい居住区の豊かな土壌にそろった。だが、こうした文化的な開発をよそに、ムフティを議長として一九二八年一一月一日にエルサレムで開かれたムスリム全体会議は暗い影を投げかけた。この会議は、「ムスリム聖地保護協会」を設立したあと、「ムスリムの手からアル・アクサ・モスクを奪い取ろうとするユダヤ人の野心によりモスクが危機に瀕している」という不気味な警告書を発行した。そのような危機は全く存在していなかったが、市内の多くのアラブ人は、権威あるムフティがいうのだから危機は本物にちがいないと思い込んだ。

一九二八年一一月一九日、音楽好きのオーストリア人はウィーンでシューベルト没後一〇〇年祭を祝った。エルサレムでもヨーロッパ生まれのユダヤ人たちがこれを祝った。ベルリンの建築家アレクサンダー・ルヴァルトとロンドン生まれのテルマ・イェリンも、その夜、エルサレムで行なわれたシューベルト記念コンサートで演奏した。

エルサレムの名門一族と結婚したテルマ・イェリンは、レハヴィアの二つの幼稚園の最初のものをつくるとき、大きな役割を果たした。彼女はすぐれたチェリストでもあった。彼女の発案で、「サタデーナイト・ポップス」という室内楽コンサートがエルサレムで毎週開かれるようになった。だが、まもなく、これまでにない大きな騒動が起きて、音楽を楽しむどころではなくなった。

一九二九年夏が終わる頃、エルサレムの街路はまたもや暴動や死に見舞われた。

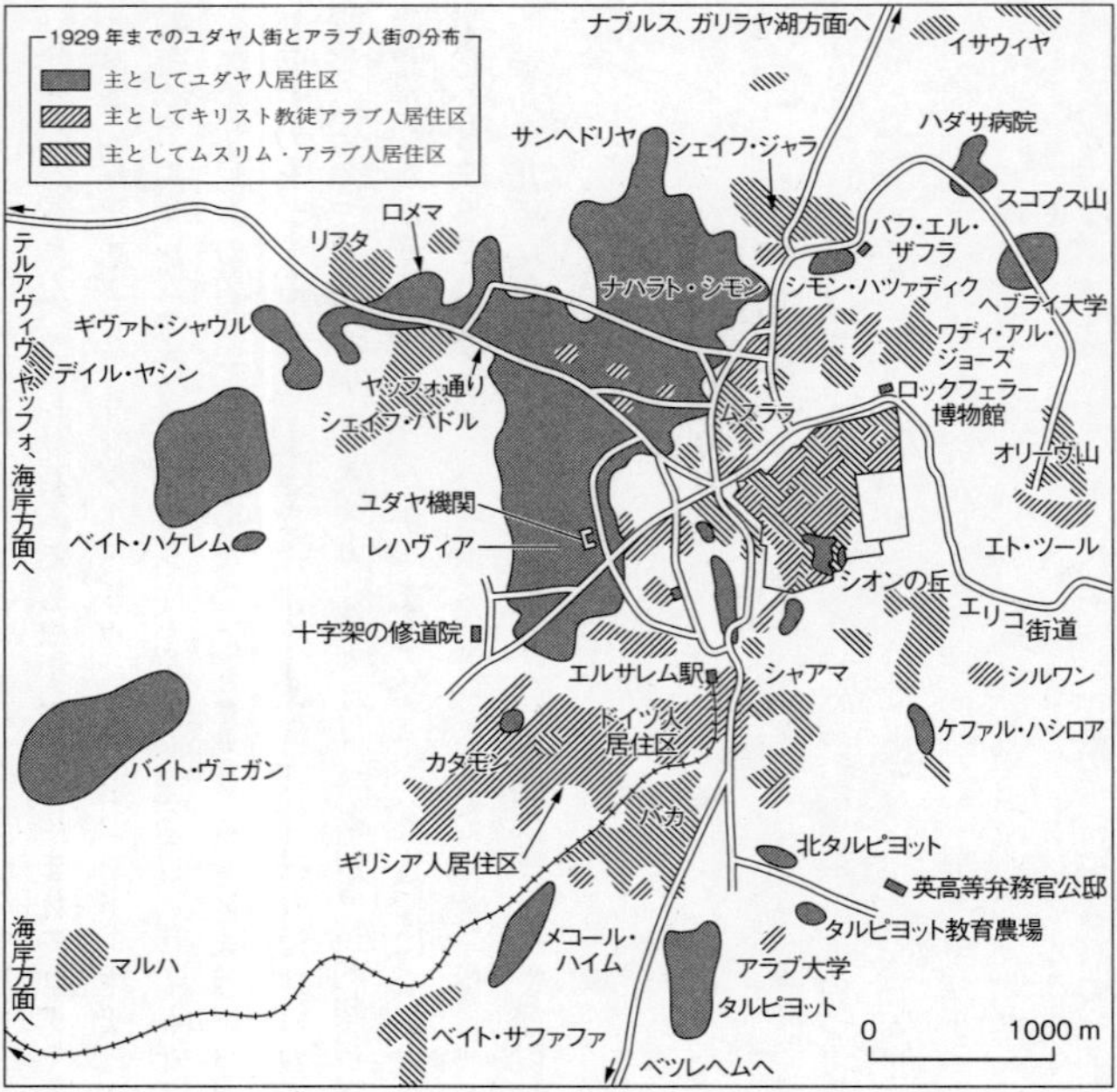

1929年までのユダヤ人街とアラブ人街の分布
主としてユダヤ人居住区
主としてキリスト教徒アラブ人居住区
主としてムスリム・アラブ人居住区
ナブルス、ガリラヤ湖方面へ
イサウィヤ
ハダサ病院
スコプス山
サンヘドリヤ
シェイフ・ジャラ
ロメマ
リフタ
バフ・エル・ザフラ
ナハラト・シモン
シモン・ハツァディク
ヘブライ大学
テルアヴィヴ、ヤッフォ、海岸方面へ
ギヴァト・シャウル
デイル・ヤシン
ワディ・アル・ジョーズ
ヤッフォ通り
シェイフ・バドル
ロックフェラー博物館
ムスララ
オリーヴ山
ユダヤ機関
レハヴィア
ベイト・ハケレム
エト・ツール
シオンの丘
エリコ街道
十字架の修道院
エルサレム駅
シャアマ
シルワン
ドイツ人居住区
ケファル・ハシロア
カタモン
バイト・ヴェガン
バカ
ギリシア人居住区
北タルピヨット
英高等弁務官公邸
タルピヨット教育農場
海岸方面へ
マルハ
メコール・ハイム
アラブ大学
タルピヨット
ベイト・サファファ
ベツレヘムへ
0
1000 m

第8章　一九二九年の暴動

アラブ人の襲撃

一九二八年秋、エルサレムには政治的な軋轢が激化しそうな不吉な予兆があった。その年の九月二三日、「贖罪日《ヨーム・キップール》〔ユダヤ教徒が一日断食して、まず去年一年間に隣人に犯した罪をわび、次に神に罪の許しを乞う日〕」の前夜、信心深いユダヤ人が「嘆きの壁」の前に男女の祈りの場所を分ける仕切りを設置した。ユダヤ教の掟では男女を物理的に分けることとされていたのである。正統派シナゴグでは、大小を問わずどこでも、女性の礼拝者は男性から分離されている。仕切りはそのことが一目見てわかるように置かれたにすぎない。だが、市内のムスリムの宗教関係役人はただちに、この仕切りが英国委任統治政府が提唱する「壁」の〝現状維持〟に反する構築物であると主張した。壁の前の細い路地はそこで行き止まりで、ユダヤ人だけの彼らにとってはたいへん神聖な礼拝所であるのに、ムスリムはここに仕切りを設置するのは通行権の侵害であると文句をいった。こうした抗議の結果、英国人警察官が仕切りを除去するように命じられた。

警察官たちは翌日、ユダヤ暦のなかでもっともおごそかな日の礼拝の最中にやってきた。警官のなかにユダヤ人はいなかった。彼らはみな、「贖罪日」には非番だった。その日の「壁」の担当警部補D・V・ダフは礼拝者たちに仕切りを除去するように命じた。男性も女性もいた礼拝者たちは、今がとりわけ神聖な祈りの最中であることを仕草で示した。そこでダフは警官たちに仕切りの除去を命じた。礼拝中の男女はそれに抵抗して何人かが怪我をした。仕切りはたたき壊され、やがてその場から撤去された。

仕切りが撤去されると、ムスリム・アラブ人は歓声をあげた。彼らはまた、背後にユダヤ人の陰謀があるといって人々の警戒感を煽りたてようとした。ムフティはムスリム最高評議会の名で、「ユダヤ人の目的は、じわじわとアル・アクサ・モスクの所有権を奪うことである」と言明した。

ムフティにそそのかされて、アラブ人は「嘆きの壁」の前の行き止まりの古い壁を壊して通り抜けができるようにした。彼らはまた、擁壁《ようへき》の上部に近いところでムスリムが大きな声で祈りを唱えるように画策した。挑発はそれだけではなかった。さらに敵意をかきたてるために、「岩のドーム」のてっぺんにダビデの星を染め抜いたユダヤ人の旗が翻っている偽造写真を、信心深いムスリムの間にばらまいたのである。実際にはそのようなことは一度もなかった。

ユダヤ人を傷つけたのは、英国委任統治政府が袋小路を公道に変更することを是認したことと、ムスリムがわざと大きな声で祈りを唱えてユダヤ人礼拝者のいらだちをかきたててているのを鎮静化する手段を何も講じなかったことである。事態は険悪になった。翌年夏の一九二九年八月一五日、今度はユダヤ人青年グループが自分たちなりの挑発行為として、ユダヤ民族旗を掲げ、シオニストの愛国歌を歌いながら、旧市街のムスリム地区を通り抜けて「嘆きの壁」へと行進した。翌日、報復措置として大々的なムスリムのデモが、彼らのいつもの集合場所である「聖域《ハラム》」ではなく、「嘆きの壁」の前で行なわれた。その場にいた数人のユダヤ人礼拝者は逃げるか隠れるかせざるをえなくなり、「壁」の管理人《ビードル》は殴られ、ヘブライ語の祈禱書は引き裂かれて火がつけられた。

翌日、ユダヤ人少年アブラハム・ミズラヒがたまたま蹴ったフットボールがアラブ人の家の庭に入ってしまった。彼がボールを取りにいくと、いきなり襲われて刃物で刺された。少年は三日後に病院で死んだ。その葬儀の翌日の八月二三日朝、ユダヤ人自警団がムスリム地区を襲撃しようとしてヤッフォ門のほうへ隊列を組んで前進した。警察は彼らが旧市街に入るのを阻止し、二四人の青年が負傷した。市内の緊張は一挙に高まった。正午に、「聖域」で朝の礼拝を終えた数千人のムスリムが、旧市街のあちこちの門からどっと出てきた。

当時、委任統治政府行政官の個人秘書をしていたエドウィン・サミュエルは、ダマスコ門を出てすぐのオフィスで仕事をしていた。彼がのちに書いているところによれば、「最初、遠くからかすかな叫び声が、ハチのブーンという羽音のように聞こえ、これは何か悪いことがありそうだという嫌な予感がした。バルコニーから外を見ると、旧市街の次の出口の新門からいくつかの男性の小グループが走り出てきて、ダマスコ門のほうへ坂をどっと駆け下りてくるのが見えた。ダマスコ門自体から走り出てくるアラブ人もいて、ユダヤ人の通行人に手当たり次第に襲いかかった。たいていの農民がもっているあいくちが太陽にきらりと光るのが見えた。走って逃げたユダヤ人もいれば、近くのアラブ人の家に避難した者もいた。その大部分は命拾いしたが、飛び込んだ家で襲われて殺された者もいた」。「長い棒をもって馬に乗った数人のアラブ人警察官がきて、群衆を旧市街のなかへ押し戻そうとした。だが、警官の数が一〇倍だったとしても、暴徒を抑えることはできなかったであろう。煽動者の叫び声にそそのかされた群衆は、その頃にはいっそう興奮し、血気にはやる群衆の喧噪には本当にぞっとさせられた。パレスチナ警備隊指揮官アラン・ソンダーズが自ら事態収拾のために駆けつけた。だが、そのときにはすでに手に負えなくなっており、いきりたった彼はほこりだらけで血塗《ちまみ》れのまま、電話で援軍を求めるために事務局に飛び込んできた」。

ダマスコ門の少し先に、一九世紀末にカフカスのグルジア地方からきたユダヤ人グループが建てた家並みがあった（今でもそこにある）。彼らは自分たちなりの小さなコミュニティーをつくって、近隣のアラブ人と三〇年にわたって仲良く暮らしてきた。その和気あいあいの暮らしが、あっという間に崩れた。「これはどう見ても虐殺だった。暴徒は家々になだれこみ、そこに住んでいる人間を虐殺した。この地区のユダヤ人住民は少数で、とても太刀打ちできなかった」と英字紙『パレスチナ・ブルテン』は書いている。

勇気を出してヤッフォ門のそばの道路に駆けつけ、暴徒たちを抑えようとしたムスリム・アラブ人のなかには、ファフリ・ベイ・アル・ナシャシビのような著名人も何人かいた。だが、彼らはたちまち押しのけられた。その日の午後から夜にかけて、市の入り口に近いキリヤト・モシェやロメマ、西側のベト・ハケレムやバイト・ヴェガンを含む周辺居住区すべてのユダヤ人住宅が襲われた。バイト・ヴェガンの襲撃はあまりにもすさまじかったため、住民全員が立ち退かざるをえなくなった。ベト・ハケレムでは、アラブ人が家から家へと片っ端から略奪して火をつけたため、住民は最近建てられたばかりの教師養成学校の建物に避難し、家に戻るのを恐れて三晩をここで過ごした。ユダヤ人居住区ズィフロン・モシェではシナゴグが全焼した。ズィフロン・モシェのユダヤ人はこれに応酬して、ムスリムの墓もある近所のモスクをたたき壊しはじめた。彼らは、ユダヤ人の市当局者によって追い払われた。このモスクに置かれていたユダヤ人の守衛に代わって、警察官が配備された。

午後七時、ライフルをもったアラブ人の一団がユダヤ人居住区のタルピヨットを襲った。防御側はたった一丁のライフルと数丁のピストルだけを武器に一軒の家に集まり、襲撃者を追い払った。翌日の八月二四日早暁、攻撃は再開され、ユダヤ人一人が死亡した。その夏、四〇人のグループでエルサレムにきていたオクスフォード大学の学生である英国人三人がユダヤ人に手を貸した。

英国委任統治政府にはこれほど大規模な暴動に対処する心構えもできていなければ、十分な装備をもった部隊もなかった。市内の英国人警察官の数は少なく、二〇〇人に満たなかった。しかも、制服警官の大半はアラブ人で、同胞のアラブ人に発砲したがらなかった。八月二三日、エルサレム地区副行政官エドワード・キース－ローチは、暴動停止を目的とした三部からなる条令を公布した。その第一は、午後六時以降、酒類の販売禁止。第二は、警察官は「公共の場での集会を解散させ」、「そのような集会の解散を拒否したり、故意に長びかせたり、解散後再び集合させたりした者」は令状なしに逮捕する。第三は、「公共の場においてナイフ、棒きれ、棍棒、鉄棒、石、警官が見て騒動に加担する目的でもっているると思われる物、もしくは騒動の場合に使用が可能なあらゆる種類の武器、もしくはそれに類する物の携行が発見された者、口頭もしくは書面その他の手段によって人々を煽動して集合させた者、警官の目から見て平和を乱す可能性があるような言葉を使ったり仕草をしたり、歌を歌ったりした者は、令状なしに逮捕し、罰金を科すか投獄することがある」。

こうしたきびしい条令にもかかわらず、その効果はすぐには現われなかった。八月二四日のタルピヨット襲撃は相当しつこく、また激しいものだったため、午後遅くには婦女子を全員、安全のために新市街へ避難させた。婦女子が出ていってから男性たちは三軒の家に集まった。午後六時半、英国の装甲車が到着して、係官が防衛者たちをその道の少し先にある有名な聖書学者モルデハイ・カスピの家へ移動を命じた。その後のことを『パレスチナ・ブルテン』紙はこう報じている。「アラブ人はただちに空き家を急襲して略奪を始め、なかにあるものを洗いざらい奪ったあげく、運び出せない家具類はたたき壊した」。一六軒の家が略奪された。「略奪品の大部分は近隣のアラブ人村に出回った。そのうちのあるものはベツレヘムで途方もない安値で売りに出された」。ヘブライ大学のヘブライ文学教授ヨセフ・クラウスナーと、作家S・J・アグノンの二つの貴重な書庫は完全に破壊された。アグノンの書庫には、過去三〇〇年間のパレスチナ史関連の貴重な文献三千点があった。

キース-ローチの布告があったにもかかわらず、八月二四日にはエルサレム市の内外で一連の襲撃事件があった。その日、アラブ人の暴徒が「嘆きの壁」で祈っているユダヤ人と通行人数人に襲いかかった。アメリカ人居住区ではユダヤ人一人が暴行された。旧市街では、ユダヤ人と間違えられたロシア人キリスト教徒がめちゃくちゃに殴られた。市からテルアヴィヴ街道を西へ八キロメートルほどのところにあるモツァでは、アラブ人がマクレヴ家に押し入った。家族のうち五人が殺害され、夏休みでこの家に滞在していたテルアヴィヴからのユダヤ人客二人、八五歳のラビ・シャハと六八歳のグレーザー氏も殺された。マクレヴ家の近くの数件の家も略奪され、放火された。襲撃者たちは近くのアラブ人村コロニアからきていた。

ラマト・ラヘルのキブツもまた、暴徒に襲われた。キブツのメンバー一人が殺され、その他のメンバーが追い払われたあと、暴徒たちは設立三年目の入植地を台無しにした。エルサレムからちょっと西のデイル・ヤシンというアラブ人村では、銃をもったアラブ人が英国移民局の役人E・T・ベストを撃ち殺した。彼はその週、結婚したばかりだった。エルサレムから離れたところでもさらなる殺害が行なわれた。三〇キロメートル近く離れたヘブロンでは五九人のユダヤ人が虐殺された。死者のなかには五人のラビと、ここの神学校に勉強にきていた八人のアメリカ人もいた。ヘブロンを逃げ出したユダヤ人の大半はアラブ人の友だちに保護してもらって命拾いをした。

八月二五日、エジプトから飛行機で五〇人の英国警備隊が到着し、エルサレムに配備された。暴動が収まったときには市内だけでもユダヤ人三一人が死亡し、一〇〇人以上が負傷した。死者ばかりでなく大勢の怪我人を出し、ユダヤ人の家数百軒が破壊されたことが、アラブ人とユダヤ人コミュニティーの間の溝を深くした。アラブ人暴徒によって負傷したユダヤ人は総計三〇〇人以上にのぼり、自分の家を放棄せざるをえなくなったユダヤ人は約四千人もいた。

廃墟にされた郊外居住区や村から大勢のユダヤ人が安全と援助を求めてエルサレムにやってきた。負傷者は「預言者通り」にあるハダサ病院に収容された。病院に見舞いにきた英国首席裁判官の妻コリー夫人は、負傷者を見て涙を流した。暴徒に手足などを切断された者が大勢いたからである。そうした負傷者の一人ヴァイニー氏は、タルピヨットのユダヤ人を助けに行ったオクスフォードの学生だった。

暴力行為の正当化とユダヤ人ボイコット

ムスリム・アラブ人リーダーたちは、暴動の目的が理解されているかどうか確かめるために、高等弁務官宛に自分たちの要求、すなわちユダヤ人の非武装化、パレスチナ議会の設立、バルフォア宣言の撤回などを並べたてた覚書を提出した。ムスリム社会全体に、ユダヤ人が「ウマル・モスク〔「岩のドーム」のこと〕を冒瀆した」ことが原因で騒動が起こったという偽りの文書がばらまかれた。ラビ長クークはただちに「宗教界、科学界」の主だったムスリム代表をエルサレムに招いて、「岩のドーム」は無傷であるという事実を証明させた。

ムフティのハジ・アミン・アル・フセイニも独自の声明書を発表した。「八月二五日、ユダヤ人はムスリム地区の街路を許可なく通り抜けて、純然たるムスリム所有地であるアル・ブラク〔嘆きの壁〕へシオニストたちがデモ行進し、違法とされているシオニストの旗を掲揚して以来、絶え間なく挑発を行なっている。そこではムスリムは侮辱されたり、ユダヤ人に個人攻撃を受けたりした。これがこの騒動の直接の原因だった」。

パレスチナで八年間弁護士として働き、当時英国に帰ったばかりだった英国人シオニスト、ハリー・サケルは、この「嘆きの壁」問題をロンドンの『タイムズ』紙宛の手紙のなかで取り上げた。ムスリムの十分に証拠のない申し立てに対する回答の形で書かれた彼のその手紙は、八月二九日に同紙に掲載された。「嘆きの壁はモスクの建造物とはかなり離れたところにある。嘆きの壁に隣接した地域は、ムスリムの公有地ではなく、民間の宗教寄進財産《ワクフ》であり、〝形だけ信心深い行為に見せかけているにすぎない一種の継嗣限定財産〟である。ムスリムがこの地域を神聖なものとして崇めていない証拠に、彼らはユダヤ人が祈っている壁のすぐ前の歩道を、肥桶を積んだロバを連れて横切る習慣があった」

「嘆きの壁の前で祈るユダヤ人の慣習は何百年も前からあり、聖域に現在ある建物すべてが構築される以前の一〇世紀に、あるユダヤ人宰相が大金を献納して、聖域のなかにある嘆きの壁をユダヤ人の聖所にした。一九二八年に英植民地省が出した『白書』によれば、ユダヤ人が嘆きの壁で礼拝式を行なう権利を認めると随所に明記されている。委任統治規約第一三条は、聖所に関しては、ユダヤ人およびその他の宗派の者にもその場所への自由な出入りと礼拝を行なう自由を保証している。これらの権利は、委任統治規約第一四、一五、一六条でもさらに保証されている」。

「先に挙げた『白書』のなかで国務相はこう断言している。「パレスチナの世論は、明らかに事態を純粋に宗教的な軌道から外し、政治的、人種的問題にしてしまった」。そのような変換があらゆる不幸な結果を招いたことは今や明らかだ。そのためにだれよりも積極的に動いたのがエルサレムのムフティだった」。


エルサレムの暴動のニュースは世界中にトップ見出しで伝えられた。八月三〇日付のロイター電は、「エルサレムはこの八日間で死の町と化し、すべての仕事が止まり、人々は飢えかけている。パンは大方配給制になった。どこもしんと静まり返り、みんな非常に神経をぴりぴりさせている」と報じている。

闘争のさなかに助け合いによる命拾いの例もいくつか公表された。九月三日の『パレスチナ・ブルテン』紙によれば、ロックフェラー考古学博物館の四人のユダヤ人職員は、「同僚のアラブ人が大勢のムスリムの暴徒に勇敢に立ち向かってくれたおかげで死を免れた」。グルジア系ユダヤ人地区の虐殺にかっとしたメンデル・ランド地区に住む同じグルジア系ユダヤ人グループが、アラブ人の使用人を殺そうとした話も載っている。そのアラブ人は地元のユダヤ人たちに命を助けられた。その一方、近くのユダヤ人居住者たちは、家のなかの金目のものを金庫に隠した。「シュネレル地区のあるユダヤ人牛乳屋は三人のアラブ人女性を雇っていた。ユダヤ人たちは彼女らを殺そうとしたが、自衛組織のメンバー数人が拳銃を構えてそれに反対し、殺害を未然に防ぎ、女たちを村まで送り届けた」という記事もある。ユダヤ人がアラブ人をユダヤ人から守ったのである。

ユダヤ人襲撃はあとを絶たなかった。九月三日、馬に乗ったアラブ人グループ三組がタルピヨットを襲ったが、英国警備隊に追い払われた。六日後、ベト・ハケレムで二軒のユダヤ人の家が略奪された。その日、ムフティは、「今回、世界中から支持を得るために行なわれたアラブ人による襲撃の原因を意図的につくったのは、ユダヤ人の野心と強欲である」という二度目の公式声明を発表した。

暴動が勃発してから三週間で、ユダヤ人に対するアラブ人の敵意は、彼らの撲滅を叫ぶほどになった。九月一一日、ムスリム最高評議会の広報部になっていたムスリム孤児院出版所は、「あなたがたアラブ人よ、ユダヤ人との商取引をやめよ!」という言葉で始まる学生による「父祖の地の息子たちへのアピール」という印刷物を発行した。この声明はアラブ人にユダヤ人と商売をしないようにと呼びかけたものである。「彼らは何も知らないあなたがたアラブ人同業者を、彼らの品物を買うために払ったあなたがたの金で買った武器を使って殺した。あなたがたが払った金を使って、彼らはあなたがたの所有地を買い、あなたがたをこの父祖の地から締め出そうとしているのだ」。

このパンフレットは、ユダヤ人から品物を買うことによって、「あなたは自分の手で自分の命と自分の国の撲滅に加担し、父祖伝来の土地と宗教を裏切ることになる」と警告している。アラブ人はユダヤ人から土地以外のものを何一つ買ってはならない。土地以外のものなら何でもユダヤ人に売ってよい。この声明は、ユダヤ人の商品の不買運動は宗教的基盤に基づいているとして、〝公正な〟カリフ〔神の使徒、すなわちムハンマドの代理〕、ウマル・ベン・フタブ〔イスラーム国家の真の建設者。六三八年にエルサレムを征服〕の「商取引の三分の一を占める外国人はやがてあなたがたを征服する」という言葉を引用している。

パレスチナ・アラブ人の声明はまだ続く。「アラブ人よ、ユダヤ人はあなたがたの最強の敵であり、大昔からあなたがたの祖先の敵でもあったことを忘れるな。あなたの上に平安をといってキリストを拷問にかけ、無事を祈るといってムハンマド(マホメット)に毒を盛ったユダヤ人の卑怯なやり口に引っかかるな。昨日のようにあなたがたを殺そうとしているのは彼らだ。あなたがた自身とあなたがたの父祖の地を外国からの侵入者と強欲なユダヤ人から救う最上の方法は、彼らをボイコットすることであることを知れ。それゆえ、彼らをボイコットし、あなたがたの父祖の地の産業と神を支持せよ」。

このアラブ人のユダヤ人商品不買運動が行なわれてから四年後、ベルリンで同種の不買運動が法律として制定された。当時のエルサレムのユダヤ人にとって、西洋文明の一大センターで同じような問題が起こり、まもなく反ユダヤ措置として大々的に実施されるようになるとは思ってもみなかった。五〇万人のドイツのユダヤ人は、五〇万人のパレスチナにいた同胞ユダヤ人の一九二九年の苦境を憐れに思ったにすぎない。

ユダヤ人とアラブ人の間の溝を狭めることはできなかったのだろうか？　パレスチナ・シオニスト執行委員会議長キシュ大佐は九月一二日にこう書いている。「ウマル・モスクが爆破され、略奪されたとか、焼け落ちたとかいったようなアラブ人の感情を奮起させることを意図した偽情報をばらまくといったことがなかったならば、パレスチナ・アラブ人は、近隣のユダヤ人と仲良く暮らしていけたであろうし、アラブ人の大半は今もそう願っていると確信する」。

ユダヤ人商品不買を呼びかけるアラブ人のパンフレットが発行された翌日、ハリー・サケルはロンドンのシオニスト全体会議で、「アラブ人問題は一つ一つ慎重に取り扱わなくてはならない。パレスチナのユダヤ人の一人一人が、アラブ人との人道にかなった友好的関係を保つよう努めるべきである」と述べた。ヘブライ大学の学長イェフダ・L・マグネスも同意見だった。暴動のあと、彼は国の建設とユダヤ人精神のためにもユダヤ人とアラブ人の協調を求めた。スコプス山の新学期の始業式に、彼は教職員と学生たちに、「ユダヤ人最大の文化的義務の一つは、ヨシュア〔モーセの後継者のイスラエル民族指導者〕のような征服によってではなく、勤勉、犠牲的精神、愛など、平和的、文化的手段によって、世界の良識が正当と認めないようなことは絶対にしないという決意のもとに約束の地入りを企てることである」と語った。

二〇以上のユダヤ人とアラブ人の居住区が入り組んでいるエルサレムでは、協調の可能性はまったくなくはないまでも、むずかしそうに思われた。それは、一九二九年一〇月二六日、市内のタラブ・アブドゥル・ハディ家でパレスチナ・アラブ婦人会議が開かれたとき明らかになった。主にエルサレムの名門アラブ人一族から選ばれた一四人の執行委員会が創設され、その初仕事として高等弁務官のところに出かけてバルフォア宣言の撤回とユダヤ人入植の停止を求めたのである。

英国委任統治政府は再び、英国のユダヤ人との約束とアラブ人暴徒の処置という二点に関して、到底認めることのできない要求を突き付けられた。婦人たちは、ユダヤ人入植の停止に加えて、メンバーの一人が暴動を起こすとその家族全員もしくは村全体が罰せられることもある、英国政府による集団処罰条令の撤回も要求した。彼女たちはまた、アラブ人収監者の大幅な待遇改善も求めた。これらの要求が拒否されると、婦人たちは街頭デモを決行することにした。高等弁務官は、アラブ人社会の家父長的性格を逆手にとって、主なパレスチナ人家族の当主である男性たちに、「女たちに街頭デモなどさせるな」と警告した。

だが、大勢のパレスチナ・アラブ人女性の民族意識の高揚は、女性の社会的地位ゆえに課せられたタブーや制約を打ち破った。マティエル・モグハノン、ズリハ・シハビ、ザヒヤ・アル・ナシャシビらは、「女性は受動的であるべし」という社会がつくった鋳型をぶちこわし、パレスチナ民族の大義名分を掲げて立ち上がった女性として、今日までその名が東エルサレムに残されている。アラブ婦人協会を通じて、彼女らは婦人による街頭デモを実行した。彼女たちはまた、ヨーロッパの婦人団体と接触して資金を集め、英国政府役人たちに自分たちの要求を突き付けつづけた。

貧しい人たちにとって救いとなった減税、アラブ人に対する差別の廃止、パレスチナ・アラブ人収監者の待遇改善などは、エルサレムの婦人活動家たちが掲げた主な主張だった。だが、それから一〇年もたたないうちに、ライバル同士のアル・フセイニ家とアル・ナシャシビ家が対立したため、彼女たちの目的を一つにした結束は崩れ、アラブ婦人協会は二派に分裂した。それでも、彼女らはアラブ人女性の権利の主張と、パレスチナ・アラブ人の民族主義のための闘いのパイオニアだった。

第9章　全体主義の影　一九三〇―一九三六年

共産主義の洗礼

一九三〇年一月、市内のビックール・ホーリーム病院の医長として招かれた三三歳のドイツ人医師ユリウス・クレーベルクが、フランクフルトからエルサレムへやってきた。彼が招聘を受けてからドイツを出るまでの間に数件の暴動が発生していた。

「私は暴動とか、財政逼迫とかいった問題は気にしなかった。新しい環境がドイツでは知られていないあらゆる種類の興味深い医学的問題を提出してくれるだろうと思ったのである。もしかすると何か重要な学問的発見ができるのではないだろうか？　私ほどの資格をもった医師はパレスチナにはそうはいないはずだった。私はすでに医学、病理学、解剖学、化学を学んでいた。最終的に、もしかするとこれが一番重要だったかもしれないが、私を突き動かしたのは冒険心だった。新しい世界史の物語の舞台にいってみたかったのである。〝エルサレム〟の名はまるで磁石のように私を引きつけた。そこは世界でもっともよく知られた、もっとも神聖な都ではなかったか？　そういうわけで、私が腰を上げた動機は必ずしもシオニスト的なものではなかった。それはロマンティックな気分と野心の入り交じったものだった。私はドイツの医長クラスならだれでも与えられているような設備のよい研究室と、それ相当の研究予算を提供してもらえるものと思い込んでいた。私は近代的、科学的手法で古くからある医学的問題を克服していく計画を立てていた。長い間象牙の塔に住んでいて、エルサレムで何が私を待ち受けているか想像もつかなかった」と彼は書いている。

クレーベルク博士を待っていたのは、ドイツでは平均以下の病院でさえもう少しましかと思うほどの粗末な設備の病院と医療システムだった。だが、エルサレムには改善意欲がみなぎっていた。高度な医療水準を求めて積極的に活動していたのが眼科医のアルベルト・ティホー博士で、彼のすばらしい治療を受けたアラブ人の間では、〝ティホー〟はアラビア語の方言で〝眼科医〟を意味する言葉になったほどである。もう一人は、オスマン帝国時代にロシアからエルサレムにきた小児科医のヘレナ・カーガン博士だった。

一九三〇年に新市街に建てられた壮麗な建物の一つにキング・デーヴィッド・ホテルがある。施工主は、すでにカイロで有名なシェパード・ホテルを所有している二人のエジプト系ユダヤ人で、設計はスイスの建築家エミール・フォークトとG・A・フッフシュミドだった。建築家たちが選んだホテルの内装はエルサレムでも奇抜なものだった。ホテルのロビーはアッシリア風、ラウンジはヒッタイト風、ダイニング・ルームはフェニキア風といった按配である。「白のパンタロンに赤のタルブーシュ〔イスラーム教徒男子がかぶるお椀型の帽子〕の背の高いスーダン人ウェイターたちがりっぱな盆を頭に載せて、磨きたての大理石のフロアを音もなく通り過ぎてゆく」とニッァ・ロゾフスキーは半世紀後に書いている。「盆の上にはインド産とセイロン産をブレンドした紅茶のポット、熱々のバター付きトースト、めずらしいジャム、糊のきいた麻のナプキンなどが載っていた。この優雅な時代は永久に失われてしまった」。

一九三〇年にエルサレムに出現したのは優雅な邸宅やホテルばかりではなかった。堂々たる公共建造物もまた建設されつつあった。一つは新しい市庁舎で、ラゲブ・ベイ・アル・ナシャシビからテディ・コレックまで歴代の市長たちに六〇年以上にわたって使用されることになる。もう一つは、そのすぐ近くのイタリア人建築家マルチェロ・ピアチェンツィ設計の建物で、屋根には石彫りの羽の生えたライオン像が飾られ、持ち主のイタリアの保険会社の名にちなんでジェネラーリ・ビルディングと呼ばれた。

この年中ずっと、エルサレムのユダヤ人は暴動で破壊された家や居住区の再建にせっせと働いた。モツァの村は再建され、新たに上モツァにエルサレムで働くユダヤ人専門職の人たちのための住宅地もつくられた。彼らは同時に小規模の農園と苗木づくりにも着手した。開拓者が入植してわずか三年ですっかり台無しにされてしまったキブツ、ラマト・ラヘルでも再建が進んだ。だが、再建の最中に、復興の槌音《つちおと》よりももっと猛々しいイデオロギー論争がもちあがり、社会主義哲学に従おうとする者と、ソヴィエト共産主義に引かれる者との分裂にまで発展した。

当事者たちにとって悲劇的だったのは、このイデオロギー的分裂が議論によって修復されなかったことである。すでにパレスチナの他のところの共産主義キブッ・メンバー数人がソ連邦にもどり、その純粋なイデオロギーを実践するため、クリミア半島に大きな農場を与えられていた。ラマト・ラヘルから八〇人の共産主義者のメンバーが彼らに追随し、ソヴィエトに旅立った。エルサレムの畑で働く人間はわずか四〇人しか残らなかった。

ロシアでは、スターリン体制がエルサレムからのキブッ・メンバーを〝資本主義の地獄〟からの帰還者として歓迎した。だが、そのメンバーの一人だったシーラ・ゴルシュマンののちの回想によると、ロシアでは食糧も、衣類も、靴も不足していたという。五年もたたないうちに、帰還者の大半はスターリンの粛清に遭い、シベリアに送られた。そこで命を落とした人のなかには、彼らのリーダーだったメナヘム‐メンデル・エルキントもいた。ドイツのロシア侵攻の際、赤軍に参加したり、モスクワその他の都市に進軍した者もいる。一九四二年にドイツ軍がクリミア半島に到達すると、地元の農民がユダヤ人の集団農場にまだ残っている人たちがいるとドイツ軍に通報した。残っていたユダヤ人のほとんどが婦女子だったが、全員が駆り集められ、生きたまま深い井戸に投げ込まれて殺された。

スターリンの死後やっと、ほんの一握りのラマト・ラヘル脱出組の生き残りがソ連邦のおぞましい経験をくぐり抜けてエルサレムに戻ってきた。

英国委任統治が始まって最初の数年間に、エルサレムの人口は町の歴史始まって以来の急速な増加を示した。ユダヤ人が「お情けではなく、権利として」パレスチナにいてよい、という国連のお墨付きの英国委任統治宣言は、この国のどこよりもエルサレムに大きな影響をもたらした。一九三一年までに、市の人口は委任統治の初年度である一九二二年の九万一二七二人から一三万二六六一人に増えた。そのなかでユダヤ人移民による増加は二万一〇七人だった。だが、英国の統計調査報告によると、市が住みよくなったために、アラブ人のほうはもっと増え、二万一二八二人増加した。住みよさに大きな貢献をしたのは英国だった。街路は舗装され、快適な郊外住宅地ができ、水道が引かれ、きめ細かな公共サービスが行なわれるようになり、商業活動も活発化した。エルサレムは十字軍以来はじめて大都市となった。

英国の統計調査は、市の新住民の出身国別数も把握している。ユダヤ人とアラブ人がほぼ同数というケースもいくつかある。たとえば、エジプトからエルサレムにきたユダヤ人は三六五人、アラブ人は四四三人だった。トルコからはユダヤ人一〇三九人、アラブ人二三六七人。ユダヤ人移民が一番多かったのはポーランドからで五七一四人、ソ連邦四四一三人、イラク二六七〇人、ペルシア二〇七六人、英国一六五〇人となっている。インドからの四八人をはじめ、ヨーロッパ以外のあらゆる国からユダヤ人はやってきた。インドからきたアラブ人も三一人いる。この九年間にアメリカからきたユダヤ人は三五八人、アラブ人は二一人だった。オーストラリアからは三二人のユダヤ人と一人のアラブ人がきている。

一九三一年一二月六日、ムスリム世界会議がエルサレムで開かれた。イスラーム世界にエルサレムを強く印象づけ、支配的立場を築きたいと一〇年来奮闘してきたムフティにとって、主導権のとれたこの会議は晴れ舞台だった。ムスリム界に、聖地としてのこの都市に対する認識を高めたという点で、彼は成功した。ムフティはまた、ユダヤ人がエルサレムのイスラーム教徒の敵であると位置づけることにも成功した。

エルサレム在住の多くのユダヤ人をがっかりさせたのは、この会議の組織委員たちが、ユダヤ人は「ムスリムあるいはアラブ人問題について常に間違った説明をするため、入場させない」と決めたことである。会議が続けられるなかで、報道陣の注目を引いたのはパレスチナ・アラブ人代表同士の論争だった。彼らのなかには、ムフティの強引な反ユダヤ主義リーダーシップに強く反発する者もいた。一二月七日、ムフティはシャウカト・アリとアブドゥル・ハミド・サイドの二人の同胞パレスチナ・アラブ人の提出した妥協案を拒否し、ハッサン・シドキ・ベイ・アル・ダジャニ、ファフリ・ベイ・アル・ナシャシビ、ムハンマド・サメ・アル・ハリディらを含む著名なエルサレム・アラブ人評論家数人の会議場への出入りも結局許さなかった。

一二月九日、ムフティの支持者たちは、ユダヤ人がマシンガンをもって「岩のドーム」

を攻撃している写真を会議の代表者たちにばらまいた。それらは偽造写真だった。『パレスチナ・ブルテン』紙によると、多くの出席者が「この会議でこうした恥ずべき、信用できないプロパガンダを押しつけられたことに遺憾の意を表明した」。ムフティの態度に憤慨した大勢の著名なムスリムたちが、一二月一二日、キング・デーヴィッド・ホテルでラゲブ・ベイ・アル・ナシャシビ市長を議長に抗議集会を開き、ハジ・アミンを信用しないことで衆議一決した。だが、五人のメンバーからなるムスリム最高評議会では、賛否同数のところへムフティが自分の決定票を投じて、一票差で多数決を勝ちとった。

一二月一七日に終わったムフティ主宰の会議の決議で、アル・アクサ・モスクへのユダヤ人の出入りを禁止した。エルサレムに本部を置き、ムフティが議長を務める国際的なムスリム組織「イスラーム議会」の設立もこのときの決議事項の一つだった。その目的は、できるだけ広範な政治的枠組みのなかで、ムスリムの「聖域《ハラム》」の尊厳を維持することだった。この目的を達成するために、可能なかぎりあらゆる機会をとらえてシオニストの活動に挑戦することになる。パレスチナ各地での彼の講話、ムスリム世界の信者たちへのメッセージを通じて、ムフティはシオニストたちがエルサレムのあちこちのモスク、とりわけ「聖域」を支配下に置きたがっていると非難しつづけた。

エルサレムのユダヤ人が圧倒的に多い地域の自治の拡大と、そのようなムスリムの敵対行為に直面して安全を確保するために、「ユダヤ機関」の政治部長ハイム・アルロゾロフは一九三二年一月七日付の高等弁務官プルーマー卿宛の手紙で、エルサレム市を二つの自治区に分け、市の新しい部分で居住者の大半がユダヤ人の西エルサレムと、アラブ人の多い旧市街とに分割することを提案した。それぞれが自分たちの市評議会をもち、徴税を行ない、公共サービスや開発を運営管理する。両者にまたがる分野については、合同市評議会の管轄としてはどうかというものである。聖所についてはすでに、一九二四年以来、高等弁務官の直接管理下に置かれ、パレスチナ裁判所の管轄区域から外されていた。

英国はアルロゾロフの提案を却下した。「委任統治政府はエルサレムの分割提案をよしとしない」というのがその公式回答だった。その頃、ユダヤ人の居住区は面積も人口も増え、市の境界内の選挙区の数も増加していた。委任統治政府当局は、リフタなど市の境界外にあるアラブ人の村を市の構成区に入れることによって、二つのコミュニティーの比率を〝バランスのとれた〟ものにしようとした。

ムフティはユダヤ人の入植を公然と非難し、それを許している英国の責任を問いつづけた。ヘブライ大学学長マグネス博士や元英国委任統治政府の古参役人ノーマン・ベントウィチらを含む大勢のユダヤ人有力者たちは穏健派アラブ人の意見を聞く機会を求め、二つのコミュニティーに分断を企てるムフティに対抗する方策として「ブリット・シャローム（平和同盟）」という名のグループをつくった。彼らが率先して始めた仕事のなかには、エルサレム在住のユダヤ人のためのアラビア語による講座もあった。「ブリット・シャローム」の目的は、アラブ人とユダヤ人を和解させ、経済的、政治的、社会的協調体制を整えることだった。パレスチナ全土をユダヤ人の国にしたかったウラジーミル・ジャボチンスキーの率いる新シオニスト、つまりシオニスト修正派はこれに強く反対した。

一九三二年二月、ベントウィチはヘブライ大学の国際平和担当教授に就任し、「平和都市エルサレム」というテーマで初講義が行なわれた。彼がのちに回想しているところによると、「出だしの一節の最後に「アラブ人とエルサレムのムフティのところに出向いて平和について話し合うべきだ」といったとたんに会場は騒然として講義は中断された。ひとしきりガヤガヤと話し声が続いたあと、講義を再開すると、またもや大声があがった。今度は悪臭弾やパンフレットの束が投げつけられたりした。大学の職員らが秩序を回復させようとしたがだめだった。スコプス山の交通整理にきていた数人の英国人警察官が呼び入れられ、講義の妨害者たちを退場させた。聴衆は会場に残った。銃剣を構えた警官たちが守るなかで、私は「平和都市エルサレム」について講義を続けた」。

〝妨害者〟はシオニスト修正派のメンバーのユダヤ人で、そのなかには自分たちの政治的見解を主張する手段として暴力も辞さないという過激派もいた。一九三三年にテルアヴィヴの海岸でハイム・アルロゾロフを殺害したのはそうしたユダヤ人過激派の一人だった。

エルサレムへの近代的なものの到来は他のところより遅れたが、一九三二年には「エジソン映画劇場」という最初の映画館がオープンした。そこではヨーロッパやアメリカの映画が、画面の脇にヘブライ語の字幕付きで上映された。もっとも人気のあった映画の一つがセルゲイ・エイゼンシュテインの『アレクサンドル・ネフスキー』だった。その頃映画を見に行った一人で、のちに「エジソン」の支配人になったシャウル・ナフムは、「膝のうえにヒマワリの種の大きな袋を載せ、飲み物などを買い込んで楽しい時を過ごしたものだった。毎週新しい映画が上映された。映画館は土曜日の夜でさえ満員だった。他に何もすることがなかったのだ」とのちに書いている。

ヒトラー政権成立によるドイツ系ユダヤ人移民の急増

一九三三年一月、ドイツでヒトラーが政権につくと、ドイツ国内のユダヤ人に対する敵対行為や疎外、迫害が始まった。数カ月の間に大学教授や学校教師、科学者、医師、弁護士らが職を追われた。エルサレムはこうした遠くの出来事の影響を大きく受けることになる。ドイツでの迫害を逃れたユダヤ人がどっとやってきて、エルサレムの暮らしをあらゆる面で変えはじめたのは一九三三年はじめの数カ月である。ドイツ系ユダヤ人たちは世俗的な、洗練された、文化的な生活の仕方、ドイツ音楽や文学への造詣、医学、美術、建築、都市計画面での近代的な発想などをもたらした。

スコプス山のヘブライ大学では、ドイツからの新しい移民が教授陣にも学生側にも増えた。ドイツからの移民のなかには、最近大勢のメンバーがソヴィエトへ去って閑散としていたキブツ、ラマト・ラヘルで働くようになった者もいた。メンバーを一新したこのキブツから、市民のためのクリーニング屋やパン屋などのサービスも提供されるようになった。

ドイツ系ユダヤ人がもたらしたもっとも重要な貢献は、おそらく医学だったであろう。ヒトラー政権の最初の年にきた人のなかには、ドイツでもっとも有名な婦人科医の一人ベルナルド・ツォンデクや皮膚科の専門医で放射線療法士のルードヴィヒ・ハルバーシュテッター教授らがいた。

アラブ人の移民もかなり大幅に増えてはいたが、結果的にはユダヤ人のほうが多数者になったことに彼らは心穏やかではなかった。ヒトラーのドイツからの新しい移民はさらなる脅威のように思われた。一九三三年四月八日、キング・デーヴィッド・ホテルで行なわれたトランスヨルダンの主だったアラブ人有力者とヴァイツマン博士やハイム・アルロゾロフらのシオニスト・リーダーたちとの会合で、有力者らはこの国の発展のためにユダヤ人と協力していきたいと希望を述べた。だが、ヨルダン川西岸のパレスチナ・アラブ人たちは、ユダヤ人の事業にそのような大っぴらな熱意は示さなかった。

エルサレムの日常生活は必ずしもいつも政治的な暗雲に覆われていたわけではない。ヴァイツマン、アルロゾロフと有力者たちの会合の翌日の午後、エルサレムとロンドンの間にはじめて電話が開通した。英高等弁務官公邸で開かれた祝賀会では、最初に祝辞を述べた植民地担当国務相のフィリップ・カンリフ−リスター卿や、高等弁務官プルーマー卿の声が、舞踏会場にしつらえられたラウド・スピーカーから報道陣に流された。その日の午後、市長は新しく建てられたエルサレムのＹＭＣＡで開かれた第六回エジプト医学者会議の出席者たちを、キング・デーヴィッド・ホテルのティー・パーティーに招いて歓迎した。

その夜はアラビア語の医学用語の標準化について討議が行なわれた。

四月九日の「棕櫚《しゅろ》の日曜日〔復活祭直前の日曜日〕」には、キリストが堂々とエルサレムに入り、差し迫った市の崩壊を思って涙したことを記念し、ローマ・カトリックのバルラッシーナ大主教の主催でベトファゲからエルサレムまでおごそかな行進が一五六三年以来はじめて行なわれた。行列の参加者はみな、ナツメヤシかオリーヴの枝を手にもっていた〔キリストが通った路上に群衆がナツメヤシの枝葉をまいてこれを祝ったという故事にちなむ〕。サレジオ会のボーイ・スカウト、カトリック青年男女協会のメンバーたちは旗をもったり、腕章を付けたりしていた。行列がオリーヴ山を下ってゲッセマネの園を過ぎ、聖ステファノ門をくぐって聖アンナ教会のバシリカ聖堂に進む間、ラテン語、アラビア語、シリア語、フランス語の賛美歌が聞こえた。

エルサレムのユダヤ人はその週、旧約聖書時代の祖先のエジプト脱出を記念する「過越祭《すぎこしのまつり》」を祝い、あちこちのシナゴグには入りきれないほどの人々が集まった。ホテルも同じように混雑した。その頃創立されたばかりの『パレスチナ・ポスト』紙によると、「苦情はあちこちからきた。ホテルは、とりわけ値段も手ごろなところは、記録的な人手に対処しきれなかった」と書いている。エジソン映画劇場では、すでに一九一五年に『国民の創生』〔南北戦争を描いたアメリカ映画〕の主役で有名になっていたメイ・マーシュの『丘の彼方に』が上映されていた。シオン・ホール・シネマでは、バスター・キートンの『キートンの決闘狂』が上映された。同紙の東地中海支局はその週、ハンバーとヒルマンの英国製最新型車や、コマーのトラックの広告を掲載した。「預言者通り」のパットという菓子店では、「おいしい自家製の過越祭ケーキ」を売り出した。トーマス・クックの旅行案内書は、トランスヨルダンにあるペトラのキャンプ場の「特別割引」を宣伝した。

四月一三日朝、アレンビー元帥がエルサレム鉄道駅に到着した。新聞に「パレスチナの征服者」と書かれた人物を一目見ようと大群衆が駅につめかけた。彼は翌日の壮麗なYMCAビルの公式開所式のためにやってきたのだが、到着した日の午後はヘブライ大学の新しい野外劇場のこけら落としに出席した。祝賀行事のなかで、パレスチナ・オラトリオ合唱団がヘンデルの『マカビのイェフダ』を歌った。

学長のイェフダ・マグネスはこけら落としの祝辞のなかで、「ドイツ国民とユダヤ教双方の文化に貢献してきたドイツの偉大なユダヤ人社会が今、徹底的絶滅計画の危機にさらされています。ですが、エルサレムにいるわれわれは何のためらいもありません。ドイツで破壊的行為が続いているこの瞬間にも、われわれはここで建設に励んでいます。われわれにとって建設とは、何キロメートルにもわたる煉瓦や石造りの建造物を生み出すだけでなく、われわれの文化や文明をつくり出すことを意味します」。

ドイツからの移民は急速に増え、それにつれてユダヤ人移民に対するアラブ人の抗議行動も激しくなった。一九三三年一〇月一三日、アラブ人はパレスチナ全土のゼネストを宣言した。エルサレムではアラブ人の計画的な抗議デモは委任統治政府に禁止されていたが、シェイフ・サイド・アル・ハティブがアル・アクサ・モスクでの説教で、ユダヤ人の移民を〝危険〟と表現し、〝アラブ人の義務〟に忠実であれと呼びかけたことで弾みがついた。礼拝に集まった二千人を超える信者たちは、最近設立されたアラブ執行委員会議長のムーサ・カゼム・パシャを先頭に、「アッラーフ・アクバル（神は至大なり）」と唱えつつ、「聖域」からダマスコ門へと行進し、やがて西へ折れて新門のほうへ向かった。警察はそこで彼らが再び旧市街に入るのを阻止した。新市街方面へのいくつかの道路も封鎖された。警官に対し石やビンなどが投げつけられると、警官は警棒で応酬し、群衆は力ずくで解散させられた。アラブ人六人と警官五人が負傷した。

アラブ人のデモの九日後、パレスチナ委任統治政府は向こう六カ月間にユダヤ人移民に発行する身分証明書の数を六五〇〇から五五〇〇に削減した。これはアラブ人の抗議行動のせいではなく、その前の六カ月間に不法入国したと見られるドイツ系ユダヤ人の数を割当枠から差し引いたためである。「ユダヤ機関」執行委員会議長のダヴィド・ベングリオンは一〇月二二日、高等弁務官に、「ドイツのユダヤ人の置かれた現状を思うと、こうしたきびしい削減は世界中のユダヤ人にとって深刻な、身を切られるようにつらい衝撃だ」と述べた。だが、アラブ人のほうから見れば、これでも十分な削減とは思えなかった。一〇月二八日、アラブ人の暴動が再びパレスチナ全土に広がるにつれて、エルサレムでも暴力による威嚇事件が発生した。それはユダヤ人に対してだけでなく、英国人もターゲットにされた。警察は銃を発砲して群衆を退散させた。ヘブロンおよびトランスヨルダンからきた者それぞれ一人を含む五人のアラブ人が殺された。

暴動が起きても、エルサレムの観光客の数は減らなかった。一九三四年に出版されたトーマス・クックの『パレスチナ・シリア・イラク旅行案内』の第六版には、最近できた建物として、キング・ジョージ五世通りの「ユダヤ機関の瀟洒な新築ビル」をはじめ、ヤッフォ通りでまだ建築中の新しい中央郵便局、一年前に完成した壮麗なYMCA、市の城壁の北東に建設中のロックフェラー考古学博物館が紹介されている。この博物館は、ジョン・D・ロックフェラーからの二〇〇万ドルの寄付金のおかげでできた。この寄付金には付属の図書館、研究室の建設費や調査費も含まれていた。「建物はすでに（一九三四年現在）完成に近い。ということは、ソロモンの神殿を建てるのとちょうど同じくらいの時間がかかったことになる」と案内書には説明されている。「それだけ待った価値は十分にある。地元のもっともすぐれた伝統的建造物にぴったり合ったアラブ風の建築様式として興味深いだけでなく、照明、陽ざしなどの技術的な問題も入念に考慮されて設計されたすばらしい博物館である」。それほど高尚なものではないが、案内書の「レストランおよびカフェ」の項目にはドイツ・レストラン、ウィーン風カフェ、ヨーロッパ風カフェ（すべてヤッフォ通り）が店開きしたとある。

一九三四年一〇月、スコプス山のヘブライ大学の建物のちょっと北にハダサ・メディカル・センターの礎石が置かれた。新しい病院の建設を思いたち、その指揮をとったのは、アメリカ人シオニスト・リーダーで七四歳のヘンリエッタ・ゾルド博士だった。彼女は一九二〇年以来、医療および看護の仕事の指導のためにもっぱらパレスチナに滞在し、ヒトラーの台頭以降はユダヤ人青年たちの再定住にも力を注いだ。ゾルド博士は、「預言者通り」にあった第一次大戦前のロスチャイルド病院の「由緒はあるが手狭な」建物から出るべきだと考えていた。目的は場所を変えることだけではなかった。「正真正銘の近代科学は近代的な衣装をまとわなくてはならない」と彼女は定礎式の挨拶のなかでいった。こうして新しいセンターの建設が始まり、五年後には新しい病院がオープンする予定だった。スコプス山の看護学校は、定礎式からわずか二年で業務を開始した。

市の南部の「悪計の丘」に向かう道路沿いに一九二〇年に設立されたユダヤ人用教育農場は、生涯を農業に捧げたいというユダヤ人女性のための実習農場になった。農場の一〇〇メートルほど東にある新しい公邸には英国の高等弁務官が引っ越してきた。そこの窓から北側にエルサレム全市が広がっているのを見ることができた。委任統治政府の新しいセンターがよりにもよってその昔、大祭司カヤファスがイエスを殺す相談をしたといわれる「悪計の丘」に設置されたことは、エルサレムの住民の間でひとしきり冗談の種にされた。一九三三年、委任統治政府は同じ丘の途中にアラブ大学を設立した。

「悪計の丘」から北側に深くくぼんだキドロンの谷の向こうの稜線上に見えるスコプス山のヘブライ大学には、ドイツ系ユダヤ人難民の教師や学者からの寄贈図書がどっと送り込まれた。彼らのなかには、それぞれの学問分野で指導的な役割を果たしてきた人たちも大勢いた。こうした書籍は大学図書館の蔵書を格段と豊かなものにした。一九三六年にフランクフルトでドイツ系ユダヤ人が出版した『フィロ・ユダヤ学百科大事典』はヘブライ大学とユダヤ民族図書館に二七万八千冊の蔵書があると誇らしげに記載した。

エルサレム地区行政官のエドワード・キース－ローチはエルサレム市評議会を説得して、ヤッフォ通りのシオン広場に近いところに男女別の公衆トイレを建設させた。それは、当時のものとしてはもっとも近代的な衛生設備ばかりでなく、美観にも配慮して建てられた。キース－ローチは市長のフセイン・アル・ハリディ博士に、ブラス・バンドが演奏している除幕式の最中に、たまたまフランスの市当局がやったように市長自らが使い初めをすることにしてはどうかと勧めた。「市長はその場から慌てて退出した。今回ばかりはスピーチなしの公共建造物の除幕式だった」とキース－ローチはのちに書いている。

この公衆トイレは半世紀以上も新市街の飾りものままだった。本書のために筆者がその写真を撮りに行ってみると、最近撤去されたことがわかった。市長はこの建物よりも早く姿を消した。一九三七年、彼はアラブ人の間に不安を醸成したとして、他の五人のアラブ人といっしょにインド洋のセーシェル島に追放された。だが、それはまだ先の話で、それより前の一九三六年三月三〇日には、キース－ローチのつくったこの便利な建物から歩いて数分のところに、高等弁務官がパレスチナ放送局を開局した。このエルサレムの放送局から、音楽やスポーツ、世界の出来事などが放送された。当時はヒトラーのドイツやムッソリーニのイタリアの活動が毎日のように新聞にトップ見出しで伝えられていた。

放送局設置の目的は、アラブ人とユダヤ人の間の利害関係のバランスをとることだった。

最初の日のプログラムがそれをよく表わしている。音楽番組のトップはアラブ特有の楽器をアラブ人が演奏したのに続いて、ヘブライ語の詩と歌が放送され、アラブ人の歌がそれに続いた。そのあとはまたユダヤ人の歌だった。

だが、こうした望ましい進展がスタートして一カ月、近年の暴動からわずか三年も経たないうちに、エルサレムの街路や郊外にはまた、暴力行為が頻発するようになった。

第10章　一九三六年の暴動とその余波

「アラブ人は聖地の〝ユダヤ化〟には同意しない」

一九三六年の暴動は徐々に始まったが、その激しさは一九二九年をはるかに凌ぐものになった。暴力沙汰は四月一九日にヤッフォ通りで始まり、一六人のユダヤ人がアラブ人に殺された。それから数日、エルサレムはまったく静かだった。ところが、四月二二日にユダヤ人数人が街路でアラブ人に脅され、旧市街ではユダヤ人商人一人が徹底的に殴打された。しかし、いずれも致命傷ではなかった。ムフティの指示を受けたアラブ・ストライキ委員会が設立され、アラブ人の商業活動を全面的に停止するように呼びかけた。アラブ人商人のなかには店を閉めるのを拒否した者もおり、「ストライキ命令に従え」と要求したアラブ人青年グループの脅しには乗らなかった。だが、四月末までには、テラ・サンタ・スクール、ビジョップ・ゴバット・スクール、聖ジョージ・スクールの三つのアラブ人キリスト教徒の学校は、ムスリム・アラブ人の脅しによって休校になった。

五月三日、リフタの村から野菜を売りにきた大勢のアラブ人が、マハネ・イェフダのユダヤ人市場で商品を売っているところを、他のアラブ人に襲われた。だが、五月四日付の『パレスチナ・ポスト』紙第一面の「深夜以降」の速報欄には、エルサレムのユダヤ人ではなくてポーランドのユダヤ人殺害のニュースが載った。それはヨーロッパでの嵐の激化を想起させた。犠牲者はヤアコブ・ゼーリヒという二六歳の青年で、ポーランドの反ユダヤ主義者たちの過激な行動の一環として殺された。その年、一〇〇人以上のユダヤ人の命が奪われることになる。

五月五日、英国委任統治政府は、アラブ・ストライキ委員会のリーダーたちをエルサレムで逮捕、拘留した。翌日、アラブ高等委員会は、書記長アウニ・ベイ・アブドゥル・ハディの署名入りの「いかなる状況においても、アラブ人は聖地（パレスチナ）の〝ユダヤ化〟には同意しない」という声明を発表した。この声明の署名者のなかには、エルサレム市長のフセイン・アル・ハリディもいた。五月八日、ムフティを議長とするムスリム最高評議会は、英国委任統治政府がユダヤ人の入植を停止し、ユダヤ人に土地を売ることをやめさせ、アラブ民族政府を形成させるまでアラブ人は税金を払わないという決議を承認した。四日後、英高等弁務官はエルサレム・ラジオ局のスタジオに出かけ、「委任統治政府は無法状態の勃発を徹底的に抑え、これを破る者を処罰するつもりであることを、法律違反者は承知しておいてもらいたい」という断固とした警告を放送した。その夜更け、トランスヨルダン出身のアラブ人で、キリヤト・アナヴィムのユダヤ人所有の採石場の夜警をしていたカシム・エイサが同じアラブ人に射殺された。彼は「ストライキに参加して仕事を放棄せよ」というアラブ人のたびたびの要求を拒否していた。彼はエルサレムの新たな騒動の最初の犠牲者だった。

暴動はあっというまに全市に広がった。五月一四日朝、旧市街のユダヤ人地区で二人のユダヤ人が銃の直撃を受けて死亡した。そのうちの一人は、四六歳のラビ・ルベン・クロポルッで、夫人と八人の子供が残された。もう一人の、老人ホームに住んでいた七〇歳のケハト・コーヘンは、口のなかに弾丸を撃ち込まれて即死した。アラブ人リーダーたちからは遺憾の意の表明はまったくなかった。それどころか、地中海沿岸の町アッコを訪れていたエルサレムのムフティは、「ユダヤ人はわれわれをこの国から追い出そうとしている。彼らはわれわれの息子たちを殺し、われわれの家を焼き払いつつある」と発表した。

五月一六日、新市街の中心部にあるエジソン映画劇場内でアラブ人が発砲して、ユダヤ人三人が死亡した。そのうちの一人は、一年前にポーランドから移住してきたヘブライ大学の学生だった二三歳のアレクサンデル・ポロンスキー、もう一人はわずか三カ月前にポーランドからきたばかりの皮膚科医ツヴィ・サブチョスキ博士だった。未亡人ははじめての子供を身ごもっていた。三人目のイツァク・ヨロフスキーはパン屋で、六週間前に結婚したばかりだった。

翌日、三人の犠牲者の葬儀には、エルサレムのユダヤ人はすべての活動を停止した。工場は機械を止め、オフィスは閉まり、大学は休校になった。「罪のない者の血がまたもやエルサレムの石の上に流されました」とパレスチナ・ユダヤ人総評議会の議長イツァク・

ベンツヴィは一万人を超える大勢の葬儀の参列者に語った。アルトゥル・ルピンは、「エルサレムのユダヤ人地域のど真ん中で、かくも大胆な犯罪が行なわれたことに、ユダヤ人はこれまでになく怒りの声をあげた」と日記に書いている。『パレスチナ・ポスト』紙は、「掃討戦か？」という見出しでこう書きたてた。「ユダヤ人は節度を示した。高位高官の間にもそうした節度は認められた。殺人に対する道義的嫌悪感が彼らの自衛本能を抑えた。彼らは命を大切にした。彼らにとって宿敵の命でさえ、大切にした。だが、怒り心頭に発しているユダヤ人が人間の命を神聖視する考えを変えないと、だれが今保証できるであろうか？」。

ユダヤ人は節度を保った。だが、ユダヤ人殺しは続いた。一九二九年にメンバーの一人が殺されたキブツ、ラマト・ラヘルでは、一九三六年には三人が殺され、敷地内も再びひどく荒らされた。旧市街では一九二九年の暴動ですでにたくさんの施設が襲撃を受けていた。「悲しみの道《ヴィア・ドロローサ》」〔イエスが十字架を背負って処刑場のゴルゴタへ登って行ったといわれる道〕沿いに一九世紀末に建てられたトーラット・ハイム神学校もその一つだが、今回の新たな暴動の勃発で建物を放棄して退去せざるをえなくなった。トーラット・ハイムの聖職者たちはなんとかしてこの学校の精神的遺産だけでも保持しようとして、アラブ人の管理人に建物に錠を下ろし、できるだけ略奪を防いでほしいと頼んだ。管理人はそうしてくれた。それは相当に勇気の要る行為だった。

ヘブライ大学もこの暴動でたびたび衝撃を受けた。殺害された職員のなかには、英国出身の教師で、中世イスラームが専門のルイス・ビリグもいた。ビリグはユダヤ人の抱負もアラブ人の抱負も、双方が相手の歴史と文化をある程度知ることによって理解し合えると信じていた。殺された日の夜、彼は北タルピヨットの小さな居住区にある書斎の机に向かって、九世紀のシーア派のアル・サファル・アルクンミの書いたアラビア語の校訂本の刊行準備をしていた。この校訂本は、主として初期のシーア派の宗教指導者たちの長所を記したシーア派の伝承を集めたものだった。

アレクサンデル・ポロンスキーに続いて、さらにラハミン・カラントロフ、ゲルション・マシェイオフ、バルフ・グレヴィッチ、ダヴィッド・ニシュリら四人のヘブライ大学の学生が一九三六年夏に殺された。だが、大学の授業は中断されなかった。それから一年後に出されたリポートによると、「騒動は大学の日常に影響を与えなかった。いろいろむずかしい問題があったにもかかわらず、各学部ともいつものように活動を続け、夏学期は平常通りに終了した」。

ランボールド卿の「異人種」発言

暴動の直後、英国政府は委任統治の実態を調べ、今後について提案を行なうため、英国調査委員会の設立を決めた。委員長には元インド担当相のピール卿が就任した。二番目の長老格は、ヒトラーが政権についた当時ベルリンにいた、元ドイツ駐在英国大使ホレイス・ランボールドだった。委員の選択は、全員がすぐれた政府役人であるとともに、「これまでにパレスチナとの関わりがなく、ユダヤ人側にもムスリム側にもついたことがない人物」であることが基準とされた。

委員たちは、一九三六年一一月一一日の第一次大戦休戦記念日に間に合うようにエルサレムに到着し、この都市を見おろすスコプス山の英国戦没者基地で行なわれた式典に出席した。この委員会の報告によれば、「一九一八年の休戦以降を振り返って、パレスチナはヨーロッパほど実際には平和ではなかったと、現時点ではだれしも思わざるをえないであろう。規模こそ小さいながら、ここでは最近、もう一つ別の戦争のようなものが起こり、また別の休戦協定のようなものが締結されていた」。

「その後の見聞が深まるにつれて、この休戦が和平への準備ではなくて、敵対行為の単なる一時停止にすぎないことが明白になった。アラブ人リーダーたちは、紛争解決の手段を求めるわれわれへの協力を拒否した。さらなる紛争がいつ起きてもおかしくないとみんな思っていた。われわれの滞在中にも、突発的な殺人事件や襲撃事件がいくつか起きた。一時は、略奪行為がほとんど毎日のように報告された。エルサレムで緊張を感じず、悲観的にもならないでいるのは不可能だった。中立的な仲間うちでは、われわれが引き受けた仕事は、ほとんど実行不可能と思われていた」。

エルサレムでは、委員たちはキング・デーヴィッド・ホテルに滞在し、そこからすぐの、六年前にムフティのムスリム最高評議会が財政投資の一環として建てたパレス・ホテルで証人調べを行なった。一一月一二日、トランスヨルダンの統治者エミール・アブドゥラが、パレスチナ・アラブ人リーダーに証拠事実を述べるように説得するためにエルサレムにやってきた。エミールはキング・デーヴィッド・ホテルに滞在して、「断食月《ラマダーン》」明けの最初の食事をムフティとともにしたが、ピール卿との正式協議への参加の確約をとることはできなかった。二日後、エルサレムのアラビア語日刊紙『アル・リワ（地域）』は、英国調査委員会のとるべき結論は唯一つ、パレスチナ全土を支配する「アラブ民族政府」を樹立せよと要求した。

ムフティはユダヤ人の入植反対の理由を説明しようとしなかったので、一一月二五日、ヴァイツマン博士のほうから先に、入植賛成の事情説明を行なった。ポーランドおよび元ロシア帝国の一部や、中部、東部ヨーロッパの寄る辺なきユダヤ人について彼は委員たちにこう語った。「世界のなかのこの地域——発言力のないオリエントのコミュニティーにいるユダヤ人のことをいっているのではありません——の六〇〇万人のユダヤ人が、住むことのできない場所に住まわされ、彼らにきてほしくないと思われているところで暮らさざるをえない状態に追いやられているというのは、決して誇張ではありません」。

ヴァイツマンのスピーチが非常に感動的なものであったため、アラブ高等委員会は、『パレスチナ・ポスト』紙の表現によれば「荒れに荒れた会合」のあと、調査委員会はボイコットするものの、彼らの最長老の一人で、元エルサレム市長のラゲブ・ベイ・アル・ナシャシビを翌週、委員たちが短期間訪問することになっているアンマンに送り、彼らと非公式会談を行なわせることに決めた。

エルサレムでは、ピール委員会のメンバーたちは全力投球で働いた。一二月四日付の『パレスチナ・ポスト』紙は彼らの毎日をこう書いている。委員たちは毎朝六時半に起床。朝食後、資料に目を通し、次の目撃者証言の起訴事実を把握する。そのあと、一〇時半から午後一時少しすぎまで証人調べが続く。午後には、委員たちがもう一度集まって、提出された証拠について討議する。「精神的緊張は大きく、委員のなかにはそうした休みなしの骨の折れる仕事に疲れを感じはじめている人が一人ならずいるという噂がある」と同紙は報告している。ホレイス・ランボールドは一月五日付の息子宛の手紙で、「ピールも私も、同僚の何人かを使いにくいと感じることがあります。われわれが彼らを忙しくこき使いすぎると連中は文句をいうのですが、われわれはいつも断固として働く覚悟でいるのに、彼らは実際には何も事件をかかえていないのです」とこぼしている。

一二月三〇日に委員たちが取り調べを行なったユダヤ人のなかに、ロシア生まれのドヴ・ホスという男がいた。彼はトルコ軍の将校だった頃、ガリラヤ地方にあったユダヤ人入植地をアラブ人の攻撃から守った廉《かど》で死刑を宣告された。一九一八年、ホスはパレスチナから脱走し、英国軍に入隊した。彼はユダヤ人労働総同盟の古参メンバーだった。審問のなかで、パレスチナのユダヤ人施設の実態に話がおよんだとき、彼は委員たちに、ユダヤ人が病院や学校を建てたところでは、「政府はそれらにまつわる責任や支出を免れている」と述べた。

ランボールドはこれを、委任統治政府が責任をとることや出費を背負うのを嫌がっているという非難と受けとった。「では、私にもいわせていただきましょう」と彼は説諭口調になった。「クローマー卿はエジプトに二五年いました。彼は手のほどこしようのなかった国を引き継いだのです。この国に繁栄を取り戻すのに二五年近くかかりました。私の印象では、ここの仕事のほうがクローマー卿の仕事よりもずっとむずかしい。なぜなら委任統治政府が引き継いだとき、この国は完全に放置されていたばかりでなく、土着民のいる国に異人種を入り込ませるというユニークな実験に対して思いやりのある国を育てていかなくてはならなかったからです」。

ランボールドの言葉に抗議の声があがった。ユダヤ人は自分たちが「異人種」と呼ばれたことに腹を立てた。ユダヤ人は自分たちを「異人種」という言い方はせず、「自分たちがもと住んでいた国、あるいは自分たちの家をもとうとしている国に戻ってくる子供たち」というと、ドヴ・ホスは答えた。ユダヤ人は、「仕事への情熱と献身ばかりでなく、ユダヤ人がやってくる前にはここには存在しなかった、この国には本来なかった発展を現実のものとする可能性」をかかえて入植してきたのだと彼は付け加えた。

ランボールドが「異人種」という言葉を使ったことは大々的に批判された。「おそらく、ホレイス（ランボールド）卿の口から漏れた形容詞として、この国ばかりでなく国外のユダヤ人をも、これほど憂鬱にさせた言葉はなかったであろう。彼はアラブ高等委員会には、事実上、ほとんど何もいわせないようにしている」と一九三九年一月一日付の『パレスチナ・ポスト』紙は書いている。一月五日に開かれた委員会の次の公開会議で、ランボールドは、「異人種」という言葉を自分は「アラブ人とは異なった性格をもつ人種」という意味で使ったのだと説明し、「それが私にとって非常にわかりやすい解釈であるように思われるからだ」と述べた。

ランボールドはユダヤ人の間で物笑いの種にされた。大晦日にキング・デーヴィッド・ホテルで開かれたダンス・パーティーには五〇〇人あまりのユダヤ人が集まり、夜更けまでにぎわった。ピール委員会の書記ジョン・マーティンは故郷への手紙に、「ランボールドが熟睡している間にこのダンス・パーティーにきていたある若い女性が小型のトランペットをもって彼の部屋に突入し、彼が目覚めるまでそれを吹きまくった」と書いている。それから彼女はランボールドに向かって、「あんたは委員会で一番いやらしい男よ」と怒鳴りつけ、他にも気にさわるような不愉快な事実をいろいろわめきたてた。その間、彼は為すすべもなくベッドカバーをかぶって、縮こまっていた。

ピール委員会のパレスチナ分割案

一九三六年一二月三〇日、ピール委員会メンバーは相変わらずパレスチナ・アラブ人リーダーたちに委員会のボイコットをやめるように説得する一方、エルサレムの新しいユダヤ人の暮らしぶりを点検するために、あるコンサートに出かけた。アルトゥル・ルビンの日記によれば、それは「エルサレムの歴史のなかでもっとも重要な音楽的体験だった」。

「古代エルサレムが昨夜、音楽の調べのなかで成熟期を迎えた」と『パレスチナ・ポスト』紙は評した。

このコンサートは、世界的に有名な指揮者アルトゥーロ・トスカニーニのパレスチナ訪問を機会に開かれたもので、彼はできたばかりのパレスチナ交響楽団を指揮した。団員のなかには、ユダヤ人であるがためにドイツでの音楽家としてのキャリアを捨てざるをえなくなった、ドイツのいくつかの有名な交響楽団の元メンバーが大勢いた。一九二八年から三三年までベルリン駐在の英国大使だったランボールドは、ステージの上に、ベルリン・フィルハーモニー交響楽団の著名な奏者が数人いるのに気がついた。演奏された曲目はほとんどドイツ・ロマン派時代のものだった。そのなかにはナチスがドイツでは演奏を禁じているメンデルスゾーンの作品もあった。

一九三七年一月四日、トスカニーニはエルサレムで二度目のコンサートの指揮台に立った。その日は、すべてベートーヴェンのプログラムだった。「コンサートが始まると、一人の作曲家の作品演奏会というより、宗教的復活という趣きでプログラムは進行した」と『パレスチナ・ポスト』紙は書いている。同紙の音楽評論家は、「願わくはこの名指揮者をわれわれのもとに残したまえ。彼のすばらしさは世界中で高く評価されているであろうが、おそらく当地ほど心からの尊敬と愛をもってひれ伏す聴衆はどこにもいないであろうから」と結んだ。

トスカニーニの二回目のコンサートの一週間後、暴動の際の六人の大学関係犠牲者の追悼会がヘブライ大学で行なわれた。「六人それぞれの世界が、まことに無造作に抹殺されました」と、集まった人たちに学生リーダーのJ・シャケッドが追悼の言葉を述べた。「だが、これはむなしく払われた犠牲ではありません。それはもう一つの世界、イスラエルの、そしてイスラエル国民の世界を不滅なものにするでありましょう」。その日、エルサレム＝ラッマラー街道沿いのユダヤ人農業入植地アタロットで、ショットガンで武装したアラブ人による発砲事件があったが、入植地の防衛担当のユダヤ人警察官が力ずくで発砲を停止させ、負傷者はなかった。

アラブ人はようやくピール委員会のボイコットを中止した。最初の証人となったのは、この暴動のスタート時点でアラブ高等委員会を設立し、自らその議長となって、「パレスチナ・アラブ人のストライキを指揮、監督した」ムフティだった。ムフティは委員たちに、バルフォア宣言は「アラブ人にとって極端に不利なものである」と述べた。「ユダヤ人はアラブ人の土地のなかでもっとも肥沃な地域を大量に入手することが可能になった。アラブ人が独立を達成しようとする希望はことごとく踏みにじられた」。ユダヤ人の「究極の目的」は、エルサレムのムスリムの聖所の瓦礫の上に「ソロモンの神殿」を再建することなのだとムフティはいった。「ユダヤ人は彼らの目的の後ろ盾となる幅広い意味をもったプロパガンダや、英国の政治家その他との関係など、いろいろな手段をもっている。アラブ人に何ができるか？　ムスリムの礼拝所に対するユダヤ人の権利の主張をだれが防ぐことができたか?」。ランボールドがムフティに、ユダヤ人は委任統治政府を除去できると思うかと訊ねたところ、「私の見たところ、また私の今までの経験からして、ユダヤ人はパレスチナに関することならどんなことでもできる」とムフティは答えた。

証言の間にムフティは、バルフォア宣言を無効にし、パレスチナをアラブ人の主権国家に変更せよと主張した。パレスチナはすでにそこにいる四〇万人のユダヤ人を「消化、吸収できるか」と訊かれると、彼はひとこと「ノー」と答えた。委任統治政権としてはトルコのほうがよかったかと訊ねられると、アラブ人は「完全な独立」のほうを望むであろうと返答した。ピール委員会は彼の発言の重圧をものともせず、ムフティとアラブ高等委員会を「ストライキを拡大、延引させた責任」と、「ストライキが続行されている間にいっそう頻繁になった破壊行為やテロリズム」を決して非難しなかったことを理由に有罪を宣告した。ムフティは、「こうした無秩序に全面的に責任があるはずだ」というのが委員会側の見解だった。

ピール委員会の勧告は、予想外に革命的なものだった。それは、パレスチナを二つに分割し、双方が独立したユダヤ人国家とアラブ人国家とするべきである。ユダヤ人は沿岸平野部とガリラヤ地方を統治し、アラブ人はヨルダン川西岸とガザ地区、並びにネゲヴ砂漠を支配下に置く、というものだった。だが、ユダヤ人もアラブ人も失望したのは、エルサレムと、海岸部から市までの回廊地帯はどちらの国からも除外するという提案だった。

パレスチナにはアラブ人国家だけをつくるべきであると決めていたアラブ高等委員会はピール委員会提案を拒否した。二千年来はじめてユダヤ人国家ができるという期待に活気づいた「ユダヤ機関」は、エルサレムのユダヤ人居住区のまわりに線引きした地図を用意し、これらの地域をユダヤ人国家に含めてほしいと要請した。「ユダヤ機関」は、自分たちの作製した地図を承認してもらいやすくするために、アラブ人居住区カタモン、タルビエ、バカ以遠にある周辺部のいくつかのユダヤ人居住区メコール・ハイム、タルピヨット、アルノナ、ラマト・ラヘルは、期待していた「ユダヤ人のエルサレム」から除外した。「ユダヤ機関」はまた、すべての聖所を含む保護区の一部になると想定される旧市街のユダヤ人地区も除外した。

こうしたユダヤ人の積極的な妥協もむなしく、ピール委員会提案も、「ユダヤ機関」の地図やさまざまな分割案も功を奏さなかった。パレスチナにはアラブ人国家以外いかなる国家も認めず、ユダヤ人の入植を全面的に差し止めるというアラブ人の決意は、新たな暴力事件を引き起こし、話し合いは決裂した。暴力行為そのものが激化するにつれて、ユダヤ人の過激派もまた、さらなる暴力で脅しをかけた。一九三七年三月一八日、その前の週にガリラヤ地方で数人のユダヤ人が殺害されたあと、ヤッフォ通りでアラブ人が投げた爆弾により三人のユダヤ人が重傷を負った。一時間後、シオニスト修正派の軍事部門である「イルグン・ツヴァァイ・レウミ（略称ＩＺＬ。民族武装組織）」の過激派ユダヤ人が、エルサレムの二つのアラブ人カフェに爆弾二発を投げ込み、アラブ人一人が死亡、少なくとも二〇人が負傷した。「ユダヤ人は少なくとも一九三六年のときのように襲撃され、負傷したのが自分たちだけではなかったのを喜んだ」とアルトゥル・ルピンは日記に書いている。だが、「ユダヤ機関」はただちにこの報復行為を非難し、ユダヤ人コミュニティーにこれに加担しないように働きかけた。

ムフティ、ナチスと結託

パレスチナのユダヤ人とアラブ人の抗争に対し、英国はどちらの側も満足させるような解決策はとれそうもなかった。一九三六年一一月、英国植民地相はユダヤ人の入植を全面的に中止せず、入念に定めた枠組みの範囲内に制限すると決定した。シオニストたちはその制限条項をひどく気にし、アラブ人は結局は入植が続くことを知って、同じように気を悪くした。アラブ高等委員会のロンドン代表エミール・ゴーリーが、この英国提案をエルサレムに打電したとき、アラブ人リーダーたちは「深く失望」したと、一一月一一日付の『パレスチナ』誌は報じている。

一九三七年八月、エルサレムのアラブ人市長フセイン・アル・ハリディが休暇をとり、副市長のユダヤ人、ダニエル・オーステルが市長代行となった。短期間、ユダヤ人が市長を務めることは異例のことではなかったが、フセイン・アル・ハリディがその月の終わりに帰ってくると、彼は一九三六年の暴動以降、非合法組織と宣言されたアラブ高等委員会のメンバーであるとして英国政府に逮捕され、インド洋のセーシェル島へ追放された。オーステルが引き続き市長代行を務めたことが市内のムスリムたちに少なからぬ怒りを呼んだ。六人のアラブ人市評議会議員のうちの一人、イブラヒム・ダルウィーシュも逮捕されたため、市評議会ではじめてユダヤ人が多数者になった。残る四人のアラブ人評議員は即座にあらゆる会合をボイコットしたため、市政は麻痺状態に陥った。数カ月にわたる言い争いのあと、収拾がつきそうにもなかったので、高等弁務官が仲裁に入り、一九三八年一〇月一日、追放された市長の従兄弟で、委任統治政府の高等裁判所判事のムスタファ・アル・ハリディが市長に任命され、収監中のダルウィーシュに代わる評議員として、もう一人のムスリム、フセイン・アブ・サウドが抜擢された。

英国はムフティの活動をできるだけ注意深く監視していた。一九三七年七月一六日、彼はエルサレムのドイツ総領事で筋金入りのナチスであるドーレ氏と連絡をとった。両人の会話のなかで、ムフティは「新しいドイツ」への忠誠を表明し、ドイツがアラブ人を支持して、パレスチナにおけるシオニストの意図に反対してくれることを期待した。彼はまたドーレに、ベルリンに行くことになっている地元アラブ人の自分の密使に始終連絡をとってくれるように依頼した。翌日、英国警察は旧市街の外にあるムスリム最高会議事務局に押し入り、手元にあるあらゆる資料から見て、暴力行為を煽動したことが明らかである男を逮捕しようとした。だが、ムフティはうまく逮捕を逃れ、「聖域《ハラム》」を隠れ家にした。市の城壁のいくつかの門を見張っていた警察官には、彼が万一逃げ出そうとしたら逮捕せよという命令が出された。ムフティは何食わぬ顔で毎日「聖域」のなかにある彼の執務室で仕事をし、ロンドンの『デイリー・テレグラフ』特派員のインタビューにまで応じた。

七月二九日に同紙に載ったこの特派員の記事によれば、「細い目を時々パチパチとしばたたかせるこの魅力的で愛想のよい人物を見ていると、このにこやかで、おだやかな話しぶりのどこか生彩の欠けたムスリム界の長老が、過去一年間の困った問題の大半の公的責任者であるとは思えなかった。ムフティは囲い地の外には決して出なかった。彼の唯一つの気晴らしは、この囲い壁の内側を散歩するか、嘆きの壁が眼下に見える私室から外を眺めることだった」。

「どこか生彩を欠いた長老」にそそのかされて、英国人への暴力行為が続いた。九月二六日、英国のガリラヤ地区行政官ルイス・アンドリューズが現地で殺害された。報復措置として、英国は一〇月一日、ムスリム最高会議議長と、ムスリムの宗教寄進財産《ワクフ》の管理責任者である宗教財団総合委員会議長というムフティの二つの地位を剥奪した。翌日、アラブ人青年らは抗議デモを行ない、旧市街のアラブ人商店すべてに休業を命じた。

それでも英国人は、世界中のムスリムの微妙な神経をいらだたせるのを恐れて、「聖域」に入るのをためらっていた。やがて一〇月一四日の夜、ムフティは女装してそこを脱出した。アル・アクサ・モスクの礼拝に彼の姿が見えない理由を隠すため、彼は扁桃腺炎であると説明された。沿岸部まで出たあと船でベイルートに渡った彼は、パレスチナには二度と戻ってこなかった。その後、彼は遠隔操作で反英運動を煽動し、自分のアラブ人ライバルの殺害をそそのかした。

同じ頃、アブドゥル・アル・ハデル・アル・フセイニというもう一人のアラブ人が、逮捕を免れパレスチナから逃亡した。彼はカイロのアメリカ大学の卒業生で、ヘブロン地区のアラブ人暴動を指揮していた。五年後、ムフティといっしょにイラクに現われた彼は、ラシド・アリの反英軍事蜂起を支援した。

殺害は続いた。ムフティの逃亡から九日後の一〇月二三日、委任統治政府の教育省の役人で、エルサレムの著名なユダヤ人ダヴィド・イェリンの息子アヴィノアム・イェリンが、オフィスを出たところで射殺された。アヴィノアム・イェリンは一九二〇年代はじめのケンブリッジ大学の同窓生ルイス・ビリグとともに、アラビア語教育用の模範教科書の共同執筆者であった。ビリグは一年ほど前に殺害されていた。

「イルグン」のメンバーは、ユダヤ人殺害への復讐をしたがっていた。「ユダヤ機関」はそういう噂を非難し、公的に、継続的に抑制を求めた。一九三七年一一月の第二週に、エルサレムから少し離れたキリヤト・アナヴィムの採石場で仕事をしていた五人のユダヤ人肉体労働者がアラブ人に殺された。数日後の一一月一四日、エルサレムの周辺で七人のアラブ人が「イルグン」の過激派によって殺害された。「暗黒の日曜日」として知られるようになるこのユダヤ人による殺害事件は、大勢のエルサレムのユダヤ人を激怒させた。「ユダヤ機関」執行委員会はその日、緊急会議を開き、「メンバー全員がユダヤ人側のそのようなテロ行為に遺憾の意を表明した」とアルトゥル・ルピンは日記に書いている。「奇妙なことに、ラビ・フィッシュマンだけは例外で、マイモニデス〔中世スペイン生まれのラビで哲学者〕の言葉を引用して彼らを弁護した」。一九一三年からパレスチナに住んでいるルーマニア生まれのイェフダ・レイブ・フィッシュマンは、ユダヤ人はみんな「自衛のために」武器をもつ権利があると強調した。彼はのちに「イルグン」の在監者に代わって証拠事実を述べ、「ユダヤ機関」が「イルグン」を抑圧していることに抗議した。

パレスチナ全土に暴力が蔓延した一九三六年から三九年までの三年間に、ユダヤ人五〇〇人と英国人一五〇人がアラブ人に殺された。だが、死者の数ではアラブ人のほうがそれよりもはるかに多かった。三千人以上の死者のうち、少なくとも千人は、英国人もしくはユダヤ人と何らかの形の妥協策に加担したとして同胞アラブ人に殺された。その他の大部分は英国人兵士に殺されたものである。一〇年後の英米調査委員会の説明によれば、「一九三八年七月までにアラブ・ギャングは完全に組織化された。反徒の幹部組織がつくられ、反徒の記念切手まで発行された。エルサレムの旧市街は暴漢たちの結集地になり、ここで暴力行為、殺人、威嚇などが組織化され、罰も受けずに堂々と続けられた」という。

一九三八年一〇月、穏健派のパレスチナ・アラブ人リーダーの一人ファフリ・ベイ・アル・ナシャシビは英国の新聞『ヨークシャー・ポスト』紙に、「私はエルサレムの元ムフティ、ハジ・アミン・アル・フセイニが、自分の利己的な目的のためにりっぱなアラブ人を蜂起に走らせたことを非難する。また、パレスチナの困っているアラブ人の救済のために集めた金を使って、自分の野望を達成するための武器や弾薬を買っていることもけしからぬことだと思う。ハジ・アミンは一五年にわたるエルサレムでの在職中、破壊主義的な傾向をもつ人物であることが判明した」と語った。

こうした「破壊主義的な傾向」がエスカレートし、パレスチナ・アラブ人はファフリ・ベイを非協力的、かつ民族の大義名分への反逆者とみなして死刑執行命令を出した。この死刑執行命令はダマスコのある新聞に掲載された。それから三年後、ファフリ・ベイはバグダードにいるところをパレスチナ・アラブ人によって射殺された。その当日、ムフティはヒトラーに謁見して自分の意志を表明するため、ローマからベルリン行きの飛行機に乗っていた。ドイツの首都に到着した翌日、ムフティはラジオ・ベルリンを通して、「ムフティを敵にまわす者は、それなりの運命を免れないであろう」と放送した。

英国政府は、ムフティが決して妥協することのない敵であると確信した。そこで一九三八年五月一七日、英国植民地相マルコム・マクドナルドはロンドンで、ムフティをパレスチナから「永久に」追放すると発表した。彼は「テロ活動および英国人とユダヤ人の暗殺の総元締めである組織の首長であるばかりでなく、過去数カ月にわたって、同様の活動を大勢のアラブ人に対しても行なってきた」というのがその理由だった。

一九三九年五月九日、エルサレムのユダヤ人にとって実生活上たいへん意義深いものであるとともに、各地のシオニストたちの宿願でもあった平和な行事が行なわれた。ヘブライ大学と地続きのスコプス山に、新しいハダサ病院、看護学校、医学校が開設されたのだ。ここ数年の間、シオニストたちはこの病院を新市街からこの山の頂上に移すことを夢見ていた。一九三四年に定礎式が行なわれたあと、アメリカのハダサ婦人シオニスト機構をはじめ、世界中のユダヤ人から建設資金が集められた。

三つの新しい建物の開設は一四年前のヘブライ大学の開校式に匹敵する重要なものだったが、祝賀式は大分ちがっていた。二日後、『ジューイッシュ・クロニクル』紙の特派員はロンドンに、「現在の政治情勢を考慮して、心のこもった式典は行なわれたものの、実際の開所式は公式説明の言葉を借りれば、「成し遂げられた仕事の規模と重要性に比べてまことに簡素なものであったことが、もっとも深く印象に残った」と報告している。

ハダサ病院が「預言者通り」のロスチャイルド病院からスコプス山に移ったとき、前回の暴動で重傷を負い、まだ入院加療が必要なユダヤ人およびアラブ人男女二四人もそちらに移送された。他の六五人の負傷者はハダサ診療所で治療を受けることになった。「騒動以後は、病院に送られてくる患者の数は非ユダヤ人のほうが多くなった」と病院の一九三九年の報告書には記されている。

ハダサ病院の新設地への移転により、診療各科や研究所、実験室すべてから提供される医療サービスは大きく改善された。病院のベッド数はたったの一〇〇床から三〇〇床に増え、さらに倍増できそうだった。看護学校には八〇人の看護学生と八人の卒業生を収容する寮があった。医学校には学生の見学所付きの五つの手術室と、診断、研究用の新しい機能をもった最新の医療機器も備えられた。

新しい病院ではユダヤ人ばかりでなく、アラブ人の患者もサービスが受けられた。実際、この新しい場所は、エルサレムの北部および北東部周辺にたくさんあるアラブ人の村から、いっそう行きやすくなったのだ。こうした通院範囲の拡大で、マラリアや赤痢など、エルサレム自体ではめったに見られない病気にも対応せざるをえなくなった。施設が大幅によくなったために、この新設地域でどっと増えたのが、遠くから、ときにはパレスチナの国境以遠からも運び込まれてくる産婦人科の患者だった。一九三九年五月から一二月までの間に、一二六九件の出産があった。

エルサレムからハダサ病院へ行くには、ムスリム・アラブ人の町シェイフ・ジャラのそばを通らなければならなかった。ここはとりわけ民族主義者の多い地域で、病院へ行く途中の自動車や、通勤する医師や看護師の車が怒鳴られたり、投石されたりすることがよくあった。だが、そのために病院の仕事の規模や質が影響を受けたことはなかった。ハイム・ヤスキー博士の精力的な指導のもとに、新設の病院は繁盛し、ここの医師たちによって行なわれた研究は、中東全土やそれ以遠でも認められた。

ナチスの制定した一連の法律は、ドイツ系ユダヤ人に屈辱と不安を与えていた。ポーランド系ユダヤ人もまた、一九三九年以前にさまざまな反ユダヤ主義の徴候を肌身に感じていた。だが、ヨーロッパで迫害や嫌がらせを受けたユダヤ人すべてが、パレスチナへ旅立つ気になったわけではない。エルサレムのティーンエイジャー、イガエル・スケニク（のちの考古学者イガエル・ヤディン）は、筆者との会話のなかで、母親に連れられてポーランドの町ルージ（ウッチ）やビャウィストクに行ったときのことを思い出し、ポーランドのユダヤ人に差し迫る事態に不安を感じたという。母は大勢の身内に、ポーランドを出てパレスチナにくるように一生懸命説得した。息子は、身内の者から、パレスチナに行くことは単に「小難を避けて大難に至る」にすぎないといわれてショックを受けた。エルサレムに生まれ育った青年スケニクにしてみれば、何度か暴動もあったが、この都市の生活はあたたかさと豊かさに満ちていた。エルサレムはユダヤ人にとって天国だったばかりでなく、ユダヤ人が誇りと満足を感じながら街路を歩くことのできるところだった。

ヨーロッパを去るのをためらったユダヤ人は大勢いたが、それでもエルサレムのユダヤ人の数は一九三一年から三九年の間にさらに二万六千人増えた。長い間ベルリンやウィーンで高く評価されてきた大勢の人たちや機関が、一九三〇年代後半にエルサレムに移ってきた。ウィーンでは一九三九年四月、ユダヤ人盲学校が強制的に閉鎖され、エルサレム校が「世界中のこの種のユダヤ人施設として唯一つのものになった」と『パレスチナ・ポスト』紙は伝えている。エルサレムのアラブ人移民の数も、一九三〇年代には一万五千人増えた。その大部分はシリア、トランスヨルダン、エジプト、イラクなどからやってきたムスリムだった。

一九三九年はじめまでに、アラブ人から並々ならぬ圧力を受けた英国政府は、ユダヤ人のパレスチナへの入植を制限し、しまいには一時停止までした。このような圧力をかけたのは主としてエジプト、イラク、トランスヨルダン、サウジアラビア、イエメンの五つの独立したアラブ国家である。エルサレムではほぼ一〇〇年にわたってユダヤ人が多数者になっているが、パレスチナではユダヤ人はまだ少数者で、アラブ人が一〇〇万人を超えているのに対し、ユダヤ人は五〇万人以下だった。

ドイツによる危険がヨーロッパに不気味に広がるなか、中東でのアラブ人の敵意をつのらせたくなかった英国政府は、スコプス山に新しいハダサ病院が開設されてわずか九日後の五月一八日、新政策を盛り込んだ『白書』を発行した。英国政府の意図を記したこの『白書』は、パレスチナのユダヤ人の間では〝黒書〟と呼ばれた。それには、今後五年間のユダヤ人移民の数を七万五千人に限定すると明記されていた。その後については、パレスチナのその時点での多数者、つまりアラブ人が、もし望むなら、さらなる移民について拒否権を有することとされた。

ユダヤ人は、それ以降のユダヤ人の移民を差し止めるのがアラブ人リーダーたちの意図であることは間違いないと知って、この『白書』の提案に愕然とした。エルサレムでは、おだやかな抗議行動の一日のあと、数百人のユダヤ人がシオン広場に集合して暴動が起こった。「彼らのなかで、その日が暴動に転じずに終わると思ったユダヤ人はほとんどいなかったにちがいない」と『パレスチナ・ポスト』紙は書いている。商店の窓ガラスが割られ、電話ボックスや街灯が壊された。群衆の一部が、移民や市民の記録書類がある役所に押し寄せ、建物に放火した。警察官が何度も警棒で襲いかかり、一〇〇人以上のユダヤ人が負傷した。やがて群衆側から発砲があり、英国人警察官ハロルド・ローレンスが死んだ。五月一九日、パレスチナ駐留の英国軍総司令官ハイニング中将は、ダヴィド・ベングリオン、バーナード・ヨセフ、イツァク・ベンツヴィらのユダヤ人リーダーたちをエルサレムの司令部に招集して、「エルサレムでさらなる暴動が起こってはならない。だが、流血事件が起これば、その血はユダヤ人の頭上に流れるであろう」と警告した。翌日の夕方、シオン広場に千人あまりのユダヤ人群衆が押し寄せたとき、ローレンス巡査の殺害を前から非難していたパレスチナ・ユダヤ人総評議会議長のベンツヴィは、群衆をうまく解散させた。

ユダヤ人女性の一団を含む街頭行進とデモの二日後の五月二三日午前、エルサレム地区行政官のエドワード・キース－ローチは、五月二〇日の暴徒の解散に協力的だったエルサレム・ユダヤ人コミュニティー評議会のメンバーたちに、ヤッフォ通り周辺のデモ行進をしてはならないこと、および「今後、平和を乱す者には武力をもって対処する」と告げた。評議会のメンバーらは、『白書』によって生じたほとぼりを冷ますために、できるだけの努力をすると約束した。同じ日の午後、カーキ色の軍服に茶色のベレー帽をかぶったユダヤ人特別警備隊がヤッフォ通りとキング・ジョージ五世通りの秩序維持にあたった。

一九三九年五月二三日、英国保守党議員だが自党とは不仲だったウィンストン・チャーチルは下院で、五年後にユダヤ人の入植すべてにアラブ人が拒否権を行使することを可能にする新政策に反対の演説をした。彼自身が一九二二年に、ユダヤ人が事実上、無制限にパレスチナに入ることができるという『白書』を出したにもかかわらず、それ以来、ユダヤ人よりもアラブ人のほうが大勢パレスチナ移民としてやってきていることを彼は知っていた。この点を強調したチャーチルは、こう断言した。「およそ迫害など受けていないアラブ人がこの国に殺到して、世界中のユダヤ人の人口増加を上回る勢いで自分たちの人口を増やしている。ところが今、われわれはユダヤ人の人口増加を抑え、これに終止符を打てと要請されている。私が一番いらだっているのは、外国から金をもらったり、ナチスとファシストのプロパガンダに絶え間なく焚きつけられた煽動に屈服せよといわれていることである」。

チャーチルは、中部ヨーロッパにおけるドイツの急速な支配力の拡大と、その権力下に置かれたユダヤ人への影響を考慮したうえで、ユダヤ人の入植に賛成を訴えた。一九三八年、ヒトラーはオーストリアを併合し、一九三九年三月には、プラハに侵攻していた。ドイツが領土を拡大するたびに、大勢のユダヤ人住民にただちに反ユダヤ主義政策が全面的に適用されていた。

採決では、チャーチルは同じ保守党員から八〇票以上の支持を得た。だが、英国政府は労働党議員さえも加わった反対票を多数決で無視することができた。同日、この『白書』の政策は、二六八票対一七九票で可決成立し、ただちに施行された。ヨーロッパの英国旅券管理局が発行するパレスチナ入国許可書の数はどんどん減り、パレスチナ沖では英国海軍の艦隊が、海岸から不法上陸するユダヤ人を阻止しはじめた。エルサレムのユダヤ人たちは怒り心頭に発し、「英国の二心ある裏切り」に対し抗議行進やデモに訴えた。参列者の先頭に立ったパレスチナのアシュケナズィ系ラビ長イツァク・ハレヴィ・ヘルツォーグは、思い切って『白書』を引きちぎり、地面にばらまいた。

英国による新たなユダヤ人入植制限に対するしっぺ返しとして、ユダヤ人のテロは熾烈化した。「ユダヤ機関」も、パレスチナのユダヤ人コミュニティーの大部分もこれを非難したが、ユダヤ人と英国との関係に修復しがたい影響を与えた。テロに狙い撃ちされたのは英国政府役人や公共機関、施設などだった。一〇年前にポーランドからパレスチナに移住してきた警察官アリエ・ポロンスキーもユダヤ人テロの初期の犠牲者の一人だった。彼はテロによる負傷がもとで、五月二九日に死亡した。その日、ユダヤ人テロリストによってレックス・シネマに仕掛けられた二個の時限爆弾によって、二人の英国人巡査、三人のアラブ人巡査、一〇人のアラブ人観客が重傷を負った。この日にはまた、ユダヤ人テロリストが、エルサレムの入り口のロメマ近郊と、レハヴィア＝カタモン街道でアラブ人のバスに発砲した。

英国当局はこれに応酬して、英国と協力するというシオニスト主流派の政策を拒否した修正派のメンバー数人を逮捕した。市内中心部のカフェとレストラン全店に夜間営業禁止と、主要ユダヤ人バス路線の二日間の運行停止という二つの集団処罰も科せられた。キング・デーヴィッド、ファスト、エデンの三ホテルは、うまく懇願して館内の施設の営業を続けた。エデン・ホテルでは、一九一四年の第一次大戦前夜にエルサレムで第一回大会を開いたパレスチナ・ユダヤ人医学会が二五回目の学会を開催中だった。発表者の大半は最近ドイツやオーストリアからきた移民だった。

五月の最後の週には、ユダヤ人ばかりでなくアラブ人のテロもあったことが判明した。新しい『白書』は長い目で見ればアラブ民族に格段に有利になっていたにもかかわらず、追放されたムフティはこれを公然と非難し、自分の支持者たちにパレスチナ全土のアラブ人の即時独立を呼びかけさせた。五月二六日、三六歳のドイツ系ユダヤ人マルクス・アンスバッハーがアラブ人に市中で射殺された。彼はダッハウの強制収容所を出てすぐに移民してきて、わずか六週間前にエルサレムに着いたばかりだった。五月三〇日、ラゲブ・ベイ・アル・ナシャシビやファフリ・ベイ・ナシャシビを含むアラブ民族防衛党の長老格メンバーの代表が高等弁務官に面会し、『白書』の提案に支持を表明するとともに、アラブ人によるテロを非難した。

六月二日朝、ヤッフォ門の外側のアラブ人の西瓜市場で、ユダヤ人のテロにより九人のアラブ人が殺されたことにエルサレムはショックを受けた。今回も、犯人は「ユダヤ機関」の抑制勧告を公然と無視した「イルグン」の仕業だった。死者のうち、アラブ人巡査のアワド・マフムド・アル・アベドの身体は、爆発の勢いで九メートル近くも空中に吹き飛ばされた。死亡した他のアラブ人の大半はヘブロンの出身だった。英国政府による集団処罰で、さらに三つの市内のユダヤ人のバス路線が運行停止処分を受け、二万五千人のユダヤ人バス利用者の三分の二が、職場への往復に市内のアラブ人地区を毎日歩いて通り抜けるか、自宅にとどまらざるをえなくなった。爆発から数時間以内に、ユダヤ人コミュニティー評議会はテロ行為を非難する声明を発表した。それは、「『白書』の政策への対抗手段は、パレスチナ・ユダヤ人の最高機関が決定する」ことを明言し、責任を負うべきユダヤ人の諸機関は、「罪なき人の血を流すことには反対で、これを非難する」と述べた。

同じ日の夜、ユダヤ人テロリストが市の中心部の電話線の入ったマンホール三カ所に爆弾を仕掛け、エルサレム市内の電話回線の約半分が不通になった。それから五日後の六月七日、ユダヤ人テロリストがアラブ人の野菜売りファトゥブ・イツァク・アル・ナジがメア・シェアリームのユダヤ人市場に入ってきたところを撃ち殺した。エルサレムの軍司令官リチャード・オコンナー少将は、「殺害は目と鼻の先で起こったというのに、他の大勢のユダヤ人は殺害者を引き留めることをいっさいせず、その後、犯人の身元や動向について警察にいかなる証拠を提出することも拒否している。ユダヤ人コミュニティーが犯人の捜査に手を貸さず、公安維持のために当局に協力しないならば、口先だけの暴力非難は無用である」という怒りの警告を発した。エルサレムのユダヤ人に再度、午後四時以降、カフェとレストランはすべて閉店するという集団処罰が科せられた。その夜は、前回の閉店命令のあと、はじめての営業再開日になるはずであった。

こうした陰鬱な事件の間にも、エルサレムでは六月八日、国王誕生日を祝う華やかな行事があった。『パレスチナ・ポスト』紙によれば、「悪計の丘」にある英高等弁務官公邸では、「恒例のにぎやかなパーティーが開かれた。服装はカーキ色の制服姿の陸軍将校から黒ずくめの聖職者、色鮮やかな制服のスコットランド高地連隊『ブラック・ウォッチ』の鼓笛隊、モーニング・コートで正装した領事や役人その他の著名人の間に夏のドレスの淑女たちがちらほら見えた」。名の知られたラビたち数人も出席しており、ムスリム・アラブ・コミュニティーの著名人も数人姿を見せていたが、全国組織あるいは地元のユダヤ人団体の代表は一人もきていなかった。彼らにとって、『白書』はあまりにも忌々しくて、こうした社交的なもてなしを快く受ける気にはなれなかったのであろう。

市中の暴力事件も、エルサレムへの外国からの訪問者を思いとどまらせることはなかった。六月七日から八日にかけて、ロンドン駐在アメリカ大使の次男ジョン・F・ケネディがエルサレムに滞在し、ローマ・カトリック教徒ゆかりの地を見て回った。未来のアメリカ大統領ジョンがレバノンとシリアに発《た》つ前夜の六月八日の夜には市内で一四件の爆破事件があり、ユダヤ人テロリストが配電盤を使用不可能にしたため、ほぼ全市が停電した。

ケネディは六月九日の朝エルサレムを去った。その翌日の夜のことを、エドワード・キース－ローチはのちにこう書いている。「酸性薬剤で動き、時計の短針が触れると爆発する仕掛けになっている非常にユニークな時限爆弾が、新しい中央郵便局の大ホールの郵便受けに投げ入れられ、美しい緑の大理石の壁と、カウンターを粉々に吹き飛ばした。英国軍の火器係軍曹がもう一個の不発弾を調べに行ったところ、突然それが爆発し、軍曹は木っ端みじんに吹き飛ばされた。私は彼の脳味噌が天井に飛び散り、ずたずたになった身体が床一面に散乱しているのを見た」。

ユダヤ人テロリストたちはまた、パレスチナ放送局にも爆弾を仕掛けた。それが爆発して二人の英国人将校が死んだ。市の移民局にも爆弾が投げ込まれた。キース－ローチの回想によれば、「私の職場の近くの地面に埋め込まれた地雷には長い電線が付いていて、ベルを押すと爆発する仕掛けになっていた。私は二人の英国人警察官のバラバラになった遺体をかごに集めているのを見た」。

その夏、エルサレムではアラブ人とユダヤ人双方のテロリストたちの攻撃が続いた。負傷した民間ユダヤ人が大勢、スコプス山の新しいハダサ病院に運び込まれた。きわめて異例の産科の緊急処置が行なわれたのもその夏のことだった。公式記録によると、「妊娠九カ月の女性が爆弾の破片で負傷した。胎児の心音がはっきり聞こえなかったので、子宮がやられているのではないかと気遣われた。すぐに手術が行なわれた。すると子宮が爆弾の破片で破れ、腹腔は血の海だった。赤ん坊はその血をいくらか吸い込んで、窒息状態で青ざめていた。その男の子は蘇生し、子宮も除去せずにすんだ。この患者の場合、赤ん坊が母親の命を救った。彼女が妊娠していなかったならば、破片は腹部に刺さり込んでいたであろう。母子ともに経過は良好」。

ヨーロッパの戦争の気配はエルサレムにもじわじわ伝わってきた。六月には、隔週発刊のドイツ通信社によるニュース速報が中止になった。一九三九年九月に戦争が始まると、アラブ人のテロもユダヤ人のテロも下火になった。連合国、枢軸国のすべての首都と同様、パレスチナとエルサレムも軍事支配下に置かれた。郵便物は検閲されるようになった。戦争で、個人の暮らしもいろいろ不自由になった。ドイツ軍とイタリア軍が地中海の大部分を支配し、ジブラルタル海峡を経由した海の補給路が閉ざされたからである。

戦争はまた、エルサレムのユダヤ人の団結による愛国的行為を喚起した。ヒトラーは自分の支配下にある数百万人のユダヤ人を迫害していた。英国はヒトラー撲滅のために軍隊を送ったが、ユダヤ人もまた、それを目標にした。パレスチナ全土と同様、エルサレムでも英国軍を支援するため、ユダヤ人は軍隊に志願した。英国本土が侵攻されないようにと祈ることが、日常生活の一部になった。

エルサレムのアラブ人たちは、連合国の大義名分にはあまり心をかきたてられなかった。パレスチナに戻る可能性のなくなったエルサレムのムフティは、自分の策謀と煽動能力を枢軸国支援に振り向けた。

第11章　第二次世界大戦　一九三九―一九四五年

駆け込み寺エルサレム

聖書時代からエルサレムは巡礼の都であるとともに避難先でもあった。第二次大戦勃発の三年前、エチオピア皇帝ハイレ・セラシエは、イタリアによって自分の王国を追い出され、亡命者としてエルサレムに到着した。「ユダ族の獅子」という称号もあったこの皇帝が、「ユダ族の町」に姿を現わしたことで、彼の信奉者のなかには皇帝の亡命が神の摂理にかなった行為であり、彼が神の御心《みこころ》にかなった人間であることの証《あかし》であると見る人が多かった。一九四一年四月にドイツがユーゴスラヴィアとギリシアを征服すると、さらに二人の王族がこの町に亡命してきた。その一人であるユーゴスラヴィアのペータル国王は、ドイツに対して大胆な抵抗をしたため、復活祭の翌日、ベオグラードは猛烈な爆撃を受けた。もう一人のギリシアのゲオルギオス二世はそこに最初の亡命政権を設立していた。

ナチスの支配がヨーロッパ全土に広がるにつれて、ゲシュタポの網を逃れ、中立国の港に辿り着くことのできた少数のユダヤ人もパレスチナへの入国を求めた。彼らに必要な入国書類の取得に、思わぬ方面から手がさしのべられた。彼らを助けたのは委任統治政府の古参役人で、エルサレムのパレスチナ政府移民省に勤めるラシド・アル・ナシャシビだった。スコプス山のハダサ病院の医師、クレーベルク博士の夫人がラシド・アル・ナシャシビに助けを求めると、彼は五組のドイツ系ユダヤ人家族が無事入国できるように書類を整えてくれた。クレーベルク博士の回想によれば、「彼は熱烈なアラブ人愛国者だったが、難民たちの窮状に同情してくれる人情味のある男だった」。

英国軍に積極的に志願してヒトラーと戦うユダヤ人もいる一方で、一九四〇年三月の第一週には、英国のパレスチナ政策に反対する一連の街頭デモがエルサレムで行なわれた。その年の二月末日に、英国政府はパレスチナ全土でユダヤ人による土地購入を規制する条令を発布した。これによりエルサレム回廊地帯ではユダヤ人による土地購入はいっさい禁止された。エルサレムのユダヤ人の怒りは並々ならぬものがあった。だが彼らは、「パレスチナのユダヤ人は戦争がないかのように振る舞って『白書』と戦い、『白書』がないかのように振る舞って戦争では戦え」というベングリオンの金言に従って行動した。英国軍への志願者は後を絶たなかった。

一九四一年、クレタ島とギリシアがドイツ軍の手に落ちると、エルサレム自体にも危険が迫った。しばらくはユダヤ人とアラブ人の論争も中断された。一九四一年八月八日、元エルサレム市長のラゲブ・ベイ・アル・ナシャシビがガーデン・パーティーを開いた。「ユダヤ人、アラブ人、英国人がこうした社交的な機会にそろって出席するのは、ここ四、五年ではじめてのことだったと思う」とアルトゥル・ルピンは日記に書いている。

一九四二年はじめ、ドイツ軍のロンメル将軍指揮の砂漠部隊がカイロとスエズ運河という至近距離にまで迫ってきた。元エルサレム軍政官のオコンナー将軍は、ドイツ軍の捕虜になる前に、リビア砂漠でいくつかのめざましい作戦を指揮して成果をあげた。数千人のエルサレムのユダヤ人もすでに英国エジプト方面軍で戦っていた。さらに数千人が急遽、軍隊に志願した。新兵にはとりわけヘブライ大学の学生が多かった。「ヘブライ大学の人間が事態の緊急性を実感せずに、だれがする？」と学長のイェフダ・マグネス博士は問いかけた。英国軍がエルサレムから撤退を余儀なくされた場合に備えて、公安委員会のようなものが設置された。マグネス博士、ジャマル・アル・フセイニ、エルサレムの英国国教会主教という三人の指導的立場にあるエルサレム在住者がこれを司ることになった。

一九四二年一〇月、ロンメル将軍がエル・アラメインの戦いで敗北、リビア砂漠のチュニジアまで撤退すると、エルサレムへの危機は遠のいた。だが、たちまち別の心配が浮上した。エルサレムのユダヤ人はヒトラーが断固撲滅を宣言したヨーロッパの数百万のユダヤ人の運命を案じた。一九四二年には数十万人のユダヤ人が、ドイツ占領下のポーランドのゲットーに押し込められた。ドイツ占領下のロシアの戦場や塹壕のなかで虐殺された人たちも数十万人いた。西ヨーロッパやポーランドのあちこちの都市を追い出され、強制収容所に送られたあげく殺害されたユダヤ人も数十万人にのぼる。

一九四二年一一月末には、ユダヤ人が「ガス室」で殺されたというニュースを含む、ナチスによるホロコーストの恐ろしい話もいくつか伝わってきた。これはパレスチナに住むドイツ人との交換で戻ってきた六〇人のユダヤ人から聞いたものである。トルコ経由の鉄道でパレスチナに辿り着いた彼らは、最初、ポーランドにいるところをナチスに占領された。ユダヤ人の閣僚も二人いた当時のロンドンのポーランド亡命政権は、ドイツ占領下のポーランドから苦心して脱出した急使ヤン・カルスキの情報をもとに、ドイツ軍の残虐行為に関する報告書を公にした。『パレスチナ・ポスト』紙は一一月二五日付で、その詳細を「ポーランドのユダヤ人の大虐殺」という見出しで掲載した。二日後、「ユダヤ機関」は、一一月二九日から断食明けの一二月二日までの四日間、公式に喪に服すると発表した。一二月二日の昼から深夜まで、エルサレムのユダヤ人商店や会社はすべて休業した。コンサート、カフェやレストランのダンス・パーティー、映画の上映なども全部中止された。「嘆きの壁」では、「著名なラビたちが、荷運び人夫や職工らと肩を並べて」、ヨーロッパのユダヤ人に代わって代禱の詩編の言葉を唱えた。その朝、どこの学校でも、教師たちは九時からの授業で生徒たちに「虐げられ、ひどい目に遭わされたヨーロッパのユダヤ人の悲しい話」を語って聞かせたと『パレスチナ・ポスト』紙は書いている。「ユダヤ機関」は断食明けに臨時「志願兵募集」を呼び掛け、まだ兵籍に入っていないユダヤ人男女全員に英国軍への入隊を促した。

一二月一七日、英国下院はヨーロッパのユダヤ人の大量虐殺を「残忍極まる犯罪」と非難した。このあと、エジプトと北アフリカから休暇でエルサレムにきていた連合軍の兵士たちはみな、ヒトラーを打倒し彼のよこしまな意図を辛くも逃れた人たちを救済する復讐部隊に移った。ゲットーや強制収容所で死者の群れへと選り分けられた人たちは、なんとかして生き延びようと必死になった。そうした人たちの大半は、エルサレムにあこがれ、生きてそこに辿り着けるように祈った。それはもうおぼろげな精神的願望ではなく、救済を求める必死の願いだった。

同じ一九四二年、ムスリム・アラブ人のファイサル皇太子（のちのサウジアラビア国王）が、原因不明の病気のため、アラビアから船と汽車を乗り継ぎ、長い旅をしてエルサレムのハダサ病院に入院した。クレーベルク博士が診断を下し、皇太子はこの病院で四週間の治療を受けたあと帰国した。博士の回想によれば、「病院は皇太子が退院することになったとき、彼の秘書に請求書を渡し、秘書が支払いをすませた。ところが、それからまもなく、その秘書がひどく取り乱した様子で私の部屋に入ってきて、「皇太子はあなたのすぐれた診断と治療のおかげで命拾いできたのは確かなのであるから、あなたへの特別治療費はいくらなのか知りたがっておられる」という。私は、医師としての倫理と、自分のハダサ病院との契約によって、病院が請求した以上のものを請求することは禁じられていると説明した。秘書は明らかに不満そうに部屋を出て行った。彼はほどなくして一つの包みを抱えて戻ってきた。そして、「あなたにはあなたなりの医師としての倫理があるかもしれないが、皇太子にもアラビアの皇太子にふさわしい王族としての倫理がある」と述べた。皇太子は、私が彼にかけ替えのない命と健康を与えたのだから、そのお返しとしては、誠にささやかではあるが自分からの贈り物を受け取ってもらわないわけにはいかない、ときっぱりいわれたという。秘書はその包みを私に手渡した。開けてみると、多額の紙幣と、美しい茶色のバーヌース〔アラビア人の着る防砂・防熱用のフード付きマント〕と金色の頭巾《カフィエ》が入っていた。皇太子をひどく怒らせないためには、その贈り物を受け取るしかなかった。そこで、病院長のヤスキー博士に相談し、紙幣はハダサ病院に渡した。彼はそれを私の科の研究費として使えるように計らってくれた。バーヌースと頭巾は、ヤスキーの許可を得て、妻に与えた」。

一九四三年三月一九日、追放された元エルサレムのムフティ、ハジ・アミン・アル・フセイニはローマからアラブ諸国に向けて放送した。その日はムハンマド（マホメット）の生誕祭で、ハジ・アミンはこの機会を利用してユダヤ人への憎しみをかきたてようとした。「ユダヤ人は危険な目的をもっている」と彼は断言した。「それを掲げて彼らは四〇〇万人のムスリムに戦いを挑んできている。要するに彼らが望んでいるのは、エルサレムのアル・アクサ・モスクがソロモンの神殿であるという口実によって、これを含むムスリムの聖なる施設を占領することであるのは明らかだ。アラブ人はこれまで、戦いでユダヤ人を常に〝敗者〟にしてきたことを忘れるな」。そこで彼はドイツの外相ヨアヒム・フォン・リッベントロップからの「いわゆるユダヤ人の民族郷土の抹殺が、ドイツの政策の基本綱領である」という誓言を読みあげた。

ムフティのラジオ放送から四カ月後、ロンドンでひそかに開かれた英国の閣僚会議で、パレスチナをユダヤ州、アラブ領、エルサレム州の三つに分割し、後者は英国の〝管理下に置く〟という提案がなされた。エルサレム州は、市そのもののほかに南はベツレヘム、北はラマッラー、沿岸平野部のロドとラムレ、ラス・アル・アインの水源地、ヤッフォのすぐ南の海への出口を含むかなり広いものになる予定だった。だが、これらすべては、議論されることはあっても、具体化は戦争が終わるまで待たなければならなかったであろう。

パレスチナの警備ではなく、この地域全体の保護のために戦時中エルサレムに駐屯していた数千人の英連邦軍のなかに、学生のときにナチスのチェコスロヴァキア占領を目撃したペーター・ピアソンがいた。エルサレムの市内および周辺部の一般市民労働者を担当する将校になった彼は、ユダヤ人とアラブ人約千人ほどを見張っているのが仕事だった。事務所はベツレヘムへの街道沿いにあるアレンビー兵舎のなかにあった。「将校たちは細長い木造の仮兵舎を宿舎にあてがわれた。なかはどれも四つに仕切られていた」と彼は回想している。「兵舎と兵舎の間には、人工的に植えられた草や低木の苗床、トカゲの巣などがあった。われわれの宿舎は簡素そのもので、床はむきだしのコンクリート、堅いベッドに座りごこちの悪い木製の折畳み椅子、いくつかの戸棚があるだけだった。身体を洗う場所やトイレットは最小限の原始的なものだった」。将校食堂には「ダイニング・ルームとラウンジ、バーなどがあり、下士官二人が世話を焼いていたが、食物はひどかった」。

ピアソンの回想はさらに続く。「現地の気候は、日常生活にも仕事にも、想像していたよりもはるかに大きな影響を与えた。一年の大半は暖かいか暑い。特に『ハムシーン〔三月中旬から約五〇日間、定期的にサハラ砂漠のほうから吹いてくる熱風〕』の頃はバカ暑い（少なくともそれがエルサレムに達すると、丘陵地帯に澱み、さわやかな大気を一掃してしまうので、みんな信じられないほど無気力になり、何もする気になれない）。そのため、司令部の部隊は午後の仕事は行なわなかったが、夜には仕事ができない屋外労働者をかかえている部隊は、午後も働かざるをえなかった。つまり、もっとも暑い時間に仕事をせざるをえなかったわけだ。夏期には、事務室内の仕事を集中力をもって、抜かりなく進めていくことは困難だった。熱いお茶が涼しさを感じさせる効力があることに気づいたのはその頃だった。隣のコンパウンドの酒保にいるインド人が、暑苦しいパレスチナの午後に湯気のたった上等のインド茶をマグカップに入れてもってきてくれた。それを熱いうちに飲むのはなかなか骨が折れたが、飲み終わると清涼感があった。昼間は働かない階級が一つだけあった。それは夜警員だった」。

連合国と交戦国すべての都市と同じように、エルサレムでも戦時中は配給制度が敷かれた。一九四四年六月はじめには、卵は子供一人あたり一週間に三個だった。二週間後には、大人は一人あたり一週間に一個になった。あらゆる食糧品が不足してきたので、市の住民はじゃがいもを食べることが奨励された。食糧管理局は『一〇一のじゃがいも料理法』というパンフレットを発行し、エルサレムを含むパレスチナの一三の市で、「じゃがいもを使った主菜、デザート、パン、ケーキ」の作り方の政府主催の実演会が開かれた。

戦争は終わったが……

一九四四年六月六日の連合国軍のノルマンディー上陸はエルサレムを沸かせた。その朝の午前一〇時、『パレスチナ・ポスト』紙は街頭で号外を配り、同じものをあちこちの壁にも貼った。このニュースを話題に、色めきたった群衆の人溜りがあちこちにできた。正午には号外の第二号が発行された。ラビ長の要望で、「敵国占領地の解放に英国および連合国軍が成功したこと」を祝う祈禱会が各地のシナゴグで行なわれた。数千人が「嘆きの壁」に祈りを捧げに行った。六月一一日には、カーキ色の制服を着た補助輸送部隊の女性たちがパレードを行ない、町中を練り歩いた。「この少女たちは解放に向かって前進する連合国の行進の一部だとみんなが感じているようだった」と『パレスチナ・ポスト』紙は書いている。ベン・イェフダ通りは見物人でごった返していて、行進する少女たちはここを通り抜けるために「必死で人込みをかき分けなければならなかった」。

エルサレム市内では、英国軍当局が「イスラエル自由戦士」のヘブライ語の頭文字をとった「レヒ」という名で知られる「シュテルン・ギャング」のユダヤ人たちと戦っていた。死んだリーダーのアヴラハム・シュテルンの名にちなんでこう呼ばれるこのグループは、

「イルグン」から分離した小さいけれども非常に活発なテロリスト集団だった。彼らのタクシー運転手は大部分が英国軍人だったが、聖ジョージ大聖堂の近くでアラブ人のタクシー運転手を殺したこともある。英高等弁務官を殺害する目的でこの大聖堂に置かれた爆弾は、爆発する前に発見された。六月一九日、エルサレムの軍事法廷で二人の「シュテルン・ギャング」のメンバーに長期禁固刑が宣告された。それから六日後、ナハラト・シヴァ地区〔一九世紀に創設された新市街最初のユダヤ人居住区〕で手製爆弾製造現場が発見された。

一九四四年八月二四日、連合国軍がドイツ軍をパリから追い払おうとしていた頃、エルサレムではアラブ人市長ムスタファ・アル・ハリディが死んだことで悶着が起きていた。市内では侮りがたい多数者になっていたユダヤ人たちはただちに、アル・ハリディの後継者をユダヤ人にするべきだと要求した。エルサレムの当時の人口は、ユダヤ人が約六一パーセント、ムスリム・アラブ人が二一パーセント、キリスト教徒アラブ人が一八パーセントだった。ムスリムはユダヤ人市長に反対した。彼らは、ユダヤ人がすでに多数者であった英国軍の到来時からずっと、この地位はムスリムのものだったと主張した。

結論が出ないまま、副市長が市長代行を務めつづけた。副市長は今回のダニエル・オーステルのように、たいていの場合ユダヤ人だった。高等弁務官とロンドンの植民地省との間で何度も極秘文書が取り交わされたあと、英国は市長職を一年ごとの交替制とし、最初の年はユダヤ人もしくはアラブ人、三年目は（新しいアイディアとして）英国人にしてはどうかと提案した。ユダヤ人は交替期間を一年ではなく、二年ごとにし、新制度下の最初の市長はユダヤ人にするという条件つきで提案を承認した。アラブ人はこれを拒否し、一九四五年三月二四日に全市で抗議ストライキを行なった。ダニエル・オーステルは相変わらず市長代行を務めた。アラブ人はただちにすべての市評議会の会合をボイコットしたため、市政は麻痺状態になった。一九四五年七月一一日、高等弁務官はエルサレムの市政にけじめをつける政令を発布した。市評議会に代わるものとして、彼は六人の英国人役人を委員に任命し、彼らに市の行政を担当させることにした。この委員会がすべての市行政を監督し、英国委任統治が終了するまでほぼ三年間にわたって自治体としてのサービスを維持した。

一九四五年五月八日のヨーロッパ戦勝記念日宣言は、エルサレムがアジアの町であるにもかかわらず、町中に感動をかきたてた。エルサレムのユダヤ人のほとんどが、家族のだれかが連合国軍で戦っているか、身内のだれかがドイツ占領下のヨーロッパで苦境に陥り、その多くが殺されたという話を聞いていた。その日の朝、キング・デーヴィッド・ホテルの前で、新しい高等弁務官で、第一次大戦でヴィクトリア勲章〔特に勇敢な行為を行なった者に授けられる英国の武勲章〕受章者の陸軍元帥ゴート卿が、年配の民間人、軍人の取り囲むなか、掲揚された英国国旗と連合国旗に敬礼した。

各国旗が旗竿のてっぺんにするすると上がりはじめると、パレスチナ警察隊が英国国歌'God Save The King'を演奏しはじめた。高等弁務官はやがて聖ジョージ大聖堂の正午の礼拝に出かけた。その日の午後遅く、「ヨーロッパを抑圧から解放する戦いにおいて大英帝国軍およびわが勇敢なる連合国軍の圧倒的勝利を感謝し」、ゴート卿はユダヤ人やアラブ人をも含む大勢の政治犯の恩赦を発表した。それから英国が一番手こずった委任統治国の市民たちは勝利を祝った。

「その日の夕方には、人々は喜びを隠しきれなくなった」と『パレスチナ・ポスト』紙は書いている。「市の中心部のほとんどの建物や広場にはためくたくさんの旗、吹き流し、垂れ幕などが、涼風のなかで生きもののように揺れていた。乗用車もバスも旗をつけ、ホーンを鳴らし、がらんとしていた通りにあっというまに人があふれた」。ベン・イェフダ通りの急坂の途中で、無料のワインが振る舞われた。「カルメン・ミズラヒ〔もっともポピュラーなユダヤ人のワイン〕の店の前を通る兵隊たちに、三つの大きな樽から無料で飲み物がサービスされた。午後六時三〇分までに、八千杯のグラスが空《から》になった」。自転車でパンを配達して回っていた男は、お祭り騒ぎに立ち止まっているうちに自分もすっかり有頂天になり、残りのパンを配るのをやめてしまった。

『パレスチナ・ポスト』紙によれば、ほとんどの英国軍人も戦勝祝いに参加していたが、「こうした祝日にこそ余計にホームシックを感じざるをえなかった。「今頃本国にいれば何をしていたかなあ」というつぶやきがあちこちで聞こえた」。

五月九日、エルサレムの戦勝記念日は二つの相対立するデモへと方向転換した。『パレスチナ・ポスト』紙によれば、その日の午後、大勢のユダヤ人が詰めかけた「ユダヤ機関」では、「ヨーロッパで殺されたユダヤ人の死を悼んで黒で縁取りされたシオニストの旗が垂れ下がっていた」。群衆の大部分は、終わったばかりの戦争から除隊した軍人たちだった。第一次大戦の老兵たちもいた。彼らのスローガンのなかで「集まった群衆から一番大きな喝采を浴びた」のは、一九三九年の英国政府白書による入植制限の撤廃と、「ヨーロッパのユダヤ人」のパレスチナへの自由な入植を要求するものだった。その夜遅く、「民族主義スローガンを叫ぶ」アラブ人のデモが市内のヤッフォ門で結成され、商業センター一帯を練り歩いた。

五月九日のエルサレムは、それぞれが別の優先事項を主張しあっただけで、流血事件はなかった。だが、どちらの要求もたちまち阻止されることになる。英国政府は、ユダヤ人が強制収容所で生き残った人たち一〇万人のパレスチナ入りを再三要求したにもかかわらず、これを拒否した。パレスチナに海岸から「不法入国」しようとした数万人の生き残り組は、キプロス島の収容所に押し込められた。ただちにアラブ人多数者による支配を求めたアラブの民族主義的要求も、同じように実を結ばなかった。

ヨーロッパの均衡を揺るがせた戦争は終わった。だが、ヨーロッパの平和の到来はエルサレムに平和をもたらさなかった。戦争前の一〇年間に二度の流血事件を起こした抗争は、いっそう熾烈化して再発することになる。

第12章 騒乱の町 一九四五—一九四七年

「フィッツジェラルド計画」の挫折

ヨーロッパと極東には平和が訪れたが、エルサレムは抗争の浜辺に打ちあげられたクジラのように取り残された。ユダヤ人とアラブ人にエルサレムの市政に参画してもらうという提案を拒否されて困っていた高等弁務官ゴート子爵は、委任統治政府の司法長官ウィリアム・フィッツジェラルド卿に、この都市をどう運営するべきかについて彼なりの調査を行なってほしいと要請した。

日本が降伏して第二次大戦が終了してから二週間後の一九四五年八月二八日、英国委任統治政府は「フィッツジェラルド計画」を発表した。パレスチナにもエルサレムにも大勢いたへそ曲がりも、エルサレムに関する英国のこの新たな青写真に盛られた構想には脱帽しそうだった。しかも、エルサレムを非政治化するための方法として、申し分のないものだった。まずエルサレムを、それぞれが六つの区からなるアラブ人とユダヤ人の二つの町に分ける。二つの町は自治的に運営されることとする。

二つの町はそれぞれ四人の代表を市政評議会に送り、さらにそこには英国高等弁務官の任命する他の二人のメンバーが加わる。市政評議会はこの自治区制から除外された聖所と旧市街を特別管理下に置く。

英国国教会派のアイルランド人で、エルサレムの賛美者テレンス・プリティは一九八〇年にこう書いている。「これは島国根性の英国人の発想の所産だと思われた場合に備えて、ウィリアム（フィッツジェラルド）卿は、リメリック県出身のアイルランド人であることを明記しておく必要がある。この計画の最大の長所はその単純明快さだった。唯一つの欠点はそれが部外者の発想であったことだ。この計画は英国がこの国を監督しつづけることを前提にしていた。この基本的想定そのものがすでに疑問視されていた。この計画は他の多くの計画と同様、棚上げにされた。だが、その概念は生きていたといってよい」。

一九四六年三月六日、英米調査委員会という新たなパレスチナ調査団のメンバーがエルサレムに到着した。その一人で英国労働党国会議員リチャード・クロスマンは、エルサレムでの第一夜のことをこう日記に書いている。「キング・デーヴィッド・ホテルの雰囲気は異様だ。私立探偵、シオニストのスパイ、アラブ人の有力者、新聞の特派員などが座り込んで、たがいに用心深く聞き耳を立てている」。

キング・デーヴィッド・ホテル爆破事件

第二次大戦の直後、ユダヤ人のテロは熾烈化した。それは英米調査委員会を少なからず立腹させた。これには「イルグン・ツヴァイ・レウミ（民族軍事機構、略称エッェル）」と、そこから分離した「シュテルン・ギャング」こと「イスラエル自由戦士（略称レヒ）」という二つの組織が関係していた。「ユダヤ機関」も、エルサレムのユダヤ人の大多数も、彼らの襲撃を何度も強く非難していたが、彼らは残忍で容赦のない爆弾テロや殺害を繰り返した。

英国が強制収容所で生き残ったユダヤ人のパレスチナ入りを許可しなかったことが、この二つのグループに英国への憎悪をかきたてさせた。のちにイスラエル首相となるメナヘム・ベギンとイツァク・シャミルを含むユダヤ人テロリストたちは、「血と火」によってこの国から英国人を追い出し、ユダヤ国家を建設することができると信じていた。一番すさまじい攻撃は一九四六年七月二二日、アラブ人に偽装した「イルグン」のメンバーが、ミルク攪乳器に爆発物を充塡して、キング・デーヴィッド・ホテルの地下にあるリージェンス・カフェのそばの廊下に置いた事件だった。このカフェの上階にあたる南ウイングの一階から五階までを英国委任統治政府が行政司令部として使っていた。ホテルの電話交換台に匿名の女性から、「数分以内に」爆発があるからホテル内にいる人を避難させるようにという電話があったが、この警告は無視された。

一二時三七分、爆発が起こった。五階までの二五室が崩れ落ち、南ウイングにいた英国人、アラブ人、ユダヤ人あわせて九二人が死亡した。死者は軍人、役人、兵士、事務員、タイピスト、掃除人、運転手、伝令にも及んだ。英国人の死者のなかには一九一四年のモンス〔ベルギー南部の都市〕の撤退を経験した退役軍人でパレスチナ郵政長官のG・D・ケネディもいた。アラブ人の死者のなかには、カトリック教徒で、事務局の古参主計官補のジュールズ・グレスがいた。彼は第一次大戦でトルコ軍の将校として戦っているとき、英国軍の捕虜になった。『パレスチナ・ポスト』紙によれば、その日の朝、彼は銀行で、事務局の会議に遅れないように、サービスを早くしてくれと頼み、「急いで職場に戻ったばつかりに死亡した」。

ユダヤ人の死者のなかには、アレンビー軍の第二ユダヤ人大隊に従軍し、当時は委任統治政府の古参職員であるとともに、エルサレム音楽協会の幹事でもあったユリウス・ヤコブス、一九三三年にヒトラーのドイツから逃げ出してきて、パレスチナ委任統治政府の司法書士補にまで出世したヴィルヘルム・ゴールドシュミット、事務局の一九歳の電話交換手クレア・ルーソーなどがいた。死亡した数人の運転手の一人は、ガラベド・パラガニヤンというアルメニア人だった。英国人兵士も、ハル出身のステイプルズ軍曹、トトネス出身の兵卒トレブル、ファーナム出身の兵卒コールら二〇人が死亡した。アラブ人の死者の一人、バドル・アブドゥル・ファタ・アブ・ラハブは、爆弾が炸裂したときホテルの外側に停車してハンドルを握ったままボスを待っていた公用車の運転手だった。通行人の死者もいた。ホテルの外側の通りを歩いていたその男は、爆発の勢いで建物から放り出された大きな鉄製の金庫にぶつかって死んだ。

「ユダヤ機関」は、この事件を「ならず者のギャング」がしでかした「卑劣な犯罪」と呼んで非難し、パレスチナのユダヤ人に「こうした言語道断な不法行為に反対して立ちあがるように」呼びかけた。スファルディのラビ長ベン・ツィオン・ウジェルは、この犯罪に対する「憎しみと憎悪」を表明した。ユダヤ人コミュニティー評議会は、「忌まわしき行為」を行なった「無責任な連中がわれわれの足元にぱっくり開けた底知れぬ深い淵」について警告を発した。あちこちで行なわれた葬儀の一つに参列したユダヤ人を観察した『パレスチナ・ポスト』紙によれば、「彼らの顔は、同胞だけではなく大切な希望まで葬るかのように、こわばって、無表情だった」。ムスリムの墓地では、アラブ人の埋葬は軍葬の礼をもって行なわれた。

七月二三日、エルサレムのユダヤ人たちは仕事も交通もすべて午後三時に停止して死者を悼んだ。「エルサレムは小さな町だから、そのような行為は町中に徹底した」と七月二四日付の『パレスチナ・ポスト』紙にダヴィド・コートニーは書いている。「昨日、葬儀の参列者はどの家からも、どこの街角からも立ち去らなかった。悲嘆の声はさまざまな言語でつぶやかれた。死者を憐れむ気持ちはみな同じだった。街路は静まり返っていたが、閉ざされた窓の背後で人々の心は苦痛に揺れ、悲しみに暮れた」。

国連、パレスチナ分割決議案採決

一九四七年四月二日、制御できない人々を統治する戦いに疲れ果てた英国政府は国連に、五カ月以内に総会を開き、「パレスチナの将来の統治」について勧告を出してくれるように要請した。英国は委任統治をやめるつもりでいた。英国の要請で、国連パレスチナ特別調査委員会（UNSCOP）が設立され、この国およびユダヤ人の民族郷土の将来について提案を行なうことになった。別名「パレスチナ委員会」として知られるUNSCOPは、一九四七年八月三一日、調査報告書を提出した。

UNSCOPは、パレスチナをユダヤ人とアラブ人の二つの主権国家に分割することを提案した。どちらの国も民主的な性格をもつ国となり、少数者の権利や利益を保護しなければならない。両国の間には、共同経済開発を確実に実施する経済連盟のようなものを設置する。エルサレムはどちらの国にも所属せず、国連による国際信託統治下の非武装中立地帯とする。

UNSCOPはこの計画を一九四八年九月一日までに実行に移すこととし、それまでは国連の管理のもとに英国にパレスチナ行政を継続させてはどうかと提案した。この計画はニューヨークに近いレークサクセスにある国連安全保障理事会本部で検討が重ねられ、一九四七年一一月二九日に票決されることになった。パレスチナのための「ユダヤ機関」は、提案されたユダヤ人国家にはエルサレムが除外されていたが、この計画を受諾した。一一月はじめから、「ユダヤ機関」はユダヤ人国家成立に投票国の過半数の賛成票を得ようとして精力的にロビー活動を行なった。結果的には、この決議案は、「エルサレム市は特別の国際的な体制下に置かれる『分離地帯《コルプス・セパラトゥム》』とし、国連が管理する」という一項も含めて採択された。「ユダヤ機関」はパレスチナの他の場所に国家をもつことの代償としてこれを受け入れた。国連の計画によれば、エルサレム地区の知事はアラブ人でもユダヤ人でもなく、パレスチナにできる新しいアラブ人国家もしくはユダヤ人国家の市民でもないはずだった。ユダヤ人国家にもアラブ人国家にも属さない特別警備隊のようなものが聖所を守る予定だった。

国連の計画では、一〇年後に、そうした国際的体制を継続するべきか、それとも修正するべきかについてエルサレムの住民の見解を訊ねる住民投票を行なうことになっていた。国連での票決の時点で、エルサレム市の人口はユダヤ人が九万九三二〇人、アラブ人は六万五千人だった。だが、ベツレヘムを含む周辺のアラブ人の町や村を「分離地帯」に包括して、現在の市街地区域よりもずっと広く境界線を引けば、人口比はアラブ人一〇万五千人、ユダヤ人一〇万人となるはずだった。このように地図を書き換えていたなら、来るべき住民投票の時期までにはアラブ人が多数者になっていたであろう。

この分割決議案は、すでに一〇年前、英国によって出された似たような計画の受け入れに同意していたユダヤ人には歓迎されたが、イラク、サウジアラビア、シリアの三つの周辺アラブ人国家から支持されていたアラブ高等委員会は、たとえアラブ人にユダヤ人よりもかなり広い土地を与えるという計画であっても、分割案は受け入れられないとこれを拒否した。アラブ高等委員会は、代わりに地中海からヨルダンまでのパレスチナ・アラブ人の支配する「単一独立したパレスチナ国家」を要求した。

この都市と国の将来を決める国連の票決を待つエルサレムの日常生活は、英国軍の監視下にあった。「エルサレムは鉄条網とバリケードが厚く張りめぐらされていた」とヘブライ大学の奨学金をもらってアメリカからやってきたばかりのツィポラ・ボロウスキー（のちのツィポラ・ポラート）は一九四七年一〇月二二日に両親への手紙に書いている。「アメリカ領事館に手続きに行くにも、英国管理下にある保護地区《セキュリティ・ゾーン》の通行証と身分証明書をいちいち見せなくてはなりませんでした。郵便局のような公共の建物に入るときは必ず凶器の有無を調べるために服の上から身体を触られるのにもまだ慣れていません」。英国政府は市内にA、B、Cの三つの保護地区を設け、鉄条網を張りめぐらしたその地区のなかで毎日の市行政の仕事を行なった。ユダヤ人はこれをベヴィングラード〔英外相ベヴィンの名にちなんで、独ソ間の激戦地スターリングラードの籠城をもじったもの〕と皮肉った。こうした保護地区と、市内数カ所の兵舎から派遣される英国軍警備隊が町の治安維持にあたり、これを乱す者を逮捕した。

英国軍が撤退したら、ユダヤ人とアラブ人が混じり合って暮らしているこの町のあちこちで流血事件が起こるのは致し方なかったのだろうか？　一〇月二九日、ヘブライ大学学長イェフダ・マグネスはスコプス山での新学期の始業式という機会をとらえて、社会的不和の増大とユダヤ人同士の分裂の原因になりつつあるテロリズムに反対の意思表示をした。「ちゃんとした名前で呼ばれている」テロリストを見たことがないと彼は語った。「連中は魂のなかに獲物を狙う野獣が巣くっている残忍な殺し屋である。彼らは実際、ユダヤ教の戒律に背く反徒である」。

マグネスのスピーチの五日後、「シュテルン・ギャング」のメンバーでこうしたユダヤ人〝反徒〟三人が、エルサレムの自宅にいた委任統治政府犯罪捜査部のユダヤ人メンバー、シャローム・グレヴィッツ伍長を射殺した。

一九四七年一一月二九日、国連はレークサクセスでパレスチナ分割決議案の票決を行なった。一国一国の賛否が読みあげられる緊張した劇的な開票の結果、賛成三三、反対一三、棄権一〇で決議案は採択された。棄権することさえ決めかねていたタイは欠席した。棄権した国のなかには委任統治国の英国も含まれる。分割に反対したのは六つのアラブ人国家と四つのムスリム国家、および独立したばかりのインドだった。アメリカとソヴィエト連邦は賛成票を投じた。

時差の関係で、ユダヤ人国家成立を支持するニュースがエルサレムのユダヤ人に届いたのは深夜を過ぎてからだった。一一月三〇日は早朝から、歌い踊る人たちが街路にあふれた。「昨日、午前二時頃からお祝い気分の盛りあがったエルサレムの町に群がる疲れ知らずの大群衆は、青白い月光が朝明けの空にそっと吸い込まれていくのにも気がつかなかったようだ」と翌日の『パレスチナ・ポスト』紙は報じている。「歌い、踊りながら練り歩く人々の群れは、商店やオフィスの通常の始業時間になってもまだ続いていた。店を開けないところも多かった」。

『パレスチナ・ポスト』紙の記事はこう続く。「夜明けとともにシオニストの旗が、建物や、電柱や、乗用車やトラックにまではためいた。若者たちはトラックに鈴なりに乗り込んで、歌を歌いながら街路を疾走した。カフェでは朝からユダヤ人と英国人がいっしょになって祝杯をあげた。それまで夜勤だった兵士や警察官まで、羽目を外すしるしに銃を放り出す者が大勢いた」。

アラブ人の「分割反対闘争」

一部のアラブ人は、国連の票決に対し、どんちゃん騒ぎではなく、暴力行為に走った。一一月三〇日には、ライフルをもったアラブ人数人がスコプス山のハダサ病院へ向かう救急車に向けて発砲した。怪我人はなかった。同じ日、海岸方面からエルサレムに向かうバスが、まだ沿岸平野部を走っている間にマシンガンと手榴弾をもった三人のアラブ人に襲撃され、ユダヤ人四人が死亡した。そのうちの二人はエルサレム住民のヒルシュ・シュタルクとハンナ・ワイスだった。もう一人の死者、二二歳のショシャナ・ミズラヒ・ファルヒは結婚するためにエルサレムに向かう途中だった。

三〇分後、ほとんど同じ場所で、やはりエルサレム行きのバスがまたもや手榴弾と自動小銃の襲撃を受けた。死んだ乗客のネハマ・ハコーヘンはハダサ病院の病理学者だった。その日の午後遅く、二五歳のエルサレム住民モシェ・ゴールドマンがヤッフォ＝テルアヴイヴの境界で射殺された。

こうした悲劇的な事件があったにもかかわらず、たとえエルサレムが含まれなくても、国家ができたことを祝うユダヤ人のお祭り騒ぎは一二月一日も続いた。その日の午後、鼓手と三人のラッパ手を先頭に制服姿のボーイ・スカウトとガール・スカウトの少年少女の長い列が、ヤッフォ通りからキング・ジョージ五世通りを抜け、「ユダヤ機関」のビルに向かって行進した。警察の装甲車が現われたが、彼らはいつものように群衆に指図したり、押し返したりする代わりに、「喝采する少年少女を乗せてシオニストの旗をなびかせた」。

その日、エルサレムのユダヤ人がユダヤ人国家ができる見通しがついたことを祝っているとき、同じように国家をもつことを勧められたのに、指導者たちがパレスチナにはいっさい、いかなる形のユダヤ人の主権国家も許さないと、その提案を拒否したエルサレムのアラブ人たちは、ユダヤ人のお祭り騒ぎを脇で見ていた。ユダヤ人たちはもっぱら、輪になってくるくる回る「ホラ」という浮かれ踊りに興じた。「シオン広場では、アラブ人青年のいくつかのグループがこのホラを見物しており、ユダヤ人地区ではいつものようにアラブ人が野菜や果物の呼び売りをしていた。ユダヤ人街にある映画館のマチネーに出かけるアラブ人の数も減らなかった。大勢のアラブ人がベン・イェフダ通りなどの盛り場にいつものように買い物にやってきた」と『パレスチナ・ポスト』紙は報じている。同じ日の午後、「黙って引き金に手をかけた兵士を満載したアラブ軍団のトラックがヤッフォ通りの群衆の間をゆっくりと走り抜けた。群衆のなかには愛想よく車の脇をポンポンと叩く人たちもいた」。だが、ユダヤ人の町レハヴィアは「人であふれていた」のに、アラブ人の町タルビエは「ひっそり」していた。

そうした静けさは嵐の前の凪のようなものだった。一二月一日、アラブ高等委員会からエルサレムのアラブ人居住区全域に、翌日より三日間のゼネストと、ユダヤ人の品物の購入をいっさいボイコットせよと呼びかける布告が出された。一二月一日、委員会は一一月二九日を、今後は「パレスチナ分割を嘆く日」とし、「分割反対闘争」の出発点にすると発表した。まだ英国支配下にあり、英国の軍隊と警察官が法と秩序の究極的権威者であったにもかかわらず、エルサレムの九万九千人のユダヤ人と四万人のムスリム・アラブ人、二万五千人のキリスト教徒アラブ人は分裂の時代に突入した。一九四八年九月までパレスチナに駐留するはずだった英国軍は五月撤退をひそかに決めていた。

パレスチナに何らかの形でユダヤ人国家をつくるという提案に対するアラブ人の反応は、エルサレムのユダヤ人に陰鬱な不安の影を投げかけた。一二月一日、アラブ人のいくつかのグループが、分割に賛成票を投じた二つの国、ポーランドとスウェーデンの領事館に石を投げつけた。チェコスロヴァキア領事館も同じような目に遭った。翌日、旧市街で三人のユダヤ人がユダヤ人地区とアラブ人地区を隔てている壁の隙間から撃たれて死んだ。同じ日、大半が一〇歳から二〇歳くらいのアラブ人の若者約二〇〇人がマミラ通りからプリンセス・メアリー通りを抜けてシオン広場へと、エルサレムの中心部に向かって、「ユダヤ人に死を！」というスローガンを繰り返し唱えながら行進した。英国警察が一列になって彼らの行く手を遮った。やがて暴徒たちはきびすを返して丘を下り、ヤッフォ門の下方にある商業センターの繊維製品店などが並ぶ一帯に突入した。四〇軒の店が略奪され、大量の商品に火が放たれた。

攻撃を抑えるために商業センターに近づこうとしたユダヤ人たちは、英国の軍隊に阻止された。だが、アラブ人の襲撃者に対しては英国軍は何もしなかった。兵士のなかには彼らが略奪を続けているところを写真にとっている者さえいた。アラブ人は一人も逮捕されなかったが、暴動現場から大分離れたところで「ハガナー」のメンバー一六人が武器の不法所持を理由に逮捕された。その夜、「ハガナー」の指揮官らは、将来似たような状況に遭遇した場合、ユダヤ人部隊にも発砲することに決めた。

一二月二日には市のあちこちで暴力事件があった。商業センターでアラブ人の襲撃が進行している頃、大勢のユダヤ人がシオン広場に集まり、プリンセス・メアリー通りのアラブ人商店街を襲った。同じ頃、彼らはナハラト・シヴァにあるアラブ人の車庫に放火した。「ハガナー」のボランティアたちが現場に急行して、英国警察の助けを借りてユダヤ人たちをヤッフォ通りに押し返した。

その夜、ユダヤ人のバス会社の運転手数人が英国警察の警部とその部下に感謝の意を表明した。市内からメコール・ハイムとタルピヨット行きの五台のバスと乗客が途中でアラブ人の暴徒に襲われたところを、英国警察が保護してくれたのである。運転手一人を含む三人のユダヤ人が負傷した。

心を痛めたコラムニストのダヴィド・コートニーは一二月三日付の『パレスチナ・ポスト』紙にこう書いている。「アラブ人は外に出ていってはバスに石を投げ、哀れなユダヤ人を刃物で刺す。徒党を組んで、欲望のままに破壊、放火、略奪、殺人を行なう。そうすることが愛国者なのだといい聞かされている。そうすることが自由のために役立つのだと教えられている。そうすることによって、彼自身とその家族にパン、仕事、よい賃金、畑の労働による生産、もっとましな生活水準が保証されるとはいわれていないであろう。そうしたもの抜きの自由、その効用とは具体的にどういうものなのか？」。

パレスチナに散在するユダヤ人の間にも憤りがあった。とりわけ九万九千人のユダヤ人がおり、ヘブライ大学を含むたくさんのユダヤ人用の公共施設のあるエルサレムでは、国連の分割案で自分たちがユダヤ人国家から除外されることに憤慨していた。パレスチナにいる全ユダヤ人の約六分の一がエルサレムに住んでおり、その全員がユダヤ人国家からはみ出してしまうことになるのだった。国連によれば、この都市はまた、新たにできるユダヤ人国家およびアラブ人国家に、「電力、水、食糧の供給」を「恒久的に依存する」ことになるはずだった。

国際的なエルサレムの詳細を討論することが国連の議事日程の主要題目になった。詳細な計画を編み出すため、アメリカ、英国、フランス、中国、メキシコ、オーストラリアの六カ国からなる作業グループがレークサクセスに設置された。この作業グループの討論の過程で、エルサレムにユダヤ人入植を奨励する分野が一つだけあった。新しい産業を興す資金が入手できた場合という条件つきで、ユダヤ人移民が市内に定住し、人を雇うことが認められるというものである。

狙撃、刺殺、投石の日常化

一二月二日の商業センター襲撃事件のあと、英国はエルサレムのアラブ人地区に夜間外出禁止令を出した。だが、その翌朝、ユダヤ人労働者が同センターから被害を免れた品物を撤去しているところへアラブ人のグループが襲いかかった。労働者たちはトラックの上に避難したが、そのうちの一人イツァク・ペンゾが足を滑らせて転げ落ちた。するとたちまち捕まって殺された。同じ頃、三人のユダヤ人が旧市街で襲われて怪我をした。近くにいたアルメニア人アルィン・ダルグミヤンは恐怖のあまり死亡した。

その日の後刻、エルサレムのあちこちでさらなる暴力事件があった。英国警察は、シオンの丘に集まってイェミン・モシェ地区のユダヤ人住宅を襲撃しにいったアラブ人グループに発砲して追い払った。政府刊行物印刷所の近くにある郵便局の作業場に雇われていた四〇人のユダヤ人が、西エルサレムの自宅へ戻る途中で投石された。アブ・トールのアラブ人の顧客を往診して車で帰ろうとしたユダヤ人獣医師O・カハネ博士も、鉄道駅の近くで投石された。旧市街で、ユダヤ人地区にあるいくつかのシナゴグを襲撃したアラブ人は追い払われた。同じ日、ダマスコ門の外側のムスララ地区にある一軒の家に住んでいたユダヤ人八人は自宅から追い出された。『パレスチナ・ポスト』紙によれば、「出ていかないなら家に火を放つとアラブ人に脅された」という。「彼らは警察に通報した。すると英国人将校と数人の巡査がきて、彼らが出ていくのを手伝った」。ムスララや旧市街では、ユダヤ人もアラブ人も自宅を出て、安全な場所に移転しはじめた。以後、こうした光景はエルサレムでしばしば見られるようになる。一二月三日には特にそうした動きが目立った。旧市街のムスリム地区に住んでいたユダヤ人や、ユダヤ人地区に住んでいたアラブ人は荷物をまとめて出ていった。だれもが、暴動が終わったら戻ってこられると思っていた。ユダヤ人地区に残ったユダヤ人は孤立して、狙われやすくなったことをひしひしと感じた。一九四七年当時の旧市街のユダヤ人の数は約二五〇〇人で、ムスリム二万四千人、キリスト教徒アラブ人五千人に比べて小さなコミュニティーだった。おまけに彼らは西エルサレムのユダヤ人とは、アラブ人の支配下にある門や道路、居住区によって隔てられていた。

一二月五日朝、「ユダヤ機関」は、年齢一七歳から二五歳までの男女全員を兵役に召集すると発表した。「ハガナー」は正規の武装部隊ではなかったが、ユダヤ人を襲撃から守る役目を買って出るつもりだった。その日の午前中、数人の英国人警察官の見ている前で、シオン広場を徒歩で通り抜けようとした一人のアラブ人を、武装していると思い込んだユダヤ人グループが襲った。警察官は彼を助けようとはしなかった。ユダヤ人警察官と「ハガナー」のメンバーが彼を救い出し、ユダヤ人地区内をエスコートして送り出した。同じ日の午前、「ハガナー」の護衛隊が商業センターの被害でめちゃめちゃになった商店でこそ泥を働いている三人のアラブ人を捕まえ、英国警察に引き渡した。

テルアヴィヴや海岸部からエルサレムのユダヤ人地区へくるバスや乗用車の大部分は、護送隊《コンボイ》を組んで移動することになった。

「聖域《ハラム》」に祈りにくるムスリム・アラブ人が暴動行為へと煽動されるのを防ぐため、英国はエルサレム゠ラマッラー街道とエルサレム゠ヘブロン街道に戒厳令を敷いた。テルアヴィヴ方面への道路では、狙撃事件が続いた。一二月七日、海岸部へ向かう護送隊の八台のバスが、エルサレムの丘をまだ出ないうちに発砲され、一九歳の女の子ペッシア・レヴが死亡した。彼女はエルサレムの看護学校の生徒で、「ハヌカ祭」のために家に帰る途中だった。その日は、英国軍がこの同じ丘を通ってエルサレムへと勝利の行進をした三〇周年記念日だった。

一二月八日、パレスチナ全土で起こった暴力事件で、ユダヤ人一四人、アラブ人三人、英国人二人が死んだ。死んだユダヤ人の一人は「ハガナー」の古参将校イェホシュア・グローベルマンで、エルサレムからテルアヴィヴへ行く途中、ラトゥルンでアラブ人に車を停められ、射殺された。彼は護送隊の一台として移動中だったが、英国の検問所で一行が停車を命じられたとき、彼の車だけ通過を許可された。数分後、護送隊は彼の死骸の脇を通り過ぎていった。

エルサレムの出入りはほとんど全部、護送隊になった。一二月八日には六万個の卵がエルサレムに無事とどけられた。一二月一〇日には、エルサレムからテルアヴィヴ方面へ三組の護送隊、テルアヴィヴからエルサレムへは同じく二組が無事通過した。投石事件一件、負傷者は一人ならまずは平穏な一日のように思われた。その日はエルサレムから一六キロメートルほど南のユダヤ人入植地エツィオン・ブロックにも三組の護送隊が往復した。

エルサレムの生活はだんだん落ち着かないものになっていった。ほとんど毎日のようにユダヤ人が一人か二人刺し殺された。ユダヤ人ギャングがアラブ人の車両に投石する事件も毎日のようにあった。ある日、野菜を積んだアラブ人のトラックがそのような襲撃に遭い、「運転手は逃げたが、野菜は台無しにされた」と『パレスチナ・ポスト』紙は報じている。一二月一一日、二五〇〇人のユダヤ人が住む旧市街のユダヤ人地区にアラブ人が一斉攻撃をかけた。「ハガナー」のメンバーが六時間にわたって戦い、彼らを撃退した。死亡した三人のアラブ人の一人イッサ・モハメド・イラクァシュは、この旧市街の暴動の中心的煽動者の一人だったといわれる。『パレスチナ・ポスト』紙によれば他の二人はアベド・イブラヒム・アブドゥルと彼の五六歳になる母親で、「息子のところへ駆け寄ったところを流れ弾に当たって」死亡した。戦いの最中に三人のユダヤ人が負傷した。旧市街へ負傷したユダヤ人を迎えに行った「赤い盾」の救急車も発砲されたが、負傷者を無事にハダサ病院まで運ぶことができた。赤い「ダビデの星」がシンボル・マークの「赤い盾」は、ユダヤ人の赤十字に匹敵し、ヘブライ語で「マゲン・ダヴィド・アドム（ダビデの赤い盾）」と呼ばれている。

一二月一一日にはまた、エツィオン・ブロック入植地へ食糧と水を運ぶ護送隊が、ベツレヘムの南で待ち伏せされて、ユダヤ人一〇人が死亡した。この襲撃には速射のできるブレンガン〔口径七・七ミリの空冷式軽機関銃〕が使われたらしい。「赤い盾」の救急車が死者と負傷者をエルサレムへ運んだ。

ユダヤ人が海岸部からエルサレムへ行くことはますます危険になった。一二月一二日、ロド空港（のちのベングリオン空港）から市内へ行くアラブ人の運転する英国海外航空（BOAC）のトラックがアラブ人ギャングに停められた。ギャングは乗っていたアラブ人には逃げろと命じ、ユダヤ人三人を引きずり降ろして射殺した。そのうち二人は空港勤務のBOAC職員イツァク・イアンとダヴィド・ベン・オヴァディア、三人目は空港のレストランのコック、ヨセフ・リトヴァクだった。

その年の一二月の戦いがこれまでとちがっていたのは、「イルグン」と「シュテルン・ギャング」の活動が急に活発化したことだった。どちらのグループもテロ行為が英国支配に対してもアラブ人に対しても、もっとも効果的な手段であると考えていた。「ユダヤ機関」は双方を繰り返し非難しており、「ハガナー」も反対の立場をとっていた。彼らは人数も少なく、やり方も秘密主義的だったが、この町に無惨な傷跡を残した。一二月一三日、ダマスコ門のバス停留所近くに二台の車で乗りつけた数人の「イルグン」のメンバーは、二個の爆弾を群衆のなかに投げ込み、自動小銃を発砲した。オリーヴ山のエト・ツールの村からきた一四歳の少年アフメド・アミン・ハマを含む五人のアラブ人が死亡し、四七人のアラブ人が負傷した。その夜、ナハラト・シヴァにあるアル・フセイニ一族の新聞『アル・ワハド（代表）』の事務局に手榴弾が投げ込まれ、アラブ人四人が怪我をした。

二週間にわたる暴力行使で、エルサレム全域とその周辺道路で合計七四人のユダヤ人、七一人のアラブ人、九人の英国人が死亡した。アラブ人の襲撃が熾烈化するにつれて、「ハガナー」は武装したアラブ人たちが襲撃の下準備に集まっていると見られる建物に砲撃しはじめた。ベイト・サファファの製粉工場や、ロメマの近くにあるソーダ水製造工場などが砲撃された。アメリカ人居住区のそばのムスリム最高評議会本部にも砲弾が撃ち込まれたが、死者は出なかった。

狙撃、刺殺、投石が日常茶飯事になったエルサレムでは、ユダヤ人は長期戦の準備をしはじめた。英国軍が撤退した暁には、パレスチナ周辺のアラブ諸国の軍隊が襲ってくるかどうかはまだわからなかった。彼らは英国が撤退しないうちにパレスチナに入り込んでくる可能性もないではない。AP通信によると、一二月の第二週に、イラクの首相サレフ・ジャブル・パシャはアンマンに三日間滞在し、イラク軍のパレスチナ進攻の際、トランスヨルダン通過の許可をアブドゥラ国王に求めたという。国王はイラクのプレッシャーに屈しなかったが、サレフ・ジャブルは「全面的にアラブ民族に肩入れしないと、王位を失いますよ」と警告したといわれる。

エルサレムのユダヤ人は最悪の場合を覚悟し、一二月一七日、血液銀行が開設された。目標は、二カ月以内に千人分以上の血漿《けっしょう》を集めることだった。エルサレムの救急対策全体の責任者だったバーナード・ヨセフ（のちのドヴ・ヨセフ）博士の回想によれば、「ちょうど千人目の献血者になった婦人に、当時としては結構なプレゼントである灯油一瓶と卵一個を差し出したところ、かえって気を悪くされて受け取ってもらえなかった」。

市への水の供給は常に最重要問題だった。水は海岸平野部から三カ所の汲み上げ基地を経て送られてきていたが、どれもがアラブ人によって使用不能にされる可能性があった。一二月一九日、市内のユダヤ人所帯全部に、現在使用していない貯水槽を清掃して水を溜める準備をしておくようにという秘密通達が出された。四〇人のユダヤ人技官が貯水槽を調べてまわり、ちゃんと使えるように手を貸した。海岸部からの水の供給が遮断された場合、市の入り口近くのロメマの貯水池から供給する水とあわせて、これらの貯水槽に水があれば、飲料水、調理用、洗濯用として一人一日あたりの使用量が一〇リットルなら一一五日間の籠城に耐えられると推定された。割当量を一人あたり五リットルに制限すれば、二五〇日はもちこたえられるはずだった。

一二月二七日、「ユダヤ機関」の政治部長だったゴルダ・マイヤーソン（のちのゴルダ・メイア）が護送隊に混じってエルサレムに向かう途中、アラブ人に大挙して襲撃された。彼女自身は無傷だったが、七人のユダヤ人が死亡した。死者の一人のハンス・ベイトは、長年、到着したばかりのドイツ系ユダヤ人その他の移民の子供たちを世話するセンターで働いていた。その日も、委任統治政府がキプロスの抑留所から解放したばかりの、ドイツの強制収容所で生き残ったヨーロッパ系ユダヤ人の子供たちの歓迎会に行ってきたところだった。この襲撃事件の翌日、エルサレムではユダヤ人五人、アラブ人五人の一〇人が殺された。これは一カ月前に騒動が始まって以来、一日の死者数としては最高だった。

一二月二九日の朝、一九一八年の創業以来バークレイズ銀行で働いていたユダヤ人、モシェ・レンバッハは出勤途中に車でそばを通りかかった友人から、安全のために乗っていきませんかと誘われた。「アラブ人は私の顔を知っているから大丈夫だよ」といって彼は相乗りを断った。それから数分後、銀行の入り口のところで彼は撃たれて死んだ。

エルサレムのその日の死者はレンバッハだけではなかった。四時間後、「イルグン」のメンバー三人がまたまたダマスコ門のバス停留所を襲った。彼らは車から爆弾を一個投げつけて走り去った。死亡した一五人のアラブ人のなかには、一〇歳の少年スアール・アマシェと一一歳の少女ナマル・シャマアもいた。この爆弾事件のすぐあと、父親と娘の二人連れのユダヤ人と英国人警察官二人がアラブ人ガンマンに射殺された。

前日殺された公立伝染病病院の医師レール博士を含むユダヤ人の葬列が、市の東部からオリーヴ山のユダヤ人墓地に向かっているとき、ダマスコ門付近で爆弾事件があったため、一行は安全を考えて後戻りをせざるをえなくなった。同じ頃、ハダサ病院から市内へ車で戻るユダヤ人医師五人が、シェイフ・ジャラで襲撃された。彼らは近くのシモン・ハッァディク地区のあるユダヤ人の家に避難した。車は放火された。翌朝、病院勤務者たちを乗せてスコプス山へ向かったバスがシェイフ・ジャラ付近で襲撃され、一四人が怪我をした。そのうち四人は重傷だった。

殺害、傷害、車の放火事件などはエルサレムでは日常茶飯事になった。殺害事件はとめどなく起きるように思われた。一二月三〇日には新たな暴力事件の犠牲者の葬儀がオリーヴ山のユダヤ人墓地で行なわれることになった。その日に埋葬されることになった一〇人のユダヤ人のうち、七人は殺害された人たちだった。そのなかには、先日ダマスコ門から後戻りさせられたレール博士らの遺体も混じっていた。英国警察の護衛官は、その日は二回も葬儀用バスに同乗した。埋葬が始まったとき、アラブ人のガンマンがエト・ツール方面から発砲してきた。実際の埋葬作業をしていた葬儀社の人たちは墓穴のなかや壁のうしろに避難した。葬儀の警護をしていた警官が襲撃者たちに反撃した。

撃ち合いは二時間近く続き、アラブ人、ユダヤ人、英国人警察官各一人と葬儀社の社員一人が死んだ。その日に埋葬されるはずだった遺体と、新たに殺害された人たちの遺体はともにバスでエルサレムに戻された。そのバスがエト・ツールを通り抜けるときまた発砲され、一人が負傷した。

一九四七年は、世界中でユダヤ人の「ハヌカ祭」とキリスト教徒のクリスマスという二つの宗教的な祭りが祝われて終わった。エルサレムでは、近年のこの都市の歴史には前例のない暴力行為と悲嘆で、そのどちらも盛りあがらなかった。二千年ほど前のユダヤ人による対ローマ人蜂起以来、こんな年末は過去に一度もなかった。

第13章　断末魔の英国委任統治　一九四八年一月―五月

戦場と化した聖都

英国委任統治期間はまだ四カ月半ほど残っていたが、ユダヤ人にとってテルアヴィヴ＝エルサレム街道の通行は危険なものになっていた。約五〇キロメートルほどのこの道路の大部分はアラブ人支配地域を通っていた。エルサレム市の境界内でも、いくつかのユダヤ人居住区はアラブ人居住区の先にあり、アラブ人狙撃手により市中央部から遮断されてしまう危険があった。旧市街のユダヤ人地区に行くにはアラブ人地域を通らざるをえなかった。委任統治政府は、食糧その他生活必需品の輸送はヤッフォ門経由で可能であると断言していたにもかかわらず、この地区は一九四八年一月に完全に孤立させられてしまった。

エルサレム南西のアラブ人居住区カタモンから、周辺のユダヤ人居住区への銃撃は絶えなかった。一九四八年一月五日、これを阻止するため、「ハガナー」はカタモンに対して軍事行動を開始した。攻撃はひどい雷雨のなかで行なわれた。主な攻撃目標は、戦闘に参加しているアラブ人青年らの集合場所であったセミラミス・ホテルだった。「ハガナー」

の戦士はホテルに仕掛けた爆弾を炸裂させた。このホテルを根城《ねじろ》にしていた少なくとも一人のキリスト教徒アラブ人が死んだ。ここを定宿にしていたスペイン副領事も死亡した。このホテルはたしかにアラブ人暴徒の集合場所であったが、彼らは夕方集まるのが常であった。しかし爆発は朝、起こったのである。

「ユダヤ機関」のリーダーたちはセミラミス・ホテルの爆破に激怒した。「ユダヤ機関」の政治部長ゴルダ・マイヤーソンは、彼女の了解なしに爆破が行なわれたことに憤慨した。ゴート卿の後継の高等弁務官アラン・カニンガム将軍は、「ユダヤ機関」の議長ダヴィド・ベングリオンに出頭を命じた。ベングリオンは「明らかに狼狽した」様子で、この攻撃は「明らかに不当行為だ」と述べ、数時間後、爆破の責任者である「ハガナー」のエルサレム副司令官ミハエル・シェヒテルを解任した。

ダヴィド・コートニーは数日後、『パレスチナ・ポスト』紙にこう書いている。「一、二週間前、ハガナーは誤って性急に、敵の重要拠点と思い込んだカタモンのホテルに爆弾を仕掛けた。この悲劇的行為により罪のない人たちが死んだ。地域、国家あるいは国家群が激しい抗争でたがいに敵対した場合、罪のない人たちが道連れにされて死んでいく。いつの戦争でも戦争犯罪人は少数で、巧みに姿を隠しており特定しがたい。だが、ユダヤ人たちは小さなホテルに爆弾を仕掛けて吹き飛ばし、罪のない人たちを殺した」。

セミラミス・ホテルの爆破はただちに大きな波紋を広げた。カタモンに住むアラブ人の大部分と、婦女子、老人はみな、家と多くの所有物を捨て、パニック状態で出ていった。

ある者は南のベツレヘムの近くにある大多数がアラブ人キリスト教徒の村ベイト・ジャラにいった。他の人たちは旧市街のムスリム地区とキリスト教徒地区へ移った。金持ちはアンマン、カイロ、ベイルート、ダマスコへ移住した。

銃弾に代わって爆弾が使われるようになると、かつての活気に満ちた都市は戦場と化した。一月七日、「イルグン」は、ユダヤ人地区への食糧の搬入を阻止しているヤッフォ門のアラブ民族警防団の哨所に爆弾を仕掛けた。この爆弾により一四人のアラブ人が死に、四〇人が負傷した。「イルグン」の兵士が立ち去る際、彼らが奇襲用に接収した英国警察の車両が故障で止まった。彼らは徒歩で逃げたが、そのうちの三人が英国警察隊により射殺された。一月九日、英国警察隊運転手ウォリー・トーレイは運転中の装甲車が「イルグン」のバリケードに衝突して死亡した。さらに翌日、パレスチナ警察のエルサレム警備隊幹部の一人であるJ・C・テイラー警部がラマト・ラヘルで武装アラブ人ガンマンたちとの撃ち合いで殺された。この日、英国委任統治政府は、過去六週間のエルサレムの死者数を発表した。それはまさに戦争であった。この都市の歴史上、短期間でこれほど大勢の死者を出したことはなかった。アラブ人一〇六九人、ユダヤ人七六九人、英国人一二三人が死んだ。一日平均四六人が犠牲になったことになる。

一月中旬、セミラミス・ホテルの爆弾事件がカタモンのアラブ人住民の間にパニックを引き起こしてからわずか六日後、またもやアラブ人が大挙して村を出ていった。一月一一日、「ハガナー」はエルサレムへの入り口にあるアラブ人の小村シェイフ・バドルの長老スレイマン・ハミミの家を爆破した。エルサレムからテルアヴィヴに向かうユダヤ人護送隊《コンボイ》がシェイフ・バドルから狙撃されていたからである。二日後、「ハガナー」によるこの村に対する二回目の攻撃で二〇軒のアラブ人家屋が破壊された。この村の近くにある両民族の混住地区のロメマと、近くの二つのアラブ人村ケレム・アッシラとリフタは、すでに「ハガナー」と「イルグン」の攻撃を受けていた。ロメマのアラブ人ガソリンスタンド経営者で、テルアヴィヴへの護送隊の出発をこの地域のアラブ人ゲリラに通報していた疑いがもたれていた男が、「ハガナー」に襲われて殺された。

エルサレム市内への入り口付近で戦闘が激化するにつれて、アラブ人が多いロメマのユダヤ人住民は村を出たがっていたが、「ハガナー」は彼らに留まるように命じた。その週にリフタ、ケレム・アッシラ、ロメマ、シェイフ・バドルから、家財の大部分を捨てて逃げ出したのはアラブ人住民だった。彼らが去った家々はすぐに節操のない連中の餌食となった。一月一六日、シェイフ・バドルはユダヤ人群衆により略奪された。四日後、エルサレムの「ハガナー」指揮官イスラエル・ザブロドフスキーはベングリオンに、「アラブ人のロメマからの立ち退きにより交通事情は緩和された。一方、西エルサレムの中心部にあるアラブ人が多数を占めていたタルビエもまた、少数のアラブ人は留まっているが、次第にユダヤ人が増えてきた」と報告している。

エルサレムから逃げ出したのは、「ハガナー」や「イルグン」の攻撃に巻き込まれたアラブ人家族ばかりではなかった。多くのアラブ人リーダーは、パレスチナからいったん離れて戦闘から手を引き、英国軍が撤退し、他の連中が彼らの代わりに戦ってくれた結果、エルサレムすべてがアラブ人のものになってから戻ってくることに決めた。一月一〇日、アラブ高等委員会のメンバーで、元エルサレム市長のフセイン・ファフリ・アル・ハリディは、委員会のメンバーがいなくなったことについて、アラブ人商人のアブ・ザキにこうこぼした。「みんなが私から離れていく。カイロに六人、ダマスコに一人行ってしまった。私も長くは留まれないだろう。エルサレムは失われた。カタモンにはだれもいない。シェイフ・ジャラはすでに空っぽで、人々は旧市街からさえ脱出している。小切手や金を少しでももっているものはみな、エジプト、レバノン、ダマスコへ逃げようとしている」。

スコプス山のヘブライ大学とハダサ病院は、途中にあるシェイフ・ジャラの放棄されたアラブ人居住区に陣取るアラブ人から絶えず狙撃され、市の中心部から遮断された格好になった。教授や学生は防弾鉄板を装着した自動車かトラックでしか大学へ行けなくなった。一九四七年の大晦日、ヘブライ大学はついに休校を余儀なくされた。

一月一三日、「ハガナー」がシェイフ・ジャラを攻撃したのは、スコプス山への道路、特にハダサ病院への道路を確保するためだった。シェイフ・ジャラは占領されたが、英国軍が介入し、その支配下に移された。英国軍は武装アラブ人をこの地区には入《い》れないと約束しておきながら、四八時間後にこの地区をアラブ人に引き渡した。

病院への坂道を上がる者に対する攻撃は毎日のように起きた。一月中旬に一人の看護学生が殺されたとき、この病院の院長ハイム・ヤスキー博士はニューヨークのハダサ組織に次のような手紙を出した。「われわれがパレスチナで仕事をするには絶対安全が基本条件であるとするならば、独立国家という概念はすべて捨てなければならないだろう」。

その月に起きた数十の事件で、当事者の運命は急転した。一月一五日の新聞にはそのような二つの事件が載っている。その前日、英国軍勤務の文官トーマス・ベリー（英国人）とユダヤ人の妻ティクヴァ・シトリートは、アラブ人の度重なる襲撃を受けていたドイツ人居住区に住みつづけるのは危険だと判断した。二人はカイロの英国軍に勤務していたときに結ばれた。夫婦は脱出を決意したその日、白昼、ドイツ人居住区の表通りを歩いているときに二人のアラブ人に撃たれた。ベリーは即死、妻はハダサ病院へ車で運ばれる途中で死んだ。同じ日の後刻、略奪事件のあった商業センターのユリウス通り〔現在のキング・デーヴィッド通り〕で美容院を経営していたユダヤ人女性サラ・フリードマンが、破壊された建物の一つから自分の持ち物を運び出していたとき、家具の一つがトラックから落ちた。彼女がそれを拾いあげにいったところ、一人のアラブ人が彼女を商業センターに引きずり戻し、頭を狙い撃ちしたあげく顔をナイフで切りつけた。彼女は命は助かったが片目を失った。

普段の日常生活もまた続いていた。これら二つの凶悪事件が載った同じ新聞には、「既製靴特別セール」、「英国製湯沸器」、「コート、ドレス、コスチューム用高級生地の廉価提供」などの広告が載っていた。一月一七日には、キング・ジョージ五世通りのカフェ・コルソに手榴弾が投げ込まれて六人が負傷したにもかかわらず、レストランやカフェは営業していた。三日後の『パレスチナ・ポスト』紙によれば、「ガンマンによってエルサレムの統治、行政サービス、商業活動が停止状態になっているにもかかわらず、ユダヤ人は可能なかぎりの日常の雑事をいつも通り続けていた」。アラブ人も同様だった。殺害事件はしかし、休みなく続いた。

一月一八日夜、三五人の「ハガナー」志願兵が、このところ一カ月以上にわたって絶えずアラブ人の攻撃を受けて孤立していた市の南一六キロにあるクファル・エツィオンのユダヤ人入植地と連絡をとろうとした。志願兵たちはみな、偵察技術と夜間戦闘訓練を受けていた。二日目の夜、彼らは数百人の武装アラブ人の待ち伏せ攻撃を受けた。三五人全員が死亡した。アラブ人犠牲者一一人のなかに、ネゲヴ・ベドウィンのリーダー格のシェイフ・ハジ・サルマン・アル・アトラム・イブン・サイドがいた。

ツィポラ・ボロウスキーは一月一九日付の両親宛の手紙にこう書いている。「今日のエルサレムの顔は悲しげでした。死を事実と認めるのはつらいものです。死んだ人たちの大半を個人的に知っていればなおさらです。〝三五人の青年たち〟とはいっても、みんな若く、すばらしい人たちが死んだのは心が痛みます」。三五人のなかにモシェ・パールステインがいた。「ここで殺された最初のアメリカ人です。当地のアメリカ人グループは悲しみました。モシェはりっぱな青年でした」。

エルサレムのユダヤ人と英国人の間に醸し出された悪感情がさらに深く広がったのは、英国警察署員や英国軍逃亡兵がアラブ人たちにこっそり手を貸していたことによる。二〇〇人以上の英国兵が兵舎から姿を消し、アラブ側についたり、個人的な理由から直接ユダヤ人に敵対行為をしていたことがわかった。

二月一日の夜、エルサレムの中心部で爆発が起こり、『パレスチナ・ポスト』紙の印刷所がある建物が破壊された。爆発の数分前にその建物を出て、近所のカフェ・アタラにコーヒーを飲みにいった同紙の記者テッド・ルリの回想によると、カフェの近くで爆風を受けて転倒した。彼はカフェから社に電話をかけ、何が起きたか聞こうとしたが通じなかった。やがて空に炎が上がるのが見えたので、彼は社の建物へ急いで戻った。ダイナマイトを積んだ軍用車両が建物の前に駐車していたようだった。やったのは英国軍脱走兵だと、ユダヤ人ばかりでなく一般の人たちも信じていた。

『パレスチナ・ポスト』の爆破事件で即死したものはいなかったが、建物内にいた二〇人が爆風と飛んできたガラスの破片で負傷し、四人がそれが原因でのちに死亡した。死亡者はこの新聞社で働いていた印刷工ハイム・ファルベル、警備員で第二次大戦中、ヨーロッパのパルチザンだったヨシュア・ワインベルグ、隣のビルの一室に住む六〇歳のデボラ・

ダニエル、印刷室の隣の部屋に住む七五歳のビニヤミン・メイオハスだった。

『パレスチナ・ポスト』紙は爆発のあった夜も、借りた事務所で発行を続けた。翌朝の報道によれば、「煙と塵芥がたちこめ、熱気で息もできない新聞社の建物から最後の負傷者を助けたのはNBCのエルサレム特派員ジョン・ドノヴァンだった。彼がこの新聞社へくる途中で爆発が起きたのだ。『ニューヨーク・ヘラルド・トリビューン』紙の特派員フィッツヒュー・ターナーも、三人の英国人警察官といっしょに、犠牲者を探しに燃えさかる建物の階段を登っていった」。

破壊された建物の住民の大半は、寝間着のまま安全地帯へ逃れた。『パレスチナ・ポスト』紙によれば、「近くの道路をあてもなくさまよい、ようやく友人宅やホテルに収容された人たちもいた」。アブラハム・アルマリアが長年にわたって収集した、北アフリカのユダヤ人の生活や人物についてのかけがえのない文献もこの爆発で失われた。

『パレスチナ・ポスト』社屋への攻撃は、アラブ・ゲリラの指導者で、亡命したハジ・アミンの従兄弟であるアブドゥル・ハデル・アル・フセイニの命令によるものだった。爆弾はアブドゥル・ハデルの部下で、爆弾作りの専門家ファウズィ・アル・クトゥブが、アラブ人キリスト教徒のアブ・ハリル・ゲンノ（別名アボウド・ヨンホ）と二人の英国軍脱走兵ピーター・マースデン伍長とエディ・ブラウン大尉に手伝わせてつくった。彼らは最初、シオン・ホール・シネマを爆破するつもりだったが、一九六七年、戦争のあとでゲンノがラマッラーでテッド・ルリに話したところによると、彼らが映画館に着くのが遅すぎて映画は終わり、観客が出たあとだったので、近くで明かりがついていた唯一つの建物へ車で向かったのだという。

ゲンノは三〇年後、当時流行っていたイスラエル人と商売上提携して稼いでいる人間を懲らしめる作戦の一環として、アラブ人ガンマンに暗殺された。彼の葬儀は聖墳墓教会で行なわれた。

エルサレムを棄てる人々

暴力とそれに対する反撃は熾烈化した。『パレスチナ・ポスト』社が爆破された日、「シュテルン・ギャング」は、レハヴィアのユダヤ人居住区を狙い撃ちするカタモンの二軒のアラブ人家族の家を爆破した。メコール・ハイムのユダヤ人居住区に侵入したアラブ人ギャングに対する「ハガナー」の攻撃で、八人のアラブ人が殺された。旧市街のユダヤ人地区では、アラブ人がニッシム・ベク・シナゴグの近くで爆弾を投げた。二月二日、ヤッフォ門に向けてライフルが発砲され、英国人警官一人が負傷し、シリア系アラブ人ムスタファ・サラが殺された。四日後、旧市街のユダヤ人地区の襲撃でもっとも活躍していたアラブ人ギャングのリーダー、ハジ・アベド・ファレド・アル・ヤマニがユダヤ人に狙撃されて死亡した。

一月中旬以降、アラブ人はエルサレム西部から続々と脱出した。三週間でエルサレムの人口比は様変わりした。人口比の変化は、個々人の並々ならない苦労を物語っていた。二月五日、ベングリオンはエルサレムの「ハガナー」新指揮官ダヴィド・シャルティエルに、もっと多くのアラブ人地区を占領し、放棄された地域や、占領した地区にユダヤ人を入植させるように命じた。二日後、テルアヴィヴでの党指導者との会議で、ベングリオンは、「リフタ゠ロメマ経由でエルサレムに入り」、ヤッフォ通りからキング・ジョージ五世通りまでの間にいまや「よそ者」はおらず、「一〇〇パーセントがユダヤ人だ」と語り、さらにこう付け加えた。「ローマ時代のエルサレム破壊以来、この都市が今ほどユダヤ人の都市らしくなったことはなかった。西部の大半のアラブ人地区ではアラブ人を一人も見かけない。この状態が変わることはないと思う」

アラブ人ギャングは特に鉄道駅周辺ではびこっていた。二月七日、英国軍砲兵隊第四八連隊の砲手が駅の近くで「ユダヤ人を殺せ」という叫び声を聞いた。彼がそこへ駆けつけると、一人のユダヤ人が地面に転がり、ナイフやピストルで武装した大勢のアラブ人から蹴られたり、殴られたりしていた。この兵士はライフルの台尻やげんこつでアラブ人を追い払った。アラブ人は通りがかりのタクシーにユダヤ人を押し込めようとしたので、兵士はタクシー運転手に「停まるな、さもないと射つぞ」と脅した。事件を目撃した通りがかりの軍用車両の乗員が応援部隊を呼んだ。ユダヤ人は救助され、兵士は隊に戻った。

ユダヤ人はやっとエルサレムの入り口で狙撃されることなく西エルサレムを出ることができるようになったが、海岸平野部への往復はまだ危険をともなった。二月八日、テルアヴィヴからの護送隊のトラックを運転してきたハンス・レーマンはムガールのアラブ人村の近くで待ち伏せされて殺された。護送隊の追撃で、アラブ人襲撃者七人が死亡した。同じ日、アラブ人グループが新市街の中心部ユリウス通りにあるユダヤ人経営のフォード自動車代理店の一部を破壊した。同じ頃、別のアラブ人グループが鉄道駅から数メートルしか離れていない政府刊行物印刷所の近くにあるユダヤ人所有の毛織物店を破壊した。アラブ人ギャングはヤッフォ門の斜め向かいのイェミン・モシェや、南部のユダヤ人居住区タルピヨット、アルノナ、ラマト・ラヘルや、西側の上モツァで発砲し、子供が一人負傷した。

このような襲撃を防ぐ目的で、二月から特別な青い制服を着たユダヤ人民兵が、ユダヤ人地区からアラブ人地域へ通じるすべての道に石や鉄柱で強化したバリケードを築き、通行を制限した。

二月九日、「シュテルン・ギャング」がアラブ人所有の二つの建物を爆破した。一つはヤッフォ門の坂下の商業センターにあった建物で、もう一つはカタモンのアラブ人居住区の建物だった。それまで、これらの建物からユダヤ人住宅に狙撃が続いていたからである。同じ日、タルピヨットに狙撃を繰り返していたスル・バヒルのアラブ人村に対する「ハガナー」の攻撃で、二人のアラブ人狙撃手が負傷し、六〇歳のアラブ人が殺された。マグネス博士は『ニューヨーク・タイムズ』紙宛の手紙で、「この闘争で攻撃をしかけてきたのはアラブ人であるが、日毎に報復に次ぐ報復に直面している」と述べ、国連安全保障理事会がユダヤ人とアラブ人双方を招き、武器を捨てさせ、「平和的解決へのあらゆる可能性を検討できるようにする」ことを求めた。

ユダヤ人が旧市街のユダヤ人地区に行くことはますますむずかしくなった。英国当局がユダヤ人地区に割り当てていた大量の小麦、米、砂糖が新市街の倉庫にたまった。エルサレムのいろいろなユダヤ人ボランティア・グループが、完全に包囲されたユダヤ人地区へ送るための新聞、本、ラジオなどを集めた。ヤッフォ門はアラブ人狙撃手によりほとんど封鎖されていたので、特別輸送隊はシオン門を通っていかねばならなかった。

二月一〇日、旧市街とヘブロンから参加した大勢の武装アラブ人ゲリラ隊がユダヤ人居住区イェミン・モシェへ激しい攻撃をかけた。「ハガナー」部隊は強硬に防戦し、激しい銃撃戦が六時間も続いた。七人のアラブ人が死亡し、ユダヤ人地区の学童に食糧を運んでいたユダヤ人、シュムエル・トルシクも巻きぞえになった。最後になって英国軍が介入し、アラブ人を追い払った。だが、逃げる途中のアラブ人に英国兵が一人殺された。シェイフ・ジャラに面したナハラト・シモンのユダヤ人居住区で、アラブ人がユダヤ人の所有と勘違いした家屋を爆破した。この家屋の実際の所有者は、エルサレムの有力貿易商バラカット一族の一人だった。

英国委任統治期間はまだ三カ月残っていた。二月一一日、英国軍分遣隊がヤッフォ門の坂下に陣取り、イェミン・モシェに対するアラブ人のさらなる攻撃を防ぐなど、委任統治は限られた地域内の状況に即してはまだ機能していた。この日、英国警察は三〇人のユダヤ人警察官を宣誓任命するとともに、並行してアラブ人警察隊を組織することに忙しかった。どちらの部隊も制服を着用し、武装していた。彼らの任務は、双方の居住区間にあるすべての道路をパトロールしたり、バリケードを設置したりすることであった。

道路バリケードがあっても、二つのコミュニティーの狭間地帯の激しい抗争は収まらなかった。二月一二日、「ハガナー」部隊は援護射撃の下で、エルサレムの南端にあるベイト・サファファ村に侵入し、メコール・ハイムに向けて銃弾を発射していた四軒の家を爆破した。破壊された家の一つは、リーダー役のアラブ人マフモウド・シェイフ・ジャベル・アル・ウマリのもので、彼は瓦礫の下敷になった。翌日の彼の葬儀にはアラブ高等委員会書記のフセイン・ファフリ・アル・ハリディも参列した。

同じ二月一二日、タルビエのアラブ人居住区で一人のユダヤ人女性が銃撃で負傷したあと、「ハガナー」の拡声器つき小型トラックがこの地区を走り回り、残っているアラブ人居住者に退去するように命じ、さもないと家財道具もろとも「爆破する」と告げた。英国軍はこの小型トラックを取り押さえ、乗員を逮捕した。だがタルビエのアラブ人住民は警告を真《ま》に受けて出ていった。

アラブ人は東西エルサレムの境界沿いの二つのユダヤ人とアラブ人の混住地区、ムスララとシュネレルからも去りはじめた。彼らの退去によって西エルサレムは完全にユダヤ人地区となり、東エルサレムは旧市街のユダヤ人地区を除き完全にアラブ人地区となった。新市街の中心部では、通勤の危険を考えて、大部分のユダヤ人は会社を辞めた。二月一三日、プリンセス・メアリー通りのロイター通信社のユダヤ人職員が姿を見せなくなった。職員で残ったのは、キリスト教徒アラブ人女性一人だけになった。ロイター通信社はロンドン事務所に、英国人職員二人を派遣するように要請した。

ユダヤ人は、自分たちに対する英国人の偏見から生じたと思われる出来事を見て腹を立て、彼らを非難した。二月一三日、英国兵がユダヤ人居住区で四人の「ハガナー」隊員を逮捕し、彼らを近くの駐在所ではなく、ダマスコ門の近くの完全なアラブ人地区に徒歩で連行して、そこで担当曹長が丸腰の彼らをアラブ人の暴徒のなかに釈放した。四人全員が殺された。

それから九日後に、英国人に対するユダヤ人の怒りはさらに増した。二月二二日朝、一台の英国警察の装甲車と、陸軍の制服姿の英国人脱走兵が運転する三台の軍用トラックが、エルサレムのユダヤ人居住区の目抜き通りの一つであるベン・イェフダ通りに駐車した。やがてトラックの運転手たちは装甲車に乗り移って走り去った。数分後、三台の車両が爆発し、六階建てのビルを破壊したほか、多くの建物に損害を与え、五二人のユダヤ人が死んだ。二カ月後、その脱走兵たちの一人に間違いない英国兵が、アラブ軍団の司令部で『ライフ』誌のフォト・ジャーナリスト、ジョン・フィリップに「ベン・イェフダは俺がやった」と語り、「ムフティは約束の五〇〇ポンドを払うのを拒絶した」と文句をいった。のちに他の二人の運転手は、三週間前に『パレスチナ・ポスト』社の爆破にも参加したエディ・ブラウンとピーター・マースデンと判明した。

ベン・イェフダ通りの爆破事件でもっとも大きな被害を受けた建物の一つが、キリスト教徒アラブ人が所有するアトランティック・ホテルで、四歳のイタ・モロデッキーと生後八カ月の弟が死亡した。

ベン・イェフダ通り爆破事件の報復として、「イルグン」と「シュテルン・ギャング」のメンバーは英国兵探しにいきりたち、一〇人を殺し、二〇人を負傷させた。この銃撃戦に巻き込まれて一〇歳のユダヤ人少年イツァク・ドイチュが死んだ。その夜、「ユダヤ機関」は高等弁務官カニンガム将軍と交渉し、英国兵を今後エルサレムのユダヤ人地区に入れず、ユダヤ人民兵だけで守ることにした。

ベン・イェフダ通り爆破事件後の数日、エルサレムの街路では大部分がアラブ人狙撃手による殺人が頻発した。二月二四日、主計局長補佐の妻ヴィタ・メラメドがレハヴィアの自宅を出たところで狙撃されて死んだ。撃たれた彼女のそばには、キング・デーヴィッド・ホテル爆破事件で死んだユダヤ人の未亡人がいた。

ユダヤ人もまた、アラブ人と同様「いろいろな口実で」大挙してエルサレムを去りはじめた。ヨナ・コーヘンは三月五日の日記に次のように書いている。「パレスチナ分割決議の前のエルサレムには約一〇万人のユダヤ人がいたが、そのうち七万人弱がおおかたテルアヴィヴへ移ったと思われる。そこでは新国家が〝準備中〟であったので、政府や公共機関での地位を求めて移った人たちが多かった。多くの人たちは町が孤立するのを恐れるか、国際管理の都市に住むよりはユダヤ国家に住みたいと思って出ていった。エルサレムの著名人たちは、事務所、作業場、工場、産業のすべてがテルアヴィヴに移っていくことを嘆いている。ユダヤ人組織の会合、人間も施設も、設立中の新しい組織もすべてテルアヴィヴにとられている。エルサレムは心を痛め、質量ともに発展、成長を続けるテルアヴィヴを羨ましげに、また心配そうに眺めている。口先だけのお世辞がエルサレムに寄せられ、記事やスピーチには必ず〝国家の中心〟とか〝永遠の都〟とかの大げさな言葉が並ぶが、実際にはテルアヴィヴが首都だった」。

デイル・ヤシンの殺戮

三月一一日、さらなるテロ行為がエルサレムのユダヤ人を憤激させた。星条旗をなびかせたアメリカ総領事館の車が警備厳重な「ユダヤ機関」の中庭に入ってきた。守衛はこの車を知っていたので、調べもせず「入れ」と手で合図した。運転手は守衛も顔見知りのアントン・ダウードという三七歳のキリスト教徒アラブ人だった。ダウードは車を停めると、そっと立ち去った。彼が去るとすぐにその車が爆発した。建物の一翼が吹っ飛び、一三人が死亡した。死者のなかには、古参シオニストで、一八九七年の第一回シオニスト会議の代表者で当時まだ存命中だった五人のうちの一人である七一歳のレイブ・ヤッフェもいた。

「ユダヤ機関」が一九二九年にエルサレムに移ったとき、英国からエルサレムにきた六二歳のアリス・ラスケルも死んだ。飛んできたガラスの破片で負傷した者のなかには、当時パレスチナ放送局長のエドウィン・サミュエル、サミュエルと話していた「ユダヤ機関」の国連連絡員ワルター・エイタン、第二次大戦でドイツ前線の後方に降下したユダヤ人パラシュート部隊を組織したレウーベン・ザスラーニがいた。一三歳のメッセンジャー・ボーイ、ハイム・ポロトフ（ハイムは「生命」を意味する）も死んだ。車の運転手ダウードはベネズエラに逃れたという。

負傷者は「ユダヤ機関」の中庭から台車や、手近にいた世話人によって運び出された。世話人の一人が通り過ぎるのを見たユダヤ人ジャーナリストのマルカ・ライミストの回想（『御しがたい町』、エルサレム、一九八九年）によれば、「友人の一人が床に倒れ、他の人が彼の肩を支えていた。彼の頭は力なく垂れ、頭の傷からおびただしい血が流れ出していた。太陽が金髪の巻き毛に光っていた。それが何よりも悲劇を痛烈に感じさせた。その救急隊員は私が声をかける前に行ってしまった。私は打ちのめされて、「こんな金髪が……こんな美しい髪が……血だらけだ……」と壊れたレコードのように、馬鹿みたいに繰り返しつぶやきつづけた」。

同じ週、まもなく設立されることになっていた国連休戦監視委員会事務局長に任命されたスペインの外交官パブロ・デ・アスカサルテがエルサレムに到着した。彼はすぐに英国統治がまったく機能していないことに衝撃を受けた。のちに彼はこう書いている（『パレスチナに使いして』、ワシントン、一九六六年）。いろいろな国の総領事館は、「それまでの英国当局との公式関係に代わり、一方ではユダヤ機関、他方ではアラブ高等委員会と実務上の関係を樹立していた。ヨーロッパ諸国の市民が巻き込まれる事件が起こるたびに（実際よく起こった）、その国の領事は英国当局に話をせず、事件がユダヤ人地区かアラブ人地区のどちらで起こったかにより、ユダヤ機関かアラブ高等委員会にかけあった。最古参のフランス領事を代表とする領事団も、この前のアメリカ領事館の車を使ったユダヤ機関爆破事件のあと、領事たちのユダヤ人地区への出入りが制限されていることに抗議する必要があると考え、同様に振る舞った。この事件がもたらした厄介な交渉は、英国当局抜きで、領事団を代表するフランス領事とユダヤ機関の間で行なわれた。そういうことが委任統治終了の二カ月前に起こっていたのだ！」。

英国委任統治の終了まで二カ月足らずになった。エルサレムのアラブ人にとって、差し迫った英国軍の撤退はまたとない機会だと思われた。三月二一日、アラビア語紙『ファラスティン（パレスチナ）』は次のように宣言した。「われわれは英国軍のパレスチナ撤退をアラブ人の真の勝利とみなすと主張してきた。そのあとにユダヤ人に残されるものはわずかで、容易に取り除くことができるであろう。政治的に未熟なユダヤ人は、英国が過去三〇年にわたって行なってきた委任統治を放棄せざるをえない状態に追い込んだのは自分たちであると豪語しつづけている。いずれにせよ、英国軍の撤退はアラブ人にとってユダヤ人の夢を永久に踏みにじる願ってもない機会を与えてくれる」。

一週間後、今までエルサレムの本部から支持者を管理し、鼓舞してきたアラブ高等委員会がダマスコへ移ることを決めたため、このアラブ人の勝利の希望は後退した。エルサレムの支配をめぐる抗争が始まろうとした瞬間に、この都市に残っていた委員は一人もいなかった。これは彼らにとって重大な戦術上の誤りだった。第二の誤りは、五月一五日に、ハジ・アミンを大統領とし、首都をエルサレムか、それが不可能な場合はナブルスに置くパレスチナ・アラブ人暫定政権を樹立すると発表したことである。ナブルスを入れたのは、指導部がエルサレム支配を維持する自信がないことを示すように思われた。

テルアヴィヴからエルサレムへの道は始終アラブ人の攻撃にさらされ、エルサレムに無事に到達する食糧護送隊はますます少なくなった。三月末には遂に、任務を果たせない護送隊が出た。辿り着くのに一〇日もかかった護送隊もある。食糧と燃料は著しく不足した。四月の第一週の終わり頃には、エルサレムのユダヤ人の手元には小麦粉は三〇日分しかなかった。パン屋には一日、一人あたりの必要量の三分の一を焼く小麦粉しかなかった。子供用の少量のものを除いて、肉、魚、ミルク、卵は入手できなかった。野菜の不足も深刻で、子供たちは冬の豪雨のおかげでよく茂った雑草をとりにいかされた。「ハラミス」と呼ばれるこの雑草はほうれん草のような味がして、スープに入れられた。

四月九日、「イルグン」と「シュテルン・ギャング」によるデイル・ヤシンのアラブ人村に対する攻撃は、国全体を動揺させ、攻囲に耐えていた人々の気持ちをさらに暗くした。この攻撃に先立って「ハガナー」の古参将校二人がその意図を知り、「イルグン」と「シュテルン・ギャング」のリーダーたちに方針を変更するように説得した。しかし説得はうまくいかず、攻撃は実行された。バーナード・ヨセフの記録(『信徒の都エルサレムの攻囲』、ニューヨーク、一九四八年)によれば、「一時間で終わるはずの戦闘が午前中いっぱい続いた。攻撃の指揮は不徹底で、数人のアラブ人狙撃兵が一軒の家に立て籠もり、長時間の攻撃に耐えた。婦女子は村を出るように拡声器で警告したが、そうするのに十分な時間は与えられなかった。そのため、アラブ高等委員会が発表した二五四人の死者のなかには多くの女性と子供が含まれていた」。エルサレムのユダヤ人ハリー・レヴィンは、「過去数カ月間にアラブ人が行なった残虐な行為のどれ一つとして、ユダヤ人によるこの忌まわしい行為の言い訳にはできない。私が話したユダヤ人の大半がショックを隠せなかった」と日記に書いている。

デイル・ヤシンの死者のなかに制服姿のシリア兵が二人いた。「イルグン」と「シュテルン・ギャング」の攻撃隊員も四人死亡した。

デイル・ヤシンの殺戮をきっかけに、アラブ人はユダヤ人に対抗する強力な結集を呼びかけた。この殺戮はまた、「イルグン」と「シュテルン・ギャング」に対するユダヤ人の激しい非難を巻き起こした。バーナード・ヨセフは、「テロリストたちが大多数のユダヤ人の軽蔑を招き、ユダヤ機関からはっきりと絶縁を宣言された」経緯を書いている。「ユダヤ機関」執行部の緊急会議のあと、殺戮に対して「恐怖と嫌悪」を表明する声明が出された。他方、『パレスチナ・ポスト』紙はこう断言した。「ユダヤ人反体制組織がデイル・ヤシンのアラブ人村に入り、男女、子供の多くの住民を殺した行為は決して許せない。どんな説明も、どんな弁解も、この汚点を消すことはできない。デイル・ヤシンの殺戮がアラブ人の心に恐怖の念をかきたてたかどうかはわからない。それらはユダヤ人をぞっとさせた。この事件はそうした意味で二重に罪深い」。

四月一〇日の朝、「イルグン」と「シュテルン・ギャング」の連中が、デイル・ヤシンで捕らえた村の長老とその家族を含む男女、子供たちをトラックの荷台に乗せて、これ見よがしにエルサレムの市中を行進したとき、エルサレムの大多数のユダヤ人はいっそう心を痛めた。恥ずべき行進が行なわれている最中に「ハガナー」が介入し、捕われた人たちを捕縛者から奪い返し、釈放して英軍の保護下に入れた。

アラブ人村の破壊

エルサレム＝テルアヴィヴ街道の戦いは続いた。四月一〇日、ウジ・ナルキスとイツァク・ラビンの二人の若い指揮官が率いるユダヤ兵は、一週間にわたる激戦のあと、海岸への道を狙撃してくるカステルの丘からアラブ兵を追い払った。この戦闘中、数千人のアラブ人ゲリラ部隊とイラク人部隊のカリスマ的な指揮官であったアブドゥル・ハデル・アル・フセイニが死亡した。彼はアラブ高等委員会のメンバーと「軍議」を終えてダマスコから戻ったばかりだった。彼の死により士気を削がれた部下たちの大半は村に帰り、エルサレムの命綱の確保に躍起になっていたユダヤ人部隊は思わずほっとした。

五週間前、英国政府スポークスマンが下院で、アブドゥル・ハデルは「きわめて捕まえにくい」人物だと評したばかりだった。四二歳だった彼は、両大戦間時代のパレスチナ・アラブ民族主義指導者であったムサ・カゼム・パシャ・アル・フセイニの息子だった。一九九〇年代の政治的抗争でエルサレムのパレスチナ人のリーダー役になるのがアブドゥル・ハデルの息子のファイサル・アル・フセイニである。三万人のムスリム・アラブ人が参列した「聖域《ハラム》」でのアブドゥル・ハデルの葬儀のあと、アラブ人大群衆がエルサレムのユダヤ人地区を襲ったが、追い払われた。アブドゥル・ハデルの死後、イラク軍の古参指揮官の一人であるファデル・ベイ・アブドゥラがカステル地区の指揮をとるため、イラク兵の増強部隊とともに派遣され、カステルの奪回を試みた。二週間後、アラブ高等委員会のメンバーでシンシナティ大学の卒業生である四〇歳のエミール・ゴリーがアブドゥル・ハデルの後任指揮官になった。

カステルの争奪戦後、「ハガナー」にとって防衛拠点として必要のない家屋のすべてが爆破された。だが、カステルの戦いの間にほとんどの住民が逃げ出した近くのアラブ人村コロニアは武装アラブ人により占拠され、彼らはここをエルサレム＝テルアヴィヴ街道の護送隊を襲う基地にした。四月一〇日、「ハガナー」の突撃隊「パルマッハ」がコロニアを占領した。この「パルマッハ」の攻撃に参加したハリー・レヴィンはエルサレムを日没後に出発し、この村の近くへ進攻する模様を次のように日記に書いている。

「わが軍の兵士たちはベルトを締め直して待機した。命令とともに前進し、丘を越えて、決められた方向から接近した。突然、村が噴火したように見えた。わが軍の迫撃砲が砲撃を始めると、すぐにすさまじい反撃があった。夏の稲妻が敵の大砲や、頭上をかすめる砲弾を照らし出した。敵は辺り構わず発砲した。それを避けながら、わが軍の兵士たちが歩行とほとんど同じ速度で匍匐《ほふく》前進した。その間中、銃弾が雨あられと村に降り注いだ。突然、山腹が爆発で裂け、恐怖の悲鳴があがった。わが軍の突撃隊と工兵隊が集落に入ったのだ」。

ほとんどが空き家だった。「銃弾を浴びせてくる家もあったが、長くは続かなかった。ある家は執拗に抵抗した。わが軍は人手を増やして、三方から攻撃した。機関銃の射撃か、窓から投げ入れられた手榴弾のどちらかで抵抗は止んだ。三〇分ですべては終わった。ほとんどのアラブ人は夜闇に乗じて逃げた。数えただけでも一四人の死者があったが、多分もっといただろう」

コロニアの戦いは終わり、ハリー・レヴィンはエルサレムに戻った。日記はこう続く。

「村を出るとき、工兵隊が家屋を破壊した。古い石造りの家が一軒また一軒と爆破され、崩れ落ちた。なかには凝った都会的なスタイルの家もあった。エルサレムが見えるところまでたとき、丘の向こうでまだ爆発音が響き渡っていた。その合間に、悲しげな犬の遠吠えが聞こえた」。

コロニアは二度と再建されなかった。その四月、ベングリオンと「ハガナー」最高司令部の決定により、エルサレム回廊沿いの占拠したアラブ人村落はすべて平地にされた。新しい方針により、エルサレム回廊からアラブ人家屋を一掃することになったのである。コロニアに次いでビドゥ村とベイト・スリク村もほとんど破壊され、まもなくフルダ村もブルドーザーで平地にされた。ビドゥ村とベイト・スリク村での八時間の作業で、一〇〇軒の家すべてが根こそぎ破壊された。二つのモスクだけがそのまま残された。

エルサレム回廊からアラブ人村落を除去するという新方針の唯一の例外はアブ・ゴーシュだった。この村の住民たちは一度も道路を襲ったことがなく、またユダヤ人に好意的だった。このアラブ人村はエルサレム回廊で唯一つ生き残り、今ではにぎやかな町になっている。

四月一〇日、ベングリオンはエルサレムの食糧不足の解決策を討議する緊急会議をテルアヴィヴに召集した。エルサレム緊急対策委員会の委員長であったバーナード・ヨセフは、この会議への道中についてこう書いている。「われわれは装甲バスに乗って行ったが、このバスもアラブ人の銃撃を受けた。ある場所でバスと護送隊が停まった。覗き窓から見ると、武装護衛隊員が丘を登り、われわれを攻撃してくるアラブ人部隊を追い払った」。

この会議でベングリオンはバーナード・ヨセフに食糧を徴発し、輸送車両と運転手を徴用する全権を与えた。その日、エルサレム市内では最初のアラブ側からの砲弾がはじめてユダヤ人地域に落下した。それ以降、砲撃は絶え間なく続いた。エルサレムの北にあるアタロットのような離れた居住区もまた、マシンガンの激しい銃撃を受けた。同じ頃、レハヴィア、キリヤト・シュムエル、ネヴェ・シャアナン、メコール・ハイムの四つのユダヤ人居住区にもライフル、マシンガン、迫撃砲が撃ち込まれた。エルサレムに住むユダヤ人の一人ポーリン・ローズの四月一三日の日記によれば、「ある和やかで教養のある家族の家に行くと、一人の婦人が目に涙を浮かべていた。「息子が昨夜殺されたのよ」と彼女はいった」。

四月一三日、ユダヤ人地域へのすさまじいアラブ人の砲撃で幼稚園が被爆し、二〇人以上の子供たちが負傷した。毎日の砲撃に対抗するため、いろいろな試みがなされた。ダヴィド・レイボビッチという若い技術者は、直径八センチほどの排水管を用い、釘と鉄屑でつくった爆弾を使った自家製武器で間に合わせの迫撃砲を考案した。その爆発力は大したことはなかったが、爆発音がすごかったので、思った以上の衝撃を与えた。発明者の名にちなんで、この迫撃砲は「ダヴィドカ」と呼ばれるようになった。この名前は少年ダビデが巨人ゴリアテに向けた投石器を思い起こさせるものでもあった。

毎日の砲撃による負傷者が運ばれてくるハダサ病院は、依然としてエルサレムのユダヤ人地区から遮断されていたが、幸いなことにスコプス山へ上がってくる医学関係者や民間人は、車の通行を英国軍兵士と警察が保護するという保証を高等弁務官とロンドンの植民地担当国務相からもらっていた。

四月一四日、救急車二台、装甲バス三台、食糧と病院用補給品を積んだトラック三台、小型護衛車二台、合計一〇台の車からなる護送隊が、責任者の英国軍将校から道路は問題ないと保証されたあと、午前九時三〇分にスコプス山へ向けて出発した。医師、看護師、患者（デイル・ヤシンへの攻撃で負傷した「イルグン」兵一人を含む）、ヘブライ大学職員を乗せた車には「ダビデの赤い盾《マゲン・ダヴィド・アドム》」（イスラエル赤十字）の赤いマークがはっきり見えた。

護送隊がシェイフ・ジャラの郊外を通り過ぎ、丘を登ってカルム・アル・ムフティと呼ばれる角にさしかかったとき、地雷が爆発した。この地雷はアラブ人仕立屋のモハメド・ネガルが仕掛けたものだった。武装した乗員が先導する先頭護衛車は地雷爆発でできた穴をうまく避け、後続車を援護しようとした。すぐうしろの救急車と二台のバスは損傷を受け、動けなくなった。後方にいた六両の車はUターンし、無事にエルサレムへ戻ったが、そのなかの一人の運転手はアラブ人ガンマンに顔を撃たれた。

護衛車、動けなくなった救急車と二台のバスはカルム・アル・ムフティからライフル射撃と手榴弾、それに火炎瓶《モロトフ・カクテル》をもろに浴びた。午前中いっぱい攻撃は続いた。護送隊の乗員は護衛車の乗員を除いてだれも武装していなかった。それが医師や看護師の通過を許可する英国軍がつけた条件であったからだ。エルサレム駐屯英国軍総司令官ゴードン・マクミラン将軍が襲撃開始から一五分後に丘の麓を車でたまたま通りかかった。彼の車も十字砲火を浴びたが、彼は攻撃は終わりそうだと感じた。だが攻撃は午後に入っても続き、医師や看護師は銃火の標的にされたままだった。

この道路の安全保持に責任がある英国軍哨所はわずか一八〇メートルほどのところにあった。そこの指揮官ジャック・チャーチル大佐はエルサレム駐在ハイランド軽歩兵大隊の副指揮官であり、一九四〇年のダンケルク撤退作戦や一九四三年のシシリー島上陸作戦に参加した歴戦の士でもあった。一九四五年に彼はドイツ軍戦線の背後に降下したコマンド隊を指揮していて捕虜となり、ダッハウ収容所に入れられた。チャーチル大佐は機関銃手を乗せたハーフ・トラック〔車の後半分にキャタピラーがついた装甲車〕に後続を命じ、自分は装甲車に乗って状況調査に向かった。彼が現場に着くと、武装したアラブ人たちが「デイル・ヤシン！　デイル・ヤシン！」と憎しみの叫び声をあげながら、四方から護送隊を撃ちまくっていた。

チャーチル大佐は包囲された車の一番うしろの装甲バスに辿り着き、なかの乗員たちに装甲車に乗り移って安全な兵舎へ戻るようにと説得した。しかし彼らは「ハガナー」の到着を待つと答えた。チャーチル大佐は英国軍司令部に無線連絡し、アラブ人たちが銃撃してくる数軒の家への砲撃許可を求めたが拒否された。そこで彼は少なくとも何人かのバスの乗客を装甲車に避難させるように最後の努力をしているとき、機関銃手のカシディが首にアラブ人の銃弾を受けた。チャーチルはカシディを包囲された護送隊といっしょにその場に残して、救急隊を探しに行ったが、カシディは死んだ。彼はハダサ護送隊の待ち伏せ攻撃の最初の犠牲者だった。

一週間前にチャーチル大佐がいっしょに食事をしたばかりのハダサ病院長のハイム・ヤスキー博士が護送隊のなかにいた。彼は午後一時と二時の二回、通りかかった英国軍軍用車を合図して停めようとしたが、軍用車は停まらなかった。その間の、まだ銃撃が続いていた一時四五分に、エルサレムの自宅にいた大学学長イェフダ・マグネスは英軍総司令官マクミラン将軍に電話をかけ、「ハガナー」分遣隊を現場に送る許可を求めた。マクミラン将軍は自分もそこへ行きたいと思っているが、「困ったことに、大戦闘になりかけている」と答えた。

学長が「ハガナー」部隊を現場へ急行させる許可を求めたところ、「ハガナー部隊の到着は火に油をそそぐようなもので、危険を増すだけだ。軍部は事態を掌握しており、護送隊を救出するだろう」と将軍は答えた。「ユダヤ機関」からも司令部へ何度も緊急要請をしたが、同じ答えが返ってくるばかりだった。

午後三時までに二台のバスが炎上した。まだ命のあった大勢の乗客は生きたまま炎に包まれた。三時一五分頃、ヤスキー博士は妻に向かって「もうこれまでだ、シャローム（さよなら）」とつぶやいた。その瞬間、救急車の前方装甲板の隙間から飛び込んできた一発の銃弾でヤスキー博士は死んだ。一五分後の三時三〇分、チャーチル大佐からのさらなる要請で、C・P・ジョーンズ准将の率いるハイランド軽歩兵部隊が護送隊を包囲しているアラブ人に攻撃をかけ、一時間ほどで撃退した。二八人のユダヤ人が救出されたが、そのうち二〇人が負傷していた。七七人のユダヤ人が死亡した。

英国軍の介入で四〇人のアラブ人が死んだが、そのなかに五五歳のジャーナリスト、シユクリ・クテイネがいた。彼の息子は数カ月前の旧市街の戦闘で死亡していた。英国軍兵士二人も戦死した。ロバを連れてエルサレムへ入ろうとしていた年老いたアラブ人も、十字砲火の巻きぞえをくって死亡した。

「すべてがあまりにもひどい」

ハダサ護送隊襲撃事件の死亡者のなかには、ガン研究部長のL・ドルジャンスキー博士と助手のボリス・ミスズルスキ博士をはじめ、医学部の指導的立場にある人たちが数人いた。病院に手術を受けにいくところだった患者も数人死亡した。『パレスチナ・ポスト』紙が「ガン治療の先駆者」と書いた二人の死はとりわけ悼まれた。ドルジャンスキー博士は青年時代にロシアからパレスチナに移住し、ヒトラーが政権を握る前に、すでにベルリンで一流のガン研究者になっていた。彼はゲシュタポに逮捕されたが、英国領事の介入で釈放され、パレスチナに戻った。『パレスチナ・ポスト』紙によれば、「残酷な死が彼を襲ったとき、彼の頭は将来の計画でいっぱいだった。音楽（彼はすぐれたピアニストでもあった）を別にして、ドルジャンスキー博士は徹底した仕事人間だった。アラブ人とユダヤ人の友好関係が大事だと常々意思表明していたが、社交界や政治活動にはいっさい参加しなかった」。ヤスキー博士は一九二一年に眼科医としてロシアからパレスチナに移住してきたパレスチナ医学界の大御所だった。眼科医として、彼は数千人のアラブ人のトラホームを治療した。新聞の死亡記事には、「アラブ人のための医療援助を説き、また実行した」とある。彼はまだ五一歳だった。

ツィポラ・ボロウスキーはアメリカの両親宛の手紙にこう書いている。「全市が喪に服しています。こんなに大勢の友達が、こんなに多くの医師、看護師、患者、大学研究者、事務職員たちが死んでしまったのは、すごい損失です。すべてがあまりにもひどい。エルサレムの住民たちはみな、「こんなことがまだ続くのだろうか?」とつぶやきながら歩き回っています」。

ハダサ護送隊襲撃事件のあと、アラブ高等委員会は声明を発表した。声明によると襲撃を指揮したのはイラク人将校だった。彼の指揮ぶりは「英雄的行為」とされた。英国軍の遅ればせの介入も非難された。「英国軍の介入がなければ、ユダヤ人乗客は一人も生き残れなかったはずだ」とアラブ高等委員会は苦々しげに指摘している。

創立以来やっと二三年のヘブライ大学も喪に服した。スコプス山の尾根沿いに建物の数と敷地を四倍に拡大する計画——アウグスタ・ヴィクトリア巡礼宿泊所の購入、エルサレム在住の建築家リチャード・カウフマン設計によるりっぱな寄宿舎、スポーツ・グラウンドやスタジアムの建設――は棚上げせざるをえなかった。カウフマンの創意工夫に富んだ設計図は製図板に載ったままだった。ユダヤ神秘主義が専門のゲルショム・ショーレム教授や考古学者のE・L・スケニクら大学の教官たちがみな、研究室や教室に戻ることができるかどうかは、英国軍の撤退日が近づくにつれて、日に日に熾烈化している戦闘の結果次第だった。

四月一四日付の『パレスチナ・ポスト』紙はこう書いている。「デイル・ヤシンのような行為やハダサ病院途上の虐殺事件は、それ自体堪え難い悲劇だ。こうした事件はこの土地を委ねられた委任統治政府当局との関係を危ういものにしている。英国政府の方針により、委任統治政府は手も足も出せず、面目を失ったままだった」。公務の面でも英国政府はゆっくりと少しずつ、手を引きつつあった。四月中旬には、エルサレムの司法体制はアラブ人地区とユダヤ人地区とに分けられ、それぞれが独自の法廷をもつことになった。ユダヤ人地区とアラブ人地区の道路もまた、それぞれのコミュニティーの支配下に置かれた。

四月一五日、ユダヤ人部隊によるカステルの占領の結果、五〇〇トン以上の食糧を積んだ一三一台のトラック護送隊がエルサレムへ妨害を受けずに到着した。二日後、二八〇台のトラック護送隊が続いた。今回は道路上で攻撃を受け、三〇台のトラックが前進を断念したが、残りのトラックは無事通過した。隙間なく並んだトラック隊の長さは一〇キロメートルに及んだ。これらの護送隊が小麦粉、砂糖、ミルク、果物、野菜など千トンの補給品を市内に運び込んだ。

この二番目の護送隊が町に到着したのは、正統派のユダヤ人は運転も仕事もしない安息日だった。だが、「この人たちは天と地を清める！」と長老のラビが叫んで、その到着を祝福した。信仰深いユダヤ人たちは、まだ礼拝用肩掛け《タリット》をつけたままシナゴグから出てきて、普段なら安息日の冒瀆行為にあたる荷下ろしを手伝った。

四月二〇日に続いて出発した三番目の護送隊もまた襲撃された。その三〇〇台のトラックはエルサレムにつながる小谷の入口バブ・アル・ワドで攻撃され、一日中銃火にさらされた。ユダヤ人三人が死亡した。一部のトラックの運転手が自発的にアラブ人を追い払い、成功した。この戦闘でアラブ人三〇人が死んだ。エジプトの名門ユダヤ人一族の一員であるユダヤ人指揮官モッセリ家のマカビもまた戦死した。全部で二九四台のトラックがエルサレムに到達できた。仕方なく放棄されたのはわずか六台だった。その錆ついた残骸は今でも、記念碑として道ばたに置かれている。

三番目の護送隊が通過したあと、アラブ人部隊がバブ・アル・ワドに戻ったため、護送隊の通行は不可能になった。三番目の護送隊の二八〇人の運転手は沿岸部の家族のもとへ帰ることができなくなった。エルサレムは連絡を断たれ、包囲された。四月二四日、ムスリムとユダヤ人双方の聖地である預言者サムエルの墓地、ネビ・サムエルにあるアラブ人基地が、エルサレム街道の襲撃の拠点だったため、ここからアラブ人部隊を駆逐しようとしたが失敗した。ユダヤ人二五人が死亡し、残りの者は撃退された。

四月二八日、スコプス山への道を支配するシェイフ・ジャラのアラブ人居住区を、イッハク・ラビン指揮の「パルマッハ」のハレル大隊が占領した。英国軍は、夕方の六時までに撤退せよ、さもないと攻撃すると通告してきた。「私は最後通牒を拒絶し、譲歩しないことを提案した」とラビンはのちに書いている。約束の時間が過ぎると、英国軍の戦車と砲兵隊がユダヤ人部隊の占拠地に向かって進んできた。手もとには英国軍のバズーカ砲一門しかなかったので、ラビンはただちにスコプス山への撤退を命じた。

存在するだけでほとんど機能していない委任統治政府はあと二週間もつかどうか危ぶまれた。英国軍の撤退が近いことを予想して、エルサレム郊外の戦闘は激化した。国連はアメリカ、フランス、ベルギーの総領事で構成される休戦委員会を設立して、四月二三日から活動を開始した。委員会の活動はほとんどフランス総領事館内に限定された。その領事館の建物自体が、しばしばヤッフォ門からエルサレム新市街方面をねらうアラブ人の攻撃目標にされた。「歴史上このような危機的状況のなかで、三人の領事がアラブ人とユダヤ人の間に立ってどのような調停ができたであろうか?」とのちのイスラエル外交官ワルター・エイタンは疑問を投げかけた。

四月三〇日夜、ユダヤ人部隊はアラブ人居住区カタモンの端にある聖シメオン修道院を攻撃した。イラク兵やシリア兵を含むアラブ人部隊は修道院を武器供給所兼連絡センターとして使い、またその周囲のユダヤ人居住区を攻撃する基地にもしていた。ユダヤ人ジャーナリスト、ジュリアン・メルツァーは『ニューヨーク・タイムズ』紙にこう報告している。「ユダヤ人部隊が攻撃を開始するのを見た。彼らはすべて一〇代後半か二〇代前半の人たちで、元気にあふれ、戦闘意欲に満ちていた。兵士のなかには戦闘服に身を固め、軽機関銃をもった女性兵士もいた。彼女らは常にパルマッハ部隊の銃撃の名手だった。ハガナー司令部の外では子供たちが戦場から二キロメートル足らずの街路で遊んでいた。彼らは装甲車が戦闘現場へ出動したあとの駐車場を遊び場にしていた」。

修道院は占領された。最後の戦いで、一〇人のイラク兵と七人のハガナー兵士が戦死した。その後、カタモン自体での戦闘が激しくなると、残っていたアラブ人住民は逃げ出した。彼らの家屋が戦場になった。五月一日午後早くには、カタモン全体がユダヤ人部隊の手に落ちた。バカ北部も占領され、そこの住民たちはエルサレム＝ベツレヘム街道、エルサレム＝ラマッラー街道を逃げるカタモンの避難民の群れに加わった。避難民たちが長い、苦しい旅に出立した頃、ネビ・サムエルからアラブ人砲兵隊がいくつかのユダヤ人居住区に向かって砲撃を開始した。一〇歳のヤルデナ・ショシャニ、九歳のエステル・ベン・シモン、それに八歳のベニヤミン・イェヘズケルら八人のユダヤ人が死亡した。

英国軍の関心がほとんど撤退のみに向けられるようになると、アラブ人とユダヤ人の抗争はパレスチナ全土で激化した。五月三日付で『パレスチナ・ポスト』紙が発表した過去五カ月間のパレスチナ全土の死亡者数は、アラブ人三五六九人、ユダヤ人一二五六人、英国人一五二人で、月平均千人、一日平均三〇人以上が死んだことになる。五月四日、英国赤十字は一週間前に死亡したアラブ人の死体を除去しはじめた。同じ日、カタモンの戦いで放棄されたが、まだオランダ国旗がはためいているオランダ総領事館を英国兵が略奪した。オランダの抗議で略奪された品物の大部分は返還された。五月五日、エジプトから五台のバスが到着し、赤十字旗の保護のもとで一六〇人のエジプト人を避難させた。

五月六日、国連総会の要請により、旧市街の休戦を確実なものにするため、「ユダヤ機関」執行部の二人の幹部、ゴルダ・マイヤーソンとエリエゼル・カプランが高等弁務官カニンガム将軍に会いにいった。将軍は、アラブ人がユダヤ人地区のユダヤ人の安全と〝敬虔なユダヤ人たち〟の「嘆きの壁」への出入りを保証するつもりでいると彼らに告げた。一般のユダヤ人がユダヤ人地区に自由に出入りし、「嘆きの壁」へ行くことが許されるのかと訊くと、将軍は「アラブ人はそういう条件には同意しないだろう」と答えた。ヤッフォ門から「嘆きの壁」へのルートをユダヤ人パトロール隊に護衛させるというカプランの要請には、アラブ人側から何の返答もなかった。

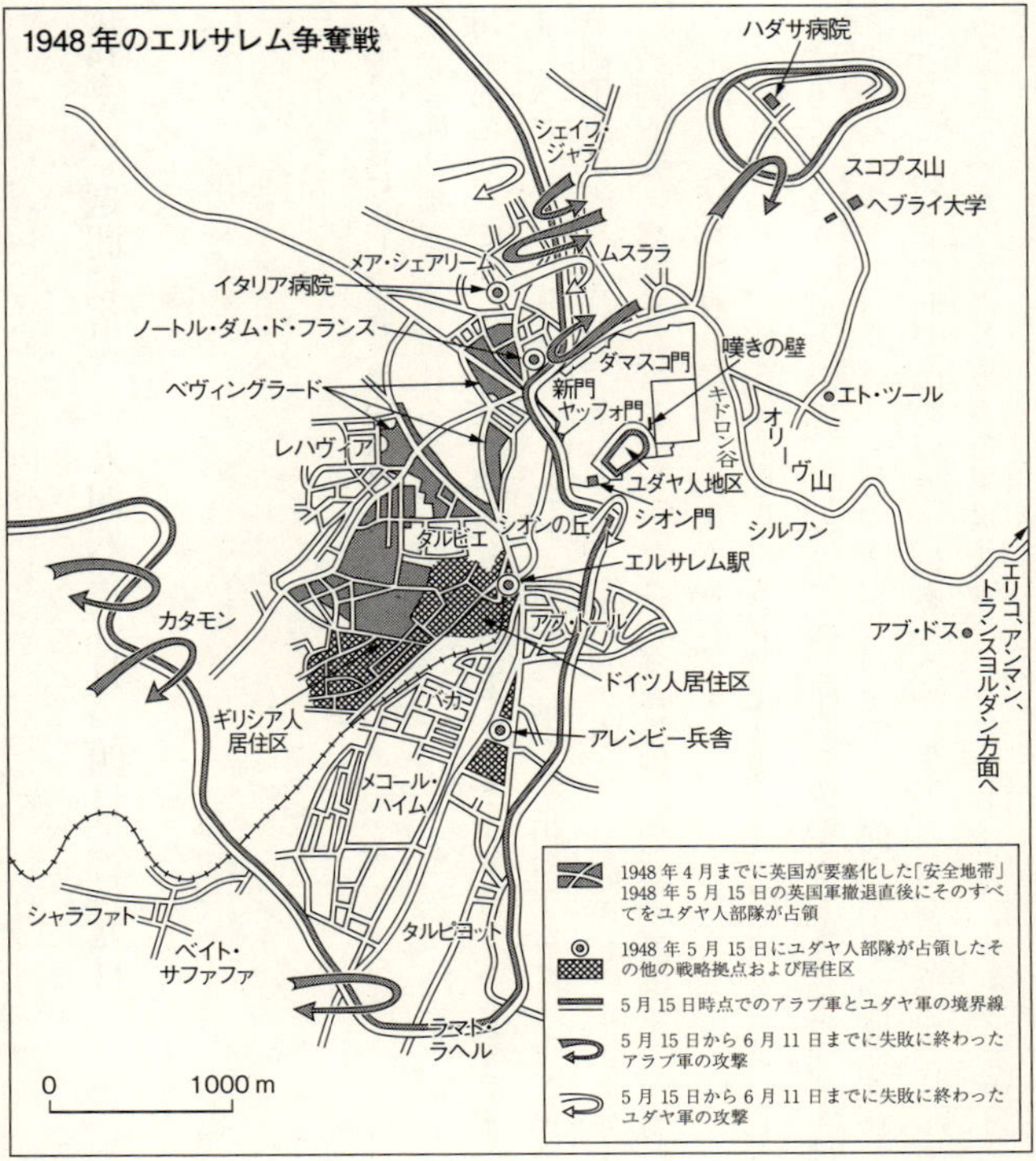
1948年のエルサレム争奪戦
ハダサ病院
スコプス山
ヘブライ大学
シェイフ・ジャラ
ムスララ
メア・シェアリーム
イタリア病院
ノートル・ダム・ド・フランス
ダマスコ門
嘆きの壁
ベヴィングラード
新門
ヤッフォ門
キドロン谷
エト・ツール
オリーヴ山
レハヴィア
ユダヤ人地区
シオンの丘
シオン門
シルワン
タルビエ
エルサレム駅
カタモン
アブ・トール
ドイツ人居住区
ギリシア人居住区
バカ
アレンビー兵舎
メコール・ハイム
エリコ、アンマン、トランスヨルダン方面へ
アブ・ドス
シャラファト
ベイト・サファファ
タルピヨット
ラマト・ラヘル
0
1000 m
1948年4月までに英国が要塞化した「安全地帯」1948年5月15日の英国軍撤退直後にそのすべてをユダヤ人部隊が占領
1948年5月15日にユダヤ人部隊が占領したその他の戦略拠点および居住区
5月15日時点でのアラブ軍とユダヤ軍の境界線
5月15日から6月11日までに失敗に終わったアラブ軍の攻撃
5月15日から6月11日までに失敗に終わったユダヤ軍の攻撃

第14章　二週間戦争　一九四八年五月一四日—二九日

こっそり逃げ出した委任統治政府

一九四八年五月一四日金曜日午前七時半、パレスチナ委任統治政府本部事務局と英国軍司令部に残っていた英国政府関係者全員がキング・デーヴィッド・ホテルの部屋や執務室を引き払い、車でエルサレムの町を出た。彼らが出発すると、ホテルの国旗掲揚台から英国国旗《ユニオンジャック》が降ろされた。それから三〇分後のきっかり八時に、英国陸軍大将の記章をつけた戦闘服姿の高等弁務官アラン・カニンガム将軍が公邸の屋根つき玄関のポーチに姿を現わし、五〇人の儀仗兵の閲兵に向かった。

その年のはじめ、将軍はエルサレム市の設計者ヘンリー・ケンドールの著書の序文に次のような一文を寄せている。「いくつかの宗教の象徴として貴重な、すばらしい宗教的遺跡のあるエルサレム市は、大勢の人たちの手で長い間、丁寧に保存され、聖別された信託地として三〇年間わが国の保護下にあった」。英国のために聖別された信託統治は終わろうとしていた。カニンガム将軍は防弾ベンツに乗り込み、キング・デーヴィッド・ホテルへ赴いて出発前に儀仗兵を閲兵してから、北方のカランディア飛行場へ向かった。飛行場での短い儀式のあと、将軍はパレスチナ空軍司令官の操縦する小型機でハイファに飛び、そこから艦艇で委任統治の公式終了時の午前零時に英国に出航した。

その日の朝八時、アンマンに行っていたパブロ・デ・アスカサルテと国連休戦監視委員会の一行がエルサレムに到着した。ダマスコ門からキング・デーヴィッド・ホテルへ車を走らせてくると、「市内の様子がどうもおかしいと感じた」と彼はのちに書いている。「街路にはだれもおらず、辺りは静まりかえっていた。だが、それを口に出す前に、この異様な雰囲気の理由がわかった。この都市は英国軍に占領されていたのだ。街角ごとにマシンガンを備えた哨所があり、街路には兵士が要所要所に立って、軍用車以外の通行を厳重に制限していた。事務局に着くと、こうした軍事力の誇示理由がわかった。その朝、高等弁務官と事務総長がキング・デーヴィッド・ホテル前での簡単な儀式のあと、エルサレムを離れたのだ。高等弁務官は整列した儀仗兵を閲兵し、そのままカランディア飛行場に向かった。そこには彼をハイファに運ぶ飛行機が待ちかまえていた」。

アスカサルテは一瞬、困ったなと思った。彼はその朝カニンガム将軍に面会する予定だったからだ。彼の回想によれば、「正直いって、委任統治が正式に終了する二〇時間も前に、こんな風にこっそりと高等弁務官と事務総長がエルサレムを離れたことを知って、痛ましく感じた。ひどい話だが、最悪の事態ではなかった。英国は軍隊がエルサレムから撤退する日時を決してわれわれに通告してこなかったが、私は英国軍がパレスチナから完全撤退するのは、駐留期限の切れる九月一日近くだろうと考えていた（結局のところ、これは正当な理由があってのことではなく、希望的観測によるものだった）。私は無邪気な楽観主義から、英国軍は自分たちの撤退後に訪れるにちがいない大混乱をできるだけ先送りすることに努めるだろうと考えていた。なぜなら、国連はもはや、最小限度の秩序と安全を維持するためだけの体制すら維持することができなくなっていたからである。だが、英国はそうした理にかなった、賞賛に値するプロジェクトは念頭になかった」。

アスカサルテの回想はこう続く。「われわれが見た街路に整列していた部隊は、治安維持のためにいたのではなかった。彼らはただ出立するために整列していたのだ。実際、部隊は次から次へと町を離れ、午後二時頃には一人の英国兵もエルサレムには残っていなかった。いよいよ先の見えない時代に突入したわけだ」。

カランディア飛行場からカニンガムの搭乗機が飛び立つと、英国旗が高等弁務官公邸の旗竿からも降ろされた。旗が降ろされてから一〇分以内に、「ハガナー」部隊の一団の兵士がヤッフォ通りを進み、エルサレム中心部にある三カ所の英国軍撤退後の保護地区《セキュリティ・ゾーン》に入った。数時間後、彼らは中央郵便局や電話局、ジェネラーリ［イタリア系保険会社］・ビルディング、パレスチナ保健省があったロシア人街を含む市中心部の主な建物を確保した。アラブ軍は市の城壁の北西の角からバークレイズ銀行ビルの方へ前進してきたが、「ハガナー」は彼らを撃退し、自分たちがこのビルに入った。その屋上からは、北西の角からヤッフォ門にのびる城壁を一望することができた。

ヤッフォ通りを数百メートル先まで見渡せるジェネラーリ・ビルディングでは、「ハガナー」の兵士と入れ代わりに、最後の英国軍将校がビルに向かってスマートに向きを変え、敬礼してすたすたと立ち去った。その朝、最後の英国軍部隊は乗用車、トラック、ブレンガン・キャリアー〔ブレン式軽機関銃搭載の偵察用装甲自動車〕、タンクなど二五〇台の車両に分乗してエルサレムを離れた。目撃者のゼエヴ・シャレフによれば、「撤退部隊の車両がエルサレムのユダヤ人街中心部のキング・ジョージ五世通りをごとごとと音をたてて去っていくのを、路傍に立つ民衆は、「ああ、彼らは行ってしまう、本当に行ってしまう、あとはどうなるのだろう?」と思いながら黙って見つめていた」。

戦火のなかの独立宣言

次に起こったことはシオニスト物語のなかで劇的な一瞬であった。その日の午後四時四〇分、テルアヴィヴで「ユダヤ機関」議長ダヴィド・ベングリオンが独立宣言を読みあげ、その夜午前零時を期して誕生することになるユダヤ人国家の樹立を宣言した。それは「イスラエル」と呼ばれることになった。エルサレムの西一〇キロメートルにあるマアレ・ハマミシャのキブツでは、エルサレムへの道が閉鎖されないように戦ってきたユダヤ人兵士たちがやっと一息入れて、ベングリオンの独立宣言をラジオで聞いていた。「諸君、ラジオを消してくれ。眠くて死にそうだ。結構な言葉は明日聞こう」と一人の兵士がいった。この部隊の指揮官イツァク・ラビンの回想によれば、「だれかが立ちあがってラジオを消した。重苦しい沈黙が部屋に満ちた。私は自分なりのさまざまな思いに息を殺して黙りこくっていた」。

新しい国家がまだ正式には誕生していない前日の夕暮時までに、レバノン、シリア、イラク、トランスヨルダン、エジプトのアラブ独立五カ国は、軍隊にパレスチナ委任統治領の国境を越えて進入せよという命令を出した。アラブ人不正規兵はすでに、エルサレムの南一六キロメートルにあるレヴァディム、マスアト・イツァク、エン・ツリム、クファル・エツィオンの入植地からなるエツィオン・ブロックのユダヤ人地区を包囲し、新国家樹立以前に、エン・ツリムを除くすべての入植地を掌中にしていた。一〇〇人近い防衛隊員が戦死し、そのなかの一五人は降伏後にマシンガンで殺されたという知らせが届いたとき、エルサレムのユダヤ人は悲しみと怒りでいっぱいになった。エン・ツリムは五月一四日の独立宣言の日に陥落した。

その日の朝、エルサレムの北一三キロメートルにあるカニンガム将軍が飛びたったカランディア飛行場のすぐそばで孤立していたアタロットのユダヤ人住民は、アラブ人部隊に絶え間ない攻撃を受け、夜のうちに撤退を余儀なくされた。住民たちは徒歩で、エルサレムの北八キロメートルほどの郊外居住区ナヴェ・ヤアコヴへ向かった。深夜、アラブ人がアタロットに火を放ったというニュースがエルサレムに届いた。その夜、エルサレムのユダヤ人地区の一八歳から四五歳までの男子全員に「保安部隊出動命令」が出された。

アラブ軍団のエルサレム侵攻

五月一四日の夕刻、英国人将校ジョン・バゴット・グラブ少将、通称「グラブ・パシャ」と、現役英国人将校三〇人を含む上級指揮官が率いるアラブ軍団が、アンマンからヨルダン渓谷に達し、ヨルダン川のトランスヨルダン側で露営した。午前零時少し前、アレンビー橋に立った総司令官のトランスヨルダンのアブドゥラ国王は、拳銃発射を合図にまわりの兵士たちに「前進！」と号令した。

アラブ軍団はアレンビー橋を渡り、リフト渓谷からユダの荒野の細い道を登ってエルサレムに向かった。英国軍が撤退した時点で、パレスチナに入ったアラブ軍のなかでは最精鋭の、もっとも規律の正しい軍隊だった。「われわれは二日か三日でテルアヴィヴを奪取できると期待されていた」とのちにグラブ将軍は書いている。彼自身は悲観的だった。「私はユダヤ人の用意周到さを知っていた。アラブ人は計画性がなく、おたがいの協力体制もなかった」。

アブドゥラ国王はグラブ将軍にエルサレムを占領してほしかった。グラブ将軍が、現時点で対峙している両軍に国連が停戦を呼びかけ、休戦交渉に入るほうがいいとほのめかすと、アブドゥラは将軍に叱咤激励の手紙をよこした。「わが親愛なるグラブ・パシャよ、アラブ諸国ならびにムスリム、キリスト教徒アラブ人の目から見たエルサレムの重要性は周知の通りだ。この町のわが同胞が、ユダヤ人によって殺されたり、家から追い出されたりするような災難を蒙ることは、われわれにとって計り知れない影響を及ぼすであろう。

情勢はまだ絶望するには早い。ゆえに私は今日われわれが保持しているものすべて――旧市街とエリコ街道――を維持することを命じる。これは現在ラマッラー周辺にいる予備軍を使うか、一般予備軍からの部隊をラマッラーに差し向けることで可能なはずだ。できるだけすみやかにこの命令を実行することを要請する」。

グラブ将軍は国王の要望に譲歩して北から「エルサレムに突入」し、シェイフ・ジャラを占拠して旧市街との連絡路を確保する作戦計画を立てた。グラブの回想によれば、「基地に戻るとすぐ自室に行き、「エルサレムへの武力介入決定」命令を書いた」。それから彼はシェイフ・ジャラを四日以内に攻撃せよとアラブ軍団に命じた。

一九四八年五月一五日、ユダヤ国家成立一日目の現状にもとづいて、三〇年来はじめてエルサレムの法的立場が改められた。英国の委任統治終了後、これに代わる外部勢力も、国家もしくは国家連合もなかった。国連さえその機能を果たしていなかった。国連によれば、エルサレムのユダヤ人地区は新生イスラエル国家の一部ではなかったが、この都市を実際に守れる軍隊はユダヤ人部隊しかいなかった。それは、六カ月前の国連分割決議以来、動かしがたい事実になっていた。

エルサレムでの戦いは五月一五日も続いた。その日の朝、戦時中ベルリンでムフティとともに数年を過ごしたファウジ・アル・カウクジが指揮するアラブ解放軍と呼ばれる不正規部隊が、ネヴェ・ヤアコヴのユダヤ人居住区を攻撃した。そこは、さらに遠方のアタロットからの避難民が前夜、やっと見つけた安息所だった。正午近く、ネヴェ・ヤアコヴの「ハガナー」部隊はエルサレムの司令部に、「当地は猛烈な砲火にさらされている。ただちに〝鳥〟を送れ、さもないと壊滅の恐れあり」と打電した。だが、〝鳥（航空機）〟は用意できなかった。その夜、ネヴェ・ヤアコヴの住民は攻撃で戦死した四人の「ハガナー」隊員を埋葬したあと家を捨て、スコプス山のハダサ病院まで八キロメートルの道を歩いた。

アタロットとネヴェ・ヤアコヴは一九二九年と一九三六年の暴動の際も放棄された。二回とも住民たちは数カ月以内に戻り、破壊された家屋を再建した。だが今回は、二〇年近く戻れないことになる。二日前、アラブ軍団とともにヨルダン川を渡ったアメリカ人フォト・ジャーナリスト、ジョン・フィリップスは、陥落直後にアタロット入りした。のちに書いているところによれば、「そこに着いたときには、くすぶりつづける廃墟が残されているだけだった。アメリカからの航空便やモーツァルトの『魔笛』の楽譜が散らばっていた。残されたホルスタイン種の牛の大部分は、アラブ人の喧嘩のもとにならないように、アラブ解放軍の手で殺されていた」。

五月一五日の夕暮までに、ユダヤ人部隊はメア・シェアリーム警察署とシェイフ・ジャラを占拠した。『パレスチナ・ポスト』紙によれば、シェイフ・ジャラでは「ユダヤ国旗がムフティの館に翻った」。アラブ人が多数を占めるギリシア人居住区、ドイツ人居住区、バカ、タルビエの四つのアラブ人居住区もその日のうちに陥落した。「ハガナー」部隊はそこから孤立していた南部のユダヤ人居住区との連結を計り、五月一六日早朝までにタルピヨットの居住区に到達する構えだった。だが彼らは、途中のアレンビー兵舎に陣取っていた三〇〇人のイラク兵にさえぎられた。その夜、兵舎を奪取し、英国軍の対戦車砲を含む大量の武器と弾薬を捕獲した。

五月一六日夕刻までには、「ハガナー」部隊は鉄道駅とアラブ人に占拠されていた残りの居住区アブ・トールの両方を奪取した。これで城壁の南の新市街全部がユダヤ人部隊の手に落ちた。旧市街城壁の北西の角の向かい側にあるノートルダム修道院の争奪戦は続いた。城壁内のアラブ人部隊はそこを拠点にエルサレムのユダヤ人居住区の中心部へ突入したかった。だが、修道院はユダヤ人部隊が保持した。

その日、アラブ軍はシェイフ・ジャラに執拗な攻撃を加えたが、「ハガナー」は陣地を保持した。「ハガナー」の数回にわたるムスララ攻略の試みは撃退されたが、同じ日にアラブ軍が占拠したメア・シェアリーム警察署はその夜、「ハガナー」部隊が再び奪取した。バークレイズ銀行ビルからヤッフォ門へ向かっていた三六人の「シュテルン・ギャング」はアラブ軍の銃撃で釘づけにされた。彼らはのちに「ハガナー」により地下室から救出され、ユダヤ人支配地区に戻った。

ハガナー奮戦

エルサレムは戦場であると同時に、まだ包囲されたままだった。五月一七日、十数台のトラックからなる小護送隊《コンボイ》が沿岸部からエルサレムに着いた。これは緊急軍需品を運ぶ軍用護送隊で、市民用の食糧は運び込まれなかった。同じ日、エルサレムの「ハガナー」指揮官ダヴィド・シャルティエルが、「パルマッハ」部隊のハレル大隊指揮官にエルサレムにくるように要請した。その指揮官イツァク・ラビンは「ハガナー」部隊が計画中の旧市街ユダヤ人地区突入には兵士の数が少なすぎると怒った。彼の回想によれば、「私は怒り心頭に発し、『いったい兵隊はどこにいるんだ？　私が貸した八〇人の疲れ切ったパルマッハ隊しか首都の解放に召集できるユダヤ人部隊はないのか？』とシャルティエルに怒鳴った。私は突入後に増援部隊を送るという約束をとりつけた」。

ラビンの回想はこう続く。「旧市街ユダヤ人地区の防衛隊は「必死で救援を要請していた」。彼はヤッフォ門とシオン門からの突入計画は間違っていると信じていた。彼は、「城壁へ頭から突っ込むような攻撃はやるな」とシャルティエルにいった。「ハレル旅団の全部をシャルティエル麾下に置くが、別の作戦をとるべきだ」。ラビンの戦術は「もっと構想が大きいものだった。われわれの支配下にある地域から旧市街を包囲し、突入する前に旧市街をアラブ軍から遮断する計画だった。だが、シャルティエルは私の提案を拒否し、自分の作戦の実行を譲らなかった。私は彼に腹を立て、彼の作戦案はばかげていて必ず失敗するといった。エルサレムはしかし、私にとって貴重な都市であったので、たとえ不本意な結果になろうとも拒むことができなかった。われわれの部隊は彼が要請したように陽動攻撃をかけることになった」。

五月一七日、ヤッフォ門から突入し、包囲されたユダヤ人地区の救援に向かうという作戦が開始された。ダビデの塔に掲げる予定の白地に青の「ダビデの星」を染め抜いたイスラエル国旗も用意された。だが攻撃は阻止された。ヤッフォ門を撃破して進入口をつくろうとしていた工兵が爆破前に殺されてしまったのだ。数時間のうちにアラブ軍の砲弾が再び西エルサレムに落ちはじめた。ポーリン・ローズの五月一八日の日記によれば、「敵はわれわれを包囲し、戸口まで迫っている。激しい戦闘が進行中だ。エルサレムのすべての地区が砲撃を受けている。すさまじい爆発が絶えず大気をつん裂き、あとに破壊、死、苦痛、挫折感を残す。……エルサレムは荒れ果てた都市になった。食糧、水、電気が切れ、ニュースの放送も聞けない。……エルサレムは死亡宣告を受けながらまだ生きている都市のようだ」。

同じ日、エルサレムへの砲撃とユダヤ人地区の包囲が続くなかで、グラブ・パシャ麾下のアラブ軍団の一連隊が、沿岸部からエルサレムへの道を眼下にする戦略的に重要な丘ラトゥルンを占領した。連隊長ハビス・マジャリ中佐が、そこに英国軍の建設したテーガルト要塞を強化した。この要塞はアラブ人暴徒を阻止する目的で一九三六年に建てられたものである。イスラエル軍に危険を察知される前に、マジャリはブレンガンや重迫撃砲を含む救援隊も確保した。その陣地はどう見ても突破不可能のように思われた。

ヤッフォ門への陽動攻撃が失敗したので、五月一九日早朝、ラビンの「パルマッハ」旅団の一隊、約六〇人がシオン門から旧市街ユダヤ人地区への第二次突破作戦を試みた。この攻撃隊を指揮したのは二三歳のウジ・ナルキス少佐だった。ナルキスの「パルマッハ」隊は、南の、すでに占拠したアラブ人居住区アブ・トールから北進してシオンの丘を奪取し、シオン門から突入してユダヤ人地区の防衛軍と連結した。これにより武器、弾薬、貯水槽消毒用塩素、輸血用血漿剤を運び入れ、負傷者を搬出した。「パルマッハ」隊とともに八〇人の「ハガナー」隊員が、包囲時にそこにいた一二〇人の兵士と合流した。

だが、五月一九日に確保した連絡路は長くはもたなかった。エルサレム戦に新しい要素が加わろうとしていた。その日、グラブ・パシャに率いられたアラブ軍団——指揮官には英国人将校が多く、彼らが訓練も行なった——の兵士たちが、ユダヤ人地区攻撃の先鋒として北からエルサレム入りしたのである。夜明けに、アラブ軍団兵はシェイフ・ジャラからユダヤ人防衛隊を駆逐し、正午には北からの道を抑えるフレンチ・ヒルと、ハダサ病院とスコプス山の飛び地を砲撃できる英国警察訓練所の二カ所の丘を占領した。

夕方六時、「パルマッハ」隊はユダヤ人地区に到達して補給を行なったが、連絡路の保持は任務ではなかったので引き上げた。「パルマッハ」の兵士六〇人のうち、一人が死亡した。のちになって、少なくともそこに残された「ハガナー」小隊によって、何らかの連絡路を確保しておかなかったのはなぜかが大きな議論になった。シオン門からユダヤ人地区までの距離はわずか一四〇メートル足らずだったのだ。

五月一九日、エルサレムは終日、再び激しい砲撃にさらされた。ハリー・レヴィンの日記によれば、「この朝、シオン門の勝利でエルサレム市民はほっとしていた。ところが、このすさまじい猛攻撃にそんな思いを吹き飛ばされてしまった。死傷者の数はわからないが、多かったにちがいない。一家族で三人が死んだとか、シェルターを求めて走っていた婦人が死んだが子供たちは無傷で助かったとか聞く。キング・ジョージ五世通りで粗織りの鼠色の毛布をかけた遺体を担架に載せ、救急車のほうに走って行く人も見た。正午にユダヤ機関の記者会見から帰る途中、私は二回も戸口に砂袋を積んだシェルターに避難した。そこには他の人たちも避難していた。みな緊張し、怯えていた人も多いが、パニック状態ではなかった。砲撃が遠のくと、人々は一人、二人と抜け出し、身を守るためできるだけ壁際を歩いた。全市が重大な危機に直面していることに気づいていない人はいなかっただろう。安易で漠然とした自信は、木っ端みじんに吹き飛んだ」。

ユダヤ人部隊は旧市街から追い払われたにもかかわらず、シオンの丘は保持しつづけた。そこからユダヤ人部隊は五月一九日の突撃に続く数日間、アラブ軍団の一連の攻撃を撃退した。だが、旧市街のユダヤ人との連絡はできなかった。その間、激しい砲撃が旧市街のユダヤ人地区に向けられ、情勢は予断を許さなくなった。防衛隊員の数は敵の二〇分の一だった。

五月二一日朝、市城壁のすぐ北でアラブ軍団の戦車十数台がはじめて戦闘態勢に入った。ハリー・レヴィンの日記によれば、「軍団は激しい砲撃を開始した。二時間ほどで三〇人が死に、負傷者の数は多すぎてわからない。それから装甲車と戦車が前進してきた。その日の午後、戦車は向きを変えて後退したが、そのうち三台が破壊され、二台が動けなくなったというニュースが飛び込んできた。それを固唾をのんで見守っていたことに気がついた人がたくさんいたと思う」。

同じ日、南のラマト・ラヘルのキブツは、エジプト軍先導の部隊から激しい砲撃を受けていた。砲撃を受けた経験のない数人の老人がショック状態になった。翌日キブツは占拠された。だが次の日、ユダヤ人部隊はここを奪回した。「ハガナー」は「キブツの略奪と、中庭で鶏を追いかけるのに忙しいアラブ兵たちをびっくりさせた」とイスラエル歴史家のネタニエル・ローチは書いている。

五月二一日、まだ規模の小さかったイスラエル空軍が戦闘態勢に入り、エルサレムの真北にあるシュアファトのアラブ人村にあったアラブ軍団の基地を爆撃した。数日後、イスラエル空軍機はネビ・サムエルのアラブ軍砲兵陣地を攻撃した。だが、五月二八日、イスラエル部隊が激戦のあげく先日獲得したばかりのもっとも重要なシェイフ・ジャラの戦略的十字路が、再びアラブ軍団に奪回された。これによって、散発的砲撃を受けていたヘブライ大学とハダサ病院のあるスコプス山一帯が、ユダヤ人部隊の支配下にある地区との連絡路を遮断されてしまった。

英国人将校の指揮下にあったアラブ軍団の砲兵隊がシェイフ・ジャラからエルサレム北部のユダヤ人居住区を砲撃し、甚大な損害を与えた。エジプト軍はベツレヘムの郊外にあるマル・エリアス修道院を基地にして、エルサレムの南の居住区ラマト・ラヘルとタルピヨットに砲撃を加えた。砲弾はヤッフォ門の向かい側のイェミン・モシェのユダヤ人居住区にまで達した。「ハガナー」部隊には大砲がなく、反撃できなかった。

旧市街のユダヤ人地区防衛隊は、無線通信を除いて新市街のユダヤ人地区との連絡を完全に遮断されていたが、九日間戦いつづけた。五月二〇日には手榴弾が一〇〇個残っているだけになった。籠城中、救急医療体制はアブラハム・ローフェル博士の率いるハダサ病院の医療チームにより維持されていた。ローフェル博士はウィーン大学出身のオーストリア系ユダヤ人で、第一次大戦ではオーストリア＝ハンガリー軍の軍医として従軍した。ユダヤ人地区の病院の最上階は砲撃を避けるために引き払い、患者は地下や隣のシナゴグで治療を受けた。手狭なうえに負傷者の数が多かったので、一つのマットレスに二人の患者が寝かされる場合もあった。

ローフェル博士の回想によれば、「同じ日に二回、三回と救急医療室に出たり入ったりしながら、そのたびにまた戦闘に戻っていく兵士たちを何人も見た。通常の戦闘状況では入院させられる兵士たちが、包帯を巻くとまた、前線へ出ていくのを認めざるをえなかった。兵士の数が足りず、また彼らが治療を受けている間、子供たちが代わりに部署に就いていたからだ。数日前に指が切断された兵士や、傷が炎症を起こし、膿が出ている兵士、片目に眼帯をした兵士たちが部署に戻っていった」。

「私が忘れることができない症例がある。二〇歳ぐらいのハンサムな青年が運び込まれた。銃弾の破片が眼に飛び込んだのだ。「手術にどのくらい時間がかかるか?」と彼は訊ねた。「約一五分か二〇分」と答えると、「長すぎる。われわれの部署の状況はいま絶望的だ。痛み止めに何か数滴、眼にさして眼帯をしてくれ。敵を追っ払ったらすぐ戻るから」。一時間後、彼は運び込まれた。砲弾できれいな顔が吹き飛んでいた。眼を心配する必要はなくなった。彼は死んでいた」。

「棒きれでだっておまえらに勝てた」

五月二二日の朝、エルサレムの三人の国連休戦監視委員会委員の一人だったアメリカ領事トーマス・C・ワッソンは、イスラエル国家を承認するというトルーマン大統領の最近の決定に対するアラブ人の反応についてワシントンに電報を送った。「アメリカはアラブ諸国を裏切った」と彼らは感じているとワッソンは報告している。彼に届くアラブ人の意見は、アメリカを「非常に恨んで」いた。ユダヤ人の反応は、「エルサレムのユダヤ人たちは戦争という目先の容赦のない任務を突きつけられているので、当面の仕事以外には何も考えられない」状態だった。ワッソンは報告を送ったあと、フランス領事館で行なわれた休戦監視委員会の会議に出席した。それから目と鼻の先のアメリカ領事館に戻る途中、アラブ人に狙撃され、その傷がもとでまもなく死亡した。

同日、国連安全保障理事会はエルサレムを含むパレスチナ全土に停戦を呼びかけた。翌日、イスラエルはこれに同意し、「相手方が同様に行動することを条件に」、指定時刻に停戦するようにすべての前線に命令した、と国連に通知した。だが、アブドゥラ国王は攻撃をやめることに同意しなかった。「わが兵士たちは無為に戦争をやめるためにパレスチナ入りしたのではない」と彼は応酬した。アラブ軍団はユダヤ人地区を乗っ取る構えでいたので、国王はアンマンの自国政府に対し、安全保障理事会に返事を出すなと命じた。他のアラブ諸国は合議のための時間的猶予を求め、認められた。

イスラエル暫定政権の外相モシェ・シェルトクは、「相談の必要があるという要請で認められた猶予期間中にも、外国支援のアラブ軍による市外からのエルサレム砲撃は変わらぬ激しさで続き、旧市街城壁内の古いシナゴグが次から次へと破壊されている」と抗議した。その日、ラマッラーからのアラビア語放送は、ユダヤ人地区のフルヴァ・シナゴグの延々と続く破壊状況をこと細かに伝えた。

五月二三日午後、アラブ軍団は再び「新門」の向かいにあるノートルダム修道院の奪回を試みた。この修道院は「ハガナー」にとって、数百メートルしか離れていないユダヤ人地区の中心部を防衛するための重要な要塞拠点で、英国軍が撤退した五月一四日以来、彼らが占拠していた。

アラブ軍団の装甲車は、修道院の脇の通りを抵抗を受けずに進むことができた。装甲車を阻止する対戦車妨害物は何もなかった。ネタニエル・ローチは公式戦史にこの結末を次のように書いている。「最初の装甲車がヤッフォ通りに向かって修道院の窓の真下を通りかかったとき、一六歳にもならないのに、フランスのマキ〔第二次大戦中のフランス反独遊撃隊〕で戦ったという評判の少年ジャックが、エルサレムの工兵の手作り火炎瓶を最上階の窓から装甲車めがけて投げつけた」。

「二回目に投げた火炎瓶が装甲車に当たり、装甲車は炎上した。燃えあがる装甲車は格好の対戦車妨害物になった。後続車は向きを変えて後退した。負傷した乗員を救出しようとして燃える装甲車に近づいた別の装甲車にも火炎瓶が命中し、被害を受けた。これでまた、対戦車妨害物は増強された。その間に、大部分の防衛隊員は修道院の一階に降りた。彼らは際どいところで間に合った。アラブ軍の突撃歩兵部隊は修道院の本館から十数メートルのところで阻止された」。

グラブ・パシャはのちに、ノートルダム修道院攻撃の失敗はこの戦争でアラブ軍団が蒙った最大の敗北であったと記している。その日の午後五時、彼はエルサレムのユダヤ人地区攻撃を中止させた。この攻撃に参加したアラブ軍団部隊の兵士の半分以上が戦死したか負傷した。グラブ将軍はこれ以上の大々的な損害を望まなかった。部隊にはまた、二週間分の弾薬しか残っていなかった。

だが戦争の帰趨はまだ決まっていなかった。五月二三日、グラブ将軍の部隊がノートルダム修道院から撤退していた頃、他のアラブ軍団部隊はエルサレムの西一六キロメートルに位置し、テルアヴィヴからエルサレムへの道路を眼下にするラトゥルンから、彼らを追い出そうとするイスラエル部隊に対し攻撃を加えていた。イスラエル兵六〇〇人以上が戦死した。戦死者の多くは強制収容所の生き残りで、キプロス島の英国軍の鉄条網のなかで長い抑留生活を強いられたあと、最近釈放された人たちだった。彼らは緊急事態のため、訓練も受けずにラトゥルンの戦闘に駆り出された。アラブ軍団のほうが砲撃も銃撃能力もともに勝《まさ》っていたため、攻撃部隊は破壊させられた。戦場に置き去りにされたステン軽機関銃やブレンガンはアラブ軍団の戦力増強に貢献した。

五月二四日、「ハガナー」部隊がつい三日前に奪い返したラマト・ラヘルを、エジプト軍が奪取した。「ハガナー」司令部には、「アラブ旗がラマト・ラヘルに翻っている」という簡潔な無線通信が届いただけだった。

その夜、ラマト・ラヘルは再度「ハガナー」部隊により奪い返された。このキブツはこの戦争の間、三回も主《ぬし》が変わった。今日でも防衛隊の塹壕がはっきり見える。これらの塹壕から、エジプト兵も短い占領期間中に眺めていたにちがいないエルサレム南部と、その向こうに旧市街の城壁を見ることができる。

「ハガナー」部隊はラマト・ラヘルから、エジプト軍がキブツ攻撃の基地としていた修道院のあるマル・エリアスを攻めた。修道院は放棄されていた。戦闘中も留まっていた修道女が一人いただけだった。

エルサレムの外では、グラブ・パシャが沿岸部への道路を支配下に入れようと努力を続けていた。アラブ軍団はラトゥルンの奪取に続いてエルサレム回廊の最高所の一つであるレーダー・ヒルを占拠した。そこからアラブ軍団の砲兵隊はエルサレムの入り口からバブ・アル・ワドまでの長い一帯を砲撃することができた。

旧市街のユダヤ人地区では情勢があまりにも絶望的だったため、五月二五日、住民数人が「ハガナー」司令部に行き、降伏するつもりでアラブ軍と交渉すべきだと迫った。その日、ユダヤ人地区の「ハガナー」部隊は、手榴弾がなくなり、兵士の間に士気の低下が見られると無線で伝えた。

ユダヤ人地区攻撃中のアラブ人の士気は、アラブ軍団兵士の到着で高まった。これらの兵士たちは、エジプト人を中心とするイスラーム原理主義グループで、いかなる形のユダヤ人国家の設立にも激しく反対している「ムスリム同胞団」の兵士たちと肩を並べて戦闘位置に着いた。グラブ将軍は四〇〇人の部下のそのような布陣を見て気分が高揚し、のちに次のように書いている。「わが軍の兵士たちが、大昔、弓矢にあわせてつくられた中世の城壁の狭間から銃を突出しているのを見たとき、何ともいえない感動が心をよぎった」。

五月二六日、小型機に乗ったユダヤ人パイロットがユダヤ人地区へ銃と弾薬を投下した。だが、この地区のかなりの部分がアラブ軍に占拠されていたので、この貴重な補給品はアラブ兵の手に渡ってしまった。その日の朝の無線連絡によれば、ユダヤ人地区の防衛隊には一七〇発の銃弾しか残っていなかった。ライフルの弾をマシンガンに使ってみたが、銃が詰まって動かなくなってしまった。戦闘員のなかには、外部から援軍がこなければ翌朝の任務に就かないという者もいた。だが「ハガナー」部隊には七日前のようなシオン門突破の手だてがなかった。突入計画はあったが、兵力が足りなかったのだ。

五月二七日、アラブ軍はユダヤ人地区では一番大きなフルヴァ・シナゴグの屋根に彼らの旗を掲げ、やがてシナゴグに火を放った。フルヴァ・シナゴグは一七〇五年にはじめて建てられたあと一七二〇年に破壊され、一八五六年から一八六四年にかけて再建された。高さ七〇メートルあまりのそのドームは、その後約一世紀にもわたってエルサレムの目印だった。フルヴァ・シナゴグの占拠とともに、この地区の三分の一がアラブ軍の手に落ちた。その日、「ハガナー」部隊上級将校三人と、この地区の主だったラビたちが会い、どうするか相談した。ラビたちはアラブ軍と交渉を始めてほしいといった。ところが、この会談中、西エルサレムの「ハガナー」司令部から二日以内に救出作戦を行なうという約束の連絡が入った。

シオン門から「ハガナー」部隊が再突入するという約束は、ラビと折衝していた防衛隊員たちに一瞬、希望を与えた。彼らの状況はほとんど絶望的といってよかった。病院では、八日前にひそかにもちこまれた輸血用血漿剤が、停電のためだめになってしまった。麻酔薬も使い果たした。手術は麻酔なしで、しかもろうそくの光の下で行なわなければならなかった。すでに一〇〇人を超えていた負傷者の数は砲弾の炸裂ごとに増えつづけていた。重傷者のなかに「ハガナー」の志願兵として旧市街にきていた二二歳の英国人少女エステル・ケイリンゴールドがいた。彼女は助からなかった。死んだとき、枕の下にあった両親宛の手紙にはこう書かれていた。「ひどい苦戦で、地獄を味わいました。でも、最後にはユダヤ国家ができ、私たちのすべての願いがかなえられると確信していたので、やりがいがありました。私は人生を全力で生きてきたし、自分たちの国にいるという思いは実に気持ちのよいものでした」。

五月二八日、旧市街の防衛隊から「ハガナー」司令部に、「軍事的観点から見て、ここを死守することはもはや無理」という無線連絡が入った。「ハガナー」司令部は、突入作戦を行なうからもう一日がんばってほしいと防衛隊に要請した。だが、防衛隊はあと二四時間さえ、保持できないと感じていた。その日の朝九時一五分、ユダヤ人地区内の「ハガナー」部隊将校の許可を得た二人のラビが、二本の棒の間に白い布をくくりつけた休戦旗を掲げ、停戦を求めてシオン門のアラブ軍哨所のほうに出てきた。そのときシオンの丘に布陣していたイスラエル兵士のなかに「パルマッハ」部隊指揮官のイツァク・ラビンがいた。彼の回想によれば、「白旗を掲げた代表の一行がユダヤ人地区から現われたのを見て衝撃を受けた。ラビと住民の一行が、アラブ軍団に降伏条件を聞くためにやってきたのを知ってがっくりきた」。

その日の緊張した交渉の結果、午後四時三六分に、旧市街のアラブ軍団指揮官アブドゥラ・アル・テル少佐は停戦を受諾した。彼は、「ユダヤ人地区をアラブ軍団が占領する」「ユダヤ人〝戦闘員〟全員を捕虜としてアンマンへ連行する」という二つの条件を出した。アル・テル少佐はユダヤ人防衛隊に見るも哀れな武器しか残っていなかったことを知って、

「これを知っていたら、棒きれでだっておまえらに勝てた」と断言した。負傷していないユダヤ兵は三五人しかいなかったことがわかると、彼はさらに憤慨した。

ユダヤ人地区での戦闘の最後の一週間に六二人のユダヤ人が死亡し、二〇〇人が負傷した。勝利軍といっしょに占領地区に入った『ライフ』誌のフォト・ジャーナリスト、ジョン・フィリップスは、「ハガナー」兵士のなかに、以前、英国軍を逃亡してユダヤ人部隊に入った一人の英国人の姿を見かけた。

「ビルマ・ロード」の建設

旧市街のユダヤ人地区にユダヤ人がいなくなり、「嘆きの壁」にユダヤ人が近寄れなくなったのははじめてのことだった。ユダヤ人兵士たちをトランスヨルダンに捕虜として連行する前に集合させ、アラブ人医師が負傷の程度がひどいと判定した者を釈放することになった。休戦条件では一五歳から六〇歳までの壮健な男子はすべてアンマンへ送られることになっていた。捕虜の身体検査中、地元のアラブ人群衆が彼らをリンチしようとした。ユダヤ人捕虜を守るため群衆への発砲を命じたのはアラブ軍団の将校たちで、そのなかにはアラブ人将校も英国人将校もいた。連行されるユダヤ人捕虜を撃とうとしたアラブ人見物人の一人が、アラブ軍団兵士により射殺された。

その日の夜、全部で一三〇〇人の避難民がユダヤ人地区を離れて西エルサレムへ行く準備をした。フィリップスはこう書いている。「彼らの無気力でうつろな表情が次第に深い悲しみに変わっていくのに心が痛んだ。だが、だれも泣いてはいなかった。泣いている暇もない彼らにとって、涙は贅沢品だった。彼らは一時間で生涯の持ち物すべてをまとめなければならなかった」。

アラブ兵に護衛されてユダヤ人地区を去ろうとしていた避難民を見ていた人たちのなかに、国連休戦監視委員会委員長のパブロ・デ・アスカサルテがいた。彼はそばに立っていたフィリップスにいった。「悲嘆はいつも同じ顔をしている。私はスペインの共和派だった。これは内戦中のマラガとそっくりだ」。

アラブ軍団とイスラエル軍との間で二時間の停戦が決まり、ユダヤ人地区の退去者はシオン門から出ることになった。立ち去り際に振り返ると、ユダヤ人地区から幾筋も煙があがるのが見えた。ハダサ福祉事業所が放火され、アブドゥラ・アル・テルの戒厳令にもかかわらず、ユダヤ人財産の略奪、放火が盛んに行なわれた。一三〇〇人の老人、婦女子と負傷者が新市街へ送られた。「軽傷者」と分類された五四人を含む三四〇人の戦闘員はアンマンの捕虜収容所へ連行された。

五月二九日朝、ユダヤ人地区の病院を訪れたパブロ・デ・アスカサルテは、すべての負傷者が夜のうちにアルメニア総主教管区に移されたことを知り、びっくりした。「ユダヤ人地区の火災が病院へ迫り、病院から立ち退きが必要になったからだった。興味深かったのは、病院の警護のために残ったアラブ軍団兵士で、副院長の話によれば翌朝まで負傷者を一人も生かしておくまいとしていた連中が、患者をアルメニア総主教管区へ運んで火災から救ったことだ。病院長のローフェル博士が私を脇へ呼んで次のようにいったときには、正直にいって私は非常にほっとした。『昨夜、アラブ軍団に病院を委ねることに決めたときの私の不安と疑念はおわかりでしょう。ですが今では、アラブ軍団兵士はヨーロッパ諸国軍のもっとも規律の正しい部隊と同じように行動してくれたとあなたにお知らせしたい。私は最初、オーストリア軍、ついで英国軍の軍医として従軍したのでよくわかります。アラブ軍団兵士のすばらしい行為のおかげで、病院に迫っていた火災から負傷兵を救うことができました』」。

五月二九日、ジョン・フィリップスはユダヤ人地区の砲弾で破壊された町並みの最後の取材に出かけ、こう書いている。「ベイト・エル通りでは一人のムスリムが得意げに先頭に立ち、そのうしろに近くのシナゴグからもちだしたスファルディの巻き物を入れた三個の木製容器を担いだ裸足の妻と、カートン入りのマッァ〔過越祭に食べる種なしのパン〕を頭の上に載せた娘が続いた。オリーヴ山とロシア教会が見渡せるバテイ・マハセ通りでは、アラブ人たちが略奪できるものはなんでも、棚、窓枠、箱などのがらくたまで集めていた。シャアル・ハシャマイムの近くでは、もっと運のよい一人のアラブ人が無傷の扉を見つけ、担いで立ち去った」。

旧市街からの避難民の多くは、「ハガナー」部隊が救出にこなかったことを不満に思っていた。バーナード・ヨセフはのちにこう書いている。「ある一二歳の少女は、ボランティアが最初の食事として配ったパンを捨て、「今パンをくれる代わりに、どうして先に武器を送ってくれなかったの？」と叫んだのが忘れられない」。

五月二九日、旧市街のユダヤ人地区陥落の翌日、国連安全保障理事会は、停戦とそれに続く四週間の休戦期間を呼びかける決議を採決した。これを提案した英国政府はその次の日、アラブ軍団で戦うすべての英国人将校に部署を離れ、戦闘から完全に手を引くよう命令した。英国議会ではユダヤ人地区の猛攻撃に英国人将校が参加したことが問題になった。ウィンストン・チャーチルは労働党内閣の首相クレメント・アトリーに私信で危惧を表明した。

グラブ・パシャがのちに書いているところによれば、「すべての作戦本部員、二つの旅団の指揮官、四歩兵連隊のうち三連隊の連隊長、訓練ずみ砲兵隊将校全員が英国人将校だった。砲兵隊はわずか三カ月前に編成されたばかりで、まともに砲撃のできるヨルダン人将校は一人もいなかった。それゆえ、英国人現役将校は一九四八年の全アラブ軍組織の要石であった」。

その要石が除かれてしまった。グラブ・パシャは次のように嘆いている。「アラブ軍は戦闘開始後一カ月目には有利な状況に置かれていたが、やがて行き詰まった。五月一五日の時点で全兵力を送り込み、精力的に前進させていたならば、ユダヤ国家の壊滅に成功していたであろう。だが、それどころではなかった。アラブ軍はこの作戦を完全に過小評価し、きわめて不十分な兵力しか派遣せず、断固とした抵抗に遭うとすぐに前進をやめてしまった」。

新市街ユダヤ人地区には旧市街のユダヤ人地区から到着した一三〇〇人の避難民のほか、エツィオン・ブロックからの避難民も数百人いた。家や所持品をアラブ人に奪われたこれらの避難民は、カタモンやバカの空屋になったアラブ人家屋に収容された。いまや西エルサレムとなった地区のアラブ住民はみな、戦闘中に逃げ出していたのである。六月二日、これらの元アラブ人居住区の管理は、イスラエル軍当局からエルサレム緊急対策委員会に移管された。これらの地区がエルサレムのユダヤ人地区の主要構成部分になる第一歩が踏み出されたのだ。

エルサレム内外で戦っていたアラブ軍の間にはまとまりがなかった。エルサレムの南の入り口にいたエジプト軍の指導者たちは、エルサレムの北と東にいたヨルダン軍を軽蔑していた。シリア首相ジャミール・マルダムは、エルサレムの戦闘に投入するため歩兵一個師団を送ると他のアラブ諸国に約束していたが、トランスヨルダンのアブドゥラ国王にはダマスコにハシム王国を復活させようという野心があるのではないかと勘ぐっていた。第一次大戦後、アブドゥラの兄が短期間ダマスコを統治し、のちにフランスに追い払われた経緯があったからだ。トランスヨルダンのハシム王国へ派遣された英国古参外交官アレック・カークブライド卿は、一九四八年のアラブ諸国間の多くの会議に出席していたが、ある会議のあと、次のように報告している。「エルサレムは守れたとして議題から外された。話し合いは、ユダヤ人を海に追い落とすための最終攻撃や、軍隊を派遣したアラブ諸国政府間でユダヤ人所有地をどう分けるかというような、もっと気分のいい議論に移った」。

エルサレムの包囲が続いている間、ユダヤ人地区では七つの公営レストランが最低価格で食事を提供した。六月一日から、一日約五千食の三品つきの食事が出され、それぞれ二〇〇グラムのパンも添えられた。

給水状況は、アラブ人が逃げた家屋の貯水槽の水を利用できたので、しばらくはしのげた。ロメマ貯水池から水を運ぶトラックは、始終、砲撃や銃撃にさらされた。最初、一人あたりの割当量八リットル足らずで、そのうち飲料水は二リットル弱であった。六月のはじめには、給水量は一日一人あたり六リットルにせざるをえなくなった。バーナード・ヨセフの記録によれば、「われわれがよくやったのは、台所のシンクの栓をはずし、水の抜け口にバケツを置くことだった。こうして溜めた水で床を拭き、さらにそれをトイレの水洗に使った」。

エルサレムのユダヤ人地区からきたユダヤ兵たちは、信じがたい困難さのなかで道路を建設した。この新しい道路の建設目的は、エルサレム街道のラトゥルンでアラブ軍が支配していた箇所を迂回することにあった。「ビルマ・ロード」〔第二次大戦中の、ビルマから中国の重慶にいたる補給路〕と呼ばれたこのユダヤ人の命綱は、険しい山腹を削り、ブルドーザーで切り開いた道であった。最初、五キロメートルあまりのその迂回路は、徒歩で行くしかなかった。たいていは五〇歳過ぎの男性数百人が、この五キロメートルの道を二〇キログラムあまりの小麦粉の袋を担いで、一晩に二回も往復することもあった。

六月初旬には、新道の全行程をトラックがなんとか通れるようになり、二四時間毎に一〇〇トンの補給品がエルサレムに届くようになった。だがこの道のもっとも険しい部分は、トラックをトラクターで引き上げてもらわねばならなかった。

第15章　再生への道のり　一九四八年六月―一九四九年一二月

つかのまの平和

一九四八年六月一一日、二週間ほど前に国連安全保障理事会が呼びかけた停戦協定がようやく調印された。アラブ陣営は、自分たちの軍隊がこの国のユダヤ人支配地域へ進撃し、実のある勝利を収めるチャンスがまったくないことがわかったのだ。エルサレムではすべての戦闘と砲撃が止んだ。その日、中央医学統計局は、過去五週間の市内におけるユダヤ人の死者は三一六人と発表した。その内訳は一般市民一九九人、非戦闘中の兵士五二人、戦闘中の兵士六五人となっている。市内に落ちた砲弾は一万発を超えた。二千世帯の家屋がひどく破壊された。旧市街のユダヤ人地区が占領されてから、二七のシナゴグのうち二二が瓦礫と化した。同時に家屋は略奪、破壊され、経典のほとんどが破棄された。

停戦協定発効とともに、テルアヴィヴへの道は六カ月ぶりに狙撃や襲撃を恐れずに通れるようになった。六月一二日夜、イスラエルの外交官ワルター・エイタンも沿岸部へ出かけた。彼がのちに書いているところによれば（『イスラエル外交史』、ニューヨーク、一九五八年)、「新しい〝ビルマ・ロード〟と並行して走っているルートの一部は、数日前の夜、人里離れた丘をいくつか削って急ごしらえしたものだった。この道の一部は人を乗せたジープではまだ通れず、八〇〇メートルほど歩かねばならなかった。その夜、イスラエル中が動いているように見えた。数百人のボランティアが補給品を背負ってエルサレムへ運んでいくのが星明かりに黒いシルエットをつくっていた。無言の兵士たちが、蟻の群れのように本能に導かれて東西に移動していた。政治指導者たちはテルアヴィヴの政府に加わるためにエルサレムから下山してきた。エルサレムが包囲下でどうなったかを見に登ってくる人たちもいた。先行き不安な夜、たまたま旧友に出会っても、ちょっと立ち止まって短い言葉を交わすだけだった」。

エルサレム緊急対策委員長バーナード・ヨセフも停戦期間中のエルサレムの生活を活写している。「若いカップルが腕を組んで歩いている姿が見える。夏の盛りの日、明るい陽射しのなかに出ていくだけで、自由と解放感が得られた。被害を受けた家の修繕をしようと調べている人々もいる。少数の清掃夫が路上のガラスの破片を集めている。学校は授業を再開した。映画館も開いた。市の城壁の近くでは、こちらの防衛隊員とアラブ軍団兵が煙草を交換したり、話をしたりしている。カフェも夜には開店するようになったが、まだ明かりは一部にしか灯っていない。お客に出されるものはコーヒーだけで、たまに日の経ったケーキや焼き菓子が出ることもあった。あるカフェではいつも騒々しく、白熱した議論が交わされていた。そこにはまだエルサレムに残っている護送隊《コンボイ》の運転手たちがたむろしていた。輸送業務は厳重な国連の監視下で再開されたが、乗客の輸送は認められていなかった。新聞はまだ、テルアヴィヴからこなかった」。

一九四八年六月一二日、国連調停官フォルケ・ベルナドッテ伯爵がエルサレムに着いた。スウェーデンの外交官だった彼は、第二次大戦終了時に強制収容所からユダヤ人を救出する交渉にも関わったことがある。エルサレムにおけるベルナドッテの最初の調停は、ユダヤ人にとってきびしいものだった。彼はのちにこう書いている。「私はまず私の考えを彼らに説明した。補給システムを組織化し、両陣営のいずれも、停戦前と比べて停戦終了時に軍事的に有利にならないようにする。したがって食糧の在庫は増やしてはいけない」(『エルサレムへ』、ロンドン、一九五一年)。長い面倒な交渉のあと、エルサレムのユダヤ人地区の市民は、包囲期間中、敵の攻撃のせいで食糧配給量を低く抑えられていたのだから、停戦期間中には普通に近い食糧配給を許されるべきだという主張にベルナドッテは同意した。

アラブ軍団は、ベルナドッテの目の前でおおっぴらに軍事補給品をエリコからエルサレムに輸送した。ラマト・ラヘルを見下ろすマル・エリアスでは、エジプト軍は無人地帯に指定された地域に陣地をつくった。エルサレム市内にもアラブ軍はたくさんの新しい陣地を建設した。いくつかのアラブ人居住区からユダヤ人地区に狙撃も行なわれた。ロンドンの『タイムズ』紙の報道によれば、「エルサレムの国連監視団は、見かけだけの支配権のようなものを懸命に維持しつつ、再度、全面的戦闘停止命令を出し、停戦期間延長交渉のため前線地帯へおもむくときには、さらに特別に〝発砲停止〟の時間を宣言しなければならなかった。エルサレムの人々は、いわゆる停戦期間と停戦調停者たちの交渉の語彙のどちらが先に尽きるかと皮肉った」。

一九四八年六月二八日、ベルナドッテはエルサレムについて自分なりの案をつくった。エルサレムはトランスヨルダンのアブドゥラ国王を統治者とするアラブ国家の一部にする。そしてユダヤ人のためにエルサレムの「地方自治」ならびに聖所保護のための「特別協定」を設けるというものだった。イスラエル暫定政権はテルアヴィヴで会議を開いてこの案を拒否し、この都市を別個の国際的体制下に置くという一九四七年の国連決議の変更はいっさい認めないと発表した。

停戦期間中、両陣営は負傷兵を治療し、陣地を強化した。沿岸部への道路をアラブ軍が押さえているラトゥルン付近を迂回し、待ち焦がれていた食糧や補給品をエルサレムに届けることができる「ビルマ・ロード」が完成に近づいていた。七月三日のポーリン・ローズの日記によれば、「新しい道路が建設中というひそかな噂があった。だれもそのことを大きな声でいわなかった。だが、絶滅の危機への不安の合間から新しい希望の光が差し込んできた」。三日後、噂は本当になった。彼女は次のように記している。「今日、シオン広場は大にぎわいだった。数台の食糧を積んだトラックが着いたのだ！　だれもが「どうやってこられたの？」、「新しい道路を通ったの？」と訊ねていた。噂は本当だったのだ。護送隊がやってきた。これで生きられる」。

七月七日、停戦期限が切れる直前、安全保障理事会は両陣営に一〇日間の延長を提案した。ユダヤ人側はこれを受諾したが、アラブ諸国は拒否し、七月九日、パレスチナ全土で戦闘が再開された。ユダヤ人武装勢力はいまや一つに統一された。テロリスト・グループ「イルグン」は「ハガナー」と一体化し、「イスラエル国防軍（ＩＤＦ）」（ヘブライ語の頭字語では「ツァハル」）を形成した。「シュテルン・ギャング」は孤立したままだった。

国連調停官ベルナドッテの暗殺

再び始まった戦闘は一〇日間続いた。七月一〇日、エジプト空軍のスピットファイアーがエルサレムのユダヤ人居住区に多数の爆弾を投下し、三人の子供が死んだ。アラブ軍団は新市街へ二方面から突入を試みた。一つはスレイマン通りからノートルダム修道院方面へ、もう一つはシオン門からシオンの丘へ向かった。ヨナ・コーヘンの日記によれば、「侵攻部隊はわが防衛隊が浴びせたはげしい砲火で撃退され、混乱して後退した」。

戦闘再開一日目から、ユダヤ軍はエルサレムから沿岸部までの回廊の確保に努めた。この回廊は先の包囲中、遮断されやすい命綱であることがわかっていたからである。彼らの努力は功を奏した。回廊が広がり、安全になったばかりでなく、沿岸までの鉄道も全線が確保された。彼らは回廊にあった全部で三五のアラブ人村を奪取し、これらの村の五万人の避難民は前線を越えてトランスヨルダン軍の支配地域に逃げた。

エルサレムの南西で、鉄道線路のすぐ北にあるマルハという丘の上のアラブ人村を七月一三日、イスラエル国防軍が攻撃した。ここからアラブ軍団が始終ユダヤ人地区を砲撃していたのである。『ニューヨーク・タイムズ』紙によれば、この村はアラブ軍にとって「重要な補給基地であり集合地でもあった」。エジプト軍もその防衛隊のなかにいた。ユダヤ人攻撃隊は元「イルグン」一個中隊と「パルマッハ」青年大隊、「ガドナ」からの二個小隊からなり、密接に連絡をとりつつ進撃した。七月一六日までには、この村はイスラエル軍の手に落ちた。その日、アラブ軍の反撃で「イルグン」兵士一五人が戦死したが、反撃は阻止された。二日後、アイン・カレムのアラブ人村が陥落した。エルサレム地区のイスラエル司令官の言葉を借りれば、これで「危惧されたエジプト軍の」エルサレムへの「侵攻」に終止符が打たれた。

旧市街のユダヤ人地区の奪回と、ハダサ病院、ヘブライ大学方面への道を開くシェイフ・ジャラの占領という「ハガナー」部隊の二つの希望はうまくいかなかった。ベルナドッテの調停による二回目の停戦が発効する前日の七月一六日、旧市街のユダヤ人地区への突破作戦が試みられた。厳重に守られたシオン門付近の城壁に大量の爆薬を仕掛けて爆発させたが、十分に大きな穴をあけることができず、突入できなかった。少し離れた新門への突入は成功したが、門を入ってからのユダヤ人地区への前進は失敗した。突入部隊が期待していた、防御態勢を維持するのに必要な増援部隊がこなかったからだ。

ユダヤ人地区奪回の最後の作戦について、バーナード・ヨセフは次のように書いている。

「アラブ軍の砲弾が「エツェル（イルグン）」分遣隊の後方基地にいた弾薬車に命中したため、作戦開始が遅れ、それがのちの撤退の要因になった。数千発の銃弾が台無しになり、二人の兵士が死亡した。もう一つの事件は新門で起こった。そこではアラブ軍が、木材とかんな屑で道路障害物を構築していた。これが砲弾で発火した。その火を消し、わが軍を前進させるまで二〇分かかった。これは取り返しのつかない貴重な時間で、旧市街の運命が幸運の女神のまばたきのような短い時間で決まってしまった」。

旧市街は完全にアラブ軍の掌中にあったが、ダマスコ門の外側のユダヤ軍が確保しているムスララを攻略しようとするアラブ軍の攻撃は成功しなかった。西エルサレムの元アラブ人地区はしっかりとユダヤ軍の手で押さえられたままだった。七月一六日付でツィポラ・ボロウスキーが両親宛の手紙に書いているところによれば、「蛮行で破壊された近所のアラブ人家屋をかき回しているうちに何冊かの本を見つけました。特に私の目を引いたのは『トーマス・ハーディ短篇集』でした」。彼女はしばらく戦争を忘れてその本を読みはじめた。だが「血まみれの青年の到着で読書は中断されました。私は自分の冷静さと誠意にわれながら驚きつつ、彼の傷を手早く、要領よく手当てしてやりました」。

ツィポラ・ボロウスキーは一年ほど前に学生としてエルサレムにきた。ベン・イェフダ通りの爆破事件で負傷者の手当てをして以来、彼女は軍の看護師となり、タルピヨットを基地にした医療班に属していた。七月一六日付の手紙はこう続く。「上級曹長が入ってきて、「われわれは厳戒態勢に入った。今はだれもが受諾した正式停戦が発効する前の最後の時間だ。わが軍もアラブ軍もエネルギーの最後の一滴を使って、できるだけ前進しようとしている」と告げました。すでに耳をつんざくような砲撃が聞こえます」。

彼女の翌日の手紙にはこう書かれている。「昨夜はなんとまあひどかったことか。それでも、前線にいる兵士に比べたら私たちのところはまだましでした。砲弾が近くで炸裂して、家が揺れ、爆薬の匂いが辺りに立ちこめ、しかもそれが次から次へと情け容赦なく続きました。朝の五時三〇分まで平和な時間はありませんでしたが、その時間に突然、いっせいに静かになりました」。その夜の砲撃で六人のユダヤ人が死んだ。その朝、エルサレムで戦闘が再開されてから一〇日にして二回目の停戦が発効した。

アラブ軍側からユダヤ人側に散発的な砲撃がなお二日間続いた。だれも死ななかったが、七月一九日、ハダサ病院は「午後の早い時刻の激しい砲撃で、恐るべき損害が出た」と報告している。その日、アラブ軍はライフルと迫撃砲を撃ち込みつつ、ムスララの端にあるマルデルバウム・ハウスに二回突入したが撃退された。エルサレムの元ムフティ、ハジ・アミン・アル・フセイニは、ダマスコの安全な亡命先から、停戦は「分割の黙認」であると非難した。七月二三日、アブ・トールからのアラブ軍の射撃によりイスラエル兵二人が死亡し、キング・デーヴィッド・ホテルがシルワンのアラブ人村からの砲撃で軽い損害を受けた。

八月二日、イスラエル政府は、エルサレムのイスラエル軍の支配下にある地域を「イスラエル軍占領地」と宣言し、バーナード・ヨセフを軍政官に任命した。もはや国連の「分離地帯」設置案、もしくはなんらかの形での国際化案にユダヤ人が同意することは論外になってしまった。八月五日、イスラエル政府は国際化提案をきっぱりと拒絶した。五日後、ベルナドッテ伯爵がエルサレム問題を検討するため、バーナード・ヨセフら数人のイスラエル政治指導者と会見していたタルビエのベルギー領事館の外では、「シュテルン・ギャング」のメンバーが集まり、「ストックホルムはおまえたちのもの、エルサレムはわれわれのもの」、「おまえの仕事は無駄だった、われわれはここにいるぞ！」と書かれたプラカードを掲げて気炎をあげた。

翌日の閣議でベングリオン首相は、「シュテルン・ギャング」がベルナドッテに対して反対デモをするだけでなく、彼を誘拐する可能性があると閣僚たちに警告した。「シュテルン・ギャング」に対し武力を行使することも議論されたが、それはひとまずやめ、彼らが暴力的行為をとらないように説得するため、政府と「シュテルン・ギャング」の間で話し合いを行なうことになった。

エルサレムのもっとも苦しい時期はまだ終わらなかった。八月一二日、アラブ軍団の砲弾がシオンの丘に炸裂し、ユダヤ兵士三人が死亡した。戦死者はモシェ・エリアシュ、アルフレッド・ラビノヴィッツ、ピンハス・ソレヴェトチクであった。同日、アラブ軍団はラトゥルンの給水ポンプ場を爆破した。エルサレムのユダヤ人地区は、再び数百軒の個人家屋の水槽に貯えられた水のみに依存することになった。エルサレム自体でもまだ戦闘行為は頻発していた。八月一五日、「ハガナー」部隊がムスララを守る基地にしていたマンデルバウム・ハウスにアラブ軍が二回目の攻撃を加え、撃退されたものの、イスラエル兵、アラブ兵それぞれ二人が死亡した。

八月一六日も終日、エジプト軍がマルハのイスラエル陣地を砲撃したり、アラブ軍狙撃兵がベイト・イクサからエルサレム＝テルアヴィヴ街道を狙撃するなど、戦闘停止協定違反は続いた。同日、アメリカ総領事ジェイムズ・G・マクドナルドは、ユダヤ人の国連連絡将校ゼェブ・ヘルツォーグを同伴して旧市街の北のマンデルバウム・ハウスの近くにあるユダヤ人地区とアラブ人地区との唯一つの交互通行可能地点へ赴いた。バーナード・ヨセフの書いているところによれば、「ヘルツォーグがアメリカ領事館の車から降りた途端、アラブ人に狙撃された。マクドナルドは死んだヘルツォーグを街路に残して車を走らせた」。

八月一九日、ベルナドッテ伯爵は国連事務総長に、「エルサレムでは戦火は実際にやまないばかりか、情勢は手に負えなくなりつつある」と打電した。アラブ軍の無人地帯への侵入とユダヤ人居住区への砲撃はその秋中続き、数人が死亡した。八月三〇日、ユダヤ人地区の道路を横切ろうとしていたユダヤ人労働者が、旧市街の城壁から狙撃されて死亡した。

ベングリオン内閣は「シュテルン・ギャング」に暴力行為をやめるよう説得したが失敗した。九月七日、ベングリオンは「シュテルン・ギャング」訓練基地の軍事攻撃を命じた。「シュテルン・ギャング」は、彼がアラブ軍に対して軍事闘争を継続しなかったことを激しく非難した。また三週間の不在ののちこの地に戻ったベルナドッテが、エルサレムをアラブ統治下に置きたがっていることも手きびしく批判した。「シュテルン・ギャング」のポスターには、「ベルナドッテはこの国から永久に消えてしまえ」と書いたものもあった。

アラブ統治下のエルサレムというベルナドッテの希望は非現実的だった。エルサレムのアラブ軍支配地区とユダヤ軍支配地区との間の分割線は、この町のど真ん中を南北に通っていた。西エルサレムはイスラエル軍の支配下にあり、東エルサレムはトランスヨルダン軍の支配下にあった。このような情勢下で、ユダヤ人にどんな安全条項を提示しようと、アラブ統治の単一エルサレムという解決方法は実際的ではなかったのだ。驚いたことに、九月一五日、アブドゥラ国王はユダヤ人が全市に対するアラブ人支配を決して受け入れないことを認めて、イスラエル側とアラブ側とにエルサレムを分割してもよいという意向を示した。翌日、沿岸部にいたベルナドッテは、全市をアラブ支配下に置くという案を撤回し、前年の国連決議の線に沿って、非武装化された国際的体制下にエルサレムを置くことを勧める最終報告書を提出した。

報告書を提出した翌日の九月一七日、ベルナドッテはエルサレムへ五度目の訪問をした。その日の午後、彼の冬期の本部を置くことに決めた元英国高等弁務官公邸を車で出て、レハヴィアにあるユダヤ人軍政官バーナード・ヨセフの家のティー・パーティーに向かった。その途中、ベルナドッテの車は「シュテルン・ギャング」のメンバーに待ち伏せされ、数発の銃弾が撃ち込まれてベルナドッテは死亡した。同行のフランス軍将校アンドレ・ピエール・セロ大佐も死んだ。セロは第二次大戦のフランス・レジスタンス組織のメンバーで、多くのユダヤ人の生命を救ったことがあった。

暗殺計画は「大体において別個の行動をとっていたレヒのメンバーが考え出したものだった」と「シュテルン・ギャング」のリーダーの一人がのちに回想録に書いている。著者でポーランド生まれのイツァク・イゼルニツキー（のちのイスラエル首相イツァク・シャミル）は、「シュテルン・ギャング」の三人の中央委員会メンバーの一人だった。彼によれば「われわれの意見が求められたとき、反対はしなかった」という。だが、関係者の一人がのちに暴露したところによると、暗殺は八日前の「シュテルン・ギャング」中央委員会で決められ、その席にシャミルもいた。暗殺の弾丸はヨシュア・コーヘンが放ったもので、彼は英国の監獄から釈放されたばかりだった。

暗殺直後、エルサレムのユダヤ人地区軍政官バーナード・ヨセフは、市の軍司令官のモシェ・ダヤン中佐と話し合った。翌日、ヨセフは次のように書いている。「現情勢に対応する唯一つの実行可能な方法は、シュテルン・ギャング全員を一網打尽にする大規模な軍事作戦を行なうことだということに意見が一致した」。テルアヴィヴからベングリオンが、「第一に、シュテルン・ギャングのメンバー全員を逮捕せよ。第二に、シュテルンの基地を探し出して包囲し、すべての武器を没収せよ。第三に、抵抗する者は射殺せよ」と命じた。

戒厳令下の捜索は長引き、エルサレムで一八四人が逮捕されたにもかかわらず、ベルナドッテ暗殺の下手人は発見できなかった。のちに、調停者ベルナドッテは「英国の命令を実行する英国のスパイ」だったから殺したのだと書かれたビラが、諸外国の領事館前に置かれた。「シュテルン・ギャング」は、全エルサレムをアラブ統治下に入れるべきだとするベルナドッテの案に激怒したからであると主張した。彼らは当の調停者がその案を撤回し、暗殺の一日前にエルサレムの国際化を支持するようになったことを知らなかったのだ。

銃声のなかでのコンサート

国連では、エルサレムの国際化への圧力が続いていた。イスラエルの指導的政治家ラビ・メイル・ベルリンはこの案を受け入れることを望んだ。その理由は、さもないとエルサレムがユダヤ人地区とアラブ人地区に二分され、「古代からの栄光の遺跡がすべて」アラブ人の掌中に入れられてしまうからだった。九月二六日の閣議で、新国家の首相ダヴィド・ベングリオンは、攻撃に必要な部隊に警戒態勢をとらせたうえで、全エルサレムを占領するための攻撃再開を提案した。彼の提案は七対四で否決された。大分あとになって、ベングリオンは閣議決定の文書の上に次のように記した。「エルサレム全市を占領する攻撃再開提案はまだ公表できない。この提案に反対した暫定政権の閣僚に恥をかかせたくないからだ」。その日のイスラエルの閣議では、「分割が本当に必要ならば、わが国連代表団はこれに同意する」ことが決定された。

一〇月一〇日、南部郊外へのエジプト軍の砲撃が激化したため、国連監視員らはエジプト軍のエルサレムへの本格的攻撃が近いと感じた。一〇月一三日の監視員の報告によると、アラブ軍は国連監視下にある地域に数時間にわたり自動火器を発射したが、ユダヤ軍は挑発に乗らなかった。一〇月一六日、シオン門を確保していたアラブ軍団部隊がシオンの丘のユダヤ軍陣地を攻撃したが、激しい戦闘ののち撃退された。

一〇月一六日、エディソン映画劇場で開かれたコンサートで、アメリカから特別出演のレナード・バーンスタインが新設のイスラエル交響楽団を指揮した。彼は旧市街方向からライフルやマシンガンの銃声が続くなかで指揮を続けた。その夜のハイライトはベートーヴェンの交響曲第五番『運命』であった。「第一楽章が終わりに近づいた頃、ヨルダン軍占領下の旧市街からマシンガンの一斉射撃が起こった。銃声は演奏中、衰えることなく続いた。指揮者と楽団員は一音も間違わなかった」と聴衆の一人トム・トゥーゲントがのちに書いている。一〇月三一日、国連監視員の記録によれば、「昨夜、再びほぼ全市にわたって砲撃が雷鳴のようにとどろいた。先週は市内のユダヤ人陣地に一〇八件のアラブ軍による発砲があった」。

一一月二日は一九一七年のバルフォア宣言記念日だったので、西エルサレムの灯火管制はその夜だけ解除された。「エルサレムには灯火が煌々と輝き、市民は街路やカフェに繰り出し、彼らがそのために戦っている未来を味わった」とバーナード・ヨセフは書いている。だが翌日、さらに散発的な砲撃があり、一一月五日にベングリオンは、「エルサレムは静かな夜を一晩も楽しめない状況だ」と閣議に報告している。

一一月二八日、エルサレム周辺の全アラブ軍代表で、中佐に昇格していたアブドゥラ・アル・テルと、エルサレム地区のイスラエル軍新司令官のモシェ・ダヤン中佐が、国連の仲介で、真の戦闘停止状態に戻すことを検討するため、元高等弁務官公邸で会談した。これが三日間で二回目の会談であった。彼らが会っている間にも市の北部で狙撃事件があり、エルサレムのユダヤ人シュロモ・マンスルが射殺された。

ダヤンとアル・テルは四時間以上にわたる議論のあと、「エルサレム地域における徹底した、正真正銘の戦闘停止」に同意した。両陣営とも「無人地帯」で行動しないことと、エルサレム市内の状況を「改善する」ための積極的な努力をすることが決められた。この協定のニュースが発表されると、旧市街ではかがり火がたかれ、アラブ軍団兵士たちは喜びのあまり、火をかこんで踊り回った。

協定に従って、大勢のアラブ人避難民が旧市街に戻りはじめた。また、ユダヤ人護送隊が月に二回、スコプス山の飛び地へ上がっていくことも同意された。だが、ユダヤ人が「嘆きの壁」で祈る権利や、オリーヴ山のユダヤ人墓地を使用したり、墓参に訪れることは拒否された。戦闘停止協定締結の日、イスラエル大統領就任を要請されていたハイム・ヴァイツマンは、一年以上前の戦闘開始以来、はじめてエルサレムへ赴いた。熱烈な歓迎に集まった群衆に向かって彼は、「エルサレムの一部がいま国家に含まれていないことを心配するな。やがて平和のうちにすべてがわれわれのものになるだろう」と語った。

最後の戦闘停止協定が締結されてから二週間足らずの一二月一二日に、エルサレムから沿岸部への確実なバイパス道路として、「ビルマ・ロード」に並行してはいるがより危険が少ない新道が完成し、ベングリオンによる開通式が行なわれた。「武勇街道《ヴァラー・ロード》」と呼ばれた全長二四キロメートルのこの道路は、八週間で完成した。狙撃される危険なしにエルサレムへの通行がやっと可能になった。この道路を見下ろすアラブ人村すべてが、「ハガナー」部隊により爆破されていたからであった。

ベルナドッテの暗殺にもかかわらず、国連はエルサレムの国際化と非武装化についての彼の提言を実現させる方法を見いだそうと努力を続けていた。一九四八年一二月一一日、国連総会はアメリカ、フランス、トルコの代表からなる「パレスチナ和平調停委員会」を設立した。国連の委託を受けたこの委員会の仕事の一つは、「エルサレム地域の特別な国際的地位に見合った最大限の地方自治権」をもつ恒久的、国際的体制への提案を作成することであった。

エルサレムの国際化と非武装化の国連の協議に対抗して、イスラエルとヨルダンはそれぞれ、東エルサレムと西エルサレムにおける自国の存在の永続性と首位性を擁護する方策を講じ始めた。一二月の終わりに、アブドゥラ国王は自分の指名したシェイフ・フサム・アディン・ジャララをエルサレムのムフティに任命し、亡命中のハジ・アミン・アル・フセイニからこの地位を剝奪した。アル・フセイニは、亡命中もムフティの地位をパレスチナ・アラブ民族主義の強力な梃子《てこ》として使っていた。

一九四九年二月二日、テルアヴィヴのイスラエル政府は西エルサレムはもはや「占領地」ではなく民政下にあるイスラエルの絶対必要な一部であると宣言した。一二日後の二月一四日、テルアヴィヴで定例会議を開く予定だったイスラエル国会《クネセット》はキング・ジョージ五世通りの「ユダヤ機関」ビルでエルサレムで最初の議会を開催し、ヴァイツマン博士を正式にイスラエル大統領に選出した。ヨナ・コーヘンの日記によれば、その日の祝賀行事には、「ロメマに栄誉の門が立てられ、それには「われわれは堅固な町をもつ」(「イザヤ書」26章1節)という碑文が刻まれた。道路を横切るように張られたテープを大統領がカットし、ダニエル・オーステルが大統領に市の鍵と律法の巻物を渡した。「ユダヤ機関」ビルの正面にある広場では、大統領が儀仗兵を閲兵した。角笛《ショーファール》が響き渡るなか、大統領は「ユダヤ機関」ビル内の国会臨時会議場に入り、イスラエル国への忠誠を宣誓した。ミズラヒ教団(一九〇二年に結成された正統ユダヤ教徒によるシオニズム運動の団体)のラビ・アブラハム・ハイム・ツウェブネルが立ちあがり、「汝の栄光を血肉に与えし者に祝福あれ」と祝禱を捧げた」。

ヴァイツマン大統領の感謝のスピーチが終了したとき、一八九七年にテオドール・ヘルツルが議長を務めたバーゼルの第一回「シオニスト会議」に参加した二〇四人の代表者のなかで唯一の生存者である七八歳のイシドーレ・シャリトがヴァイツマンのもとに進み出て、「それはそれは長い、長い道でした」と挨拶した。

西エルサレムはいよいよイスラエルの民政下に置かれ、やがてイスラエル本土へ統合する合図を放った。ヨルダン人もまた、国連によるエルサレムの国際化を一方的な行為によって先取りする決定を行なった。三月一七日、アブドゥラ国王が、エルサレムの占領部分をヨルダンの民政下に入れたのである。戦闘終了以降、アブドゥラは東エルサレムの事実上の支配者になった。ハジ・アミンを議長とするパレスチナ・アラブ人の暫定政権設立というアラブ人の希望はくじかれた。

エルサレムかテルアヴィヴか

一九四九年四月三日、イスラエルとヨルダンの間で休戦協定が締結された。この協定によって、エルサレムは一九四八年一一月の停戦ライン（のちに「グリーンライン」と呼ばれるようになる）に沿って二分された。両陣営間の接触地点ができるだけ離れるように、二カ所の非武装地帯と数カ所の無人地帯がつくられた。

ユダヤ人が確保している地区の一つであるスコプス山のハダサ病院とヘブライ大学一帯はエルサレムのユダヤ人地区からまったく切り離されたままだった。休戦協定によれば、ヨルダンは「スコプス山上の文化的、人道的機関が正常に機能することと、スコプス山への自由通行」を保証することになっていたが、アンマンの政府はこの条項の実行について検討することを、そののち長期間にわたって拒絶しつづけた。スコプス山地区は陸の孤島となり、そこへは月二回、護送隊が行けるだけの最低限の交流しか許されなかった。スコプス山地区への給水と送電を管理していたヨルダン側がそれらの供給を止めたとき、病院も大学も機能することができなくなった。

休戦協定の第八条で、イスラエルのユダヤ人は「嘆きの壁」へ自由に行くことができると保証されていたが、実際には、東エルサレムの一九年間にわたるヨルダン支配の期間中、イスラエル人にとってもっとも神聖なこの場所へ行くことは許されなかった。ローマ時代以来、ユダヤ人はここで神殿の破壊を嘆きつづけてきたのだ。

イスラエル側の交渉者は、イスラエルのユダヤ人がオリーヴ山のユダヤ人墓地、キドロンの谷の墓地、義人シモンの墓への墓参の権利を得ることにも失敗した。休戦後の長い期間に、オリーヴ山の墓石の多くが建築資材にされ、義人シモンの墓はただの馬小屋として使用された。

休戦協定締結からわずか六週間後の五月一七日、ヘブライ大学ハダサ医学部が創設された。スコプス山で行なわれるべき開校式は、代わりにロシア人地区で挙行された。二年前までは新市の中央にあった要塞化された英国軍保安地区で、英外相アーネスト・ベヴィンの名にちなんでユダヤ人が「ベヴィングラード」と呼んでいた場所である。当時は特別許可証なしにユダヤ人はここへは入れなかった。しかもその許可証はユダヤ人にはごく少数しか発行されなかった。開校式にはダヴィド・ベングリオン首相、前アメリカ総領事でイスラエル駐在の初代アメリカ大使となったジェイムズ・マクドナルドをはじめ、二千人が出席した。クレーベルク博士の回想によれば、「〝非公式〟出席者もいた。近くにある、スレイマン壮麗王が建てた旧市街を取り巻く城壁の上でパトロールをしていたアラブ軍団のライフルマンである。開校式に集まったイスラエル高官すべては、ライフルの射程距離内というより石を投げれば届く距離にいた。だが厄介なことは何も起こらなかった」。

ベルナドッテ伯爵暗殺の一年後、国連パレスチナ調停委員会はエルサレム国際化案を作成した。それは、エルサレムをイスラエルとヨルダンの管轄下から離し、別個の存在として国連の管理下に置く。この市をユダヤ人地区とアラブ人地区の二つの地域に分ける。両地区にはかなりの自治権を与える。ユダヤ人地区はイスラエルと結びつき、アラブ人地区はヨルダンと結びつく。国連高等弁務官が聖所の保護に責任をもつ、という内容のものである。

エルサレムの行政は、同数のユダヤ人とアラブ人からなる全体評議会が行なう。両地区にまたがる問題はすべて評議会で取り扱うという新提案は広く議論された。エルサレムにある多数のキリスト教徒ゆかりの場所に責任があることを自覚していたヴァチカンは、この案を支持した。同様にヨルダン以外のアラブ諸国もこれを支持した。ヨルダンのアブドゥラ国王は、一年前と同様、旧市街と聖所のほとんどすべてを含む東側地域をヨルダンの支配下に置くことを要求した。

国際化かエルサレム分割かの議論が続いているとき、キリスト教徒の英国人思想家ジェイムズ・パークスが、聖所に対する「数百万のキリスト教徒」の関心に応えて、ユダヤ人に「あなた方の感情を犠牲にし、エルサレムを譲れ」と求めることの道義的弱点を指摘した。一九四九年六月、彼は次のように書いている。「当然のようにそういう言い方をする数百万のキリスト教徒、キリスト教会、各国政府が、エルサレムの戦闘を防ぐために、あるいは餓死寸前にあったユダヤ人市民、婦人、子供たちを救うために、たとえうまくいかなかったにしても真剣な努力をしていたならば、彼らには少なくともそういう道義的権利があったであろう。だが実際には、彼らは何もしなかったのだ」。

一九四九年一一月、イスラエル政府は、全エルサレムの国際化を求める国連の呼びかけに対し有意義な妥協を計るため、エルサレム市の約六・五パーセントを占める旧市街の国際化案を提出した。イスラエル政府案では、国連支配下にあっても、ユダヤ人のユダヤ人地区への復帰は可能になる。また多くの聖所にすべての人々が出入りすることが可能になる。だが国連はこの提案を拒否した。

政策作りの中心にいた人たちのなかに、旧市街と新市街、東と西の全エルサレムの国際化を即座に拒否しなかった者もいた。三年後にアメリカ大使ジェイムズ・マクドナルドは次のように書いている。「実際問題として、権力政治の冷酷な論理からすれば、エルサレムはイスラエルにとって負担になる。この都市は国境近くにあり、沿岸部とはせまい回廊で結ばれているので攻撃されやすく、防御に費用がかかる。もしイスラエルがエルサレムを放棄すれば、その代わりの充分な土地をどこかに与えられるであろう。さらにこの都市の国際化はイスラエルにとって経済的に有利に働くであろう。国際化によってイスラエルがいくつかの隣国との通商を再び確立する際に、この都市が積み替え地点になるだろう。このような通商はイスラエルに大きな利益をもたらすと思われる」。

マクドナルドはさらにこう続ける。「実際、エルサレムの戦略的弱点と国際化の経済的利点が、歴史的、宗教的魅力よりも重要であると考えるイスラエルの有力指導者は何人かいた。これらの〝現実主義者〟に勇気があったなら、妥協を受け入れるか、少なくともベングリオン首相とその内閣よりは柔軟性のある姿勢をとっていたであろう。だが、だれもそれを口にしなかった。なぜなら、イスラエルの世論は新市街のいかなる形の国際化にもかたくなに反対していたからである。新市街はほぼ全域がユダヤ人の掌中にあり、しかもどの宗教の聖所もほとんどなかった。イスラエルは一〇万人のユダヤ人市民を手放すつもりもなかった。そのうえ、エルサレムはユダヤ人にとって圧倒的な宗教的、民族的愛着がある、とりわけ重要な都市であったからだ」。

実際的、戦略的にもっときびしい目で見て、エルサレムは「イスラエルにとって重荷」

であると考えていたであろう政治家は、国民の気持ちとしてはエルサレムがユダヤ人国家にとって不可欠な、中心的都市であると考える政治家より数のうえでははるかに少なかったであろう。話し合いも計画も出尽くしてみると、現状ではエルサレムの国際化は起こりえないこともはっきりした。イスラエル政府は一九四八年五月の国家成立宣言後テルアヴィヴで仕事をしてきたが、一二月に政府の主要機関をエルサレムへ移転することで曖昧さや空論に終止符を打つことに決めた。一九四九年一二月五日、イスラエル政府は閣議をいつものようにテルアヴィヴで開き、エルサレムをイスラエルの首都にすると公式発表した。ベングリオン首相はエルサレムに赴き、この決定の影響をバーナード・ヨセフと検討した。われわれは「世界がまだわれわれのものとして認めていない都市へ、正式に首都機能をすべて移す」危険について討議したと、のちにヨセフは書いている。

バーナード・ヨセフは自信をもってベングリオンにこういった。「この都市での長年の経験、特に過去三〇カ月の経験からすると、何も起こらないだろうと思います。話し合いはいろいろ行なわれるでしょうが、われわれがここでやることだけがものをいうのです。しばらくは不愉快なことがあるかもしれませんが、支払うべき代償はそれだけです。いずれにせよ、われわれを嫌う少数の人たちは、その気持ちを多少強めるかも知れません。だいたいにおいて多数を占めるよい人たちは、われわれの勇気をもう少し誉めてくれるでしょう。われわれがしてきたことはよいことであり、正しいことなので、善意の人たちはみな、それを認めてくれると思います」。

一二月一〇日、テルアヴィヴのイスラエル政府閣議は、ベングリオン首相が〝即刻〟首都をエルサレムに移転することを提案したのを受けて、エルサレムの将来について再び議論した。閣僚のなかには、世界中の反感をかきたてたくないことを理由にためらう者もいた。だが、ベングリオン首相は首都移転による悪影響はないと確信していた。数年後、首都移転について外の世界が本気で反対はしないだろうと思っていた理由を問われて、彼は次のように答えた。「まず第一に、われわれにはトランスヨルダンという味方がいることを知っていた。もし彼らにエルサレムの保持が許されるなら、われわれにも許されないはずはない。トランスヨルダンは、エルサレムから彼らを追い出す者を決して許さないだろう。したがってわれわれを追い出そうとする者もいないはずだ」。

トランスヨルダン自体も、ヨルダン川西岸地帯をヨルダン・ハシム王国に併合することによって国家の形が変わっていた。だが、アブドゥラ国王によるヨルダン川の西岸地帯、およびナブルスとヘブロンを含むユダとサマリアの高地の占領は、英国とパキスタンを除いて国連には承認されていなかった。「ヨルダン」という国名はしかし、拡大された国家の名称として、まもなく受け入れられるようになった。

一二月二六日、初回の会議を除き、これまですべての会議をテルアヴィヴで開催していたイスラエル議会がエルサレムに永続的に移転した。一九五〇年一月二三日、エルサレムのイスラエル管理下にあった地区の地位を確立するため、議員たちは〝再度〟エルサレムがユダヤ人国家の首都であると宣言した。彼らはまた、二千年も三千年も前のユダヤ王国を引き合いに出して、「エルサレムはかってイスラエルの首都であったし、その後もまた常にそうであった」と付け加えた。

イスラエルがエルサレムを首都と決定するまで、長い間、この都市は他の都市、それもはるか彼方の都から統治されていた。英国委任統治時代は事実上ロンドンから、オスマン・トルコ帝国時代はコンスタンティノープルからであった。その前のウマイヤ王朝時代はダマスコからである。西暦一三五年に起きたユダヤ人、バル・コホバの反乱をローマ軍が鎮圧して以来、エルサレムを自分たちの首都としたのは一二世紀の十字軍だけだった。

イスラエル政府の省庁は次から次へとエルサレムに移転した。最初に移転したのは元エルサレム軍政官のバーナード・ヨセフ率いる必需品配給省だった。国防省は保安上の理由から、その後も四年間、テルアヴィヴに留まった。外務省も同様だったが、こちらのほうは、イスラエル外交官ワルター・エイタンによれば、エルサレムをイスラエルの一部と認めない国の外交官のほとんどすべてがテルアヴィヴに駐在していたので、彼らと「六四キロメートルの山道」を隔てたところにいる不便を避けるためだった。

数万人のアラブ人が西エルサレムから逃げ出した。英国委任統治時代には、彼らの郊外居住区はエルサレムのなくてはならない盛り場だった。彼らはエルサレムの社会、文化、商業生活のもっとも重要な地位を占めていた。その彼らが、一九四八年以降は避難民になった。東エルサレムに新しく家をもった人たちもいる。だが、避難民の一人でエルサレムを出て英国に移り住んだアルベルト・フラニによれば、「エルサレム、ハイファ、ヤッフォの裕福なアラブ人たちはパレスチナ以外の都市に落ち着いた。アンマンが急速に発展したのは、彼らの資本とエネルギーによるところが大きかった」。

一九五〇年以降、五万七千人のエルサレムのアラブ人が避難民になって、世界中のパレスチナ離散民《ディアスポラ》に仲間入りした。戦闘中にエルサレムから家族ともども脱出した人たちのなかに四歳のシルハン・シルハン〔サーハン・サーハン〕がいた。一八年後、シルハンはアメリカ上院議員ロバート・ケネディのイスラエル寄りの姿勢を非難して、彼をカリフォルニアで射殺した。

戦争は遠ざかったが、戦争が残した恨みと分裂の遺産は、長い歳月、エルサレムのユダヤ人とアラブ人を苦しめることになる。二〇世紀前半は一つであった都市が二分され、その間の交流がただちに遮断されてしまったのだ。

一九五〇年、戦争のどさくさがもたらしたささやかな協力行為があった。戦前、エルサレムのユダヤ人はスコプス山に小さな動物園を開設した。戦争中、動物園の動物三〇〇匹の大部分が砲撃で殺されたり、檻から逃げて荒野をさまよった末に死んだ。戦闘が終わったとき、動物園はヨルダン軍の支配下に入れられたが、ヨルダン軍は一九五〇年に生き残った動物二〇匹をエルサレムのユダヤ人地区に〝避難させる〟ことに同意した。これらの動物を中心にロメマに小さな「聖書動物公園」ができた。この動物園の旧約聖書に出てくる鳥、爬虫類、昆虫、野生動物の檻には、聖書のどの章や節で言及されているかについて説明文がつけられている。

第16章　二都物語　一九五〇—一九六七年

ヨルダン人とパレスチナ・アラブ人の反目

エルサレムがイスラエルの首都であると宣言されると、ヨルダン人はジレンマに陥った。彼らにとって、一九二一年以来、最初は英国委任統治下で、一九四五年以降は独立国として、その首都はアンマンだった。東エルサレムは、宗教的に重要な都市であったかもしれないが、政治、行政の中心地ではなかった。だが、民族主義の観点からすれば、東エルサレムはヨルダン人にとってはライバルであるパレスチナ・アラブ民族主義の中心地であった。他方、アンマンでは、パレスチナ・アラブ人は数も多く、社会的にも有力で、ヨルダン人がハシム王国の一員であることを誇りとするのと同じく、パレスチナ人であることを誇りにしていた。

一九五〇年はじめ、イスラエルとヨルダンとの間で極秘の交渉が始まった。ベングリオン首相は、西エルサレムのイスラエル＝ヨルダン分割線沿いの元アラブ人居住区と、エルサレム＝ベツレヘム街道をヨルダンに引き渡す心づもりをしていた。それらはイスラエル領内にあるため、アラブ人がエリコやラマッラーからベツレヘムやヘブロンへ行く場合、長い、曲がりくねった、場所によっては険しい、東の迂回路を通らなければならなかったからである。その見返りとして、ベングリオンは旧市街のユダヤ人地区と「嘆きの壁」をイスラエル主権下に戻し、スコプス山上の病院と大学への安全な通行（これは休戦条約で保証されていた）、オリーヴ山のユダヤ人墓地への墓参の自由をヨルダン側に求めるつもりだった。アブドゥラ国王が率いるヨルダン側交渉団とモシェ・ダヤンを長とするイスラエル側交渉団がこれらの問題について秘密協議を行なった。交渉は善意と妥協の精神で行なわれたが、実りはなかった。

イスラエル人とヨルダン人の間には、エルサレムについてもう一つ見解の相違があった。それは二つの主権国家の主張の対立よりももっと根深いものだった。つまり、ヨルダン人のこの都市への進出は一九四八年のヨルダン軍による東エルサレム占領以降にすぎないが、ユダヤ人は一〇〇年以上にわたってこの都市の多数者であり、イスラエル国家成立前の英国委任統治時代もずっと、この都市の暮らしと行政に不可欠な部分を占めてきた。

一九五〇年四月二四日、アンマンで開催されたヨルダン議会は、東エルサレムと、ナブルス、ラマッラー、ベツレヘム、ヘブロンを含むヨルダン川西岸にあるパレスチナ占領地のヨルダンへの併合を批准した。この同じ会議で、ヨルダンは、アンマンが拡大されたヨルダン国家の首都であると宣言した。これはパレスチナ・アラブ人に疎外感を抱かせた。彼らにしてみれば、自分たちの指導者格の多くの者がヨルダン民政下のエルサレムで要職にあり、ヨルダン政府閣僚、上院でさえ重要な地位を占めていたにもかかわらず、この都市がこれからずっと、外部から部外者によって統治されることになるわけだった。

エルサレムのアラブ人のなかには、ヨルダンがこの都市を軽視していると見て、気を悪くした者が多かった。東エルサレムにアラブ人大学を設立したいという要求は拒否され、その代わりアンマンに設立された。政府関係の役所を東エルサレムから約六五キロメートルあまり離れたアンマンに移転するというヨルダン政府の決定は抗議行動を引き起こした。エルサレム地区選出のヨルダン議会議員の一人アンワル・ヌセイベは、ヨルダン政府宛の手紙で、この都市のイスラエル側が発展しつづけているのと対照的に、アラブ側のエルサレムは何かにつけて冷遇され、弱体化していると抗議した。だが、アンマンの発展はめざましく、人口は一九四八年の二万二千人から一九六一年には二五万人に増加した。このこと自体がアラブ人の都市としてのアンマンの重要性を増大させていた。大勢のエルサレムのムスリム、実業家、元委任統治政府職員らは、ヨルダン川の向こうの新しい大都市に引き寄せられていった。

パレスチナ・アラブ人はヨルダンからなんらかの形で独立するという願いを決して捨ててはいなかった。一九五〇年八月、彼らのなかでもっとも大胆に意見を述べる人物であったアリフ・アル・アリフが東エルサレムの市長に任命された。元委任統治政府の高官だった彼は、かつてハジ・アミン・アル・フセイニとともに英国支配とユダヤ人移住に反対する中心的煽動者の一人だった。一九二〇年に英国は、その年に起きた反ユダヤ暴動の責任者として彼に死刑を宣告した。アリフ・アル・アリフは市長に任命されてすぐ、アブドゥラ国王に、「この都市は貧困と破壊の残り火の上で苦しみ、破壊のあとの廃墟と格闘しています。それゆえ政府省庁をアンマンへ移転することで、エルサレムの地位と市民生活に打撃を与えないようにしていただきたい」と苦言を呈した。この抗議は功を奏さず、政府省庁はアンマンへ移転し、エルサレムのアラブ人は省庁レベルの支持の取り付けや補償手続きにはアンマンへ出向かなければならなかった。

アブドゥラ国王の暗殺

ヨルダン統治に対するパレスチナ人の反感は緊張を生み、最悪の暴力事件を引き起こした。一九五一年七月二〇日、アブドゥラ国王はアル・アクサ・モスクの祈禱式に出席するためエルサレムに到着した。国王は四日前にアンマンで暗殺されたレバノン首相リアド・ベイ・アッソルフのために弔辞を述べる予定だった。東エルサレムのバザールでは、アッソルフはイスラエルとの平和条約についてアブドゥラ国王と話し合うためアンマンへ出かけたという噂が広がり、そういうけしからぬことをした〝罪〟で二人とも公然と非難されていた。国王がモスクに到着したとき、国王のまわりには厳重な警戒体制が敷かれていた。「どうしてこんなに大勢の兵士で私を囚人のように取り巻くのか？　彼らを下がらせよ」と国王は警備隊長に要請した。警備隊長はこのような警備は必要なのだと抗議した。「ここは神の家だ。ここではだれでも安全だ」と国王は答えた。

アブドゥラ国王のこの言葉が終わらないうちに一発の銃声が響き、彼は倒れて死んだ。撃ったのはパレスチナ人だった。目の前で国王が倒れるのを見ていた孫のフセインは恐怖で震えあがった。アブドゥラ暗殺犯ムスタファ・シュクリ・アシュはその場で射殺された。グラブ・パシャはエルサレムとヨルダン川西岸部のパレスチナ人の暴動を警戒して、アラブ軍団に厳戒体制を敷かせた。東エルサレムでは、アラブ軍団は厳戒体制に違反する者をただちに処罰した。七月二〇日、パレスチナ・アラブ人三〇人が射殺され、数百人が逮捕された。また首謀者四人も逮捕され、絞首刑に処せられた。

騒動の仕掛人はエルサレムの元ムフティ、ハジ・アミン・アル・フセイニだった。暗殺者とその行為を賞賛した連中は、イスラエル人〝異教徒〟に対する聖戦に彼の激励を求めた。元ムフティはイスラエルと和平を結ぼうとしたアラブ人に対する怒りを煽った。英国委任統治政府が彼のムフティ選出を支持してから三〇年、煽動の容疑者に指名されてエルサレムを逃げ出してから一四年のハジ・アミンは、エジプトに亡命していた。アブドゥラ国王は彼が東エルサレムにくることを禁じ、ムフティには別人を任命していた。

アブドゥラ国王の後継者は最初タラル国王で、その後、孫のフセインに引き継がれたが、いずれの国王も元ムフティの帰国を許さなかった。だが、一九五六年一〇月のヨルダンの選挙後、暴力行為が東エルサレムの街路で頻発するようになった。この時期、シリアとエジプトとのより密接な関係を求めていた議員たちは、フセイン国王と対立していた。エルサレムは反フセイン暴動の中心地の一つであった。動員されたヨルダン軍が暴徒を追い散らすために発砲し、数人の男女、子供が死亡した。

アブドゥラ国王の暗殺後も、ヨルダン人のエルサレム軽視には変化がなかった。アリフ・アル・アリフ市長が東エルサレム地域と人口の増強のため、市の境界を南と東に広げようとすると、タラル国王は彼を解任した。一九五七年一月に新市長になったルヒ・アル・ハティブはエルサレムの地位の向上に努力した。彼の努力が報いられて、ヨルダン政府はエルサレムの地位を〝バラディヤ〟(地方自治体)から〝アママ〟(信託領土のようなもの)に変え、ヨルダンの首都アンマンと同格にした。だがアル・ハティブ市長はそれから八年の在任期間中、この変化がもたらした現実に失望することが多かった。彼はこの変化が、東エルサレムに関心を集め、繁栄の中心地とする効果がなかったと感じていた。

一九六二年にヨルダン議会の選挙が行なわれたとき、エルサレム・アラブ人の候補者の一人がエルサレムの優位性が失われていることを次のように嘆いた。「アンマンで建設中の宮殿を見てごらんなさい。宮殿はここエルサレムに建設されるべきだったのに、向こうにもっていかれてしまった。これではエルサレムはいつまで経っても都《みやこ》ではなく、一種の村のままでしょう」。このような不満に対して、アタロットの破壊されたユダヤ人入植地の土地を利用し、市の北にあった英軍離着陸場を拡張して市の飛行場にしたことなど何の代償にもならなかった。この飛行場は軽飛行機か軍用機のためのものだったのだ。

近くて遠い旧市街

ユダヤ側のエルサレムは一九四七年から四八年にかけての恐ろしい出来事からゆっくりではあるが回復しつつあった。市は旧市街からのユダヤ人避難民のほか、ヨーロッパやアラブ世界からのユダヤ人移民も吸収しなければならなかった。市に住みつくようになった人たちのなかには、精神的に深い傷を受けた「ホロコースト」の生存者たちもいた。ラマト・ラヘルのような廃墟となった地域の再建も急務だった。前からあった機関に新しい建物も用意しなくてはならない。テルアヴィヴから移転してきた国会、最高裁判所をはじめ、いろいろな政府省庁が入る場所を見つける必要もあった。ヘブライ大学の名士の一人のノーマン・ベントウィチによれば、「ヘブライ大学は一九五〇年の二五周年記念日を〝強制移住者〟として、ユダヤ側の市の間に合わせの場所で祝うことになった」。大学の仮校舎は、当時も今も聖母マリア像が目印のフランシスコ修道会のテラ・サンタ大学に置かれた。ヘブライ大学がギヴァト・ラムの新キャンパスに移るまで、さらに一〇年かかった。新しいハダサ病院は、エルサレムの西に建設されつつあった。

タルビエ、カタモン、バカなどのだれもいなくなったアラブ人地区や、アイン・カレム、マルハなどの放棄されたアラブ人村は、ユダヤ人居住区になった。増加する飲料水の需要をまかなうため、沿岸平野部に近いエシュタオルから西エルサレムの貯水池まで直径六〇センチの水道管が引かれた。水の消費が特に多くなる場合に備えて、エルサレム地域にいくつかの深い井戸も掘られた。

一九五〇年にエルサレムを訪れたユダヤ系アメリカ人のなかに、元ナチス戦争犯罪調査官のベンジャミン・フェーレンツがいた。彼はのちに筆者宛の手紙のなかで、エルサレムのユダヤ人たちの様子を次のように回想している。「市民のだれもが希望、意気込み、新時代の幕開けという信じられないような期待でいっぱいだった。子供たちはみな可愛らしく、両親ばかりでなくすべての人たちの大きな誇りの源だった。これらの人たちすべては、だれもがこれから訪れる楽しい時を予想して期待と喜びに満ちていた青年時代のサマー・キャンプの日々を思い起こさせた。私がアメリカで知っているユダヤ人たちはみな、弁護士、医師、実業家などだったが、ここでは道路清掃人や溝掘りなどの路上労働者や、ブルックリンやブロンクスと関係のない、イエメンその他の遠いところからきたユダヤ人たちだった」。

「コンヴェンション・ホール」と呼ばれたすばらしい「国民宮殿」が、西エルサレムの入り口に建てられつつあった。一九五一年、この建物がまだ完成していないうちに、すでに第二三回シオニスト会議の会場として使用されることが決まった。この会議は一八九七年にシオニスト運動が始まって以来、はじめてエルサレムで開催されるものであった。ジャーナリストのエリアフ・エプステインは、世界中のユダヤ人社会から代表者が集まってきたときの建物の様子についてこう書いている。「建物のできばえはりっぱで、芸術作品といってもよいくらいだった。だが、建築がまだ進行中であることを示す標識や傷跡、荒々しい作業現場があちこちに見られた。施設の展示物、民族色豊かな郵便局、われわれの闘争の英雄たちに献花を捧げる衛兵の姿などは、この意義深い集会の会議場の粗野な外観をいくらか見映えよくしていたが、雑然とした印象は拭いきれなかった」。

それから三〇年後、新しいヘブライ大学がスコプス山の上に建設されていたとき、新体制の大学の理事たちは、埃っぽい建築現場の足場がまだ残り、柱のコンクリートがむきだしの建物のなかで年次理事会を開くことになった。彼らもまた、未完の事業に同様の信頼を置いていたのだ。

一九五一年七月二六日、ダヴィド・ベングリオンは、首相再選に向けた選挙運動のためエルサレムを訪れた。彼は市の入り口にあるアラブ人が放棄したリフタ村を訪れ、そこで旧市街のユダヤ人地区からきた大勢の避難民に会った。エルサレム靴製造会社では靴製造のために革を切ったり、縫ったり、糊付けしたりしている三〇のちがった国からきた移民たちに紹介された。元アレンビー兵舎の先にあるタルピヨットでは、アラブ諸国からきたユダヤ人が住んでいる数百の移民用住宅《マアバロット》のいくつかを訪れた。

二年後の一九五三年六月一八日、カリフォルニア出身のアメリカ人メアリー・クローソンは、イスラエル政府から農業経済顧問として招聘された経済学者の夫とともにエルサレムにやってきた。アメリカの家族や友人に宛てた彼女の手紙には、アメリカを発つときには「エルサレムがイスラエルとヨルダンに分割されていることすら知らなかった」非ユダヤ人訪問者の目から見た、この都市のユダヤ人地区の様子が書かれている（『エルサレム便り』、ロンドン、一九五七年)。到着した日の午後、故国への最初の手紙によれば、「何度か出歩いてみました。みんな貧しそうに見えました。ストッキングをはいている女性は一人も見かけなかったし、男性はネクタイをしていません。ストッキングなし、ネクタイなしっていいわねと感じたほどです。近くに良い本屋がびっくりするほどたくさんあるようです」。

エルサレム争奪戦から五年経っても、配給制度は励行されていた。六月二一日付のメアリー・クローソンの手紙によると、「私たちはまだ配給カードをもっていなかったので、コーヒー、卵、肉、マーガリン、砂糖、石鹸などが手に入りませんでした。近所の人たちは信じられないほど親切に助けてくれて、私たちの食事の足しにと大切な配給品をくれたり、貸したりしてくれました。パンは十分食べられます。これほど短い間に、こんなにすばらしい大勢のいい人たちに会ったことはありませんでした」。近所のあるユダヤ人は、こうした現地人の気前のよさをこう説明した。「ユダヤ人はイスラエル国家が成立するまでは、どこにいてもお客でした。みんな客であることに疲れてしまっていました。ですが、今やっと主人になれたので、できるだけ気前のよい主人であろうとしているのです」。

一カ月もしないうちに、エルサレムは貧しいところという第一印象は薄らいだ。七月一〇日には、彼女は妹に次のように書いている。「今ではエルサレムは繁栄しつつある豊かな都市であるように見えます。高級住宅地は庭や樹木が多くてきれいですし、繁華街のショッピング・センターには古いものと新しいものが混ざり合っています。アラブ人らしい男がロバに乗って通り、髭を生やし、耳の前に長い髪の房を垂らして大きなフェルトの帽子をかぶった男たちが灯油をいっぱい積んだ馬車を走らせています。私のように網袋をもった婦人買物客、自転車、オートバイ、乗用車、馬などが市中をあたふたと走り回っています。街角にうずくまる乞食たちは、数ピアスタでももらえれば思いつくあらゆる祝福の言葉をいってくれます。すばらしく美しい街角もあります。美術工芸学校と美術館には気がねなく入れる中庭があったのが忘れられません。そこにはオリーヴ、いちじく、ユーカリ、胡椒の木がありました。学生たちは戸外で製作をしていました。美術館の内部にはすばらしい展示物がありました。これらすべてがうちの洗濯場から半ブロックのところにあるのです」。

ユダヤ教徒の安息日は特に静かな日であった。メアリー・クローソンの母への手紙によれば、「金曜日の夜にエルサレムを訪れる静けさは、あらゆる人知を超えた神の平和です。それはやさしく静かに降る雪に似ています。安らかさとはこういうものをいうのでしょう。バスは走らず、すべての店は閉まっています。少なくとも規則上、大っぴらにお金のやりとりはしません。不信心者のタクシーがエルサレムとテルアヴィヴ間を走っていることはありますが、道路を走る自家用車はほとんどありません。子供たちでさえ静かにしています。土曜日の午前中にはシナゴグから帰る男性や少年たちの姿が見られますが、女性はめったにシナゴグへ行くことはありません。信心深くない人たちは朝寝坊し、午前一〇時半か一一時頃、父親が子供を連れて散歩に出かけます。土曜日の午後遅くには、エルサレム中の人が着飾って安息日の散歩に出かけるのではないかと思われるほどです。幼い子供のいる両親をのぞいて、ほとんどすべての人たちにとって安息日は本当に平和で静かな日です」。

メアリー・クローソンはラマト・ラヘルのキブツも訪れた。「キブツはほとんど完全に再建されていましたが、訪問者にそこで戦った勇敢な人たちや戦死した人たちを思い起こさせるため、弾丸で穴だらけの壁の一部が保存されています」。一九四八年以降、ラマト・ラヘルの丘のすぐ下をヨルダンとの休戦境界線が走っていた。エルサレム住民はそこからベツレヘムを眺めた。「すぐそばのベツレヘムが、こんなに遠いのにはがっかりさせられます。眼下には羊の群れを追うアラブ人、道路をゆっくり走るトラック、そのそばを走り抜けていく乗用車が見えます。乗用車が時々鳴らす警笛すら聞こえます。気になったのは、私たちと同じ頃ラマト・ラヘルにきて、ヨルダン側を眺めていた一群の男性たちでした。彼らは外交官のようで、向こう側がどうなっているかフランス語で喋っていました。すぐそばの場所が、世界を一周するほど遠いという感覚がどんなものか、経験した者でないと容易に理解できません。本当に遠いのです。なぜなら、お金と時間が十分にあれば、だれでも世界を一周することができるというのに、もしあなたがイスラエルのユダヤ人だったら、ヨルダンへは行けないのですから」。

すべてのイスラエル人にとって最大のいらだちの種は、エルサレムのど真ん中を通っている境界線だった。マンデルバウム・ハウスの近くに、マンデルバウム・ゲートと呼ばれた国境通過地点が一カ所あるだけだったが、イスラエル人には閉ざされていて、東エルサレムや旧市街へ入ることは許されていなかった。メアリー・クローソンは最初の市内見物のとき、この通過点を知った。七月四日付の彼女の母への手紙によれば、「昨日、市内を車で走っていた際、鉄条網で囲まれ、石を積んだアラブ側との境界にきました。そこには「国境、止まれ、撮影禁止」と英語、ヘブライ語、アラビア語で書かれた大きな告知板が立っていました」。

「今朝のドライブの際、今回はオリーヴの木立をすぎて西へ向かいました。国境警備の警官は要所要所を油断なく警戒していました。私たちはオリーヴの木の下の砂利道に車を止め、辺りを見渡していますと、銃と双眼鏡をもったがっしりした若い男がすぐに、私たちが何をしているのか調べるために近づいてきました」。

分断された都市

エルサレムの地位をめぐる外交戦は続いていた。一九五三年七月一二日、イスラエル外務省はテルアヴィヴからエルサレムに移った。アメリカ、英国、フランス、イタリア、トルコ、オーストラリアの六カ国の政府がこれに抗議した。どの国も、エルサレムがなんらかの国際的地位をもつべきであるとする国連の要望を支持する声明を出した。これらの国々はすべて、西エルサレムがイスラエルの首都であると認めることを拒否した。皮肉なことに、英国とアメリカは国連のもっとも新しい国際化決議案には反対票を投じていた。皮肉な外交官たちは長い間エルサレムでの儀式をボイコットした。四年後、キューバはエルサレムへ公使館を移したが、アメリカの説得で数日でまたテルアヴィヴに戻した。

外国大使館のほとんどすべてがテルアヴィヴ市内かその近くに留まった。例外はオランダ、ギリシア、グアテマラ、ウルグアイだけだった。その他の国の大使は、イスラエルの役人と協議する必要があると、エルサレムへ赴き、そこの新外務省で会談したあと沿岸地方へ戻った。イスラエル政府はその公式声明に「エルサレム発」と前書したが、たいていの外国政府や新聞は自分たちからの公式発表には「テルアヴィヴ発」と書いた。イスラエルの最初の大統領ヴァイツマン博士が沿岸平野部のレホヴォトに住んでいた間は、外国の大使たちは信任状をそこに提出した。一九五二年一一月のヴァイツマンの死後は、エルサレム住民のイツァク・ベンツヴィが大統領になり、公邸をエルサレムに移した。最初のうち、外国政府は大使が信任状をエルサレムで提出することを拒否した。ベンツヴィが大統領になってから一年後、イタリア大使はエルサレムへ行くことを避けるため、ベンツヴィが短い休暇をとっていたガリラヤ湖畔のティベリアで信任状を提出したいと主張した。逃げ口上はこれが最後だった。以後、イスラエル政府は外国大使がエルサレムで信任状を提出しない場合は大使と認めないと発表した。次の着任予定はスイス大使だった。アラブ諸国はいろいろと外交圧力をかけたが、ついにスイス政府は、二分されたまま論議の的になっている首都へ赴くよう大使に訓令した。

イスラエル外務省がエルサレムへ移転してからわずか二週間後の一九五三年七月二七日、

ヨルダンのフセイン国王は、東エルサレムを「ハシム王国のもう一つの首都」と宣言した。エルサレムはヨルダンの「重要かつ不可分な部分」を形成することになりそうだった。この声明は進軍ラッパのように力強く、高らかに鳴り響いたにもかかわらず、ヨルダン政府は相変わらず東エルサレムの経済成長を阻み、大学の設立も阻止したため、大勢のエルサレムのアラブ人を落胆させた。

ヨルダン支配の東エルサレムにある聖所への訪問を許されていなかったのはユダヤ人だけではなかった。エルサレムの分断により、今までごく当たり前のこととして礼拝を許されていた人たちの一部が大きな打撃を蒙ることになったのである。ヨルダン政府は、東エルサレムにあるキリスト教徒とイスラーム教徒の礼拝所を、世界中のキリスト教徒とイスラーム教徒には開放したのに、イスラエル住民には訪問を許さなかった。その結果、イスラエルのイスラーム教徒はアル・アクサ・モスクで祈ることも、「聖域《ハラム》」に立ち入ることも禁止されたのだ。

一九五三年一二月末、メアリー・クローソンと彼女の夫は、マンデルバウム・ゲートを通って東エルサレムに入る許可を得た。その訪問の前夜、心配はつのった。「アメリカ領事館は国境通過を許された人たちに読ませる掲示を出していた。「エルサレムのユダヤ人占領区からアラブ人占領区へ入る場合、あなたがイスラエルでしていることについてできるだけ口を閉ざし、当たり障りのない態度をとること。またイスラエル製とはっきりわかるような土産物をできるだけもって行かないこと。アラブ当局者はあなたのいかなる形の親イスラエル感情にも好感をもたない。アラブ人とイスラエル人は現実的にはまだ戦争中であることを忘れないように」」。

「私たちはアラブ側の検問所を通り抜けるまではどきどきしました。たとえ前もって用意するべき書類が全部整っていたとしても、アラブ側の入国審査官が、パスポート、あるいは私たちの場合のような証明書を照合するリストに、たぶん事務員の手違いか何かで「あなたの名前は載っていない」といって追い返される恐れがあったからです。私たちのパスポートはイスラエルの査証がついていて使えないので、代わりに特別な用紙に必要事項を記入し、アメリカ副領事が署名した身分証明書を持参しました。私たちの行列のすぐ前にいた英国人の女の子は追い返されました。彼女は怒って、英国領事館に電話するため、近くの電話器のほうへ大股で出て行くのを見たのが最後でした。マンデルバウム・ゲートはいわゆる門ではなく、単なる小さな家で、かってはマンデルバウム氏〔一九世紀にポーランドからきたラビ・マンデルバウム氏一家とタルムード研究者用の宿舎になっていた建物〕のものでした。私たちは両検問所を問題なく通ることができました。アラブ側検問所を離れ、旧市街の城壁へ向かうとき、私は嬉しくて思わずにんまりしてしまいました。城壁を何カ月も眺めるだけでなかに入れないのは腹立たしかったからです」。

「私たちは車とガイドを雇いました。人出の多いクリスマスやイースターに歩き回るには、ガイドはどうしても必要です。見たかったものは全部見ました。マンデルバウム・ゲートの向こうに行くことはすばらしい体験でした。少なくとも二千年前にタイム・スリップする感じです。旧市街のイメージはアルジェリア、あるいはカイロに似ているという人もいますが、古都の名に恥ずかしい一面も目につきます。子供たちの多くは裸足でぼろをまとい、男たちは重い荷物を担いで腰をくの字に曲げ、物乞いがうようよしています。また少しばかりの金を得ようとオリエント的奴隷根性を丸出しにしている人たちもいます。イスラエルでは靴磨きであれ、ごみ収集人であれ、みんなアメリカ西部の人たちによく似ていて、それより立派とはいえないまでも、あらゆる点で同類であり、またそれを示そうとします。私はそこが気に入っていて、つい笑ってしまいます。ですが、旧市街では人々は地面に額をすりつけるほど丁寧にお辞儀をしますが、あれはうわべだけなんだと思うことがしばしばあります」。

クローソンの説明はこう続く。「マンデルバウム・ゲートの国境閉鎖地帯を通り抜けると、エルサレムの城壁とダマスコ門があります。この門の脇で、ヨルダンや隣国のいたるところからきたバスが停まり、乗客を降ろします。どうやらいつも忙しいところのようです。タクシーはけたたましく警笛を鳴らし、ロバは山のような荷を積んで、耳障りな鳴き声をたてているのもいます。鋲《びよう》付きのヘルメットをかぶった警官、赤白、黒白、白一色の頭巾を被った男たち、黒服に黒いヴェールの女性、旅行者に物をねだる裸足の幼い子供、往来を図々しく横切って行くラクダまでいます」。

「城壁内に入ると、「エルサレムよ、あなたの城門のなかに私たちの足は立っている」という『詩編』(122編2節)の言葉を思い起こしました。ですが、城門のなかにいることは嬉しかったものの、城門の外のイスラエルに住んでいることも嬉しく思いました。城壁内には南北に走る〝大通り〟が三本か四本あるだけで、東西に走る道も同じくらいはありますが、道幅は三メートルから六メートルくらいで、通行人や動物が端によればやっと自動車が通れるというありさまでした。歩道はありません。他の道はせまく、急坂で階段が多すぎて車は通れません。大通りの大部分は両側に店が並び、かなり大きな店もありますが、たいていの客は道に立ったまま買物をしています。私は靴をつくっている多くの店に感心しました。暗い小さな小屋で、たいてい一人か二人の靴職人が革を叩いたり、縫ったりしていました。見映えのよい果物と野菜(少なくともこの時期にはエルサレムの新市街ではこんなりんごはまったくないのに、ヨルダンにはあるとは!)や、おいしそうな焼き菓子店には感心しました」。

クローソンは東エルサレムにいる間に「嘆きの壁」も訪れた。一九四八年以来、イスラエルのユダヤ人はこの壁に近づくことが許されていなかった。この地域はいまやムスリム・アラブ人しか住んでいなかった。以前のユダヤ人地区に住む少数の住民もまたアラブ人で、その大部分は休戦境界線のイスラエル側からきた避難民だった。彼女の手紙によれば、「嘆きの壁自体も興味深いものでした。壁は長く、高く、少なくとも二つの異なった時代の巨大な石でつくられており、多くの石には蔦がからまっています。壁には損傷はなく、一人の絵はがき売りの他はだれもいませんでした。この絵はがき売りは法外な値段をつけていたのできっと売れなかったのでしょう。彼は大声でわめきながら数ブロック私たちを追いかけてきました。嘆きの壁を去ろうとすると、裸足でぼろを着て冷えきった三、四人の少女たちが金をせがんでついてきました。金をあげようと思いましたが、そうするとますますつけあがらせることになるのでやめました。かわいそうな少女たちはお金を必要としていたのは間違いないので、私たちはけちのような気がしましたが、こういう町の子供や乞食に金を与えはじめることは、大海の底ざらいをするようなものなのです」。

「私は古いユダヤ人地区がどうなっているか見たかったので、ガイドにそこへ連れていってくれるかどうか訊ねました。彼は気が進まなそうでしたが、断りはしませんでした。私たちは建物が破壊された南壁付近のかなり広い地域と、損傷を受けた建物に避難民が住んでいる地域を歩きました。洗濯水はところかまわず捨てられていました。古いユダヤ人市場、つまりバザール街があったところでは、古代のシナゴグが瓦礫になっていました」。

「私が終日抱いていた気持ちの一端をお伝えしようとすれば、これらすべてが私たちが六カ月住んでいる新市街から車で数分、あるいは歩いて行けるところにあるのだということを繰り返し申さなくてはなりません。ガイドが「エルサレムでは」こうこうだというたびに、私はその場を去りたくなったものです。自分の知っているエルサレムにいるとはとても思えませんでした。少なくとも三千キロメートルも離れた、二千年も前の時代にいるような気がしました」。

一九五三年から五四年にかけて、エルサレムのユダヤ人はダビデ王の建国三千年を祝った。祝賀行事のクライマックスは、ダリュウス・ミヨー作曲、アルマン・リュネル脚本のオペラ『ダビデ王』の初演であった。ニューヨークのマディソン・スクエア・ガーデンの祭典ではフランク・シナトラが歌った。エルサレムでは、三千年祭の祝賀行事は、多くの国際的集会と同様に、劇、音楽、文化センターとして新しく建設されたコンヴェンション・ホールで開催された。このセンターから東の稜線上にはモアブ山脈、北側にはサムエルの墓、西にはヘルツルの丘が眺められた。そこには一九四九年にウィーンから運ばれたテオドール・ヘルツルの遺体が再埋葬されていた。

一九五三年にコンヴェンション・ホールで開催された行事のなかには、世界中から参加した聖歌隊員八〇〇人による「ヘブライ歌祭り」や、「砂漠の征服」と題した国際科学シンポジウムがあった。このシンポジウムは土壌維持、灌漑、再植林の最新成果を討議し、砂漠化防止、これまで不毛だった土地の耕作、再植林の実際的手段などが発表された。世界中のほとんどの国の代表がシンポジウムに参加したが、ムスリムあるいはアラブ諸国は一国も代表団を送らなかった。

一九五四年一月、メアリー・クローソンがエルサレムにきてから七カ月が経っていた。彼女は故郷にこのユダヤ人の都市で垣間見たいろいろなことを書き送っている。一月三〇日付の友人への手紙では、イスラエルの専門職の人たちの報酬が一般的に低いことを述べている。当時、アメリカでは少なくとも一万三千ドルを稼ぐ職業の人たちの報酬が、ここでは二千ドル以下だった。「こんなに給料が安いとどんな暮らしになるか想像がつきますか？　車は買えませんし、食費はいつも用心深く節約しなければならないし、外食もできません。衣服を買う余裕もありません。家族保護のためにかける保険料も決して多くはありません。わずかなギフトも買えませんし、顔につけるクリームやハンド・ローションにかける費用もわずかです。煙草も吸えずお酒も飲めないし、寄付の余裕もありません。庭いじりが好きでも、そうするお金もないのです。多くのアメリカ人、それもこうしたレベルの仕事の人たちなら欠くことのできないと思われている、趣味に使うお金もほとんど残りません」。「たいていの人たちは電話をつける余裕がありません。電話はエルサレムではほんとうにぜいたく品です。うちにも電話がないので、電話がない家庭ではどんな余分な仕事や計画性が必要かを判断する絶好の立場にいると思います。電話は不足しているので、取り付けに二〇〇ポンドというかなり高額の払戻不可の設置費を払わせることによって電話需要を抑えています。これは功を奏しているようです。そのうえ無理して電話をつけても、月々の使用料がかなり高いのです」。

一九五四年三月、クローソンはタルピヨットにあるエルサレムで最大のユダヤ人移民収容所を訪ねた。その一部は三〇年前にユダヤ人用の居住区として開発が計画されていたが、資金不足で完成に至らなかったところである。その大きな空き地は、イラク、クルディスタン、イエメン、モロッコなどのアラブ諸国からイスラエルに到着した数十万人のユダヤ人移民を収容するには理想的な場所だった。彼らの多くは極貧のむさくるしいところからやってきた人たちだった。そのうえ一九四八年のイスラエル国家成立後、彼らが住んでいたアラブ諸国で数十人が殺された虐殺事件を含め、いろいろな形の差別と迫害を受けていたのだ。

異なった伝統、貧困、アラブ人への猜疑心を抱えて、何世代にもわたって暮らしてきた大勢のユダヤ人がムスリム諸国から移住してきたことは、イスラエルにとって経済的にも社会的にも大きな負担になった。三月二七日付のメアリー・クローソンの友人宛の手紙によれば、「月曜日に私はエルサレムの大きな移民一時収容所を訪ねました。そこではファニー・ラビノヴィッツ博士がまったく生活手段のない人たちの健康管理をしていました。彼女が受けもっていたのは、主として中東諸国からきた二五〇〇人です。タルピヨット移民一時収容所には約七五〇〇人から八千人が収容されていました。移民一時収容所は一時的なもののはずでしたが、ここに何年もいる人たちがおり、ファニーの患者たちは近い将来、ここから出ていく望みが少ない人たちでした。私は診療所に二時間いて、そのあと一時間ほど移民一時収容所を見学に行きました。私たちはある患者に面会に行ったので、その小屋へ無理に押しかけたという印象は与えずにすみました」。

「この移民一時収容所は、一九三〇年代の粗末な農場保全局のキャンプのようでした。もう少し正確にいえば、しばらくの間仕事といえるような仕事がまるでなかったダスト・ボウル農場〔一九三〇年代に土砂嵐の被害を受けたアメリカ中南部の大草原地帯の農場〕の労働者の大集合に似ていました。水道栓は二〇世帯に一つ、便所はなく、いくつかの小屋ごとに地上に穴をあけ周囲を板壁で囲ったものがあり、そこから出る臭気は吐き気をもよおすものでした」。

一九五四年夏、エルサレムで突然、銃撃戦が起きた。七月三日のクローソンの友人への手紙によれば、「ここの暮らしは物騒だと忠告を発しているのはだれなのでしょうか？私たちはその忠告に従っているから大丈夫。ワシントンの新聞は、先週エルサレムの新市街と旧市街の間で銃撃戦があったことを報道したと思います。六月三〇日、アラブ軍がこちらに向けて発砲してきました。この銃撃がアラブ軍団の兵士が面白半分にやった仕業ではないことを確かめるため、少し待ってからユダヤ人側から反撃しました。マリオン（夫）のビルも銃撃を受けました。銃撃は激しく、また近距離からだったので、彼は机を事務室の窓からかなり離れた中央部に移しました。彼のビルの前で一人の歩行者が銃の直撃を受けました。事務所の前を通るバスは運行を停止しました。彼はハイファから注文のあった食糧雑貨品を車に積むのに、銃撃を受けなくてすむ駐車場所を探さなくてはなりませんでした。レハヴィアの友人たちは、休戦境界線からかなり離れているのに、水曜日の夜は眠れなかったといいます。境界近くの住民は避難しました」。

この銃撃事件で数人が死亡し、多数の負傷者が出た。重傷を負った者もいた。

エルサレムの地位と将来は、一九五〇年代にも始終、国際会議の協議事項に取りあげられた。アメリカと英国は、エルサレムのユダヤ人占領区を法的にイスラエル領と認めることも、アラブ人占領区をヨルダン領と認めることにも反対しつづけていた。エルサレムの国際管理案には依然として根強い支持があったため、国連のどの加盟国も東エルサレムをヨルダン領とし、西エルサレムをイスラエル領と認めるわけにはいかなかった。一九五五年二月一八日のバッキンガム宮殿での昼食会で、チャーチルは英国外交官イヴリン・シャクバラに「エルサレムはユダヤ人にやるべきだ。エルサレムを有名にしたのはユダヤ人なのだから」と語った。シャクバラの父は三三年前に英国パレスチナ委任統治規約の起草に貢献した人である。

エルサレムでは考古学はいつの時期にも隆盛をきわめた。市の発展にともない、地下にある古代の建築物が偶然に発見されることはめずらしくなかった。一九五六年、レハヴィアである家の基礎工事のため土台を掘り起こしていたとき、二千年前の墓が発見された。その墓には岩を切り開いた通路、壁に掘られた遺体安置室、商船を襲っているガレー船などの壁画があった。そこでこの墓は、「ヤソン〔ギリシア神話に出てくる金の羊毛を求めて航海に出た英雄〕の墓」と呼ばれるようになった。

ラマト・ラヘルのキブツでは、一九五四年から考古学的調査が始められていた。発掘場所は、二七〇〇年前のユダ王国時代からローマおよびビザンチン時代に至る古代遺物が豊富にあるところだった。キブツがつくられた丘はエルサレムの南の端にあり、敷地の南側には鉄条網の脇を国境警備隊がパトロールする「グリーンライン」が走っていた。境界の柵からベツレヘムの教会の尖塔がはっきりと見えた。

一九五六年九月二三日、このラマト・ラヘルの発掘現場でイスラエル考古学会が開かれていたとき、キブツに面した丘の一つから、一人のヨルダン兵が一〇〇人以上の考古学者と学生に対しブレンガンを発砲し、四人の考古学者が死亡した。その一人ヤコブ・ピンカーフェルドは、一九二〇年にポーランドからパレスチナに移住し、委任統治政府の公共事業省に建築家として勤務した。死亡時の彼は、イスラエル政府古代遺跡省の公共記念物保護官であった。彼の娘はゴルダ・メイアの息子と結婚していた。射殺される数時間前、彼はコンヴェンション・ホールにあるエルサレム・シナゴグで講演をしたばかりだった。彼の甥のウリ・ライヒは、八年前のエルサレム包囲のとき、クファル・エツィオン救援作戦で戦死した三五人のハガナー志願兵の一人だった。

ラマト・ラヘルの犠牲者の一人ルドルフ・ルードベルク博士は、一九三八年にドイツからパレスチナに移住してきて、イスラエル歯科医師協会の会長をしていた。もう一人の犠牲者で、著名な書誌学者のバルーフ・ショヘットマンは、一九二六年にロシアから移住し、ヘブライ大学の教官になった。彼はユダヤ民族図書館および大学図書館の季刊誌の編集者の一人でもあった。『エルサレム・ポスト』紙の死亡記事によれば、「彼にとって過去は過去ではなく、いつも現在であった。彼はよく親友の一人（彼には敵はなかったし、あるはずもなかった）に近づき、やさしい笑顔で「二〇年前の今日、どんなことが起こったか憶えているかい？」と訊ねたものだった。多分、答えは熱波が到来した日だというぐらいのものだったろう。彼は他の人たちが忘れていることをよく知っており、とくにヘブライ大学のいろいろな記念すべき出来事を思い出すのが好きだった」。

ヨルダン政府は国連への声明で、ラマト・ラヘルの銃撃事件は「気が狂った」兵士の単独犯行であると発表した。だが、銃撃を浴びた者の何人かは二丁のマシンガンから発砲されたのを見ており、そのうちの一丁は三人の兵士、他の一丁は五人の兵士が操作していた。ラマト・ラヘル銃撃事件の翌日、ヨルダン軍の国境警備隊がエルサレムのすぐ西にあるアミナダヴ村でイスラエル国境を越え、オリーヴ摘みの女性たちに発砲し、イエメンからきたユダヤ人移住者のゾハラ・ウムリが死亡した。

「ヤド・ヴァシェム」の建設

一九五七年、四年前の国会決議案の通過にもとづき、第二次大戦中に殺された六〇〇万人のユダヤ人を記念する追悼センターが開場した。このセンターはまた、戦時下のゲットー戦士の英雄的行為を顕彰し、非ユダヤ人で「ナチスの犠牲者を救おうとして命を危険にさらした」数千人の人たちを讃える目的ももっていた。センターは「ヘルツルの丘」の戦没者墓地の隣につくられ、「ヤド・ヴァシェム（場所と名前）」と命名された。この名前は「イザヤ書」56章5節にある神の約束の言葉、「（私の望むことを選び、私の契約を固く守るなら）私は彼ら（宦官）にさえ、私の家と垣のなかに場所と名前を与えるであろう……私は彼らに決して消し去られることがない、とこしえの名を与える」（著者は「ヤド・ヴァシェム」の語義を欽定訳聖書の"a place and a name"から引用している）からとられたものである。

「ヤド・ヴァシェム」は年毎に規模が大きくなり、活動も盛んになった。図書や雑誌の発行、セミナーや会議の開催、資料や個人的証言の収集にも努めている。ほとんど毎週のように、戦時下でユダヤ人の命を救った非ユダヤ人を顕彰するささやかな儀式が行なわれ、「義人通り」と呼ばれる記念館脇の通りにその行為を讃えて一本ずつ記念樹を植えている。

イスラエル建国一〇周年記念日が近づいた頃の西エルサレムは、「文字通り行き止まりだった」と一九五七年に移住してきた英国生まれのイスラエル作家ナオミ・シェパードは書いている。「沿岸平野部からユダの丘陵地帯に続く領土内の回廊を登って、ぎりぎりそこまでしか行けなかった。エルサレム市を二分する国境線は、イスラエルと全アラブ世界との境界でもあり、イスラエルとアジアの境界でもあった。イスラエルの海岸線は地中海の東端だったから、エルサレムは、世界の果てにある壁に向かって駈けあがって行くような感じがした。そこから先へは決して行けなかったのだ」。

西エルサレムが国境の町でなくなるまでにはさらに一〇年かかり、歩行者天国のショッピング・センターや歩道のカフェが、この町を沿岸部の町ほどではないにしてもにぎわいのある町に変えるのには、さらに三〇年が必要だった。イスラエルのジャーナリスト、アブラハム・ラビノヴィチの三〇年後の回想によれば、「西エルサレムは、沿岸平野部の生活の主流から事実上、切り離され、細い領土内回廊で結ばれているだけの眠ったような国境の町だった。国会の諸委員会はユダの丘陵地帯を一時間半も登る単調で退屈な旅をするよりテルアヴィヴで会議を開くことを好んだので、ときどき委員会議長にエルサレムはまだこの国の首都であることを思い起こさせなくてはならなかった」。

一九五八年五月の建国一〇周年記念行事はエルサレムで盛大に挙行された。イスラエル政府は大きな軍事パレードをエルサレムで行なうことを決めた。このパレードの終点は、ギヴァト・ラムの新しい大学のスタジアムだった。

アイヒマン裁判

六〇〇万人のユダヤ人殺戮計画をベルリンの執務室から指図していたナチスの役人アドルフ・アイヒマンが、一九六〇年、アルゼンチンでイスラエル諜報員により逮捕され、裁判のためエルサレムへ連行された。連日の生々しい目撃者証言は、第二次大戦中のヨーロッパ全土で行なわれたユダヤ人の人命と生活の破壊がいかに徹底したものであったかをエルサレム住民に如実に感じさせた。首席検察官であったギデオン・ハウスネルはこう回想している。「壮麗な法服姿の裁判官が並ぶ法廷で、ナチスが行なった迫害の陰惨な全貌が、数カ月にわたってその極悪非道ぶりの細部にまでわたって明らかにされようとしていた」。アイヒマンの裁判は、被告席に座った彼の姿とともに、長い間、世界の注目をこの法廷に釘づけにした。『ニューヨーカー』誌に掲載されたハンナ・アレントの裁判記事によれば、「被告保護のための防弾ガラスで囲まれた被告席に座った彼は、中背で痩身、髪が薄く、歯並びの悪い近眼の中年男で、開廷中、痩せた首を判事席のほうへ鶴のように伸ばしていた」。一九六二年に裁判が終了し、アイヒマンは有罪となり処刑された。

二年後の一九六四年、ローマ教皇パウロ六世の聖地訪問で、エルサレムは再び世界の注目を集めた。教皇は他の旅行者と同様、この人出の多い市の一方から他方へ移動する際、マンデルバウム・ゲートを通らなければならなかった。教皇はヨルダン領のオリーヴ山からイスラエル領のシオンの丘へ行くのに、ある国の管轄区から別の国の管轄区へと移動したことになる。エルサレムのキリスト教徒は、教皇の訪問に胸を躍らせた。だがムスリムやユダヤ人、それにエルサレムでもっとも大きなキリスト教徒のグループであるアラブ人キリスト教徒にとって、教皇の訪問は分断された市の問題に対し、何の緩和剤にもならなかった。実際、エルサレムはアラブ＝イスラエル紛争が解決されないかぎり、いつまでも分断されたままであるように見えた。その紛争そのものが果てしなく続き、いつまでたっても解決されないように思われた。

東エルサレムのヨルダン統治は、この都市のいろいろなキリスト教宗派間の数世紀に及ぶ紛争を軽減するのに役立った。一九六一年、フセイン国王は分裂しているキリスト教徒間の合意推進に成功した。エルサレムのもっとも神聖なキリスト教徒の礼拝所である聖墳墓教会は荒れ果てていたが、フセイン国王はその復興を促進した。だが、ヨルダン政府が政策を一八〇度転換して、キリスト教会が旧市街で土地を購入することを禁止したとき、全世界のキリスト教指導者たちはこれに抗議した。

一九六三年四月二三日、パレスチナ・アラブ人がフセイン国王に反旗を翻し、ヨルダン川の両岸にヨルダン・アラブ人共和国を求めるデモを東エルサレムで行なったとき、ヨルダン軍がこれを鎮圧しようとして流血の惨事になった。デモ参加者一一人が死亡し、一〇〇人以上が負傷した。

エルサレムは首都と同格の地位に引きあげられていたにもかかわらず、東エルサレム市長ルヒ・アル・ハティブと市の評議会議員は、市の発展にヨルダン政府が実際に何もしてくれないのが不満だった。ヨルダン政府にしてみれば、市評議会の活動が気に入らなかった。アリフ・アル・アリフは依然として評議会メンバーであり、パレスチナ・アラブ民族主義運動の中心人物だった。鳴り物入りで開催されたパレスチナ民族評議会の開会式の準備を行なったのは彼で、ルヒ・アル・ハティブが開会の辞を述べた。一九六四年五月から六月にかけて行なわれたこの評議会は、やがてパレスチナ解放機構（ＰＬＯ）の創設につながり、六年後にはヨルダンと戦火を交えることになる。

一九六五年一〇月、二回にわたって開かれた東エルサレム市評議会は、アンマンのヨルダン政府による「エルサレムの冷遇」に抗議した。フセイン国王は、エルサレムにおけるヨルダン政府の存在と活動をはっきりと目につくように増強することを決めた。そのこと自体は市のために役に立ったが、多くのエルサレム・アラブ人はそれが外部主導であり、地元民の意思を尊重したものではないと見ていた。フセイン国王の支援で、エルサレムからエリコ（そしてアンマン）にいたる道路が拡張されたが、その過程で古代ユダヤ人墓地の一部が破壊されたことを、西エルサレムのユダヤ人は悲しんだ。

キドロンの谷から「聖域」、さらに西エルサレムまで見渡せる景勝地であるオリーヴ山の頂上に、フセイン国王の命令でインターコンチネンタル・ホテルも建設された。四〇年前、ハジ・アミン・アル・フセイニによって修復されたときのままの黒い「岩のドーム」は、今回、フセイン国王によってアルミニウム・メッキの金色のドームに姿を変えた。国王の宮殿もエルサレムの北のテル・アル・フルの丘に建設されつつあった。よく晴れた冬の日には、その頂上から地中海と死海が見えた。

一九六〇年代に、多くのキリスト教徒アラブ人は、エルサレム在住のアラブ人の間にイスラーム教徒の勢いが増してきたことに嫌気がさしてこの町を離れ、ベイルートのキリスト教徒居住区やヨーロッパの国々へ移住した。一九四八年には東エルサレムには二万人のキリスト教徒アラブ人がいたが、二〇年以内にその数は一万人ちょっとにまで減少した。ムスリムの人口は増えたが、わずかずつで、一九六一年には五万人だったのが六年後に五万六千人になったにすぎなかった。ヨルダン統治下の東エルサレムは、都市というよりは町にすぎなかった。

地方自治体としての東エルサレムは、ルヒ・アル・ハティブ市長のもとでそれなりの成功を収めていた。成果の最たるものは、市の領域が北へ伸び、一九四八年に破壊された元ユダヤ人郊外居住区のアタロットに隣接するカランディア飛行場まで達したことである。東エルサレムの基本都市計画《マスタープラン》もまた、委任統治時代の英国人都市計画者ヘンリー・ケンドールのプランをもとに、熱心に討議されていた。

名物市長テディ・コレックの改革

変化は二分されたエルサレムのユダヤ人側でも起こっていた。一九六五年五月七日、ベイト・ジャラの高台にあるヨルダン軍哨所がはっきり見える丘の上にイスラエル博物館が開館した。この博物館はまもなく西エルサレムの文化生活の中心となった。この博物館には考古学から建築様式、古代の器物から近代絵画や彫刻にいたるユダヤ人の過去を物語るあらゆるものが集められていた。この博物館は、宗教や国籍に関係なく、すぐれた芸術家の作品をエルサレムにもたらすことにもなる。開館に際し、英国のロスチャイルド家は、ジェイムズ・ド・ロスチャイルドの妻ドロシーの勧めで、ヴァン・ゴッホ二点、セザンヌ一点、ゴーギャン二点の計五点のすばらしい傑作を寄付した。

西エルサレムの第二の変化は、一九六五年一一月一二日の選挙で新しい市長にテディ・

コレックが選出されたことである。ヨルダン支配地区からわずか一三〇メートルあまりしか離れていない市庁舎の市長室に初登庁したコレックは、境界線からかなり離れた西エルサレムの中心に建設予定の市庁舎の建築設計図や模型、詳細計画を目にした。彼がのちに書いているところによれば、「私はこのプロジェクトを止め、投資を中止し、現状を維持する決心をした。その大きな理由は、旧市庁舎を放棄することは分割を永遠に認めることになるからだ。だが、境界線近くに踏み留まれば、エルサレムの究極的統一へのわれわれの信念を示すことになる」。

コレックには市庁舎を移転しないもう一つの理由があった。「新移民の大部分はアラブ諸国からの移住者だったが、ヨーロッパ、特にルーマニアからの移住者の多くは境界線の近くに住まわされていた。私はこれら数千人の新参者をこのような危険なところに置いたまま、市の役職員が安全なところへ金をかけて移ることは道義的にできないと感じた。それに、新庁舎の建設費は数百万ドルになるであろうが、この金をもっと多くの緊急度の高いことに使うほうがよいと考えた」。

コレックは市長に正式に就任する前にニューヨークを訪れた際、すでに小庭園や遊び場建設用の資金を集めていた。公園や緑地、特に子供用の遊び場は彼の長い在任中の主要なテーマだった。コレックの友人の一人は、こうした市長の夢に疑問をもち、「なんでそんなにエルサレムのために骨を折らなくてはならないんだ？　二千年も汚れ放題だったこの町を、一日できれいにするのは無理だよ」と訊ねた。オーストリア＝ハンガリー帝国時代のハンガリーの小村に生まれた五四歳のコレックは、あきらめるような男ではなかった。彼は西エルサレムを行き止まりの国境の町ではなく、首都らしい外観と機能をもった市にしたかった。彼の後年の回想によれば、「国境近くのキブツを除けば、イスラエルのなかでこの分断された都市だけが、戦争の気配と敵が近くにいることを常に感じさせた」。

コレックが市長になってまもなく、分断された市のきびしさを示す典型的な事件が起きた。バプテスト宣教師のリンゼイ博士は西エルサレムに住んでいたが、ヨルダン側にも教区民がいた。彼はあるヨルダン人の少年をイスラエル側で治療させようとした。「リンゼイ博士はヨルダン側が少年にマンデルバウム・ゲートの通過を許可しそうもないことを知った。すると少年は夜、無人地帯を越えようとして地雷で片足を吹き飛ばされた」とコレックは書いている。

分断された市は不便で危険だった。コレックの回想はこう続く。「道路や横丁に車を走らせていると、「止まれ！　危険！　この先国境！」という標識にぶちあたることがしばしばあった。境界線の近くでだれかが殺されたり、負傷したり、あるいは境界壁から投石されたりする事件がない月はほとんどなかった。われわれがヨルダン側に抗議すると、彼らは「兵士が気が狂ったのだ」と弁解した。かっては通り抜けのできた道路に設けられた一四—一八メートルの高さの境界壁や無人地帯、鉄条網の柵、地雷などで市は分断されていた」。

一二年前のメアリー・クローソンの記述にコレックはこう付け加えている。「唯一つの

かつてマンデルバウム・ゲートは実際には門《ゲート》ではなかった。通過地点とは、かつてマンデルバウム氏が所有していた家の近くの、遮断機のついたむきだしの道路がこう呼ばれていたのである。一九六四年はじめローマ教皇訪問の直前に、雨天の場合も、出発する教皇が車から降り随員に別れを告げることができるように、われわれはこの通過地点の道路の上に屋根をつけた。それでやっと、〝門〟という言葉にふさわしい体裁になった」。

聖職者と外交官、国連職員はゲートを通り、また帰ってくることが許されていた。メアリー・クローソンのような、イスラエル人やヨルダン人でない旅行者もまた、通過することができた。コレックによれば、「西側諸国政府の長年にわたる圧力の結果、ようやくイスラエルのキリスト教徒はクリスマスや復活祭に聖所を訪問し、帰ってくることが許された。われわれは巡礼者の短いリストを提出させられ、ヨルダン側はその数をさらに削った。通過許可証は三六時間から四八時間のみ有効であった。私が市長になってはじめてのクリスマスに、私はイスラエル地区弁務官をマルデンバウム・ゲートにある両国の国境警備隊詰所の中間点に案内した。すると、われわれが知らないうちに、ある新聞社のカメラマンがわれわれとヨルダン側の知事アンワル・アル・ハティブがいっしょにいる写真を撮った。この写真は『ニューヨーク・タイムズ』紙に掲載され、ヨルダン側の知事がイスラエル側の弁務官ばかりでなく、エルサレムのユダヤ人市長とも会っていたということで、ハティブにとって面倒なことになったようだ」。

テディ・コレックは市長になるとすぐに、あらゆる形の文化を西エルサレムに導入しようと努力した。一九六六年はじめには、マレーネ・ディートリヒを説得してエルサレムでコンサートを開かせた。彼の回想によれば、コンサート・ホールは満員になり、ドイツ語を話す「年配の世代」のイスラエル人は、「自分たちや彼女が若き日の」歌を聴いて喜んだ。

コレックはイスラエル博物館を特別な、国際的に有名なものにしようと決心していた。これに協力の意向を示したのがドイツ新聞界の有力者アクセル・シュプリンガーだった。コレックはこう書いている。「私はすぐにシュプリンガーが好きになった。われわれは市庁舎の屋上に上がり、私は二〇メートル足らずのところにある境界壁と一〇〇メートル先の一番近いヨルダン軍の砲台を指差した。私はまた、エルサレムがやがて統一されるという自分の信念を明らかにし、市庁舎を全市の中央に留め置いた理由を説明した。当時、私はシュプリンガーが同じ理由で彼自身のオフィスをベルリンの壁の隣に建設する決心をしていたことを知らなかった。多分、この類似点が彼にエルサレムへ献金をする動機を与えたのではないかと思われる。私は発足間近の博物館のことばかり考えていたので、彼に美術と考古学のための図書館を寄付してくれないかと頼んだ。彼は少し考える時間をくれといった。その晩、彼はテルアヴィヴから電話で私に会いたいといってきた。翌日、博物館の図書館と講堂棟の建設のため一〇〇万ドルの献金をしてくれることで話がついた。それには何の条件もつけられていなかった。シュプリンガーは彼の名前を永遠に残すために献金したのではなかった。彼はエルサレムに愛着があり、また美術や書物が好きだったので、それにはぴったりのプランだと思って献金してくれたのだ」。

一九六六年七月一〇日、博物館はまだ建設中であったが、近くの丘の新しいイスラエル国会《クネセット》議事堂の落成式が行なわれた。この建物は著名な英国の慈善事業家ジェイムズ・ド・ロスチャイルドが寄贈したものだった。彼は一九一八年には英国軍将校として、アレンビー軍へのユダヤ人の入隊を積極的に呼びかけた人でもある。彼と妻のドロシーは、エルサレムのユダヤ人の主要な後援者であった。その同じ年、一九二〇年代に夫のハリー・サケルとともにエルサレムに住んだことのあるもう一人の英国人イスラエル後援者ミリアム・サケルが、国会とこの町の間の広い、帯状の空き地を寄付した。この土地は近くの貧しいユダヤ人地区の子供たちのための森林公園と遊び場に造成された。

国会の落成式の日、フセイン国王は東エルサレムがヨルダンの「精神的首都」であると宣言した。その年にガリチア（ポーランド）生まれの作家S・J・アグノンもまた、エルサレムに対するユダヤ人の愛着を表明した。彼は委任統治時代にエルサレムに住み、一九二九年の暴動で家を荒らされたこともあった。オスロでノーベル文学賞を受けた際、彼は次のように述べた。「ローマ皇帝によるエルサレムの破壊という歴史に残る不幸な出来事があったため、私は離散民《ディアスポラ》の都市の一つに生まれた。だが私はいつも自分を実際にエルサレムで生まれた、エルサレムっ子だと思ってきた」。

一九六七年五月一五日のイスラエル建国一九年記念日には、西エルサレムの祝賀行事が全国の祭典の中心になるように計画された。ハイライトは花火大会、サッカー競技、国際青年聖書クイズ大会、軍事パレードだった。五月一四日付の『エルサレム・ポスト』紙によれば、「普段は静かなエルサレムが、軍隊による準備のため色めきたっている。いつも一〇時頃には〝店仕舞い〟する大通りは、零時を一時間以上過ぎても活気が絶えなかった。明日のパレードの車両部隊が予行演習を行ない、ジープやトラックのヘッドライトが煌々と辺りを照らした」。

パレードの当日には、双眼鏡をもったヨルダン軍団の兵士が旧市街城壁の眺めのよいところからパレードを注視していた。『エルサレム・ポスト』紙はこの軍事パレードが、「一部の人たちが危惧し、境界線の向こう側の人たちが期待していたほど今後のエルサレムは実際には侮られないはずだ、という自信をそれとなく回復させた」と褒めている。

独立記念行事の最後に国民歌謡フェスティバルがあり、テディ・コレックの依頼で歌詞の募集が行なわれた。彼は少なくとも一つはエルサレムを歌ったものがほしかった。それを作詞したのがナオミ・シェメルだった。彼女がのちに語ったところによれば、「エルサレムの雰囲気にまる一日浸ってつくったものだ」という。

作詞コンクール自体では彼女の歌は上位三点には入らなかった。「黄金のエルサレム」という題のその歌がコンクールで実際に歌われると、嵐のような拍手が起きた。入賞者が発表されたとき、聴衆が再演を求めたのは入賞者の歌ではなく、「黄金のエルサレム」だった。コレックがナオミ・シェメルにもう一度歌ってくれるように頼むと、聴衆は軽快なリフレインをいっしょに歌った。旧市街に対するユダヤ人の憧れを綴った歌詞は、聴く者すべてのイマジネーションをかきたてた。それには「男たちが泣きながら立っている壁に行くこと」という不可能なことを歌った一節もあった。それから四週間もしないうちに、一九年間夢見てきたこの不可能なことが、西エルサレムのユダヤ人にとって現実のものになる。

第17章　六日戦争　一九六七年六月

世界中に流されたナセル大統領の電話

一九六七年五月一六日、西エルサレムでイスラエル建国記念日の祝賀パレードが行なわれた一日後、エジプト政府は自国が臨戦態勢に入ったと発表した。同時に、シリア政府は首都ダマスコから、同盟国エジプトを支持する決意を表明した。それから二週間、世界はイスラエルが攻撃され、潰滅するのではないかと注目していた。エジプト軍はアカバ湾の出口にあるせまいチラン海峡を封鎖して、イスラエルの紅海とインド洋への通行を妨害するという巧妙な挑発行為に出た。六月三日、フセイン国王は東エルサレムに行き、軍隊を閲兵した。その日、イスラエル軍のモルデハイ・グル大佐は西エルサレムにいて、万一の場合に攻撃を受けやすいスコプス山の孤立したユダヤ軍駐屯地の救援に備えて、緊急時対策を練っていた。

六月四日、市内ではいくつかの偶発的な事件があった。正午少し前、ラマト・ラヘルに面したヨルダン軍哨所からマシンガンの連射が三回あった。一二時四〇分には、ムスララ境界地域でさらに数回の連射があった。その五分後、『エルサレム・ポスト』紙の記者がマハネ・イェフダ市場を車で通行中、マシンガンの「鋭い射撃音」を聞いた。「同乗させた老婆が「帰ったほうがいいですかね?」と怯えた様子で訊ねた。混雑した市場ではだれも射撃音に気づいていないように見えたので彼女は安心した」。

六月四日夜、カイロからの「ヴォイス・オブ・パレスチナ」ラジオ放送は、六月七日水曜日の朝に行なわれるスコプス山への護送隊《コンボイ》の定期運行を阻止せよとヨルダン軍に呼びかけ、「マンデルバウム・ゲートを第二のチラン海峡にせよ」と勧告した。このニュースは『エルサレム・ポスト』紙の六月五日月曜日の「深夜以降」というコラムに最新情報として載った。その日の朝八時三〇分、ヨルダンとの境界付近にあるイスラエル軍監視所の報告によると、テル・アル・フルの丘の上にフセイン国王の宮殿を建設中のアラブ人労働者が仕事を止め、そこから立ち去ったという。三〇分後の午前九時、イスラエルとヨルダンの両方で、ラジオ放送はイスラエルとエジプトの間に戦闘が始まり、イスラエル軍の戦闘機がエジプト領土のはるか内側にあるエジプト空軍基地を攻撃し、駐機中の航空機を多数撃破したと報道した。

イスラエル政府はシリアの攻撃が近いことを知り、ヨルダンの中立を求めることを決めた。エルサレムの国連首席監視委員でノルウェー高官のオッド・ブル将軍が国連本部から西エルサレムのイスラエル外務省へ呼ばれ、イスラエル首相レヴィ・エシュコルからの緊急メッセージをフセイン国王へ伝えてほしいと要請された。

イスラエルのメッセージは次のようなものだった。「われわれはエジプト方面で防衛戦を戦っている。ヨルダンがわれわれを攻撃しないならば、われわれはヨルダン方面で戦闘を開始しない。だが、ヨルダン軍がイスラエルを攻撃すれば、われわれは全軍でヨルダンを攻撃する」。イスラエル政府はまた、オッド・ブル将軍を通してヨルダンとの接触をはかる一方、アメリカ大使ウォルワース・バーバーに、イスラエルの申し入れをワシントンからアンマンへ伝えてくれるように依頼した。イスラエルの姿勢ははっきりしていた。ヨルダンが参戦しなければ、ヨルダン統治下の西岸地区とエルサレムは攻撃しない。東エルサレムのヨルダン統治も維持される。

だが、フセイン国王は、優勢なアラブ連合軍への参加の誘惑に勝てなかった。イスラエルがエジプトとシリアの連合勢力に対抗するのは不可能のように思われた。あるいはイスラエルが敗北すれば、アラブ勝利国が膨大な利益や便宜を得ないはずはないようにも思われた。イスラエルの中立の申し入れや現状維持自体が、弱さと不安から生じた絶望的な行為であるように見えた。

エジプトのナセル大統領からのフセイン国王への呼びかけには説得力があった。このエジプトの指導者は国王に電話で、ヨルダンの参戦によりシナイ半島の前線にいるイスラエル軍を陽動すれば、一九四八年当時のようにエジプト軍がイスラエル中心部へ前進することが可能になるとそのかした。敵の撲滅に参加しないのは、ばかげているように思われた。いずれにしろ西エルサレムへの襲撃もできそうだし、もしイスラエル全土が包囲されれば、ユダヤ人の首都全体を潰滅させる可能性もありそうだった。ナセルの電話はイスラエル情報部により傍受され、二人の会話の実録が数時間のうちに世界中に放送された。

六月五日午前九時三〇分、オッド・ブル将軍がイスラエル外務省へ車を走らせた三〇分後に、フセイン国王はアンマンから「報復の時がきた」と放送した。西エルサレム市長のテディ・コレックは、「われわれは決して征服されない」と答えた。だが、ヨルダン軍に西エルサレムの征服どころか、攻撃計画があるのかどうかは不明だった。

フセイン国王の放送の三〇分後、「ラジオ・アンマン」は、「イスラエルの滅亡はきみたち次第だ。各所でイスラエルを攻撃せよ、勝利にいたるまで！」と布告した。最初の一五分間は一発の弾丸も発射されず、物音も聞こえなかったが、やがて小火器の射撃が始まり、続いてマシンガンが発射され、西エルサレムにヨルダン軍の迫撃砲や大砲の弾丸が撃ち込まれた。砲弾は道路、家屋、店舗、庭で炸裂した。だがヨルダン軍は境界線を越えて攻め込もうとはしなかった。

午前一〇時三〇分、「ラジオ・アンマン」は、中立地帯の丘である「悪計の丘」を占領したと大々的に放送した。この丘は北方にエルサレムを望むことができるところで、国連本部（元英国高等弁務官公邸）がある場所だった。実際にはこの丘や建物への攻撃はまったくなかったので、イスラエルではこの放送ははったりか、作り話とみなされた。

四五分後の一一時一五分、ヨルダン軍はいくつかのイスラエル国境監視所に軽迫撃砲を撃ち込んだ。この散発的な砲撃から一五分後、ヨルダン軍は二五ポンド野砲を用いてエルサレムの最南端にあるラマト・ラヘルのキブツのイスラエル陣地を砲撃した。このキブツは一九四八年にエジプト軍に三度破壊されたが、辛うじてユダヤ側のエルサレム境界内に残されていた。そのすぐあと、ヨルダン軍は迫撃砲と大砲でスコプス山の飛び地に砲弾を撃ち込んできた。

イスラエル中部軍管区司令官ラジ・ナルキスは最初、ヨルダン軍のイスラエル陣地砲撃は単なる虚勢であり、エジプトに対する一種の演技だと思った。ヨルダン軍が侵攻作戦で、東エルサレムやもっと広い地域を犠牲にしてまで本当に攻撃してくるのは不可能のように思われた。だが、一一時三〇分、バディ・アワド少佐が率いる一五〇人のヨルダン軍部隊が、ヨルダンと南部中立地帯の境界線を越えて、国連本部周辺の森に布陣した。

ヨルダン部隊が国連ビルの二階の窓に大砲を据えようとしたとき、約一〇〇人いた国連職員が止めようとしたが押しのけられた。国連司令官オッド・ブル将軍がアワド少佐に抗議したが駄目だった。ヨルダン軍はこの新しい陣地からアレンビー軍兵舎のイスラエル大隊を砲撃した。数人のイスラエル兵が負傷し、大隊は撤退した。

ヨルダン軍部隊はまだ、一九四九年の休戦ライン（グリーンライン）を越えてイスラエル領内には入ってきてはいなかった。多分彼らにはその計画がなかったと思われる。翌朝の『エルサレム・ポスト』紙によれば、「元高等弁務官公邸の国連本部を占拠したのは、アラブの名誉のためにイスラエル領のどこか小さな部分でも占領せよ、というナセルの緊急要請の結果かもしれなかった」。だが、その後、ヨルダン軍部隊は国連本部の西の中立地帯を通って、その端にあるタルピヨットのユダヤ実験農場を襲い、イスラエル領土への最初の地上攻撃を行なった。六日戦争の歴史家エリック・ハンメルの記録によれば、「農場長の妻と年配の補助警官が古いチェコ製軽機関銃をヨルダン兵に向けて発砲すると、彼らはぴたっと止まってしまった」。

ヨルダン軍部隊が森へ後退し、二回目の攻撃準備をしている間に、イスラエル軍二個中隊がその丘に到着し、農場を武力で占拠した。さらに二個中隊がヨルダン軍に攻撃される前に、ラマト・ラヘルの稜線を通ってそこへ到達した。

「われわれは兄弟だ、われわれは兄弟だ」

午後三時三〇分、イスラエル部隊が国連軍司令部への反撃を開始した。一一分間の戦闘のあと、イスラエル兵一人、ヨルダン兵五人が戦死した。アワド少佐は丘の頂上から部隊を撤退させた。ヨルダン軍の反撃のための援護砲撃がしばらく続いたが、三時四五分頃には彼らは目標を西エルサレムに変え、キング・デーヴィッド・ホテルのりっぱな正面玄関を主要標的にして、ユダヤ人市街地に狙いを定めた。おかげで国連軍司令部のイスラエル部隊は砲撃に妨げられることなくアワド少佐の部隊を攻撃することが可能になり、彼らを丘から一掃した。この二回目の攻撃でヨルダン兵一五人とイスラエル兵一人が死亡した。

イスラエル部隊はそれからさらに南にある二カ所の主要ヨルダン軍陣地に迫った。その一つは稜線に沿った「ソーセージ」陣地、もう一つはラマト・ラヘルに面した「ベル」陣地だった。「ソーセージ」陣地の戦闘でヨルダン兵三〇人が死亡し、イスラエル兵一人が負傷した。「ベル」陣地の戦闘ではヨルダン兵二〇人とイスラエル兵五人が死んだ。夕方までには両陣地はイスラエル軍により制圧され、グリーンラインの東側の南エルサレム全域がイスラエル軍の掌中に落ちた。

六月五日午後、イスラエル空軍機は、「その日のうちにエルサレムに到達せよ」という命令を受けたヨルダン軍機甲旅団がエリコからの曲がりくねった道を悪戦苦闘しながら登っているユダの荒野を連続爆撃した。さらに、ヨルダン川東岸にいて、川を越えようとしているイラク歩兵旅団を爆撃せよとの命令も出された。

六月五日の昼近くから午後にかけて、ヨルダン軍は西エルサレムを砲撃したが、彼らは軍事的には少しも優勢にはならなかった。テディ・コレック市長は一日中、砲撃を受けた地域を視察して回った。彼がタルピヨットのユダヤ実験農場へ行く途中、一発の弾丸が彼の車を貫通した。だが、だれも負傷しなかった。別の砲弾がイスラエル博物館で炸裂し、ドアを吹き飛ばした。真の標的は近くの国会議事堂の建物のようだった。その日の朝、コレックは用心のため、この博物館の宝である死海文書を地下のシェルターへ移すように命じていた。

『シカゴ・トリビューン』紙の特派員アーサー・ヴェイセイはコレックの市内視察に同行した。彼は市の境界付近の居住区を訪ねたときのことを次のように書いている。そこでは子供たちが防弾用の砂袋のうしろで、両親に見守られながら遊んでいた。「興奮して喋っている大人もいたが、市長は落ちつくようにといった。突然、三発の爆発音が聞こえ、白い煙が丘の上の家々の間からあがった。人々はあっというまに姿を消した。コレックは車に戻り、スピードをあげて、まだ煙の立ちのぼっている丘に急行した。彼は迫撃砲弾がどのくらいの被害をもたらしたか見たかったのだ。幸いなことに、道に深さ一五センチ、幅六〇―九〇センチの穴があいただけだった」。

市長はそれから鉄道駅に向かった。彼がそこに着いたとき、一発の迫撃砲弾が反対側の線路で炸裂した。ヴェイセイによれば、「市長は立ち止まってそれを見ていた。その数分後、レハヴィアを戦車部隊が列をなして通りかかった。人々は家から走り出て、歓声をあげた。ハッチから身を乗り出した戦車兵が手を振って答えた。『奴らは道路をだめにしている』と市長は傷ついたアスファルトを見つめながら冗談をいった」。次に停車したのはレハヴィア高等学校だった。「授業が終わり、一〇代の生徒たちは樹木が茂った道を、時々立ち止まって砲弾で落とされた木の枝を調べながら、笑ったり、冗談をいいながら歩いていた」。

西エルサレムが集中砲火を浴びていた頃、イスラエル軍部隊はアラブ軍防衛隊を「レーダー・ヒル」の高台や、エルサレムへ通じる道路を眼下にするビドゥ村とベイト・イクサ村から駆逐しつつあった。

一〇時間にわたる砲撃で西エルサレム市民一〇人が死亡し、一〇〇〇人が負傷した。その日の夕方、国内外の記者一〇〇人あまりが戦況を知ろうと国会議事堂に押しかけた。『エルサレム・ポスト』紙によれば、「八時少し過ぎ、砲弾が建物のそばに落ち、食堂の窓ガラスを粉々にした。そこにいた人々は全員シェルターに誘導された。そこにはベングリオンやゴルダ・メイアらの著名人をはじめ、政府高官、事務員、清掃人、録画テープをわしづかみにした英国テレビ技術者などが座っていた。みんな意気軒昂で、上機嫌であった」。

その夜、西エルサレムの大部分の市民たちはシェルターに避難した。彼らがアパートの地下シェルターの真っ暗闇のなかで、眠っているか眠ろうと努めている間に、イスラエル軍はエルサレムの北にあるネビ・サムエルの丘を占領し、さらに東進して五〇年前のアレンビー将軍の部隊とまったく同じ経路を辿ってエルサレム＝ラマッラー街道とテル・アル・フルの丘に達した。イスラエル軍は制空権を握っていたので、自分たちより性能のい戦車をもった侮りがたいヨルダン軍の反撃を阻止することができた。イスラエル軍によるテル・アル・フルの占領により、エルサレムのヨルダン軍は北からの支援を受けられなくなった。

六月六日、ナルキス将軍はグリーンラインとスコプス山との間にあるヨルダン軍陣地を直撃することを決めた。攻撃はグル大佐が指揮した。一日中続いた戦闘は激烈をきわめ、両軍の損害は大きかった。エルサレム北部にあるヨルダン軍の重要陣地である「弾薬の丘」ではヨルダン軍の抵抗は激しかった。イスラエル軍がこの陣地を撃滅するまでにヨルダン兵六七人、イスラエル兵二六人が戦死した。この白兵戦でヨルダン軍将校スリーマン・サライタ大尉の指揮ぶりと勇気には両軍とも感銘を受けた。

その日の朝、ラマッラー街道沿いのシェイフ・ジャラにある要塞化された警察学校に対する攻撃戦も熾烈をきわめ、この建物がイスラエル軍により占領されるまでにイスラエル兵四〇人と一〇〇人以上のアラブ軍団兵が戦死した。やがてアメリカン・コロニー・ホテルが奪取され、狙撃兵が各階から狙い撃ちをしてきたアンバサダー・ホテルが激しい戦闘の末に陥落した。イスラエル軍の他の部隊はエルサレムの北から進撃し、一九一八年にそこに宿営した英国軍大佐の名にちなんで「フレンチ・ヒル」と呼ばれていた高台のヨルダン軍を攻撃した。イスラエル軍はそこから稜線に沿ってスコプス山に直進したかった。だが、前進を始めた途端、友軍の戦闘機と戦車隊に誤って攻撃され、撤退を余儀なくされた。

昼頃までに、イスラエル軍は旧市街城壁外側の東エルサレムの大部分を占領した。一九四八年の激しい狙撃事件で死者の出たスコプス山への道路はもはやヨルダン軍の手中にはなく、スコプス山の陣地を包囲していたヨルダン軍も姿を消したことを知ったナルキス将軍は、国防相モシェ・ダヤンとともにこの飛び地の頂上まで車で登り、そこから要塞化した町を眺めた。そのとき、料理当番兵のつくった昼食が出された。「何というすばらしい

「眺めだ」とダヤンは感嘆した。ダヤンとナルキスがスコプス山にいた一二時三〇分に、イスラエル情報部はフセイン国王からナセル大統領宛の電報を傍受した。「情勢は急速に悪化しつつあり。エルサレムは絶望的」と国王は告げていた。

　その日、イスラエル軍はアブ・トールのアラブ人地区、シルワン村、それに一九四八年にそこからユダヤ人の車やバスに多くの攻撃が加えられたシェイフ・ジャラなどのアラブ人居住区を占領した。その他、一九年前にアラブ軍団がエルサレムへの進撃の途上占領した、この町の真北にある高台「フレンチ・ヒル」も掌中にした。

「フレンチ・ヒル」をめぐる戦いで、飛び交う砲火の真下にあった「聖書動物公園」に砲弾が落ちた。直撃された檻にいた七〇羽のインコと二〇頭の動物が死んだ。砲撃の真っ最中に三頭のオランウータンが激しく吠えたので、動物園職員が彼らをより安全な囲いのある屋内に移した。園長によれば、砲撃が終わったとき、オランウータンの一頭が「一〇歳も年をとった」ように見えたという。

　六月六日の朝、ヤッフォ通りのシャアレ・ツェデク病院にヨルダン軍の砲弾二発が命中した。そのうちの一発は、一二人の母親と乳児が眠っていた産科病棟の通路の見える収納スペースに転がりこんだ。幸いなことに砲弾はそれ以上転がらず、爆発もしなかった。夕方までに、この病院にはその日の砲撃で負傷した七五人の市民が運びこまれた。ビックール・ホーリーム病院は九人の負傷者を受け入れたが二人が死んだ。マルカ・ラビノヴィッ記者は『エルサレム・ポスト』紙に次のように書いている。「ビックール・ホーリーム病院は二階にヨルダン軍の少佐を入院させているのを誇りに思っている。手と足に負傷して捕虜になったこの将校のベッドの下には、いつも携えている地図が置かれていた」。少佐の名はアブドゥル・アジズ・ヤシンであった。

スコプス山の病院閉鎖後、アイン・カレムの南に再建されたハダサ病院には、イスラエル軍とアラブ軍の負傷兵が同じ病棟に収容されていた。イスラエルの記者フィリップ・ギロンによれば、「ひどい負傷で担架で運びこまれた患者を見た。この兵士は片目を失い、もう一方の目もひどくやられていた。他の患者と同様じっと我慢しているように見えたその男は、捕虜になったアラブ軍団兵士だった」。医師はギロンにいった。「彼が運びこまれたとき、繰り返しいった言葉はこの男が知る唯一のヘブライ語の「われわれは兄弟だ、われわれは兄弟だ」でした」。

六月六日、沿岸平野部からあがってきてすぐの丘にある、一九四八年にアラブ軍がエルサレムを沿岸部から遮断した場所であるラトゥルンの修道院、揚水場、委任統治時代の警察要塞をイスラエル軍がヨルダン軍から奪回した。その日、一三〇キロメートル南では、イスラエル軍部隊がシナイ砂漠に進攻した。その日の午後、テディ・コレックは東エルサレムを視察するためマンデルバウム・ゲートを通過した。彼が通過した数分後に、一人の兵士が狙撃され致命傷を負った。

コレック市長はまずスコプス山へ行き、一九四八年に小駐屯地を残したほかは放棄されたままになっていたハダサ病院とヘブライ大学を訪れた。それから彼はシェイフ・ジャラのアンバサダー・ホテルに行って、そこで記者会見した。ある記者が、もうすぐ大幅に拡大されたエルサレムの市長になれると思うかと訊ねたとき、彼は次のように答えた。「私は今担当している地域で選出された市長です。だが、市の評議会は戦闘が止み次第、すぐにもう一方側のエルサレムに援助を与える問題を検討中です。われわれは給水、ごみ集め、疫病の発生などの厄介な問題を予想しています」。

他の記者がコレックに、イスラエルは古代エルサレム〔旧市街〕をユダヤ都市〔新市街〕に含めることを望まないのかと訊ねたとき、彼は、「ユダヤ人ならだれでもそれを二千年間夢見てきました。だが、それは性急にはできないことをわれわれは知っています」と答えた。

スコプス山への出入りは将来どうなるのかと訊ねられると、コレックはこう答えた。「私はそのような質問に答える適任者ではありません。われわれがこの戦争を何カ月にもわたって計画していたのなら、そのことをもっと考えていたかもしれない。だが、つい先週の土曜日には、われわれはその日にスコプス山へ行く予定の護送隊が無事到達できるかどうかを心配していたのです」。

旧市街の戦闘に話題が移り、イスラエル政府が宣言した「自主規制」方針が「わが兵士たちにはひどく不利」になるとは考えないのかと訊ねられると、「もちろんそうです。非常にせまい地域にたくさんの礼拝所があります。このことはわが兵士たちにとって本当に困った問題になることは明らかです」と答え、アラブ軍はこのような軍事行動の「制限」を承服していなかったと指摘した。六月五日の最初のアラブ軍の砲撃で、聖母マリア永眠教会、ハダサ病院、国会議事堂、イスラエル博物館が被弾した。

『エルサレム・ポスト』紙の報道によれば、コレックの記者会見は「軽快なユーモア混じりで行なわれたが、その間も、アラブ側とユダヤ側とを問わず、エルサレムのあちこちで起きているマシンガン、砲撃、爆弾の炸裂音に、いつ会見が中断されるかわからなかった。マル・エリアス修道院の近くのアラブ軍団の要塞に仕掛けられたイスラエル軍の特に強力な爆弾が炸裂し、激しく火に包まれたとき、外国特派員たちが記事を送稿できるように会見は急いでお開きになった」。

市長は西エルサレムに戻った。彼を認めた一人の兵士が「われわれはあなたの市を大きくしました」といったとき、彼は「頭痛の種をかね」と答えた。その日の夕方、イスラエル軍部隊がマンデルバウム・ゲートを通ってメア・シェアリームのユダヤ人居住区に入ってきたとき、『エルサレム・ポスト』紙によれば、「イスラエル軍部隊は、手を叩いて歓声をあげる興奮した近所の住民の大集団に迎えられた。兵士たちは疲れきっていたので、ただ微笑するだけだった」。

「嘆きの壁」で号泣するイスラエル兵

六月六日夕刻、イスラエル軍はオリーヴ山の占領を試みたが、戦車隊が山を登る道を間違え、キドロンの谷に閉じ込められて失敗した。だが、ヨルダン軍エルサレム地区指揮官アタ・アリ・ハザア准将は、旧市街が包囲されるのは時間の問題であると覚り、部下の兵士たちの生命を不必要に危険にさらさないことに決めた。午後五時、エルサレムの東、オリーヴ山の真下に集結中のヨルダン軍部隊に、彼はエリコへの撤退を命じた。

夕闇迫る頃、ヨルダン川西岸のヨルダン軍総司令官モハメド・アフムド・サリム少将は、エルサレム地域のヨルダン軍全部隊に撤退命令を出した。彼らは、東エルサレムからの脱出路で唯一つ閉ざされていなかったエリコへの道を辿ることになる。夜になって、旧市街陣地に残っていたヨルダン兵は全部で六〇〇人しかいなかった。

その夜、西エルサレムの市民たちは再びシェルターに入った。旧市街とオリーヴ山はまだヨルダン軍の掌中にあったが、エルサレムのユダヤ人はみな、この都市がまさに再統合されようとしていると感じていた。六月七日の朝、『エルサレム・ポスト』紙の社説は次のように宣言した。「エルサレムの戦闘には勝った。勇敢で、英雄的で、疲れきった市民たちが、第三夜を暑い、せま苦しいシェルターで過ごすことはないだろう。戦闘の二日間は、何週間にもわたる乏しい配給食糧と飲料水不足の一九四八年の長い試練を短時間味わっただけだった。だが、ちがいはある。一九四八年には、長い英雄的な抵抗のあと弾薬が尽き、旧市街のユダヤ人地区が陥落したように、ユダヤ側のエルサレムも陥落するのではないかという大きな不安があった。今回はそのような不安はまったくなかった。ヨルダン軍の漫然とした砲撃は、イスラエル軍を首都防衛のためシナイ半島から引きあげさせようとするナセルの陽動作戦命令に従っているだけだと、エルサレム住民の反感を倍加したにすぎない」。

そのような陽動作戦はまったく必要なかったのだ。フセイン国王の軍事行動は、エジプト軍にとって何の役にも立たなかった。『エルサレム・ポスト』紙によれば、ヨルダン軍はナセルの「不本意な支持者で、行きたくもない戦場に無理やりにひっぱり出されたのだ」。フセイン国王にイスラエルへの武力行使、もしくは「エルサレムでなんらかの行動を起こす」意図があったという証拠はまったくない。今回の彼の行為は、「王位や生命を失うことにはならないにしても、エルサレムでの彼の地位を失うことになりかねない」。フセイン国王は王位に留まりはしたものの、一九四八年に彼の祖父が占領により獲得した東エルサレムはもはやヨルダンのものではなくなろうとしていた。

旧市街はまだヨルダン軍の支配下にあったが、イスラエル側の観測者はみな、六月七日の戦闘で旧市街が陥落すると予想していた。六月七日朝、『エルサレム・ポスト』紙はすでに先を読んでいた。「激戦の結果、旧市街は包囲された。抵抗はあまり長くは続かないだろう。イスラエルのユダヤ人は、再び古代神殿を思い起こして祈りを捧げるために西の壁を訪れる、昔からの伝統を復活させるであろう。イスラエルは、二度と旧市街の外に追い出されることを許すまい。またそこへ出入りする権利を、あてにならない国連軍に左右されることもあるまい。この都市の分断は、二〇年にわたる痛ましくて高くついた異常事態であった。いまやこの問題に対するなんらかのまったく新しい解決策が模索されなければならない」

どんな解決策があるか、この社説は述べていない。市政の将来計画や発展は戦争終了後まで待たねばならなかった。その日の朝、新聞やユダヤ側のエルサレム市民たちは知らなかったが、ハザア准将は午前二時頃、旧市街もオリーヴ山もこれ以上防衛できないので、撤退を望む部隊はそうしてもよいことに決めた。イスラエル軍は、彼らが撤退しやすいように、わざと「糞門」への進撃を避けた。四五〇人あまりのヨルダン兵がこれに乗じて撤退した。六月七日午前三時、ハザア准将もまた、麾下の情報将校、運転兵、副官らとともに去り、キドロンの谷を徒歩で渡ってエリコ街道に向かった。

午前五時、防衛が手薄になった旧市街をあとにして、ハザア准将とヨルダン軍部隊が東へ向かっている頃、イスラエル政府の緊急閣議がテルアヴィヴで開かれ、旧市街を攻撃するかどうかを討議した。ダヤン将軍は、激しい白兵戦での人命のひどい損失を恐れて、そうした攻撃に反対した。他の閣僚はイスラエル軍部隊が「聖域《ハラム》」に入れば、いたるところでイスラーム教徒による聖戦が起こるのではないかと心配した。だが、大勢を占める宗教関連政党から選ばれた閣僚たちは、一九四八年にヨルダン軍に奪取され、放棄したユダヤ人地区を含む旧市街の占領を強く支持した。

閣議の決定はナルキス将軍に送られた。彼の記念すべき「通達」は確信のある口調で書かれていた。「本日、エルサレムは解放されるはずである。わが祖先の都の中央部と北部はわが掌中にある。わが軍は攻撃態勢にあり。エルサレム部隊の兵士たちよ、勇敢であれ。決してひるむな」。

午前七時、イスラエル軍参謀次長ハイム・バルレヴ将軍が攻撃を監督するため飛行機でテルアヴィヴからエルサレムに到着した。彼の一番の気がかりは、イスラーム教徒、キリスト教徒、ユダヤ教徒のいずれの宗教的聖所も戦闘で破壊されないようにすることだった。バルレヴが旧市街城壁の北東の角にあるロックフェラー博物館に置かれたグル大佐の司令部へ向かっている頃、グル大佐自身は、アウグスタ・ヴィクトリア・ホスピスとオリーヴ山に残っているヨルダン軍陣地への奇襲攻撃をてきぱきと指揮していた。

これらの高地が占領される前に、ヨルダン軍の迫撃砲弾がグルの司令部に落ち、防御工事のしてある部屋に行く時間のなかった数人の空挺部隊兵士が死亡した。死者のなかには、三日前にイタリアからイスラエルに着き、看護兵として働いていた若いイタリア系ユダヤ人ナタン・シェヒテルがいた。司令部に捕虜となっていた数人のヨルダン軍団兵士もまた、砲撃の犠牲となった。

オリーヴ山への攻撃は、六月七日午前八時三〇分に開始された。攻撃が始まるとイスラエル空軍機がアウグスタ・ヴィクトリアの周囲のヨルダン軍陣地に急降下爆撃を加えた。数発の爆弾が建物に当たった。一九一七年以来、はじめての爆弾だった。イスラエル軍の歩兵部隊が丘を登っていたとき、フセイン国王がエルサレム地区の兵士に陣地を放棄し、撤退するよう指示したというニュースが入り、士気が上がった。稜線の攻撃は賭けだった。ナルキス将軍はのちに次のように書いている。「もしもアウグスタ・ヴィクトリアになんらかの装備をもった敵兵がいたら、われわれはおもちゃの兵隊のようになぎ倒されたであろう。兵隊たちはみな、射撃訓練場の人型のように、むきだしの確実な標的だったのだ」。オリーヴ山の頂上を攻撃した際、中隊指揮官ギオラ・アシュケナージが、孤立した敵兵の連射を浴びた。空挺部隊兵士のエリ・ランダウによれば、「これがアウグスタ・ヴィクトリア戦の唯一の損害だった。このことが稜線を登ってくる兵士たちの勝利の喜びに影をさした」。

稜線が占領されると、グル大佐はオリーヴ山の南端にあるインターコンチネンタル・ホテルへ急いだ。彼はそこから「神殿の丘」全体を見下ろした。一九年間、イスラエル人がこの眺めを見て瞑想するのを許されなかった光景をしばし見つめたあと、彼は旧市街城壁東側の唯一の入り口である聖ステファノ門（ライオン門）から攻撃せよと命令した。それから指揮官たちに無線でこう告げた。「わが部隊はこれから旧市街へ、神殿の丘へ、嘆きの壁へ進軍する。数千年の間、ユダヤ人はこの瞬間がくるのを祈っていた。イスラエルはわが部隊の勝利を待っている。幸運を祈る！」。

攻撃に先立ち、グル大佐は旧市街城壁の東と北、および城壁内の北東地区に残ったヨルダン軍防衛部隊に空襲を命じた。一週間後の彼の記録によれば、「敵の激しい砲撃が止んだ。この地区はわが軍の進攻計画を阻むものになりかねないところだった。わが軍の戦車や無反動砲がいっせいに火を噴き、聖ステファノ門より北の漆喰の城壁に向けて発砲した。聖所のどこにも一発の弾も撃ち込まなかった。城壁は震動した。城壁の狭間が踊っているように見えた。私は戦車隊が城壁に近づくのを見て、ハーフトラックに飛び乗り、戦車隊にスピードをあげよと命じた。わが軍は砲撃をさらに強めた」。

砲撃の間に、一発の砲弾が十字軍時代の聖アンナ教会の屋根を貫通した。だが、キリスト教徒の聖所であり、エルサレム内の数少ない十字軍時代の建物の一つであるこの教会の他の部分は損傷を受けなかった。

時刻は午前九時四五分だった。グル大佐の乗った戦車は聖ステファノ門に近づいた。この門は、一五三八年に当時のオスマン・トルコ帝国のスレイマン壮麗王が彫りつけさせた二対《つい》のライオンの石のレリーフにちなんで「ライオン門」とも呼ばれている。グル大佐の回想はこう続く。「私は運転兵のベン・ツールにスピードを出せと命じた。彼は九〇キロの体重すべてをアクセルの上に乗せた。われわれは先頭に立って精一杯撃ちまくっている戦車隊を追い越した。われわれの前で一台のバスが炎上しており、その先にライオン門があった。門の上には手榴弾をもった敵兵がいるにちがいなかった」。

だがライオン門は無防備だった。門の上に注意深く配置されたバズーカ砲と弾薬が置き去りにされていた。「ベン・ツールはスピードをあげつづけた。われわれは門を突破し、城壁から落ちてきた石を乗り越えて進んだ。そこに一人の男が立っていた。われわれは急ハンドルを切って彼を避け、一台のオートバイでブロックされた第二の門に達した。地雷が敷設されているかもしれないと疑ったが、乗り越えて門を突破した。やがてわれわれは岩のドームの前に到着した」。

グル大佐は「部族《アブサット》の門」から「聖域」に入った。この門はムスリムの伝説によれば、古代イスラエルの諸部族が神殿で祈るとき通った門だったという。そこでは何の抵抗もなかった。ヨルダン軍の野外炊事場の大鍋が沸騰してはいたが、炊事道具は放り出されていた。戦火はすべて止んだ。グル大佐と運転兵のあとにイスラエル兵たちが急いで続いたとき、彼らにエルサレム地区のカーディとヨルダンの知事が近づいてきた。この二人のムスリム高官は、「すべての抵抗を止める満場一致の決定」があったと告げた。グル大佐のほうも、「一発の弾も発射せずに町を占領するよう努力する」と約束した。調停者たちが話をしている間に城壁の上で銃声が聞こえた。これはイスラエル兵たちがダマスコ門の上とシオンの丘に面した城壁およびイェミン・モシェ地区に面した城壁の上という三つの重要な地点に登ったときに起きた小競りあいの銃声だった。

そのとき、ナルキス将軍はジープでライオン門に向かっていた。門の近くで、無線でグル大佐に所在地を訊ねた。「神殿の丘はわれわれのものだ！」とグル大佐が答えたとき、ナルキスは信じられないと告げた。グル大佐は「繰り返す。神殿の丘はわれわれのものだ。私は今、ウマル・モスクのそばに立っている。嘆きの壁まで一分もかからないところだ」と答えた。

イスラエル兵士の第一陣が、一九四八年以来、イスラエルのユダヤ人が近寄れなかった「嘆きの壁」へと、「神殿の丘」から降りていったのは昼頃だった。最後の関門であったモグラビ門は、どこからともなく現われたヘブライ語を喋るしわくちゃの年老いたアラブ人が鍵を出して開けてくれた。この門から「嘆きの壁」に降りる階段があった。そのとき、一人の空挺部隊兵士が城壁の方角から狙撃されて死亡した。戦友の反撃で狙撃兵も死んだ。その後、階段の下で対戦車砲を引くトラックのなかにヨルダン兵の小グループが見えた。ヨルダン兵はライフルで射撃しはじめた。イスラエル兵が撃ち返すと、ヨルダン兵はトラックの下に隠れた。トラックは被弾し、爆発した。ヨルダン兵全員が死亡した。

まもなく最初のイスラエル兵たちが「嘆きの壁」に到達し、祈りはじめた。すぐに数十人の兵士たちが彼らに加わった。旧市街の他の地区では散発的な銃撃と戦闘が続いていたにもかかわらず、「嘆きの壁」は磁石のように兵士たちを引きつけた。それは三〇年後でさえイスラエルに生々しい記憶を呼び起こす、感動的な一瞬だった。兵士たちとともに「嘆きの壁」に到達した外国特派員のロバート・ムーゼルによれば、「そこでは、埃まみれの屈強なイスラエル兵たちが、幼子のように涙を流して泣いていた」。ナルキス将軍が到着したとき、「こらえていた泣き声はむせび泣きに変わり、やがて抑えていた感情が爆発して号泣するのを聞いて」、彼は深い感動を覚えた。

イスラエル部隊は旧市街を横切ってヤッフォ門へ進んだ。ユダヤ人地区へ急いだ部隊もいる。どこでも白いシーツが窓にかけられていた。エルサレム争奪戦は終わった。それは短かったが激しい戦いだった。わずか三日足らずの間にイスラエル兵一八〇人、イスラエル市民一四人、ヨルダン兵三五〇人、ヨルダン市民二四九人が死んだ。

空挺部隊兵士エリ・ランダウの回想によれば、その夜、兵士たちが大勢、巨大な石を積みあげた「嘆きの壁」付近に集まっていたとき、軍医のウリ大尉が町なかの一軒の家に呼ばれた。ムスリム女性に子供が生まれそうだという。軍医はせまい通りを抜けて街灯に照らされた小さな窪地に案内された。妊婦は陣痛に顔をゆがめていた。彼は自動小銃を肩にかけ、鉄兜をかぶったままで分娩させた。軍医が「嘆きの壁」に戻ったとき、兵士の一人が缶入りコーヒーを差し出した。空挺部隊兵士たちは熱い飲み物をすすりながら、「このお産が新しいよき日を象徴しているのかもしれない」と語り合った。

全市がイスラエルの支配下に入ったという興奮は、イスラエル中に広がり、特にエルサレムでは高まった。一九四八年の敗北で瓦礫と化した旧市街のユダヤ人地区が再びイスラエルの掌中に戻ってきたのだ。この地区の建物の三分の一が一九四八年にヨルダン軍によって破壊されていたが、そのあまりのひどさを見て兵士たちは涙を流した。ラビ長の就任式を行なうフルヴァ・シナゴグもその一つだった。ここには第一次大戦のユダヤ大隊の軍旗も保管されていた。

「嘆きの壁」への出入りをめぐって、最初はトルコ時代に、次いで委任統治時代に、たびたびもめごとがあった。『エルサレム・ポスト』紙によれば、六月七日の午後ずっと、イスラエル兵士が絶え間なく「嘆きの壁」に押し寄せ、「祈る者もいれば、ただじっと眺める者もいた。多くの兵士たちは近親者の健康を祈願した紙切れを、ソロモン王が神の栄光のために築いた壁の巨石の隙間に差し込んだ」。これらの巨石は、実際にはソロモン王から千年後にヘロデ王が置いたものだが、そんなことは感情が高揚しているときにはどうでもよいことだった。

その日の午後、大勢のイスラエル指導者たちもまた「嘆きの壁」にやってきた。最初にきたのが、従軍首席ラビ・シュロモー・ゴレンだった。『エルサレム・ポスト』紙によれば、彼は「懸命に走った」という。彼は聖書の巻き物を携えてきて、生きてこの瞬間を見ることを許し給うた神への感謝の祈りを唱えた。ゴレンは「嘆きの壁」に数時間留まり、勝利を讃える「詩編」の言葉と、この壁を守るために死んだ人々の霊を慰める祈りを朗読した。ゴレンの祈りはイスラエル軍用ラジオで放送され、一九四八年にユダヤ人が追い出されたエツィオン・ブロックに入ったばかりの兵士たちもそれを聞いた。そこのヨルダン軍陣地はすでに放棄されていた。

ラビ・ゴレンが「嘆きの壁」に着いてまもなく、国防相モシェ・ダヤンがナルキス将軍やラビン将軍といっしょに到着した。ラビンの回想によれば、「私は感動に震えながら、そこに立って平和への祈りをつぶやいた。モッタ・グル大佐の空挺部隊兵士たちは争って壁に近寄り、手を触れようとしていた。自分の目を信じることができない者もいれば、感情を抑制できない者もいた。われわれはそうした戦闘に疲れた兵士たちの群れの間に立っていた。彼らの目は涙で濡れ、思いはうまく言葉にならなかった。彼らはとにかく壁にしがみつき、この感動の一瞬をできるだけ長く持続させたい気持ちを抑えきれなかった」。「われわれはイスラエルの二分されていた首都エルサレムを統一した」とダヤンは宣言した。「われわれは聖所のなかでもっとも聖なる場所に戻ってきた。もう二度とこれを手放さない。またこの時刻を期して（この部分を再度強調しながら）、われわれはアラブの隣人たちに平和の手をさしのべる。そしてキリスト教徒とイスラーム教徒のわが市民に、信教の完全なる自由と権利を厳粛に約束する。われわれは他の民族の聖所を求めてエルサレムにきたのでもなければ、他の信仰の信者に干渉するためにきたのでもない。われわれは他の宗教のそのままの姿を守り、他の民族の人たちと一体となって、ともに住むためにきたのだ」。

ダヤン、ラビン、ナルキスに続いて大勢の指導者たちが「嘆きの壁」を訪れた。そのなかには元外相（のちに首相）ゴルダ・メイアがいた。兵士たちは彼女を抱擁した。一九四八年に「嘆きの壁」が奪われたとき、エルサレムの「ハガナー」の指揮官だったダヴィド・シャルティエルもいた。攻囲戦当時の軍政官でユダヤ人地区の陥落は避けられたと強く感じていたバーナード・ヨセフもいた。その日の午後、「嘆きの壁」を訪れた人たちのなかにはレヴィ・エシュコル首相もいた。『エルサレム・ポスト』紙によれば、「彼は一八九七年前に神殿が陥落して以来、神殿地域を訪れたユダヤ人政府の最初の指導者だ。首相は、この聖都を解放した疲れてはいるが興奮している兵士たちの熱烈な歓迎を受けた。二人のラビ長も彼に同道してきた。夕暮が近づき、旧市街の曲がりくねった路地には追い詰められた狙撃手が潜んでいる可能性もあったので、一行の護衛隊は新市街へ早く戻ろうとした。だがみな立ち去りがたかった。これからは何度でもここへくる時間がたっぷりあるということを、まだ実感できていなかったのであろう」。

スファルディのラビ長イツァク・ニシムが「嘆きの壁」へ行こうと「神殿の丘」を横切ろうとすると、「岩のドーム」の前に並んだヨルダン兵捕虜の長い列が二手に分かれて、彼に通り道をつくってくれた。「嘆きの壁」の片隅で、歌手のヤッファ・ヤルコニがみんなに歌を歌わせていた。『エルサレム・ポスト』紙によれば、「兵士たちは『黄金のエルサレム』の歌を何回も何回も、飽きることなく繰り返していた。この歌は独立記念日歌祭りで市長の依頼により作曲されたものだった」。

高揚ムードあふれる統一エルサレム

戦災からの復興と、アラブ人地区や旧市街を含むことになった町に対処する計画が必要になった。境界線近くに住んでいて砲撃で家を失った一二〇〇世帯の家族に、住居を提供しなければならない。境界線沿いの障害物や鉄条網、さらに地雷も取り除く必要があった。六月七日の新聞には、市当局から「エルサレムの市民へ！」という警告が載った。「旧市街との境界付近は地雷が埋設されている。ヨルダン軍狙撃兵はまだ健在で、旧市街で二人が射殺された。軍司令部は、さらなる知らせがあるまで境界線に近づくことや、旧市街に入ることを厳重に禁止する」。この警告にもかかわらず、翌日三人の子供が地雷で死んだ。

東エルサレムの政治的将来がどうであろうと、衛生、給水、電力供給、ごみ収集などの責任は突然、テディ・コレックと西エルサレムの市評議会の双肩にかかってきた。このような費用のかかる重荷を彼ら以外に背負ってくれる者はいなかった。六月八日、「エルサレム統合」基金が市当局によって設立された。これを公表したとき、コレック市長は、市評議会を構成する党連合に「二つの都市の統合を確認」してほしいと語った。コレックは東エルサレム市庁舎を訪れ、ヨルダン人市長でヘブロン出身のルヒ・アル・ハティブと会談した。コレックがのちに書いているところによれば、「七、八人の市評議会議員がそこにいた。われわれは協力方法を協議した。彼らはどうしていいかわからず、途方に暮れていた。われわれが着いたとき、わが市の旗が彼らの建物の外に翻っていた」。

六月八日、四年前まで首相の地位にあったイスラエル政界の「大長老」であるダヴィド・ベングリオンが「嘆きの壁」を訪れた。彼のそばにははじめて旧市街を訪れるシモン・ペレスもいた。のちに二回イスラエル首相を務めることになるペレスの回想によれば、「それはイスラエルにとって一つの時代の終焉であり、国家の歴史のなかで、新たな、まったく異なった時代の始まりだった」。このとき、新しい時代を象徴するようなエピソードが生まれた。「嘆きの壁」の前のせまい通路は、ムハンマド（マホメット）が「聖域」の岩の上から天に上ったとき乗っていた馬を讃えて「アル・ブラク通り」とアラブ人に呼ばれていた。この名前がアラビア語と英語で陶磁器のタイルに刻まれており、括弧して「嘆きの壁通り」と記されていた。そのタイルにはヘブライ語の名前はなかった。

ベングリオンは不機嫌そうにこのタイルを見上げた。「これは正しくない。取り除く必要がある。だれかハンマーをもっていないか？」と彼がいった。一人の兵士が進み出てタイルまで登り、銃剣でそれをたたき割りはじめた。ベングリオンは、「だめ、だめ。石を傷めるじゃないか。だれかハンマーをもっていないか？」と叫んだ。他の兵士が小さな斧を取り出し、タイルがつけられた古代の石を傷つけないように注意深くタイルの表示を抹消した。群衆は歓声をあげた。「これは私がイスラエルへきて以来、わが生涯の最高の一瞬だった」とベングリオンは断言した。

高揚ムードは二つのコミュニティーのどちらにも希望を広げた。ゴルダ・メイアはのちにこう書いている。「一九六七年夏にイスラエルを訪れた人たちはみな、ユダヤ人が常とはちがう陶酔感にとらわれ、アラブ人もまた、その影響を受けていたように思われたであろう。一言でいえば、死刑宣告が撤回されたようなものだ。まさにその通りだった。あの戦争直後の全体の雰囲気を示す顕著な実例を一つ挙げるとすれば、それは一九四八年以来、エルサレムを二分してきたコンクリートのバリケードと鉄条網の撤去であると確信をもっていえる。これらのおぞましいバリケードは何にも増してわれわれの生活の異常さを示すものであったから、それがブルドーザーで撤去され、エルサレムが一夜にして一つの都市となったとき、それは新しい時代のしるしであり、象徴でもあった。その頃はじめてエルサレムを訪れただれかが私に、「この町は内側から輝いている」といったが、私には彼がいおうとしていることが何であるかよくわかった。私は孫たちに、「もうすぐ兵隊さんたちはお家に帰るのよ。平和がきて、ヨルダンやエジプトへ旅行できるようになるわ」といった」。

エルサレムのユダヤ人の間に大きな安堵感と、お祝い気分が高まった。六月九日、ヘブライ大学の校旗がスコプス山の大学校舎に掲げられ、その少しあと、ハダサの旗も病院の上に翻った。一九年前に突如断ち切られた絆が再建されたのだ。大学の化学と数学研究室にあった学生への告知板の講義やセミナーの日付はすべて一九四七年のものだった。

同日、旧市街を訪れたオランダ生まれのパイロットで発明家、著述家でもあったウィム・ヴァン・レールはその場で思いたって、イスラエル問題についてもっとも優れた放送を行なった人に対して毎年千ドルを与える賞を創設した。それから彼は最初の賞を自分で発表するといって、戦争中、士気を鼓舞するラジオ放送を行なった西岸とエルサレムのイスラエル軍政官で、のちにイスラエル大統領になるハイム・ヘルツォーグに与えた。

「六日戦争」の最後の日である六月一〇日、数千人のエルサレム市民が、市の入口にある国立コンヴェンション・ホールで行なわれたインド人指揮者ズービン・メータが指揮するコンサートに詰めかけた。メータは聴衆にこういった。「私はあなた方と同じ民族の一人でないことを残念に思います。平和がうまくいって、あなた方が音楽の仕事にいそしめることを祈ります。将来、ここで語られる唯一の言語が音楽の言語であることを願っています」。メータはのちにイスラエル交響楽団の指揮者となり、イスラエルの音楽界に大きな貢献をした。

その音楽の夕べの主役はチェロ奏者のジャクリーヌ・デュ・プレとピアニストのダニエル・バレンボイムだった。演奏されたのは、サン-サーンスのチェロ協奏曲、ベートーヴェンのピアノ協奏曲第五番と第五交響曲の三曲だった。四日後、テディ・コレックはハイファ市劇場の『エルサレムへ愛を込めて』という特別公演に出席していた。公演の広告には、「すべての売り上げはエルサレムの再建に寄付される」と書かれていた。

修復が必要なのは西エルサレムの損傷を受けた建物ばかりではなかった。旧市街の破壊された ユダヤ人地区の旧住民代表が市当局に対して住居再建の許可を求めた。六月一一日、ユダヤ人地区の将来についても同様に毎日討論されていた。副市長のラビ・シェアル・ヤシュヴ・コーヘンは、市当局が旧市街の「ユダヤ人の生活を復活させるため、できることは何でもする意向である」と彼らに告げた。その同じ日、テディ・コレックは、旧市街のムスリム地区、キリスト教徒地区とアルメニア人地区の乳児のために二万本のミルクを調達した。市場壁のすぐ北のワディ・アル・ジョーズの元ヨルダン警察署では、イスラエル占領軍当局が、イスラエルの参加呼びかけに応じた警部の地位までの元ヨルダン警察官全員に職務上の協力を求める準備にとりかかった。

イスラエルは国家創立以来一九年の歴史のなかで、今ほどエルサレムでの立場が強くなったことはなかった。最初の変化の一つが「嘆きの壁」の前で示された。礼拝者のためにより広いスペースをつくるため、二日間のブルドーザーによる作業で「嘆きの壁」の西側に隣接する二五軒のアラブ人家屋を撤去した。戦争中も避難せず、そこに住んでいた家族には簡単な立ち退き命令が出された。

六月一二日付の『エルサレム・ポスト』紙によれば、「昨日、ブルドーザーが最後の家屋を押し倒した。瓦礫のなかから、旧市街をめぐる戦闘の間にこの地域から逃げた人たちが置き去りにしたと思われるベッドや寝具類、家具や台所用品、食糧品や靴などが発見された。今週の終わり頃にはこの地域へ入ることを許されることになる一般の人たちは、一世紀以上にわたってこの場所にひしめいていたスラム街の建物が跡形もなくなっているのに気がつくであろう。いまや壁の前には大きな広場ができており、訪問者は糞門から入って通路を右に曲がると、堂々とそびえる壁が目に入るはずだ」。

六月一四日までには「壁」の前は片づき、平らにされ、訪れたい人はだれでもそこへ行けるようになった。時はちょうど「七週祭《シャヴオット》」（刈り入れと収穫の感謝を捧げ、同時にシナイ山で十戒が授けられたことを記念する祭）というユダヤ巡礼祭に当たっていた。驚いたことに、西エルサレム市民ばかりでなく北ガリラヤなどの遠方からもイスラエル人約二〇万人が祝賀にやってきた。彼らは、人の流れをスムーズにするためにつくられた六カ所の警察検問所を通って壁の前に出るのに一三時間もかかった。その日の朝九時三〇分、テディ・コレックがそこに現われた。『エルサレム・ポスト』紙によれば、「彼は最初の『大エルサレム市長』として抱擁され、激励を受けた」。

翌日の『エルサレム・ポスト』紙はこの光景の意味について書いている。ヨルダン政府がイスラエル人の「嘆きの壁」訪問を禁止していた一九年間、「たぶん多くのイスラエル人は、たとえエルサレム市民であっても民族の過去との絆であるこの古代の記念碑から切り離されていると、次第にまた新しい捕囚民になったような気がしてくるという事実を漠然と認識していたにすぎなかった。嘆きの壁のほとんど原寸大の写真の複製が新国会議事堂で栄誉ある場所を占めているのは決して偶然ではない。民族とこの国の起源および歴史との長い絆は、主として書物（その最たるものが『聖書』）や、民族の集団的記憶、考古学的発見を通して連綿と続いている。西の壁とそれが立っているエルサレムという現存の都市は、遠い昔の栄光を実際に目で見て、触知できる唯一のよすがなのである」。

「この壁は何世紀にもわたり、信仰の厚いユダヤ人にとってばかりでなく、世俗的ユダヤ人にとっても巡礼の地であった。英国委任統治時代には、人々はそこへ祈るために行ったばかりでなく、何の組織も要請もないにもかかわらず、毎年恒例の聖地詣でとして、ユダヤ人であればみな実際に足を運んだものである。その伝統が昨日、熱意と真剣さをもって再生された。永年の熱烈な祈りの込められた神殿時代のものといわれる巨石が、大体において抽象的に取り扱われてきたユダヤ人の生活にはまったくそぐわない民族的象徴であったことに気づいていた大勢の人たちさえ、それにはびっくりしたにちがいない」。

二〇万人の人たちが「シオンの丘を登ってから再び降りてきて、さらに長い道を歩いたあと、やっと壁に対面するという暑くて骨の折れる巡礼を行なった。ここ数日のうちに、さらに数千人がやってくることが予想され、嘆きの壁がイスラエルを訪れるあらゆるユダヤ人訪問者ばかりでなく、多くの異邦人の旅のハイライトになることは間違いない。昨日の巡礼者は普通の市民で、先週の旧市街の占領以後、すでに〝壁〟をちらりと見にきた偉い人たちではなかった」。大部分は数時間の休暇をとって原隊からきた兵士たちだった。

市当局は、長い間顧みられなかった境界線地域を、大勢の人たちがきやすい巡礼路に変えるために奮闘した。『エルサレム・ポスト』紙によれば、「市当局はよくやってくれた。広い道路を選んでとぎれた部分を再建し、一方通行を維持するためそれぞれの方向に出口を設け、群衆を整理する警察官や保護する兵士を配置し、途上で飲料水を供給し、壁の前に数千人の群衆を収容できる広場を整備した。しかも、それらすべてを驚くほど短時間で成し遂げた。そのうち大広場は舗装され、真ん中に幸運にも残された古いいちじくの樹に加えて多くの木々が植えられて、休息のためのベンチも置かれることになるにちがいない」。

同紙は、はっきりとこう結論した。「まだエルサレムの将来について疑問の影を払拭できない人がどこかにいたならば、昨日の巡礼者たちが答えを与えてくれたであろう。イスラエル市民は、たとえどんな状況下に置かれようと、どんな圧力をかけられようと、自分たちの都市の中心に立ち、この都市に絶対必要な、この都市の存在理由でもある〝壁〟から二度と切り離されることを許さないであろう」。

六月一七日、モシェ・ダヤン国防相は、それまで一週間ほどイスラエル軍の管理下にあった「聖域」の管理責任をムスリムに戻すように命令した。彼はまた、「聖域」をイスラエル全土はもちろん、ヨルダン川西岸のムスリムすべてに開放することを求めた。それから六日後、ダヤンの布告後の最初の金曜日に、ヨルダン支配下の一九年間、礼拝が許されなかったイスラエルのムスリム一千人を含む五千人のムスリムが「聖域」で祈った。

六月二八日、数千人のユダヤ人がスコプス山のヘブライ大学野外劇場に戻ってきた。ここは一九二五年に開校式が行なわれた場所であるが、一九四八年以来、エルサレムの他の部分と遮断されていた。この式典の出席者のなかには、ノーベル賞受賞者S・J・アグノンや学長エリアフ・エラットがいた。エラットは旧名エリアフ・エプステインとして、一九二五年の開校式にもきていた。第二次大戦前と戦時中、エルサレムのアメリカ東洋学研究所の所長で、アメリカからエルサレムを訪問していたネルソン・グリュックの日記によれば、勝利軍の参謀総長ラビン将軍が壇上の席に着くと、「満員の聴衆から感極まった拍手が巻き起こった」。

名誉博士号を受ける際のスピーチで、ラビンは平和と和解について語った。「敵が払った代償もまた、わが兵士たちの心に重くのしかかっている。ユダヤ人は自分の過去の経験から、征服者の誇りや勝利者の陶酔を感じることがまったくできなかった」。その日エルサレムにいたエリー・ヴィーゼル（後にラビンと同様にノーベル賞を受賞している）は、ラビンのスピーチに「人の心を動かす自制心」があることに気づいた。この六月に書かれた彼の作品『エルサレムの乞食』には、敗北したアラブ人の顔にイスラエル人が感じた悲しみに対するラビンの反省が反映されている。ヴィーゼルの回想によれば、「アラブ人の子供たちは、イスラエル人は勝利者だから彼らに危害を加えることもできるのだと考えている。私はこのような子供たちを旧市街で見た。彼らはわれわれを、私を恐れた。子供に恐れられたのは、私の人生ではじめてのことだった」。同じ月の日記に彼はこう書いている。「勝利者だって実際には戦いたくはなかったであろう。彼らは悲しい気持ちで、憎しみも誇りもなく、放心状態のまま、むっつりして家へ帰るのだ」。

スコプス山での名誉博士号授与式のあと、ヘブライ大学評議会は、昔のキャンパスを再建してそこに戻り、ここを「教育と研究のセンターによみがえらせる」ことを決めた。それは金のかかる野心的な一〇年計画だった。だが、それはまた、スコプス山との物理的、精神的つながりを新たにし、強化しようとするエルサレムのユダヤ人の決意の象徴でもあった。ハダサ病院も同様に再建されることになった。

一九六七年の戦争のあと、東エルサレムで流布された噂話のなかに、ユダヤ教神学校トーラット・ハイムに関するものがあった。この神学校は一八九四年以来、ヴィア・ドロローサ沿いにあり、一九三六年の暴動のあと放棄され、アラブ人の管理人に管理が任されていた。この管理人は一九四八年の戦争前に亡くなったが、この建物の鍵を弟に渡していた。その後、この弟は一階のいくつかの部屋をアラブ人テナントに貸し、勇気のいることだったが、二階のシナゴグと図書室を密閉して維持した。イスラエル軍政官ハイム・ヘルツォーグがこの噂を聞き、その建物に出向いて、シナゴグと三千冊の蔵書がまったく無傷であることを発見した。「旧市街にある他のすべてのシナゴグが破壊されたのに、このシナゴグを見守るのは怖くはなかったのか?」と訊ねられた管理人は、「私が聖所を見守る以上に、聖所が私を見守ってくれた」と答えた。

第18章　再統合、最初の二年　一九六七―一九六九年

爆破された東西の壁

一九六七年六月二八日、イスラエル政府は、エルサレムの公式再統合が翌朝行なわれると発表した。三五〇〇ヘクタール足らずのややこぢんまりした西エルサレムに、七五〇〇ヘクタールあまりの不規則に広がった東エルサレムが合併されることになる。一九年間存在した境界柵を性急に取り払えば緊張が高まり暴力沙汰が起こるのではないか、と心配する者もいたが、国防相モシェ・ダヤンは躊躇も遅延もすべきではないときっぱりいった。

テディ・コレック市長の回想によれば、「夜明けとともにわれわれはそれをやった。すべての柵を取り払い、検問所を解体し、境界壁の爆破にとりかかった。まず最初に、ヤッフォ通りとスレイマン通りを分断している市庁舎近くの二つの大きな壁を爆破した。これらの防壁とともに、一九世紀以来、古い市城壁に張りつくように建てられていたすべての構築物やスラム化した建物を撤去した。撤去する建物の所有者に多額の補償金を払わなくてはならなかったが、それに値する成果はあった。美しい旧市街の城壁が再び見えるよう

になり、城壁の周囲に緑地帯も設けることができたのである。われわれはこの仕事に張り切りすぎたかもしれない。工兵たちが、「これこれしかじかの爆薬が要るが、確実を期すため五〇パーセント増量しておけ」といっていたのを思い出す。個々の工兵はそれよりさらに増量した。その結果、かなりの広い地域の窓ガラスが割れ、修理が必要になった」。

エルサレムは再び物理的に統一され、一つの都市になった。コレックの回想はこう続く。「最初は少数の人が注意深く、おずおずと境界線を越えた。やがて午後になると、どっと人々が繰り出した。辺りには警察官や兵士がいたが、彼らはただ見守っているだけだった。大部分のユダヤ人は怖かったのだ。一〇代の娘のいる家庭では、アラブ人を恐れてエルサレムに住みつづけることができないのではないかという者までいた。思いつくかぎりの不吉な予言をする人たちもいたが、どれも当たらなかった。

ある晴れた日に、ダヤンの予言が正しかったことが証明された。アラブ人たちは歩き回り、かつて住んでいた家を眺めているうちに、思わず自分の目や耳を疑った。扉を叩くと、招じ入れられ、お茶を出された。そこに座ってユダヤ人家主と彼らの家を返してもらうか、あるいは納得できる補償金はいくらかを相談した。ユダヤ人も旧市街のユダヤ人地区で同じことをした。どちらの側も、すべての問題は簡単に解決できると信じていた。私は外国のテレビ局のために記者会見を行なった。私が嘆きの壁を背景に立っていたとき、国連は会議を開き、声高にエルサレム統合に反対した。感想を訊かれた私は一言、「もし国連代表がここでいかに事態がうまくいっているかを見れば、彼らの意見は異なっていたでしょう。放っておいてくれれば、われわれはこうやってエルサレムでいっしょに暮らしていくのです」と答えた」。

アラブ人もそう思っていた。ナビル・フーリィはベイルートのアラビア語週刊誌『アル・ハワディ（口承）』にこう書いている。「多くの昔の友情がよみがえった。六月二九日、エルサレムのメインストリートのヤッフォ通りでヘブライ語が消えた。この日、この街路のいたるところで聞こえてくるのはパレスチナ・アラブ語のありとあらゆる方言だけだった」。

こうした変化を目の当たりにしたエルサレムのユダヤ人モシェ・コーンは、『エルサレム・ポスト』紙に次のように書いている。

「千の顔をもったエルサレム」とある詩人がうたったのは（ラビに任命されたイェフダ・シュンプフェルの詩『エルサレム』はそれより数年前に出版された同題の本に収められている）、一九年前にこの都市が鉄条網とセメント防壁でおたがいの顔がよく見えなくなってしまう以前のことだが、昨日、そこで突如、活発な新しい生活が始まった。市の両側の住民数万人が、撤去されたばかりの境界を自由に通り抜け、そうした顔を再発見し、二〇年近い別離が醸し出した謎を探ろうとした。イスラエル車ばかりでなく、ナンバープレートに〝ヨルダン〟の文字入り、または色分けされたヨルダン車、歩行者の群れが、東西を結ぶ幹線道路をのろのろと進んだ。旧市街の丸石を敷いたねくねした道や、新市街の比較的広いメインストリートとその周辺地区には、統一エルサレムを構成するユダヤ人、アラブ人、ムスリム、いろいろな宗派のキリスト教徒、あらゆる種類の服装、肌の色、目の色、顔つき、方言がひしめきあっていた。人々はおたがいに唖然として相手を見つめ、相手方の建造物に見とれた。旧市街ではこんな継ぎはぎだらけの住居でどうやって暮らすのだろうと訝しむ者もいれば、新市街の高層オフィスビルがよくも揺らいだり、倒れたりしないものだと驚嘆する者もいた。その日、時間がたつにつれて気後れも少なくなり、おたがいにいろいろな言語で挨拶を交わす光景があちこちで見られた。相互交流がこれほど盛んに行なわれたのは、おそらくこの市の歴史上はじめてのことだったのではないだろうか」。

六月二九日夜、ダヴィド・ベングリオンは、彼の支持者がマパイ党から離脱してつくったラフィ〔「イスラエル労働者名簿」を意味するヘブライ語の頭文字をつないだもの〕党の集会で演説し、エルサレムの再建は「国を挙げての事業の中心」であるべきだと説いた。少なくとも一〇万人のユダヤ人を旧市街の周囲に、「特にスコプス山周辺の空いた場所に」入植させるべきである。エルサレムのアラブ人は一人たりとも動かしてはいけない。だが、イスラエルの勝利が生み出した「空前の意気込み」を利用して、数万人のユダヤ人を海外から渡航させ、イスラエル、「特にエルサレム」を建設するよう奨励するべきである。彼はまた、旧市街のユダヤ人地区にユダヤ人を「ただちに再入植させる」ことを熱心に勧めた。

オリーヴ山のユダヤ人墓地は、一九四八年以来、エルサレムのユダヤ側から切り離されていたばかりでなく、かなり荒らされていたが、再びエルサレムばかりでなく世界中のユダヤ人の埋葬地になった。一九六七年の戦争後はじめての埋葬は一九六七年一一月一三日のチェリナ・サソーンで、一族の墓地はエルサレム＝エリコ街道のすぐ下にあった。この道路が一九六六年にヨルダン人によって拡張される前には、道の両側にたくさんの墓があった。

エルサレムの一九万九千人のユダヤ人と六万六千人のアラブ人の大半は、協力によって新しい、よりよい時代がくるであろうと期待した。コレック市長が行なった最初の措置でアラブ人が感謝したのは、アラブ人戦死者の追悼記念碑を市内に建てるのを許可したことである。市評議員のなかにはこれに反対する者もいた。「フランスや英国にドイツ人の記念碑がどこにあるかと訊かれたとき、私は事情は同じではないと説明した。アラブ人はエルサレムに住んでいたのだ」。

統一にはまた、暗い面も存在した。その年の夏、西エルサレムの数カ所で爆弾が炸裂し、数人のユダヤ人が負傷した。コレック市長はこのような事件の一つについてこう書いている。「事件が起きた日の夜、何人かのイスラエル人の若者がいきりたち、一台のアラブ人の車を引っ繰り返し、アラブ人商店の窓ガラスを割った。テロリストたちはこの町の二つのコミュニティー間の緊張を高めるという当初の目的をほぼ達成したことになる。翌朝、アラブ人は仕事にくるのを怖がり、ユダヤ人はアラブ人商店に買物に行きたがらなかった。その日中、警察相エリアフ・サソンと私は、店から店へ、一つのカフェから他のカフェへと歩き回り、何も恐れるものはないことを示した。われわれが出かけたことが、爆破事件の衝撃を弱め、市民の協力というテーマを強調するのに役立った。われわれはまた、暴力による逆襲はまさにテロリストの思うつぼだと、手を尽くしてユダヤ人に説明した」。

実効なき国連決議

「六日戦争」による領土の取得を無効にすることを求めた一九六七年一一月二二日の国連安保理決議二四二は、エルサレムについては言及していなかった。だが、イスラエルによるエルサレムの再統一と、前回の休戦ライン以遠への新たなユダヤ人入植地の建設は、国際社会から非難された。国連はエルサレムにおけるイスラエルのあらゆる行為に目を光らせていたが、一九六八年三月八日、イスラエル軍当局が英国委任統治規約に則って、その前月に捕えられたアラブ人爆破犯人グループのエルサレム指揮官カマル・ナマリのワディ・アル・ジョーズにある二階建ての家を爆破したとき、怒りをあらわにした。この爆破音は市の北部一帯に響き渡った。爆薬の必要量の計算間違いから、学校や考古学研究所ばかりでなく、二〇軒の家屋に損害を与えた。

テディ・コレックは家屋爆破の決定に遺憾の意を表明した。西岸占領地に適用されている軍の法律は、イスラエル政府がイスラエルの一部であると主張しているエルサレムには適用されるべきではないと主張するユダヤ人がエルサレムには多かった。軍はこの主張を認め損害を陳謝し、女性兵士を派遣してワディ・アル・ジョーズの子供たちに菓子を配り、市当局に瓦礫の撤去を許可し、損害を受けた家屋の所有者に賠償金を支払った。その後五年間は、家屋が破壊されることはなかった。だが、この事件の恨みは容易に消えなかった。

一九六八年五月二一日、ニューヨークで開催された安全保障理事会は、決議二五二号を採択した。この決議は「エルサレムの法的地位を変えることになりかねない土地や家屋の収用を含むすべての法的、行政的措置は無効であり、その地位を変えることはできない」というものである。この決議はアメリカ、英国、ソ連邦によって支持された。そして他の多くの国がそれに従うことになる。だが、イスラエルの姿勢はきびしい決議によっても変わらなかった。エルサレムの北部、東部、南部に新しい五つのかなり大きなユダヤ人居住区を建設するため、休戦ライン以遠に全体で二千ヘクタールに近いアラブ人所有地が接収された。

旧市街の破壊されたユダヤ人地区の再建を決めたイスラエル政府は、ユダヤ人地区再建開発会社を設立した。一九四八年のヨルダン軍占領の際に追い出された家族と同数の六五〇世帯家族が住める住宅や商業用、公共用建造物が設計された。この地区の総面積は、一九四八年以前と同じ一二ヘクタールであった。基礎工事を行なうたびに、ほとんどすべてに貴重な考古学的遺跡が発見された。これらの遺跡を維持し、近くで見ることができるようにするために多大な努力が払われた。今日、訪問者はライトアップされた縦穴を覗き込み、聖書時代の壁を見ることができる。

一九六八年一〇月、シオン・シネマでジョン・ウェインの映画が上映されていたとき、旧市街のムスリム地区にある二〇〇人あまりの黒人居住区からきた二人のヌビア人少女が、映画の途中で一個の包みを残して立ち去ったのに気づいた人がいた。案内係がそれを映画館から外に出し、警官がそれをもって一八〇メートル離れた警察署まで走った。一分後にそれは爆発した。ナオミ・シェパードの回想によれば、「映画館のなかでは、映画の最後の部分の爆発シーンの耳をつんざく音で、道の少し先で起きた本物の爆発音には気づかなかった」。幸い、だれも負傷しなかった。

無名の爆破犯人に挑戦する形で、翌日の夜、イスラエルの映画スター、ウリ・ゾハルがイスラエル芸能界の有名人たちといっしょにテルアヴィヴからエルサレムへきて、その映画館で深夜ショーを開いた。コレック市長はこう回想している。「われわれはこれをお祭り騒ぎの機会にした。実際、あんまり大勢の人がきたので、このショーの会場を映画館から外の広場へ移さねばならなかったほどである。多数の群衆が午前二時までそこにとどまり、「われわれは映画を見にいくのを怖がっていないぞ!」という抵抗の姿勢を示した」。

シオン・シネマ爆弾事件の二人の犯人は突き止められ、彼女らを使った男とともに逮捕された。彼は「ヌル博士」として知られているウマル・アウダハ・ハリルで、三〇人のテロリスト・グループを組織していた。グループはばらばらになったが、残った者もおり、シオン・シネマ爆弾事件から一年後の一一月二二日に、ヤッフォ通りのマハネ・イェフダ・ユダヤ人野外市場で同じような事件を起こし、二人のアラブ人を含む一二人のエルサレム住民が死亡、五三人が負傷した。今回は、自動車に仕掛けられた爆弾が理髪店の前で爆発した。散髪中の四〇歳の客イスラエル・シュニッツエルと、五二歳の床屋の助手ラミ・コーヘンが死んだ。アラブ人死者はワディ・アル・ジョーズからきた七一歳のサブリ・ハッサン・ムスタファ・ザーニンと少年だった。

エルサレムのアラビア語新聞『アル・クドス（エルサレム）』はこの殺戮を非難した。その社説は、「この爆破事件は市の基盤を揺るがしたばかりでなく、アラブ人であれ、ユダヤ人であれ、平和を望み、罪なき人たちの殺人を憎むすべての住民の道義心を揺さぶった」と強調した。

だが、爆破事件はその後三年間続き、死者の数も増えたことが、ユダヤ人の間に反アラブ人感情をかきたてた。市当局はこれを抑えるため全力を尽くした。だが、アラブ人テロリストたちは、占領政権に対する憎悪を示す気構えだった。あるとき、ロケット弾がユダの荒野から西エルサレムに撃ち込まれた。一軒の家が被害を受けたが、だれも負傷しなかった。西エルサレムの街路では、気ままな散歩にも用心が要るようになった。ナオミ・シェパードは、「置き忘れられた包みや、予期しない手紙に警戒したり、映画館や劇場で検査のためハンドバッグを開けることに慣れていった」と書いている。

一九六九年に安全保障理事会は会議を開き、東エルサレムのユダヤ人地区と外側の郊外地でイスラエルがとったさまざまな措置について討議した。アメリカ代表チャールズ・W・ヨストは、ここでイスラエルが行なったことを次のように批判した。「土地の接収や没収、それらの土地での住宅の建設、歴史的あるいは宗教的に重要な建物を含む建築物の撤去あるいは没収、この都市の占領部分におけるイスラエルの法律の適用などは、この都市におけるわれわれ共通の権益を損なうものである」。

アメリカは、「六月の戦争によりイスラエルの管理下に入ったエルサレム地区は、イスラエルが占領した他の地域と同様に占領地区とみなしており、したがってこの地区は占領国の権利と義務を定めた国際法の対象となる」と考えていた。「他の占領国と同様、イスラエルを縛る国際法の条項によれば、占領国は一時的に必要とされる治安の維持以外、法律や行政を変更する権利はなく、また私有財産を没収したり破壊する権利もない」。

アメリカ大使は、ジュネーヴ協定と国際法で定められた「行動様式」には、「占領国は占領地をできるだけそのままにして変更を加えず、その地域の普通の生活に干渉せず、変更は、占領期間中に緊急の必要上、やむをえない場合に限られる」と明記されていると説明した。彼は安全保障理事会に説きつづけた。「エルサレムの占領部分におけるイスラエルの行動は、これとちがった様相を呈しているといわざるをえない。それが、東エルサレムが最終的には損害を蒙る可能性があるという無理からぬ懸念を生じさせている。住民の権利と行動はすでに影響を受け、部分的変更を余儀なくされつつあるという」。

アメリカは東エルサレムについてイスラエルをきびしく非難した。「わが国政府はこのような行動を遺憾に思い、一九六七年六月以降、たびたびイスラエル政府にそう伝えてきた。われわれはこれらの措置を、暫定的なものを除いていっさい認めることを拒否してきたし、エルサレムの究極的地位に影響するそうした条項を承認することはできない」。

アメリカ大使は次のように結論した。「中東の公正にして永続的な平和は、罪のない市民の被害が避けられないテロ爆弾によって達成されるものでもなければ、エルサレムの地位を一方的に変えようとする努力によってもたらされるものでもない。それは調停機関を通し、交渉、調整、同意という過程を経ることによってのみ生まれるものである。それはまた、休戦ラインに沿った交渉や声明のなかだけでなく、当のエルサレムにおけるどこまでも節度のある当事者双方の営為によってしか達成されないであろう」。

イスラエル政府は、「当事者が非難しあうことをやめ、エルサレムでもその他の地域でも、正義に則り永続的平和への包括的解決を妨げると解釈されるいかなる行為も行なわないように要請する」という、ヨスト大使が安全保障理事会の演説の最後で行なった提案の前提を受け入れなかった。「いかなる行為」という言葉には、グリーンラインを越えた新たなユダヤ人居住区の建設や、旧市街の破壊されたユダヤ人地区の再建という意味も含めたつもりだったであろうが、これらの事業は続行された。ニューヨークの決議は、アメリカが支持したにもかかわらず、何一つこれを止めることはできなかった。

「われわれは蟻のようにここにいます」

イスラエルはグリーンラインを越えてユダヤ人居住区をつくることをやめる意志はまったくなかった。その理由として、グリーンラインは一九四九年に両軍が戦闘を停止した地点にすぎず、人口動態的にも都市機能の面からも意味がなく、都市として発達するなと非難されるいわれはないとイスラエルは主張した。ユダヤ人は、仕事や気候に引き寄せられてエルサレムに住むことを望んだのであり、建物などがまったくない丘の斜面に、なぜユダヤ人居住区を拡張してはいけないのかわからなかった。新しいユダヤ人居住区はほとんどすべて、耕作できない石ころだらけの荒地につくられた。だが、アラブ人所有者から収用した土地もあり、新しいユダヤ人居住区ができたことにより、アラブ人居住区の一部の住宅が他のアラブ人住宅と切り離されてしまったケースもあった。

新居住区の一つである東タルピヨットを建設する際、スル・バヒルのアラブ人村の果樹園と耕作地数ヘクタールが収用された。このことは大きな怒りを呼んだが、東タルピヨットが大きくなるにつれて耕作地がさらに収用されると、怒りはいっそう強まった。だが、「嘆きの壁」の前方にあった家屋が除去されたほかは、アラブ人家屋の収用はほとんど行なわれなかった。今回は一九四八年のときとはちがっていた。かつては西エルサレムのアラブ人居住区がイスラエル政府によりすっかり収用され、数千のアラブ人家屋がユダヤ人に譲り渡されたのだ。

一九六七年以降、東エルサレムのアラブ人居住区もまたかなり拡張された。フレンチ・ヒルから北に走る道路沿いにはアラブ人家屋がずらりと並び、かなり大きくりっぱな建物もあって、家並みは北のカランディアの飛行場まで伸びていた。同時に市当局は、ヨルダン統治下では放置されていたアラブ人地区の都市サービスの改善にも努めた。

エルサレムのアラブ人は、新たなイスラエルの建築工事の光景を見て嫌な予感がした。工事中のラマト・エシュコル、フレンチ・ヒル、ギロ、東タルピヨットの居住区は明らかにグリーンラインを越えて建設されつつあった。しかも、そのどれもが高台につくられていた。エルサレムを建物群の輪で取り巻き、地上に既成事実をつくることで、エルサレム全体にイスラエルの主権を強化しようとする綿密な計画の一部であったのは明らかだ。アラブ人居住区もまた大きくなってはいたが、主導権はイスラエル側にあった。アラブ人の抗議が起こらない月はなかった。一九六八年八月一八日の「手榴弾の夜」には、「嘆きの壁」での新兵宣誓式に参加したお祝いの人たちを乗せたバスに手榴弾が投げ込まれ、六九人の兵士、女性、子供が負傷した。

コレック市長はアラブ人社会の長老たちにこのようなテロ行為を非難するように呼びかけたが、彼らはそれを拒否した。手榴弾事件のあとにストライキと商店休業が続き、一一月二日のバルフォア宣言記念日には遂に商店のゼネストが始まった。アラブ人店主の多くは、シャッターを降ろした店の前に立ち、「われわれはこのストライキに無理矢理に参加させられたが、どうか明日きてください」と通行人に呼びかけた。だが最初の日のストライキが終わると、イスラエル軍は報復および抑止力として一五軒の店を没収した。たとえアラブ人に強い商業活動意欲があっても、東エルサレムの占領に対する敵意は和らげられなかったであろう。

コレック市長は拡大した市当局へアラブ人を引き入れようと懸命に努力した。数百人の東エルサレム住民が市のいろいろな部門に雇用された。旧市街の道路は舗装された。街路灯は千カ所以上に設置され、新しい苗木も市の公園に植えられた。塵芥処理設備が提供され、さらに給水管も猛スピードで設置されたので、毎週五〇軒の割合でアラブ人家屋が市の給水システムに結ばれていった。

西エルサレムもまた、東エルサレムと同様に戦争の余波から回復しつつあった。以前の境界地帯はもはや狙撃される危険もなくなり、渦巻き状の鉄条網や近くにあった一九四八年戦争の廃墟など、見苦しいものは撤去された。かつて繁栄していたイェミン・モシェは境界地帯にあったためひどい目に遭ったが、緑の多い住宅地帯に変わった。一九四八年以前は貧しいアジア・アフリカ系ユダヤ人、ムスリム、キリスト教徒アラブ人が住んでいたヤッフォ門のすぐ下のジョラト・アル・アナブも復興した。職人たちが新しい店に住みつきはじめた。一九六九年に定住したイスラエル人銀細工師で宝石鑑定師のギデオン・フランテルはその最初の一人だった。いまでは芸術工芸通り《フッオト・ハヨステル》と呼ばれるようになったこの地域は、エルサレムと同様にゆっくりと発展し繁栄していった。二五年後には、毎年、美術工芸展がここで開催されるようになり、あらゆるタイプの芸術家の作品が華やかに展示され、都市生活のハイライトになった。

　復興作業でもっともむずかしかったのは、旧市街のユダヤ人地区の再建だった。一九六八年にその地区を訪れた英国人旅行者コリン・サブロンによれば（『エルサレム』、ロンドン、一九六九年）、「私はそこで一人のユダヤ人少女に会った。彼女は、一九四八年以前の子供の頃のユダヤ人地区を知っていた。彼女は（エキゾチックな美人だったが）、私には瓦礫しか見えない通りを、ここはだれそれの家、ここはシナゴグ、ここに友人がいてとい う風に、自信をもってしゃべりながら歩き回った。あちこちの鍵がかけられた戸口に、ここにだれが住んでいて再びその人に戻される、とヘブライ語で記された告知板がぶらさがっていた。「みんな帰ってきて、昔通りになるわ。ここは私たちの心のよりどころだもの」と彼女はいった」。

　サブロンはまた、ヨルダン統治時代の東エルサレムの市長でパレスチナ民族主義リーダーのアリフ・アル・アリフを訪れた。「彼の生地、エルサレムへの彼の思い入れは深かった」とサブロンは書いている。アル・アリフはこう語った。「一九四八年の戦争ではエルサレムはどこよりも大きな被害を受けました。今回の戦争でさえ、四〇〇人も死んだのです。ここの暮らしはつらく、きびしいものです。水は少ないし、耕地も多くない。だが人は生きなければなりません。宗教で腹をふくらませるわけにはいかないのです」。サブロンの記録によれば、「彼は飛び去っていく真実を突き刺すかのように、親指を突き出した」。アル・アリフは続けた。「ムスリムが禁欲的なのはそのためです。彼らはほとんど酒を飲まないし、音楽もあまりやりません。ここには娼婦はいないし、女性はたいていヴェールをかぶっています。われわれは愛憎の感情も露骨に表わしません。われわれは忍耐心《ヘレム》をもっていて、興奮しないといわれます。ですが、われわれは悲しいくらいひたむきなのです。ここではだれも移住しない。ところが、たとえばベツレヘムやラマッラーのようなところでは、……ラマッラーの半分の人たちがアメリカにいってしまいました！」。

「エルサレムを去る人たちは、世界の中心から離れるように感じるのでしょうね」とサブロンはいった。すると、「そうです、サフラ（ドームの下の岩のこと）が世界の中心なのです」とアル・アリフが答えた。「アル・ヨム（最後の審判の日）がここで始まり、エルサレムはアル・アヘル（パラダイス）の一部になるでしょう。それは約束されたことで、願わくは神がそう計らってくれることを祈っています」。アル・アリフは机の上に勢いよく指を突きたてて宣言した。「あなたがたにとっては皮肉でしょうね！　エルサレムがパラダイスだなんて！」。

一九六八年五月、イスラエル建国二〇周年記念行事が行なわれた。その日エルサレムにいて、地元の風習を観察していたコリン・サブロンによれば、「西エルサレムの通りは光の谷のようだった。家々に吊るされたぴかぴか光る円盤の飾りの下でこみあった群衆の頭が動き、人々はアコーディオンが奏でる陽気な曲に乗って踊っていた。この国の若い心が通りに息づいていた。若者はジーンズをはき、勝利の帽子をかぶり、ハンニバルが城門から退却したときの新しいローマのように、本来の元気にあふれていた。だれもがプラスチックのハンマーをもっていて、それで隣の人の頭を叩くとピコ、ピコと音が出た。オリエンタル風の聞き慣れない音楽が流れていた。花火の煙が蜘蛛の巣のように星にかかった。私は東エルサレムに戻った。城壁の銃眼には明かりがあったが、壁の背後には重苦しい沈黙があった。アラブ人街は眠れない暗い気分に沈んでいた。街灯が小道を照らし、暗闇で気の立った猫のフーッと怯えた声がした。それからずっと夜明け近くまで、城壁の外では歌声とハンマーの音が聞こえた」。

商業の活発化、繁栄の継続、コレック市長による東エルサレムの生活の質を改善するための絶えざる努力などが、時にはアラブ゠ユダヤ紛争と関係のないことで後退を迫られることもしばしば起こった。一九六九年八月二九日の出来事も、そうした大きな波紋を投げかけた事件の一つだった。二八歳のキリスト教原理主義者で頭のおかしいオーストラリア人旅行者デニス・マイケル・ローハンが、アル・アクサ・モスクに放火したのだ。ローハンは「悪魔の神殿」の一つを破壊することにより、自分がエルサレムの王となり、「やさしい」イエスが戻ってきて、再建された神殿で祈るという一連の事態が始まると信じていた。ローハンは、一一八七年にアレッポで彫られ、サラディンの命令でエルサレムに運ばれたすばらしい一二世紀のレバノン杉の説教壇に最初に火をつけた。説教壇はモスクのドームや天井とともに焼け落ちた。ユダヤ人消防隊が鎮火に努めていると、彼らが意図的に水でなく油を火にそそいでいると勘違いしたアラブ人の女たちがホースを引ったくろうとした。

コレック市長はこの事件についてこう書いている。「エルサレムのアラブ人は、理屈上はわれわれの責任でないことはわかっていた。だが、心の底ではわれわれのせいにしたかった。結局、彼らはアル・アクサ・モスク事件を〝聖所〟が異教徒の支配下にあることに対する天罰であると解釈した。問題の異教徒は、たまたまユダヤ人であったが、英国人、国連、ローマ教皇がエルサレムを支配していても同じだったであろう」。

コレック市長は、アル・アクサ・モスク炎上の知らせが届いたとき、市当局の会議に出ていた。「私が現場に着いたとき、消防隊が消火活動をしていた（消防隊がわざと遅れて着いたというデマが早くも流れていた）。アラブ人はバケツの水と切なる思いで鎮火に努めていた。寺院が炎に包まれ、数千人のアラブ人が泣いている光景には心が痛んだ。その日の午後、私はゴルダ・メイア首相とダヤン将軍をともなってモスクに戻った。二人とも援助を約束したが、この申し出はアラブ人に正式には受け入れられなかった。それにもかかわらず、イタリアからの大理石その他の寄付を含むすべての援助物資は、関税賦課も輸入許可証もなしに輸入することが許された。われわれもまたその当時、不足していたセメントを提供した」。

モスクの修理は専門家によって行なわれた。「この修理のため、古代の技術さえもよみがえった」とコレック市長は書いている。「特定の角度でくりぬかれた石亜の窓にはめられた色付きヘブロン・ガラスから時刻によって異なった太陽光線が差し込んでできるいろいろな色彩の組み合わせは、とりわけ美しかった。この特別な技術をもった老人が、数人の若い助手を訓練してともに働いた。こうしてその技術が保存された。だが、キリスト教の影響を消すため、この機会をとらえて、モスクの十字軍時代の柱頭はイスラーム・スタイルの現代版柱頭に変えられた」。

火災は精神異常者の仕業であったが、アラブ調査委員会はイスラエルを非難する理由を見つけた。「占領軍当局はその性質上、治安維持責任をまぬかれない。ムスリム礼拝所の管理人は治安についての法的権限も、その機能もまったくもっていない」とアンワル・ヌセイベ、アンワル・アル・ハティブ、バイド・アラ・アディンの三人の委員は結論した。この状態は変わった。火災後、「聖域」を警備するため、イスラエル当局はムスリム、キリスト教徒、ユダヤ人警察署員から構成される武装警察隊を創設し、ムスリム将校を指揮官に任命した。火災が起きたとき、敷地が一二ヘクタールもある「聖域」には国旗や掲示板など、イスラエルの主権を示すものは何もなかったが、イスラエル政府は将来もこのようなものを立てるつもりがないことを強調した。

エルサレムのアラブ人を、平等で有能な市職員として市政に参加させようというコレック市長の希望は実現されなかった。元東エルサレム市役所の数十人のアラブ人職員が、採用を約束されながら受け入れられなかったとき、市当局のアラブ人職員五〇〇人の士気は落ちた。「希望、協力、熱意が消え、あきらめと恨めしい思いが広がった」と『エルサレム・ポスト』紙のアラブ問題担当記者ギデオン・ヴァイゲルトが一九七三年に書いている。

ヴァイゲルトによれば、アラブ人の間に悪感情が広がった理由の一つは、イスラエル政府のアラブ人所有建物に対する一連の、小さいことではあるが重要な措置にあったという。たとえば、ユダヤ人地区のアラブ人が借りていた家々を撤去したこと、イスラエル軍がムスリム神学校を接収し、ラビの司る法廷にしたこと、「嘆きの壁」への訪問者の安全を確保するためムスリム法廷を接収したこと、西エルサレムの一九四八年以前のアラブ人所有財産の返還を拒否したことなどであった。東エルサレム住民は、以前所有していた家を訪れ、なかを見せてもらうことはできるが、家を返してもらう仕組みはまったくなかった。

一九六九年一〇月の市議選では、特別法の通過によりアラブ人にも被選挙権が与えられたにもかかわらず、彼らはだれ一人として立候補しなかった。選挙ではアラブ人はイスラエルの政党、特にテディ・コレックのために投票した。選挙後、東エルサレム人十数人が市議会の関係委員会委員になるように要請された。名前が出ないことを条件に、多くの人たちは同意した。だが、彼らの名前が新聞に洩れると、全員が同意を撤回した。彼らは同胞のアラブ人からの報復を恐れたのだ。

コレックの目標は、この町をユダヤ人とアラブ人双方のために、また一九六七年以降、次第に増加しはじめた旅行者や外国人観光客のために改善することだった。コレックの回想によれば、「私がアメリカの評論家といっしょにエルサレムを見て回っていたとき、彼はこのような猛烈な活動がほとんど役に立たないと思うことはないかと私に訊ねた。私は答えた。最悪の場合でも、われわれは今までなかったような、もっとも美しい蟻塚をつくっている蟻のようなものです。その蟻塚が荒らされずに存在しつづけることを願っています。だが、ひょっとすると、棒をもった男がやってきて、われわれの苦心の賜物を棒でつついて、その一部を壊すかもしれない。もしそういうことが起こっても、われわれは蟻のようにここにいます。そして何度でも、できるかぎりうまく、かつ、りっぱなものをつくるでしょう」。

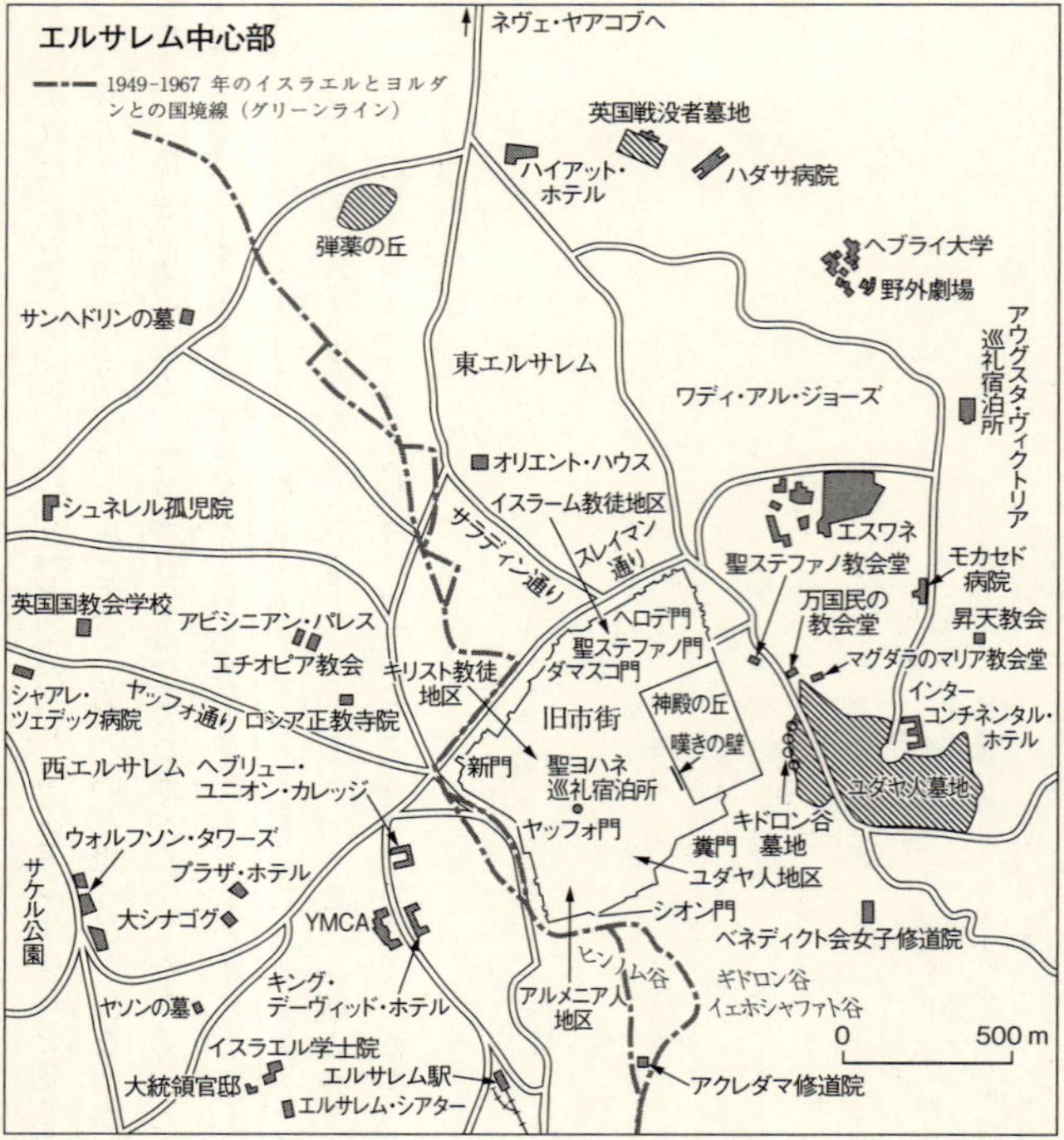
エルサレム中心部
1949-1967 年のイスラエルとヨルダンとの国境線（グリーンライン）
ネヴェ・ヤアコブへ
英国戦没者墓地
ハイアット・ホテル
ハダサ病院
弾薬の丘
ヘブライ大学
野外劇場
サンヘドリンの墓
アウグスタ・ヴィクトリア巡礼宿泊所
東エルサレム
ワディ・アル・ジョーズ
オリエント・ハウス
シュネレル孤児院
イスラーム教徒地区
サラディン通り
スレイマン通り
エスワネ
聖ステファノ教会堂
モカセド病院
英国国教会学校
アビシニアン・パレス
ヘロデ門
万国民の教会堂
昇天教会
聖ステファノ門
ダマスコ門
マグダラのマリア教会堂
エチオピア教会
キリスト教徒地区
シャアレ・ツェデック病院
ヤッフォ通り
ロシア正教寺院
旧市街
神殿の丘
嘆きの壁
インターコンチネンタル・ホテル
西エルサレム
ヘブリュー・ユニオン・カレッジ
新門
聖ヨハネ巡礼宿泊所
ユダヤ人墓地
キドロン谷墓地
ウォルフソン・タワーズ
ヤッフォ門
糞門
ユダヤ人地区
プラザ・ホテル
サケル公園
大シナゴグ
YMCA
シオン門
ベネディクト会女子修道院
ヒンノム谷
ギドロン谷
イェホシャファト谷
キング・デーヴィッド・ホテル
アルメニア人地区
ヤソンの墓
0
500 m
イスラエル学士院
エルサレム駅
大統領官邸
エルサレム・シアター
アクレダマ修道院

第19章　調和を求めて　一九七〇―一九八〇年

聖都の景観論争

　エルサレムの七〇年代はテロで始まった。一九七〇年元日の朝、観光客や買物客でごった返す旧市街の聖墳墓教会近くのアラブ人市場で、通りがかったイスラエル軍ジープに手榴弾が投げられた。手榴弾はジープには当たらなかったが道路で爆発し、アラブ人五人が負傷した。その一人、シルワンからきたアフムド・モハメド・アル・アフィがまもなくその怪我がもとで死んだ。

　このような事件が起きると、一時、事件の起きた通りの商店が閉まり、観光客が逃げ出すのが常だが、数時間もすると、市場には喧騒が戻ってくる。旧市街の雰囲気や表情は威勢のいい市場に似ていて、けたたましい呼び売りの声や群衆のざわめきがまた、客を引き寄せていた。一九七〇年代の旧市街の家々や中庭で聞こえる言語のなかで、もっともよく使われていたのはアラビア語、英語、ヘブライ語、フランス語で、イディッシュ語、アルメニア語、ドイツ語もめずらしくはなかった。ある通りでは、ときどきトルコ語、スペイン語、アラム語〔北西セム諸語に属する言語。紀元前七世紀から紀元後三世紀頃までのアジア南西部の共通語〕、ギリシア語、イタリア語、コプト語、アムハラ語〔エチオピアの公用語〕、ロマニー語も聞こえてきた。最近やってきたユダヤ人移民のしゃべるロシア語もまた、目立っていた。一九九〇年代の旧市街住民の間では、二五の異なった〝母語〟が記録されている。

ガイドブックはみな、エルサレムの生活の多様性を強調する。ニツァ・ロゾフスキーは、市の再統合から数年後のヤッフォ門のすぐ内側の広場の光景をこう記している。「頭にかごを載せ、刺繡入りの服を着た優雅なアラブ人女性、一八世紀のポーランド風の衣服にゲットーの毛皮帽子から耳下げ髪を垂らした敬虔派ユダヤ教徒、茶色の司祭服にサンダル履きの頭のはげたフランシスコ会修道士、伝統的なタルブーシュや頭巾《カフィエ》を被ってコーヒーショップへ出かける年老いたアラブ人、祖国から締め出され、静かに影を引きずって行き来する数少ない居残りエチオピア人修道士、紛争がまだ終わっていないことを思い起こさせる銃を携帯した特殊部隊《グリーンベレー》の国境警備兵、それにもちろん、団体や二人連れの観光客もいる」。

英国人著述家デーヴィッド・プライス－ジョーンズも七〇年代にエルサレムを訪れた一人だった。彼は「統合、合併で再統一されたエルサレムは、委任統治時代と同様、地域性と国際性が混ざった都市になった」と書いている。彼は東エルサレムで、元ヨルダン人知事アンワル・アル・ハティブを訪ねた。「アル・ハティブは、イスラエル政府がきびしく、独裁的であってほしいと思っている。そうすれば、住民は蜂起するだろう。アラブ人労働者はイスラエルの建設に手を貸すべきではない。貧困をものともせず、架け橋を閉ざし、強引に決着をつけるべきだという」。

東エルサレムを歩き回ったプライス゠ジョーンズの感想によれば、「リヴォリ・ホテル、リッツ、パラダイス、パルミラ、クレオパトラなどサラディン通りのホテルの名前には、過去の栄光の名残がにじみ出ている。……だが、サラディン通りが終わるところにあるヨルダン軍のビルには、現在イスラエル軍政部が入っている。そこでは、一人か二人のイスラエル兵が玄関の階段に腰をかけ、ジョークを交わしている。入り口にはロープが垂れ下がり、ヘルメットをかぶったもっさりした兵士が頑張っていて、なかには入れない。屋上には青と白のイスラエル旗が翻り、事務所の窓から、松と勾配のゆるいエルサレムの屋根の向こうにそれを垣間見ることができる。この旗はいつもこの風景のなかで風にはためいている」。

エルサレムを訪れた者はだれでも、この都市の第一印象を大切にする。筆者のはじめての訪問は一九七一年夏だった。当時、この町はまだ、統合後の特殊事情の恩恵に浴していた。到着第一夜に筆者をもてなしてくれたのは、ウィーン生まれのイスラエル人著述家アモス・エロンで、当時、アラブ゠イスラエル和解運動のパイオニアの一人だった。新しく生まれた妥協と調和の精神のジェスチュアとして、彼と妻のベトはグリーンラインの東側に新設された聖ステファノ教会付属のアパートに住んでいた。この教会はヨルダン統治の最後の年に建設され、ライオン門の下のキドロンの谷のナツメヤシと葡萄の樹に囲まれたところにあった。エロン夫妻の住まいの窓からは黄金門を見上げることができ、キドロンの谷の下方には、「神殿の丘」のみごとな石垣の南東の角が見えた。彼らの庭の先には「ゲッセマネの園」があった。

アモスとベトは東エルサレムのアラブ人商店で買物をしていた。彼らはアラブ人経営のレストランで食事をし、アラブ人の友人たちと活発な議論をしていた。こうしたことは、新しい時代、無限の可能性を秘めた和解期の始まりのように思われた。だが、当時の期待はまもなく失望に変わることになる。東エルサレムのアラブ人は、ヨルダン統治下でも満足していない者が多かったが、イスラエルが影響力をもつ存在になることを喜んで認めようとはしなかった。「当時、私が心に描いていたことを思うと泣きたくなる」とベト・エロンは二五年後にいっている。アモス・エロンと同様、ウィーンで教育を受け、教養と魅力にあふれた統一エルサレム市長テディ・コレックは、自分の計画と改善事業にアラブ人を引き込もうと懸命に努力した。だが、分裂は常にあった。一九六七年の物理的障害物の撤去も、この分裂を解消することはできなかった。

市の再統合による建設ラッシュで、西エルサレムのスカイラインは一変した。一九七一年以降、高層ビルが丘陵地の地形なりに張りついたような低層の建物がつくるシルエットを壊しはじめていた。市民の抗議もむなしく建設されたプラザ・ホテルは、キング・ジョージ五世通りの一部からオリーヴ山のスカイラインを見えなくしてしまった。ウォルフソン・タワーズは、それまでのサケル公園や「十字架の修道院」の田園的風景のなかにそびえ立った。アメリカ人建築家で都市計画者のアーサー・クッチャーは一九七三年に、「現在、エルサレムの基本的形態と外見的特徴を変えはじめているプロセスは、世界中の多くの都市で起きているプロセスとよく似ている」と書いている。たしかにそうだった。だが、西エルサレムの空に伸びるオフィス、アパート、ホテルなどの高層建築の増加は悲しむべきことだった。一九七三年、クッチャーがオリーヴ山（それ自体、ヨルダン統治の最後の年に建てられたホテルで景観が変わっていた）から西エルサレムを見渡すと、二六の高層ビルがあった。

一九七二年、クッチャーは、エルサレム都市計画局のスタッフであった二人の英国生まれの建築家、デーヴィッド・フィールズとマイク・ターナーの積極的協力を受け、西エルサレムのいくつかの高層ビル建設を阻止する運動を推進した。この運動の主な対象は、タルビエのすぐ下にあるオマリア公園に計画されていた八棟の高層アパート群であった。そのうち一棟はすでに建設済みだった。一九七二年一月七日付の『エルサレム・ポスト』紙によれば、怒れる市民たちが会合を開いて、オマリア建築計画に反対する「実行委員」に賛同する署名を集めはじめた。クッチャーはこう回想している。「市民運動が始まった。みんな協力的で、熱心だった。数千通のはがきや手紙が役人に送られた。学童が建設計画地に樹を植えるという示威行為があり、新聞やテレビを使ったキャンペーンも行なわれた。

こうした活発な活動によって、当局の計画はあっさりと撤回された。残りの棟の建設は中止され、建設予定地には現在でも何も建っていない」。

クッチャーの回想は続く。「このすばらしい成功を成し遂げた市民連合は、左翼学生、右翼過激派、新移民や昔からの住民、宗教的狂信者や無神論者、普通の市民や変わり者の芸術家などの寄り合い所帯だった。最終的には、この連合にユダヤ人もアラブ人も入るようになった。それは事実上、この市の構成員のモザイクの断面図であり、エルサレムの多様なコミュニティーをまとめる一つの力、この市の特殊性に対する明確な強い認識によって動かされていた」。コレック市長もまた、商業利権、高賃貸料志向、建設用地不足などによる多くの新築ビルの高層化を不快に思っていた。

オマリアの市民抗議運動は成功した。それに続いて、キング・デーヴィッド・ホテルの二二階建ての別館計画と、スコプス山の麓の斜面に計画中だった二三階建てのハイアット・ホテルに対しても抗議活動が行なわれた。その結果、双方とも高層ビル計画は中止になった。一九七二年九月一日付の『エルサレム・ポスト』紙には、キング・デーヴィッド・ホテルの持ち主による「エルサレムを台無しにしたといわれれば、私は墓のなかで安らかに眠れない」という談話が載っている。その後二〇年間、市当局はさらなる高層ビル建築を阻止するため懸命の努力をした。だが、それにもかかわらず、いくつかの高層ビルが建てられた。その一つはベン・イェフダ通りの外れに建てられた醜悪な銀行ビルで、その下の近隣一帯がいかにも小さく見え、あるエルサレム住民に「ロンドンからも」見えそうといわれたほど背高のっぽだった。

建築活動の活発化にともなう高層化問題の発生と、再統合がもたらした統一都市計画創出の機会の到来は、エルサレムの都市計画論議を盛んにした。この論議は真剣なものだった。問題は、この市の歴史的、伝統的、宗教的重要性と、世界中のあらゆる都市と同様に、乗用車を交通手段とする市民が増える一方の近代都市が求める景観とのバランスをどうとっていくかだった。一九六七年以前にすでに、西エルサレムの基本都市計画《マスタープラン》が三人のイスラエル人都市計画専門家、アリエおよびツィオン・ハシムショニィ兄弟、ヨセフ・シュワイドによってつくられていた。エルサレムが再統合されると、その計画は東エルサレムにまで拡大された。それが公表されたのは一九六八年である。際立った特徴は、車社会を見越して、現代のヨーロッパやアメリカの都市のような高速道路、バイパス、交差点その他のあらゆる施設を完備した道路網だった。

計画が承認されれば、壮大な企画の推進に向けて土地をブルドーザーで掘り返すことは可能だった。一九六七年以降、新しい開発計画のため取り壊されたり、撤去されたいくつかの建物のなかに、一八八二年に建設されたアリヤンス・イスラエリト・ユニヴェルセル職業学校や、キング・ジョージ五世通りのタリタ・クミ修道院があった（筆者はこの建物が取り壊される直前に、空になった部屋部屋を歩き回ったことが思い出される）。今では、その両方の場所に、素っ気ない高層オフィスビルが建っている。

長い論議のあと、一九七二年にコレック市長はハシムショニィ＝シュワイド計画案を、世界中からきた一流都市計画専門家、建築家、学者からなるエルサレム委員会に提出した。アラブ諸国の都市専門家は参加を拒否した。委員会の専門家たちは、計画案のみならず、世界におけるエルサレムの地位を考慮するよう要請されたので、この案を丸ごと却下した。そこでコレック市長は、エルサレムの都市計画局長に国際的人物を招聘し、新しい計画案を最初からつくり直すことにした。一九七二年半ばに、著名な英国人都市計画者でユダヤ人のナサニエル・リッチフィールドが都市計画局長に就任した。彼とその部下たちは、エルサレムにぜひ必要なものと日毎に高まる近代化要求とを調和させるように努めた。リッチフィールドの説明によれば、新構想のもとでは「エルサレムの気風と建造物をすべてに優先させた」。

リッチフィールドはエルサレムの中心部に「ビッグ・プロジェクト」が四〇件ほど計画されていることを念頭に入れて、一九七三年六月二〇日のエルサレム委員会の席上、次のように述べた。「エルサレムは今日、大きな工事現場だ。エルサレムの市民たちはこの市で何が起こりつつあるか、ものすごくよく知っていて、それに重大な関心を抱いている。彼らはエルサレムがすばらしい市になることを願っている」。リッチフィールドは熱心に、新しい計画の進め方、新たに思いついた提案、立案システム、基本概念を述べた。彼は温かく迎えられ、支持を得た。だが、彼の構想を承認する決定は遂に行なわれず、何のマスタープランも採用されなかった。バトンはリッチフィールドの副局長だったヨセフ・シュワイドに渡された。だが、マスタープランの立案は再び失敗に終わった。一九九六年現在

り回されている。

でも、エルサレムにはマスタープランはなく、気まぐれにくるくる変わる政治的要求に振

「贖罪日《ヨーム・キップール》」戦争

世界のおおかたの都市では、戦争さえなければ、都市計画論争やすべての社会・文化関連の議論は比較的おだやかに中断されることなく続けることができる。だが、一九七三年には三〇年間で四度目の戦争がイスラエルを襲って、エルサレムの平穏で正常な暮らしを乱した。一九七三年一〇月六日、イスラエルはエジプト軍とシリア軍による同時攻撃を受けた。エジプト軍はスエズ運河を越え、シリア軍はゴラン高原へ進攻した。この攻撃は、よりにもよってユダヤ暦ではもっとも厳粛な「贖罪日」に行なわれた。西エルサレムばかりでなく全土に、イスラエルが攻撃されたというニュースが伝えられたとき、多くの人たちはシナゴグで断食をしながら祈っていた。人々が祈っている間に徴兵令が出された。午後二時数分過ぎに、帰宅を急ぐ人たちは空襲警報が鳴り響くのを聞いた。三〇分後、イスラエル・ラジオは「贖罪日」の沈黙の伝統を破り、サイレンは偽《にせ》警報ではなく、もう一度サイレンが鳴ったら、すべての市民は地下の防空壕に入るよう呼びかけた。ラジオは攻撃については何もいわなかった。放送は、ベートーヴェンの「月光」ソナタなど、音楽番組を続けた。それから一時間半後、アナウンサーはエジプトとシリアが攻撃を開始し、部分的動員が始まったことを告げた。その日の午後はずっと、ラジオは暗号の動員命令を放送

しつづけた。エルサレム全市で、男も女も軍服に着替え、急いで各自の部隊へ出頭した。その夜は月明かりが投光器のようにエルサレムを照らしていたので、市民の多くは、ヨルダン軍がヨルダン川を越えて攻め寄せてくるのではないかと心配した。市には灯火管制が敷かれた。アラブ人居住区の灯火だけが、澄み切った静かな夜のなかで瞬いていた。自動車はヘッドライトを遮光して走った。

月明かりはヨルダン軍がエルサレムとヨルダン川の間の失った土地を取り戻し、ひょっとするとこの都市自体に触手を伸ばすのに好都合のように思われた。だが、そのような攻撃はなかった。はるか南と北で戦闘が行なわれていた最初の二四時間まったく無防備だった市は、極度の緊張に包まれた。

数日後、シナイ半島とゴラン高原の戦闘で、多大な損害と大勢の戦死者が出たという知らせが届き、エルサレムではたくさんの家庭が家族の死を悼んだ。すべての公用車が軍用に徴発され、ほとんどの郵便配達夫が動員されてしまったので、兵死の戦死を告げる電報を傷心の両親の家へ届ける学童ボランティアを車で送るのは、市内にいる者の非常につらい仕事の一つだった。筆者もそうした運転手を務めた一人である。

一九七三年一〇月の戦争は、三週間の戦闘で終わった。イスラエルは攻撃側を撃退したが、人命と士気の喪失は大きかった。戦争のあと、国連におけるアラブ諸国先導の一連の討議で、エルサレムでのイスラエルの行為が繰り返し非難された。こうした非難はいつも、世界でもっとも人口の多い三つの国、ソ連邦、中国、インド、および第三世界のほとんどすべての国に支持された。のちに筆者は、第三世界の外交官のなかにはイスラエルの位置さえも知らない者がいることを知った。非難の一つに、イスラエルによる旧市街の考古学的発掘もあった。一九六七年以前にすでに、著名な英国人考古学者キャサリーン・ケニヨンが東エルサレムでかなりの考古学的発掘を行なっていたという事実は、まったく見逃されていた。彼女は「神殿の丘」のすぐ南に、ダビデ王時代にユダヤ人が建造したエルサレムのもっとも古い建物の壁を何カ所か発見したほか、旧市街内のムリスタン〔ペルシア語で病院の意。十字軍時代の病院があった〕地区とアルメニア庭園の発掘も行なっていた。彼女の立派な仕事は一度も非難されたことはなかった。

一九七四年一一月七日、国連教育科学文化機関（ユネスコ）は、イスラエル政府がムスリムとキリスト教徒の遺跡の発掘により、エルサレムの「（外観の）文化的、歴史的特徴を変えつつある」としてイスラエル政府を非難した。イスラエル政府によるこれらの発掘についてユネスコはすでに調査していたが、ベルギー人レイモン・ルメール教授によるその調査報告は無視された。ルメール教授によれば、「遺跡発掘は種々の分野の専門家からなる完璧な、十分資格のあるチームが行なっており、彼らは発見された遺跡のすべての様相および年代について細心の注意を払ってきた」。ムスリムの非難に答えて、ルメール教授は、「ウマイヤ王朝〔七－八世紀の異民族支配の上に立つアラブ人帝国〕時代の宮殿の遺跡は、ヘロデ王時代の遺跡と同様に注意深く保存されている」と書いている。

旧市街のユダヤ人地区の城壁沿い部分を発掘作業中、イスラエルの考古学者ベニヤミン・マザルは二千年前の第二神殿時代にさかのぼる大きなヘロデ王の邸宅のみならず、西暦六三七年からのエルサレムのムスリム統治時代初期の従来の記録にない建物をいくつか発見した。これらのムスリムの歴史的遺跡は、ヘロデ王時代の遺跡や、同時に発見されたキリスト教教会、十字軍時代のみごとな街路などと同様に注意深く保存された。


アラブ人にとって東エルサレムは依然として占領下の町だったので、イスラエル支配は彼らを常に苛立たせていた。コレック市長は市当局のサービスを改善し、拡大しようと努力していたにもかかわらず、過激主義は決して死ななかった。その再現は恐るべき結果をもたらした。一九七五年七月四日、シオン広場にある一軒の店の前に冷蔵庫が置き去りにされた。四五分後にそれが爆発し、一四人が死亡、七〇人以上が負傷した。

PLOはカイロのスポークスマンを通じて、爆破事件の犯行声明を出した。ムスタファ・リフタウィとマフムド・アルールをリーダーとする「エルサレム委員会」と名乗る連中がこの攻撃を計画したという。近くのムスララ居住区でユダヤ人の一団が通りがかりのアラブ人を襲おうとしたが、警官隊がホースで水をかけて追い払った。シオン広場の現場を訪れたテディ・コレックはエルサレム市民に、「この町のアラブ人住民に忍耐を示す」よう求めた。爆破事件から二日後の『エルサレム・ポスト』紙は、「エルサレムは何十年にもわたってこのような事件でたいへん苦しんだが、いつもすばらしい回復力を示した。金曜日の殺人冷蔵庫事件もそうなるだろう」と書いた。

エルサレム副市長のメロン・ベンヴェニスティは、アラブ人の欲求の最大の理解者の一人だった。彼は一九六七年の戦争のあと、コレック市長からエルサレムの「東地区行政責任者」に任命された。ベンヴェニスティは、アラブ人住民に公正かつ適正な条件を整えるために大奮闘したが、市当局の右派職員からはアラブ寄りだと非難されることが多かった。一九七六年五月、彼は公僕としての体験記（『引き裂かれた都市エルサレム』、エルサレム、一九七六年）の序文にこう書いている。「エルサレムほど深刻な狂信的感情をかきたてるところはない。この市の雰囲気は排他的所有欲を醸成する。エルサレムほど二つの民族が郷土を求めて戦う悲劇を感じさせられるところはない。この市は今日、ユダヤ人とアラブ人が隣りあって住む世界で唯一の場所だ。ここでは闘争は非現実的な概念ではなく、現実に毎日起こる。両者の審判をする人間は、一方がまったく正しく、他方がまったく間違っているという判定はお伽話でしかありえないことを忘れてはならない」。

ベンヴェニスティは続ける。「私は心のよりどころを求めて戦う民族の一人で、そのよりどころはエルサレムである。私はわが民族のエルサレムへの憧れが身にしみてわかる。私はまた、われわれの土地のなかのもっとも聖なる場所に帰ってきたとき、筆舌に尽くしがたい感情を経験した。同時に、私はこの市の息子であり、息子のこの市に抱く愛の意味をよく知っている。エルサレムのアラブ人住民がこの市に抱く愛は、私の愛と同様に強いことを忘れることができないし、忘れたくない。端《はた》の者は、過去一世代にわたってエルサレムを悩ませてきたこの悲劇的抗争を見て、浄化《カタルシス》を求め、両者が繰り広げた破壊的神話に終止符を打ち、両者がこの市に抱く愛の形を、分裂ではなく、統一のエネルギーに変えていくことを切望する。現時点では、これは希望的観測にすぎないが、過去の経験がもしかするとその実現に役立つかもしれない。

ベンヴェニスティは、この本を「引き裂かれた市の修復を祈るすべてのエルサレム住民に」捧げている。

歴史を物語るという性質上、この市の暮らしの描写には常にその年、その時代の傷跡ともいうべき無謀な行為、苦悩、殺人事件が入りこみ、それが頁を暗くし、印象を悪くする。だが、エルサレムの本来の生活にはまた、非常に楽しい面もある。音楽家、作家、詩人、画家がインスピレーションを求め、時にはそれを見いだすのはこの都市だ。一八六〇年代に、旧市街の不衛生なスラムを避けて城壁外に住みたいと願う貧乏なユダヤ人のためにつくられ、一九六七年以降に再建された古いモンテフィオーレ・ハウスを用いて、エルサレム財団は旅行者に憩いの場を提供した。ここにきて、毎夕オスマン・トルコ時代の城壁に沈む太陽の黄金の輝きを眺め、絵筆やペンを動かすのに忙しかった人々のなかに、『エルサレムのキタジ』という傑作を描いた画家R・J・キタジと妻のサンドラ・フィシャーがいる。『ラブ・ストーリィ』の著者エリック・シーガルはここに滞在中、小説『異教徒の火刑』を書いた。ハーマン・ウォークは『希望』と『栄光』というイスラエルの歴史書二冊の調査を行なった。ソール・ベローは『エルサレム滞在記』という評論を書いている。

創造性は高く評価される。だが、創造的な仕事の真っ最中にも危険を感じることがある。ソール・ベローは、シオン広場の爆弾事件があった一九七五年の訪問のあと、こう書いている。

「ここは近代的な公共施設のある近代都市である。スーパーで買物をし、電話で友達に〝お早よう〟をいい、ラジオで交響楽団の演奏を聴くことができる。だが、音楽放送が突然中断されて、テロリストによる爆弾事件が報じられ、ヤッフォ通りのコーヒーショップの外で新たな爆発があり、六人の若者が死亡、三八人あまりが負傷したという。心を痛めながら、あなたはしゃれた飲み物をテーブルに置く。そして不安な気持ちで、しゃれたディナーに出かける。爆弾はどこで爆発するかわからない。ダイナマイトはロンドンでも投げられた。ちがうところは、ウエスト・エンド〔ロンドンのシティ西側。ハイドパークまでの高級住宅・商業地区〕のレストランで爆弾が炸裂しても、英国人の基本的生存権が論議されることはないことだ。ところがここでは、あなたはごく普通のダイニングルームで魅力的な招待主と夕食をとっていたとする。すると、その女主人役は息子を亡くし、彼女の姉妹も一九七三年の戦争で子供たちを失っているのを知る。また街灯の下の夜の花や濃い緑がさわやかで涼しそうなエルサレムの街路には、子供を亡くした親が他にもたくさんいる。ヤッフォ通りでは、六人の青年（そのうち二人は休憩時間の夜間学校の生徒）がコーヒーショップでパンを買おうと立ち寄ったときに爆弾が炸裂して死亡した」。

モンテフィオーレ・ハウスの下方にヒンノムの谷（別名ゲヘナ）がある。ここは聖書時代よりも前に、モロク（西セム族の神）の信者が神をなだめるために子供を犠牲に捧げたところといわれている。ソール・ベローは岩の洞窟のなかにある古代の墓を覗いた。「今は、そこに錆びたトラックのバンパーが捨てられている」と彼は書いている。「二〇世紀は偉大なエルサレムの塵芥に鉄屑を加えている」。多くの旅行者と同様、ベローもまた苦難の道《ヴィア・ドロローサ》をたどった。イスラエル人の友人が彼に同道した。一〇年前にはイスラエル人はいっしょに行くことはできなかった。だが、一九六七年以降、イスラエル政府はヨルダン政府とちがって、あらゆる国のすべての宗派の人々に聖所訪問を無条件に許した。またイスラエル政府は、キリスト教徒とムスリムの礼拝所への干渉を控えた。それにもかかわらず、再統合から二〇年間に国連で繰り返し行なわれた主なイスラエル批判は、聖所に関するものだった。

一九七六年一一月一〇日、国連安全保障理事会は、アメリカ、ソ連邦、英国に支持された合意声明を発表した。これはイスラエルに対し、「聖所、宗教的建造物や場所に対するなんらかの行為もしくは冒瀆、あるいはこのような行為を奨励、もしくは黙認することは国際的平和と安全に深刻な危機をもたらす可能性がある」と警告していた。皮肉なことに、エルサレムにおける礼拝に対して、イスラエル政府が最初に行なった干渉は、ムスリムの感情を尊重して、ユダヤ人がムスリムの「聖域《ハラム》」で祈るのを阻止したことだった。一九七六年、ユダヤ人青年の一行が、この「聖域」はユダヤ人にとって神聖な「神殿の丘」であると主張し、規則を無視してそこで祈ろうとした。彼らはアラブ人警官により逮捕され、裁判にかけられた。

下級裁判所の裁判官は青年たちに好意的な判決を下し、ユダヤ人はユダヤ教徒にとってももっとも神聖な礼拝所で祈る「生得権」があるとした。この裁判を無効とし、「神殿の丘」でユダヤ人が礼拝することを禁止する声明を警察相が出したにもかかわらず、旧市街のいたるところで激しいアラブ人デモが起きた。その後、この下級裁判所の最初の判決を上告されたイスラエル高等裁判所は、下級裁判所の判決を覆した。それ以降、「神殿の丘」で祈ろうとするユダヤ人は、警官に追い返されるか、逮捕されるようになった。

サダト大統領のイスラエル訪問

一九七七年一一月一九日、エジプト大統領アンワル・サダトのイスラエル到着は、東西エルサレム双方の住民をびっくりさせた。彼は、イスラエルとの講和という、まったく予期せぬ使命を携えてやってきた。それは、これまで三〇年にもわたってイスラエルの潰滅を公言してきたアラブ諸国の決意をはじめて破るものだった。彼はこれまでエルサレムには一九五五年に一度きたきりだった。当時、この市でイスラエルが影響力をもつ存在になることに激しく反対していたムスリム代表会議の事務総長だった彼は、ヨルダン統治下の東エルサレムに数日間滞在しただけだった。

一九七七年のサダト訪問の初日は、ムスリムの「犠牲祭《イード・アルアドハー》」にあたっていた。サダトの今回の訪問に対して、アラブ世界、特にPLOから猛烈な反対が起きていたので、イスラエル政府は暴力沙汰を恐れて、その日のアル・アクサ・モスクの礼拝にはムスリムは出席させないことを決めた。そのモスクでの礼拝を強く希望したサダトは一人で祈ることになりそうだった。

外交儀礼にしたがって、サダト大統領にはイスラエルの補佐官が同道した。この任務に選ばれたのはメナヘム・ミルソン大佐で、かつて西岸地区の軍政官を務めたことのあるヘブライ大学教授でアラビア語に堪能であった。ミルソンはのちにこう書いている。「私は自分自身を、何十年もイスラエルの隣人であるアラブ人の文学と歴史の研究に没頭してきた学徒の代表であるとみなし、その知識が平和と理解の架け橋になればと願っていた」。ミルソンは、サダトの率先性に好意的であることがわかっていて、このエジプト人指導者といっしょにアル・アクサ・モスクで祈りたいと希望するアラブ人二千人を「聖域」に入れるようにイスラエル当局を説得した。

エルサレム訪問の三日間、サダトはキング・デーヴィッド・ホテルに滞在した。一一月二〇日の朝、アル・アクサ・モスクへ出発する前に、彼は自室で一人祈った。「聖域」では数人のパレスチナ・ムスリム著名人が出迎えた。そのなかには首席カーディ、シェイフ・ヒルミ・アル・ムフタシブ、元ヨルダン地区知事アンワル・アル・ハティブ、「聖域」

のモスクの管理長ムスタファ・アル・アンサリがいた。

ミルソンの回想によれば、「礼拝者たちは「平和の英雄万歳」、「われわれはあなたに命を捧げる」と叫んでサダトを歓迎した。私はサダトの顔が輝くのを見ることができて、ムスリム礼拝者たちが参加するように手配しておいてよかったと喜んだ。こっそりまぎれこんだ一〇歳くらいの少年が、サダトの一行と並んで走り、「何が英雄だ！　とんでもない大統領め！」と野次った。少年はすぐに追い出された。その野次が聞こえたかも知れないが、サダトは動じなかった。私はどうか彼には聞こえないようにと祈った」。

サダトは「聖域」から聖墳墓教会へ赴いた。そこでは、この教会内のそれぞれの管轄区域をめぐって数世代にわたって争いつづけてきたライバル同士のエチオピアとエジプトのコプト教会の祭司たちが、祖国からの著名人訪問者に苦情を申し立てた。エジプトのコプト教徒はもちろん有利な裁定を期待していた。だが、「それを聞いていたサダトの表情にはいらだちが見えただけで、何世紀にもわたる論争にはまったく関心を示さなかった」とミルソンは書いている。

その日の後刻、サダトは国会議事堂を訪問し、イスラエル戦没者記念碑に花輪を捧げたあと、国会で演説し、五回も大喝采を受けた。それから彼は、西エルサレムの広々したエルサレム・シアターでイスラエル首相メナヘム・ベギンとともに記者会見を行ない、市の西にあるヤド・ヴァシェムのホロコースト記念館を訪れた。そこの来館者名簿に彼は、「神よ、われわれを平和に導き給え。人類のためにすべての苦難を終わりにしよう」という言葉とともに署名した。キング・デーヴィッド・ホテルで行なわれたサダトとベギンの一連の会談で、政治的解決の輪郭が固まったが、これはイスラエルと近隣アラブ四カ国とのはじめての話し合いだった。

サダトの訪問後、イスラエルとエジプトとの間に平和条約が締結され、シナイ半島で対峙していた両国の軍隊は撤退したにもかかわらず、エルサレムの暴力事件はなくならなかった。一九七八年六月二九日、マハネ・イェフダ市場でアラブ人テロリストの爆弾が破裂し、二人が死亡、三七人が負傷した。爆弾は果物の箱に隠され、果物売場の下に置かれていた。死亡したのは市場の労働者で、二四歳のシモン・ハイム（生命の意）と八〇歳の買物客ツヴァイ・ヒルシュ・ゴールドベルクだった。ベイルートのPLO広報機関は、爆弾はPLOのメンバーが仕掛けたものだったと発表した。爆発後まもなく市場を訪れたコレック市長は、「テロリストの爆弾であろうと、エルサレム統合を認めない国々であろうと、われわれが統一エルサレムのために働くのを阻止できないことを世界は知るべきである」と宣言した。

この爆弾事件の時期にエルサレムを訪問中だったドイツ外相ハンス・ディートリヒ・ゲンシャーは、真っ先に市庁舎を訪れ、市長に哀悼の意を表した一人だった。

住宅建設を規制もしくは指導するマスタープランはなかったが、人口の増加でユダヤ人もアラブ人も新しい住宅建設への要求は高かった。ムスリム・アラブ人口は一九六七年には六万人であったが、一九七九年には九万二千人に増加した。これはいくつかのアラブ人居住区、特にシュアファトの北部の居住区の人口増加がめざましかったことによる。キリスト教徒人口は、ヨルダン統治下で一万一千人に減少していたが、一万二千人以上に上昇した。ユダヤ人口は、グリーンラインを越えていくつかのかなり大きな新郊外居住区が建設されたため、他の人口に比べて急速に増加し、二〇万人弱から二五万人強となった。

拡張を続けるこの都市のマスタープランはなかったが、グリーンラインを越えたイスラエルの建築すべてには、一つの際立った政治的指針があった。それは、新しいユダヤ人居住区を市の周辺部にぐるりと輪を描くように建設することだった。エルサレムの北側のフレンチ・ヒル、東側の東タルピヨット、南側のギロに建築されたアパート群は、丘の上に高層建築がぎっしり並んでそびえ立っていた。いずれの場所でも、浅い谷を越えた反対側の山腹には小さなアラブ人の村があった。

一九七九年六月、当時、市の技官であったアムノン・ニヴが率直に次のように書いている。「われわれの市はユダヤ人、アラブ人、キリスト教徒、金持ちから貧乏人、世俗派から正統派ユダヤ人までを含む多元的な都市だ。計画、実行の諸問題で、それらすべての人たちの全員一致や総体的合意を望むのは無理だ。個人の考え方や、利害の対立がいろいろありすぎるので、すべての人を平等に満足させることはむずかしい」。

個々の建築家は、ヤッフォ門の近くのヒブリュー・ユニオン・カレッジや、七〇年代後半に建てられた最高裁判所を含む調和のとれた低層ビルを建設した。一番大がかりな事業は、一九四八年に破壊されて以来、一九年間荒れ果てたままになっていた旧市街のユダヤ人地区の家屋やシナゴグの瓦礫の山から、堅固な密集建物群を新たにつくり出して、この地域を蘇生させることだった。

ユダヤ人地区の再建には一〇年以上かかった。再建が進むうちに、紀元前一三五年頃のハスモン時代の建物の壁や、紀元七〇年にローマ軍によって焼かれた家の地下室など、信じられないほどすばらしい考古学的発見が続いた。この焼かれた家の地下室からは一本の槍と、炎に包まれた家から逃げ出せなかったと思われる若い女性の腕の骸骨までそっくりそのまま残っていた。その他にも、再建する家の基礎工事をしていた労働者が、ビザンツ帝国皇帝ユスティニアヌス時代の教会の遺跡を発見した。

一九七六年、旧市街の新しい商業センターの建築中に、もっともすばらしい建造物の遺跡が発見された。ナフマン・アヴィガド教授の率いる考古学者たちが、列柱のある途方もなく大きい商店街アーケード通りの一部を発掘したのである。これはヨルダンの町マダバにあるビザンツ時代のモザイク地図にもはっきり描かれている六世紀の「カルドー（メインストリート）」だった。一九九四年にイスラエルとヨルダンとの間で調印された平和条約により、エルサレムのユダヤ人は、希望すれば、午前中だけでのツアーでこの本物の通りと、それが描かれたモザイク画のある教会の両方を訪れることができるようになった。

この教会は、ヨルダン川を越えて東へわずか五〇キロメートル足らずのところにあるからだ。

第20章　合併からインティファーダまで　一九八〇―一九八九年

「エルサレムのゆゆしき愚行」

一九八〇年のエルサレムのアラブ人は総人口の二七パーセント、ユダヤ人は七三パーセントだった。かつてのグリーンラインを越えてユダヤ人居住区が拡張されるにつれて、その比率はユダヤ人にますます有利になっていった。一九八〇年三月、一九七七年以来のリクード党のリーダー、メナヘム・ベギンの率いるイスラエル政府は、ラマッラー街道の東のユダの荒野の端にあったアラブ人所有地二〇〇ヘクタールあまりを収用した。そこにあった数軒のアラブ人の住宅はそのまま残されたが、建造物のない東斜面の土地を利用して、かなり大きなユダヤ人居住区を建設する予定であるとベギンは説明した。これが完成すれば、一九六七年以降にグリーンラインを越えて建設された既存のユダヤ人居住区ネヴェ・ヤアコヴや、フレンチ・ヒルに建設された同様のユダヤ人居住区と連結するはずだった。

新しい建物群は、アラブ人居住区シュアファトの東側に、ベルト状にユダヤ人の都市型集落をつくることになりそうだった。テディ・コレック市長は、「ユダヤ人とアラブ人の間の緊張をいたずらに高める」だけだといって、この計画に反対した。彼の抗議は功を奏さなかった。一〇年後、大きなユダヤ人居住区ピスガト・ゼエヴが尾根づたいにでき、さらに拡張されつつある。

イスラエル政府は新たな建設を中止するつもりはなかった。一九八〇年七月二二日、国会が九九対五一で東エルサレムの併合を決めると、国際社会からただちに抗議の声があがった。「エルサレム基本法」は、「完全な、分断都市でないエルサレムをイスラエルの首都とする」という一文で始まっている。「国家の諸機関は、エルサレムの発展に必要な特別な経済、財政その他の援助を優先的に行なうことを認める」という一項もある。

一〇日以内にこの基本法は発効した。『ニューヨーク・タイムズ』紙は、「エルサレムのゆゆしき愚行」という批判的な大見出しで、この基本法を「根拠のない、挑発的な法」と決めつけた。「いつの日か最終的な平和がきて、関係国によるエルサレムの統治権の共有の手はずが整えられ、三つの宗教の聖所への出入りの権利も明確にされるかも知れない。だが、それは和平交渉が終局を迎え、さまざまな感情の爆発が新しい将来への展望によって鎮静化された暁の話である。今、そうした感情を刺激するのは無謀である」。元イスラエル外相で、国会議員の一人だったアバ・エバンは、ロンドンの『デイリー・テレグラフ』紙宛の手紙のなかで、イスラエルの統治下に市を統合することには賛成の立場から次のように指摘している。「現代の国際機構は、いわゆる諸国家機構であるから、エルサレムもどこかの国によって統治されなければならない。エルサレムの名を最初に有名にし、普遍的にした国民にその責任を委ねるという構想に勝る歴史的解決はないはずだ」。

「エルサレム基本法」のもとに、東エルサレムをイスラエルに公式に併合したのは、エジプトとイスラエルの間で西岸地区におけるパレスチナ自治の将来について話し合いが進められている最中だった。再度の合併宣言は、イスラエル政府がエルサレムの将来を進行中の交渉の一部とは認めていないという明確な意思表示だった。一九六七年の東エルサレムの占領と、一九八〇年のその公式合併の間に、イスラエルはグリーンラインの東に大規模な建設を行なった。一三年の間に、市の全人口の一二パーセントにあたるユダヤ人がグリーンライン以遠の新しい居住区に住むようになった。エルサレムの都市計画担当者ダヴィド・クロヤンケルは、北部のフレンチ・ヒル、ラモト、ネヴェ・ヤアコヴ、東部の東タルピヨット、南部のギロの五つの地区を「居住区」と呼んだ。これらの住宅地はユダヤ人入植者で固めた外側の要塞のようなものだった。最南端のギロの家々の向かい側にはアラブ人の町ベイト・ジャラが見え、東タルピヨットの道一本向こう側はジェベル・ムカベル、細い谷の向こうにはスル・バヒルがあった。

イスラエルによる東エルサレムの公式合併に対して、サウジ・アラビアの実質的統治者ファハド王子は、たとえ「聖戦《ジハード》」を引き起こすことになろうとも、これを撤回させなければならないと宣言した。アメリカと英国を含む西側諸国は、この合併を認めないことを明らかにした。一九六七年以降にすでに大使館をエルサレムに移していたラテン・アメリカの一二カ国およびオランダの計一三の国は、テルアヴィヴに大使館を戻した。国連安全保障理事会は、一九対ゼロでイスラエルがエルサレムの地位を変更する権利を否定し、「エルサレムを含むアラブ人領土の長期にわたる占領」に終止符を打つように要求した。東エルサレムのアメリカと英国の領事は、地元のアラブ人の苦情の伝達役を続けた。

一九八〇年七月、メナヘム・ベギン首相は、エルサレムの合併ばかりでなく、首相官邸を東エルサレムに移すと発表した。イスラエルの老練外交官ワルター・エイタンは『エルサレム・ポスト』紙にこう書いている。「もしもエルサレムがすべてを包括するイスラエル統治下の一つに統一された首都であるならば、その市境界内のどこに首相官邸があってもまったくかまわない。重要なのはそこが適切な場所で、首相にとって便利であるかどうかだけである。現在の官邸は国会や主要省庁のすぐそばにある。それを一方通行路や、繁華街を通り抜けて三、四キロメートルも先に移転するのはどういうわけか？　今回の移転提案は、われわれがいつの日か東エルサレムを失うかもしれないという潜在的な不安があり、首相がそこで働いていてくれれば、その場所が失われる可能性は少なくなるだろうという思い込みから生まれたものではないだろうか。そう思い込むまっとうな理由などないのに」。

結局、首相官邸は移転しなかった。だが、東エルサレム合併のときと同様、移転提案によって引き起こされた怒りはエルサレムの相変わらずの神経過敏さを示す指針になった。アラブ＝ユダヤの境界線のいずれの側でなんらかの無分別な動きがあっても、そうした神経過敏さは急に高まることがある。エルサレムのユダヤ人自身が二派に分かれていた。ユダヤ人人口の二〇パーセントを占める超正統派ユダヤ人が、世俗派やあまり熱心でない正統派ユダヤ人たちが安息日《シャバット》に正統派の居住区を車で通り抜けるのを阻止するために、デモを行なったり、道路封鎖をしたり、石を投げたりすることもあって、両者は時として激しく対立した。度重なる超正統派の抗議行動によって、金曜日の夜や土曜日に市内と周辺部の居住区の間を行き来することは危険になった。超正統派はまた、市の北部のフットボール・スタジアム建設にも、彼らの政治的影響力を利用して反対した。スタジアムへ行く人たちや競技を行なう選手たちが安息日を破るというのがその理由だった。彼らの再度の抗議運動も、超正統派の少ない市の南部にスタジアムの建設計画が変更になると下火になった。

エルサレムの多数者である世俗派および非正統派ユダヤ人と、少数者の超正統派ユダヤ人との間のいがみあいは、一九八〇年代には市内に困った問題を起こした。以前は非正統派の居住地だったところに家を買う超正統派ユダヤ人家族が増えて、大勢の世俗派のユダヤ人の不安が高まったのである。一九八七年にソヴィエト連邦が市民の国外移住を認めて以来、大部分が世俗派のロシア系ユダヤ人数万人がどっとやってきてくれたおかげで、エルサレムのユダヤ人の人口比が変わりはじめ、正統派がいつかは多数者になりかねないと心配していた世俗派の不安を軽減した。

「私はエルサレムのアラブ人でなくてよかった」

ロンドン、パリ、ニューヨークの殺人事件はめったに新聞の大見出しにはならないが、エルサレムの殺人事件は、ムスリム、キリスト教徒、ユダヤ人数百万人の怒りをかきたてることがある。一九八二年四月、過激派のラビ・カハネの狂信的な信奉者であるユダヤ人でアメリカ生まれのイスラエル軍新兵アラン・ハリー・グッドマンが、ムスリムの「聖域《ハラム》」に入り込んで自動ライフルを発砲し、「岩のドーム」の非武装のムスリム守衛ハジ・サラフ・ヤマニを死亡させた。

逮捕されたグッドマンは、自分の目的は「神殿の丘」をムスリムから解放し、自分が「ユダヤ人の王」になることだと断言した。これは一九六九年にこのすぐそばのアル・アクサ・モスクに放火したオーストラリア人旅行者デニス・ローハンの「エルサレムの王」になりたかったという言い分と似ている。

世界中のムスリムがグッドマンの行為に憤慨した。エルサレム市内でも緊張は高まった。オリーヴ山では、ユダヤ人の墓石がたたき壊され、バティルの村では、ムスリム青年たちがハイファ＝エルサレム間の鉄道列車に投石した。だが、緊張を和らげるために市当局による懸命な努力も行なわれた。事件から一週間後、テディ・コレック市長は、「特に絶望的にはなっていない。気苦労が増えただけだ」と心境を語った。市当局は、旧市街のイスラーム教徒地区や、東エルサレムの周辺部にあるアラブ人居住区に、コレックのいう「有形の活性化対策」を推進する予定だった。

コレックが一九八五年三月に書いているところによれば、「われわれは現在、エルサレム近郊のアラブ人居住地計画に多大なエネルギーを投じつつある。秩序だった計画がまとまれば、これまでの数十年間、恣意的で行き当たりばったりだった建設や、最小限度の社会的基盤や公共サービス・システムの欠如に終止符を打ち、はじめて迅速な発展が可能になるはずである。こうした努力は、一九六七年以降にほぼ二倍の一三万人になった人口増加による住宅問題を大幅に軽減するであろう。こうしたプロセスが、関係官庁は土地に関する特権を安易に行使しがちだという少数者の不安の緩和に役立つことを願っている。われわれは、これで現存する政治的対立を解消できるという幻想に浸っているわけではない。そうした対立は、忍耐と寛容をもって、さらに一世代か二世代にわたって解決していくことになるであろう。同時に、われわれの目的は双方のギャップを狭め、共存しやすい条件を認めていく第一歩を示すことになると信じている。われわれは、民族主義的感情と無縁ではいられない住民の共感や感謝は期待せずに、われわれの目標を追求する」。

少数の過激派パレスチナ・アラブ人の民族主義的感情は、相変わらず暴力行為へと発展しつつあった。一九八三年一二月には、西エルサレムでバスに仕掛けられた爆弾が爆発し、五人のイスラエル人が死亡、四三人が負傷した。キプロス島を根拠地とするPLOの広報機関が犯行声明を出し、「イスラエル兵四〇人が死傷した」と発表した。他方、当のエルサレムでは、当時、東エルサレム電力会社会長のアンワル・ヌセイベ、エルサレムのアラビア語日刊紙『アル・ファジル（朝一番）』の編集者ハンナ・シニオラらの五人のパレスチナ・アラブ人有力者はこの殺害事件を非難した。

二カ月後の一九八四年二月、ヤッフォ通りの衣料品店の前でアラブ人の手榴弾により二一人のイスラエル人が負傷した。一九八六年一〇月には、「嘆きの壁」の前で行なわれた士官学校の卒業式のあと、糞門から出て行く家族と軍人たちに三個の手榴弾が投げつけられ、イスラエル人一人が死亡、七〇人が怪我をした。死亡したドヴ・ポラトは、海岸部にある自宅から息子の宣誓を見にきていた。爆風で一二歳のアラブ人少年も怪我をした。彼の伯父のアラブ人の商店主は、血まみれになって負傷したイスラエル人を救急車に運ぶ手伝いをした。のちに逮捕された複数犯人は、ガザと西岸地区から発生したイスラーム原理主義者グループの一つ「ムスリム聖戦」に属していた。

糞門の手榴弾事件からちょうど一カ月後、信心深いユダヤ人青年エリヤフ・アメジが旧市街で三人のアラブ人に襲われた。アラブ人の一人が彼の腕を後ろ手に押さえつけ、他の二人が彼を刺し殺した。殺人犯はすぐに捕まり、その日の午後、ジェニンからやってきて、手当たり次第に犠牲者を選んだことがわかった。死亡したユダヤ人青年は、犯人たちがその日はじめて一人でいるのを見かけた人物だった。

アメジはたまたまユダヤ民族主義右翼団体「悔い改めた息子たち」の一員だった。その神学校はわざわざ挑発するかのように、旧市街のイスラーム教徒地区にあった。アメジの遺体をオリーヴ山に葬るための葬列が、ダマスコ門にさしかかったところで、参列者が突然暴徒に転じて、アラブ人商店や車を襲撃した。エルサレムの著述家ナオミ・シェパードの回想によれば、「ユダヤ人の慣習に従って、経帷子に包んでストレッチャーに載せた遺体の搬送者たちが、あるところまでくるとストレッチャーを下に降ろし、騒動の仲間入りした。彼らはゲッセマネの『苦悶の教会堂（万国民の教会）』を通り過ぎたところで墓地のなかに突入しようとした。護衛警察官は仕方なく空砲を放ってこれを制した」。翌日、ヘブライ大学の若いアラブ人学生がエルサレム北部でイスラエル兵によりバスから無理矢理引きずり降ろされ、病院で手当てを要するほどひどく殴られた。

約一週間で、エルサレムの街路でのアラブ人の車に対するユダヤ人の投石は、アラブ人によるユダヤ人の車への投石に代わった。イスラエルの暴動取締警官は、かつてアラブ人に死を！」に代わった。「ユダヤ人に死を！」という叫びは、「アラブ人に死を！」に代わった。イスラエルの暴動取締警官は、かつてアラブ人の若者たちを退散させたように、ユダヤ人の青年ギャングを退散させた。アメジの殺害を非難していたテディ・コレック市長がこの暴動にはもっと衝撃を受けたと語ると、ユダヤ人の暴徒は、「テディに死を！」と露骨な言葉で応酬した。暴動は続き、「悔い改めた息子たち」は、アラブ人靴屋に押し入って略奪し、靴屋をそこから追い出そうとした。一方、アラブ人の青年たちも再び暴力行為に走った。

コレック市長は、主だったアラブ人商人と地域リーダーを呼んで、アラブ人の若者が市に恐怖を巻き起こしていることを座視するなと警告した。「同胞のカフェや学校にそれを伝えるように」と彼は強く要望した。だが、彼はまたアラブ人の腹立たしい思いもよくわかっていた。「これが理想的な状況だとはいわない」と彼はアラブ人リーダーたちに語り、彼の持ち前の唐突さで、「私はエルサレムのアラブ人でなくてよかった」と付け加えた。

暴動の勃発にもかかわらず、一九八〇年代のエルサレムは建築ブームだった。建築家たちは斬新さを競った。一九八七年、それより一〇年前のモントリオール居住環境博覧会を主宰したモシェ・サフディエは、ヤド・ヴァシェムのホロコースト博物館に子供たちの記念館を設計した。館内に灯された数本のろうそくがたくさんの鏡に反射して、深い感動を呼び起こすイメージと雰囲気を醸し出している。ここを訪れる人たちはみな、心を揺すぶられ、感極まる人もいる。この記念館の建設資金は、二歳の息子をアウシュヴィッツで失ったアメリカ系ユダヤ人アブラハム・シュピーゲルが提供した。開館は一九八七年六月二八日だった。サフディエの回想によれば、「それは美しく晴れ渡った日だった。数百人のゲストが開館式の挨拶に耳を傾けた。やがて、リボンがカットされ、人々はスロープを暗闇の館内へと降りていった。シュピーゲル夫人は建設中の記念館は見ていなかった。私は彼女を無数のろうそくが揺らめく館内に案内した。彼女は声をあげて泣き、私ももらい泣きした」。

一九八〇年代のエルサレムのもう一つの顕著な動きは、出国したくても許可が下りなかったソヴィエト連邦のユダヤ人のために便宜をはかる運動だった。「わが民を去らせよ」〔出エジプト記5章1節〕と書いた幟をかついだデモ行進のなかには、でっちあげのアメリカのスパイ容疑で投獄されていたアナトーリ・シュチャランスキーを支援する「嘆きの壁」への行進もあった。すでにモスクワを去ってイスラエルにきていたシュチャランスキーの妻アヴィタルがその先頭に立った。ソヴィエト系ユダヤ人支援運動の一環として、小学生一人一人が、イスラエル行きを希望したために投獄された二〇人あまりのユダヤ人の写真を胸に抱えて、エルサレム・シアターの前のクネセット・ローズ・ガーデンに集まった。

シュチャランスキーは一九八六年に釈放された。その年の二月一一日の夜、イスラエルに着いた彼はさっそくエルサレムに案内され、喜びに沸く群衆の間を縫って「嘆きの壁」の前の広場に連れてこられた。決して手放さなかった旧約聖書の「詩編」を握りしめた彼は、そこで自分が釈放されたことを感謝する祈りを捧げた。その場面は欧米中のテレビで放映され、数百万人がその厳粛なひとときを目の当たりにした。やがて彼が一一年以上も再会を待っていた夫人の住むエルサレム市内のアパートへと立ち去りかけると、おびただしい群衆がユダヤ人とイスラエルの国歌「ハティクヴァ（希望）」を合唱した。一九七八年に彼が一三年の禁固刑を宣告されたとき、モスクワの法廷の外でシュチャランスキーの友人たちが歌ったのもこの国歌だった。

「インティファーダ」勃発

一九八七年六月、東エルサレムがイスラエルに併合されてから二〇周年記念日の前夜、『アル・ファジル』紙のパレスチナ・アラブ人編集者ハンナ・シニオラは、その夏の市長選挙への出馬を決め、「これはわれわれが東エルサレムの統治権を放棄することを意味しない。私は、エルサレムが分断されずに、パレスチナとイスラエルの両方の首都として二重統治下に置かれるべきだと考える」と意思表示した。こうした見解は、大部分のイスラエル人からは公然と非難された。だが、妥協への模索は、市内のアラブ人の抱負がなんらかの形で満たされるべきであると感じている人たちの念頭を去らなかった。

ところが、一九八七年一月に、東タルピヨットのユダヤ人居住区と、スル・バヒルのアラブ人村との境界線付近で、妥協ではなく対立が生じた。ユダヤ民族基金の出資で東タルピヨットの住民のために公園を建設することが決まり、村の所有物だった六〇本のオリーヴの木が引き抜かれ、代わりに数千本の松の苗木が植えられた。これで東タルピヨットにおける一連の土地収用事業が締めくくられるはずだった。それまでにすでに、二〇〇ヘクタールあまりのスル・バヒルの土地が一九七〇年に新しいユダヤ人居住区の建設用に収用され、さらに三八ヘクタールほどが公園のためにとられていたのである。ユダヤ人とアラブ人がいっしょになって貴重な土地の収用を阻止しようとするなかで起こったこのオリーヴの木の撤去は、前例のない抗議運動を引き起こした。一九八六年一〇月に政権の座についた、イツァク・シャミルの率いる新しいリクード政権の強硬政策に対する批判が顕著になりつつあるときに記者会見したコレック市長は、「住民たちは正しいと思われることのためにともに働き、ともに立ち上がっています。それが成功することを祈っています」と述べた。

論争は三カ月ほど続いたが、抗議運動は功を奏した。これ以上、アラブ人の所有する木々を撤去しないこと、村民は公園用に接収された土地に生えている木々を今まで通り世話をすることが認められた。ユダヤ民族基金による森の植林は行なわれないことになった。アラブ人とユダヤ人の協力体制にとって、これはささやかな勝利だった。「この土地は何世代にもわたってアラブ人が耕してきたところです。われわれは市のなかで妥協点を見いだし、寛容、理解、相互の尊重によって共生しなければなりません。これは、そういうことが可能であるという典型的な例です」とコレック市長はイスラエル人ジャーナリスト、ルイス・ラポポルトに語った。

たしかに勇敢な言葉通りなのだが、東タルピヨット＝スル・バヒル妥協で叶えられそうだった希望は、五カ月も経たないうちに打ち砕かれた。一九八七年一二月九日、「インティファーダ」として知られるパレスチナ人の蜂起が勃発した。「インティファーダ」は、アラビア語で「払いのける」という意味である。イスラエルの占領に対する暴力行為による挑戦は、イスラエル人運転手が起こした路上の交通事故で四人のアラブ人が死亡した翌日にガザで始まった。イスラエル軍や車に石や岩、コンクリート板などを投げることから始まった暴力行為は、数日のうちに西岸地区と東エルサレムにも広がった。挑戦の仕方が道路封鎖やパトロール中のイスラエル兵の生命を危険にさらすほどにまで熾烈化すると、イスラエル軍も不良狩りや殴打、逮捕、裁判なしの拘留、集団処罰などで応酬した。ジェベル・ムカベルのアラブ人村の青年たちが東タルピヨットにさらに激しく石や岩を投げるようになると、全村への電力供給が停止された。

「インティファーダ」のリーダーたちが利用した武器の一つは、アラブ人商店の全面休業だった。東エルサレムは遮断され、人の気配のない日が続いた。イスラエル軍当局は一定の時間に限り店を開けるように命令したが、商店主たちはこの命令を平然と無視したため、兵士たちは仕方なくシャッターをこじ開けた。はじめてこういう事態になったのは一九八八年一月一八日のことだが、商店主たちはそれでも商売をするのを拒否した。彼らのなかには逮捕された者もいる。罰金を払うのを拒否した者もいた。東エルサレムのナショナル・パーク・ホテルで行なわれた記者会見で、ラマッラーとアル・ビレのアラブ人商人たちは、パレスチナ人の「民族的要求」がすべて満たされるまで、ストライキを続けると誓った。

商店をめぐる闘いは険悪なものだった。イスラエル兵がシャッターをこじ開けたあと、店のなかで怒り狂って、食料品その他の品物をめちゃめちゃにすることがよくあった。イスラエル軍当局はそうした行き過ぎを罰するためにあらゆる努力をしたが、イスラエルのパトロール隊に対する罵倒や物理的攻撃があまりにもすさまじかったため、苦痛を与える側とあまり年のちがわない兵士たちはかっとせずにはいられないことが多かった。二月一六日、アラブ人の怒りがついにゼネストにまで発展し、東エルサレムの商業活動は停止した。商店主たちとの連帯を示すジェスチュアとして、アラブ人経営のバスとタクシー会社も休業した。こうした抵抗運動でもっとも損害を蒙ったのは、それに参加した人たちだった。ユダヤ人と思われかねない人間が東エルサレムを歩くことは、神経をすり減らすばかりか危険でさえあった。外国人観光客やジャーナリストが、「私はユダヤ人じゃない!」

と必死で叫んでも、それが常に身の安全に役立つわけではなかった。

アラブ人の激しい抵抗は、市内のアラブ人居住区からユダヤ人居住区へと広がった。ユダヤ人所有の車が夜毎に放火されるようになり、その数は毎晩数十台にのぼった。エルサレムのユダヤ人住民は、市場で買物をしていたり、バス停に立っていたり、校庭で遊んでいる子供まで刃物で刺される事件がますます日常茶飯事になっていった。そうした影響が一番ひどかったのが東タルピヨットだった。反乱の最初の年のルイス・ラポポルトの報告によれば、「スル・バヒルからきた若者たちが近隣のユダヤ人住宅に投石を始めた。贖罪日戦争のあと、アメリカからイスラエルに移住してきたジュディ・セガルとその家族の住んでいた家では、シャッターを降ろし、一家は窓からなるべく離れたところにじっとしていた。彼女がのちに記者に語ったところによると、五〇人ほどのアラブ人の若者が数百個の石をこの家に投げ、しばらくの間ガラスの割れる音が続いたという。国境警備隊が到着したあとでさえ、子供たちが戻ってきて、追いかけてくる警察官に悪態をついた。ジェベル・ムカベルのすぐ向かい側のメイル・ナカル通りに住むセガル家の並びの四軒も攻撃を受けた」。

セガル家はイスラエル左翼の平和運動グループ「ピース・ナウ（今こそ平和を）」の支持者だった。「投石などされない頃は、左翼であるほうが生きやすかったのです」とジュディ・セガルはラポポルトに語った。「私はアラブ人に憎しみをもっていません。平和のためなら領土を返還してよいと思っていました。ですが、しばらくはそういう気持ちのままでいられないことを彼らに知ってもらわなければなりません」。

後刻、イスラエル警察はスル・バヒルに武力突入して家を壊し、家具をめちゃめちゃにし、人々を手荒く扱った。警察のスポークスマン、ラフィ・レヴィは、「騒動に手を貸す者には警察の報復があることを知っておいてもらいたい。スル・バヒルの大人は若者たちをコントロールするべきだ。そうすればだれの所有物も被害を受けないであろう」と述べた。

警察の襲撃のあと、東タルピヨットの住民で、近所のアラブ人たちと共通の地盤を見いだそうととりわけ懸命に努力していたヒレル・バルディンはすっかり希望を失い、「私は暴力には反対です。できれば、スル・バヒルの人たちが望むものを与えることができる非暴力的な方法があるとよかったのに」とルイス・ラポポルトに語った。

ラポポルトの報告によれば、「いつも調停者本能から現場に急行するコレック市長は、ガラスの破片とくすぶる煙のなかに、陰鬱な表情で苦々しい思いを噛みしめ、憔悴しきって立っていた」。イスラエル・テレビのカメラがとらえたコレックは、東タルピヨットの街路のほうに腕を広げ、「共存は死んだ」とつぶやいた。のちに平静さを取り戻してから、彼はこの全国民が聞いた言葉を否定し、「共存は死にかけている」というつもりだったのだと語った。両者の間を結ぶきわめて細い綱があったが、「インティファーダ」が長引くにつれて、その綱はますます細くなっていった。

「最後に石に当たるとは」

一九八八年、ＰＬＯは、亡命先のアルジェリアで会合を開き、「アッラーの名において、聖地エルサレムを首都とする」パレスチナ国家を設立すると宣言した。イスラエルの著述家で西エルサレム住民のアモス・エロンはこうコメントした。「イスラエル政府は、この宣言をすぐに忘れられる何の価値もない一枚の紙切れとして片づけた。ユダヤ人が現在のエルサレムで重要な地位を占めているのは、自分たちの過去の膨大な記録が残っているからだといいながら、アラブ人に彼らの過去を忘れることを期待するというのは、予想外の皮肉だった。今日のパレスチナ人は、ユダヤ人が何世代にもわたってやってきたように、彼らの習慣、歌、祈りのなかでエルサレムを忘れないようにするあらゆる努力をし、中東全土のたくさんの家の壁には一様な市の風景画が掛けられている」。

エルサレムに強く引きつけられていたのは、その住民ばかりでなく、世界中のユダヤ人、キリスト教徒、ムスリムだったと、アモス・エロンは一九八九年に回想している。「今の時代は、人間が他の銀河系にある新しいエルサレムを求めて、すでに月に降り立っているというのに、古いエルサレムに代わるものはまだ発見されていない。エルサレムは、三つの対立する信仰に共通の『黙示録』の示す希望と不安が生み出すイマジネーションを、いまだに保持している特殊な都市である」。

だが、「インティファーダ」はユダヤ人とアラブ人の関係を不安定なものにした。イスラエルのジャーナリスト、エリック・シルヴァーは一九八九年六月二日付のロンドンの

『ジューイッシュ・クロニクル』紙にこう書いている。「占領後二〇年経ったのに、エルサレムはいまだに分断都市である。アラブ人にとってではなくて、ユダヤ人にとって分断都市であることは、占領のもたらした皮肉である」。アラブ人は今でも西エルサレムで働いたり、買い物をしたりしており、その数は東エルサレムで商店の休業やストライキが続いた結果、以前より増えてさえいた。だが、東へ行くユダヤ人はほとんどいない。「旧市街の外側のサラーフ・アッディーン（サラディン）通りで買い物をするイスラエル人はほとんどいないし、旧市街のアラブ人地区を歩いたり、ワディ・アル・ジョーズに車の塗装をさせに行く人もいない。車の運転者が近道をしてアメリカ人居住区を通り、フレンチ・ヒルやスコプス山へ行くことももはやない。ロックフェラー博物館の向かいのユダヤ人とアラブ人の共同経営が売り物だった魚料理レストラン『ドルフィン』も店じまいした」。

エリック・シルヴァーのコメントはさらに続く。「ユダヤ人はアラブ人の報復を懸念している。ユダヤ人は恐れているのではなくて用心しているのだという。後ろから刺されたり、フロントガラスを石で割られる危険をなぜ冒すか？　だれもそんなことはあえてしない」。シルヴァーがそう書いてから三週間後の一九八九年六月二二日、ヘブライ大学の学者で、イスラエル人文科学アカデミーのメンバーだったメナヘム・シュテルン教授が二人の一〇代のアラブ人に刺されて死んだ。この殺害事件は西エルサレムで起こった。五〇年前にティーンエイジャーとしてポーランドからエルサレムにきたシュテルン教授は、自宅から徒歩で「十字架の修道院」のある谷を通って、ギヴァト・ラム・キャンパスにある民族図書館に行く途中だった。彼のもっとも重要な出版物は、ユダヤ人とユダヤ精神についてギリシア語やラテン語で書かれたものを集めた三巻に及ぶアンソロジーだった。二人の襲撃者がのちに警察に語ったところによると、二人はヤセル・アラファトの率いる「ファタハ（征服）」運動組織の一員になるための〝イニシエーション〟としてシュテルンを殺したのだという。彼らはシュテルンがどんな人物かは知りもせず、だれであってもかまわなかった。

シュテルンの殺害現場はよく知られた公園だった。殺人者たちは「エルサレム住民の激しい不快感と恐怖を引き出す卑劣な犯罪に、これ以上ふさわしい場所」は選べなかったであろうとメナヘム・シャレヴは『エルサレム・ポスト』紙に書いている。毎週いくつかの青年運動の会合が開かれるこの快適な谷間は、「それ以降、両親たちに凶事の予感を抱かせる忌むべき場所」になってしまった。

イスラエル警察と軍隊によるたびたびの東エルサレムの手入れで、こうした「インティファーダ」の襲撃犯人が洗い出された。事件があるたびに、西エルサレム市街での緊張は高まった。分断された市のどちらの側でも猜疑心は高まり、憎しみがしばしば表面化した。イスラエル警察と軍隊は催涙ガス、ゴム弾、実弾まで用いた。夜間には、殺害やひどい傷害事件を起こして逃亡していた犯人を捜し出すために、事件の直後、一帯を明々と照らし出す照明弾をヘリコプターから投下することもしばしばだった。

レバノンのベイルートで『ニューヨーク・タイムズ』紙の支局長を務めたあと、一九八四年以降はエルサレムからレポートを送りつづけてきたアメリカのジャーナリスト、トーマス・フリードマン〔その体験記『ベイルートからエルサレムへ』、一九八九年、ニューヨーク（鈴木敏・鈴木百合子訳、朝日新聞社）はアメリカでベストセラーになった〕は、転勤でエルサレムを去る一週間前、妻のアンと二人の娘ナタリーとオルリーを連れて、「神殿の丘」の眺めがすばらしいインターコンチネンタル・ホテルへファミリー・ランチに出かけた。数カ月後の彼の回想によれば、「アンが運転し、娘二人は後部座席に座っていた。われわれのダイハツの小型車がうなりをあげながらゆっくりとスコプス山を登っていくと、突然、一〇代のパレスチナ人の男の子が壁のうしろから現われて車の前に立ちはだかり、アンの顔にしっかり狙いを定めて石を投げつけた。それはフロントガラスに当たって蜘蛛の巣状のひび割れをつくったが、幸いなことに貫通はしなかった。後部座席からその一部始終を見ていたオルリーがすさまじい叫び声をあげた。アンは恐怖で身をすくませた。パレスチナ人青年が、隣接するエスワネのアラブ人村にさっと姿を隠したので、私は妻に「そのまま運転を続けろ！」と怒鳴った。

ガラスの小片が車内に飛び散っただけで、だれも怪我はせず、震えあがっただけだった。この事件の唯一の傷跡は、オルリーが受けた心理的影響だったように思われる。彼女はいまだにその〝石をもった男〟のことを訊ねる。成長してからもこの事件が幼児期の最初の記憶の一つとして残るのではないかと気がかりだ。そのパレスチナ人は、特にわれわれを狙ったわけではなかった。彼はただ、車についているイスラエルのナンバー・プレートを見て、中にだれがいようとおかまいなく、石を投げて痛い目に遭わせてやれば気がすんだのだ。

なんと皮肉なことかと、私はあとになって思った。いろいろな国の軍隊がベイルートの町に進軍するのも、超近代的なジェット戦闘機が空中戦を演じるのも見た。戦艦ニュージャージー号がシボレー車ほどもある砲弾を発射するのも見た。ベイルートで私が住んでいたアパートが、人類の知るもっとも高性能の爆薬一ポンドで、木っ端みじんに崩れ落ちるのも目の当たりにした。虐殺や自動車爆弾も見たし、狙撃音はほとんど日常茶飯事になるほど耳にした。一〇年間、それらすべてをうまくすり抜けてきたのに、最後に石に当たるとは」。

一九八九年には、エルサレムの街路で「インティファーダ」の活動家によってイスラエル人五人が殺害された。七月には、市の西側八キロメートルほどのところでとりわけすさまじい攻撃があって、大勢のエルサレムのユダヤ人の怒りと敵意をかきたてた。七月六日、モツァの西五キロメートル足らずのテルシェ・ストーンのすぐ下で、テルアヴィヴ発エルサレム行きの定期バスのアラブ人乗客の一人が運転手からハンドルを奪い、「ラダワン、ラダワン」と「インティファーダ」で負傷した友だちの名を大声で呼びながら、バスを車道から逸らせて小谷へ突っ込んだ。バスは谷底へ転落する途中で炎に包まれた。死亡した一六人の大半は、座席に座ったまま、折からの強風に煽られた炎で焼死した。

負傷者のなかには、現代ヘブライ語の創始者エリエゼル・ベン・イェフダの五三歳の孫娘エリエズラ・カスートもいた。PLOの広報機関「ワファ」は、この襲撃を「新しいタイプの英雄的行為」と呼んだ。だが、生存者の救助を手伝った人たちのなかには近隣のアブ・ゴーシュ村のイスラエル・アラブ人も大勢いた。その一人で建築家のイサ・ジャベルと、エルサレムでウェイターをしているアブドゥル・ラフマンは『エルサレム・ポスト』紙に、「あの涸《か》れ谷のような出来事を見た人なら、だれでも私と同じ心の痛みを感じるでしょう。だれであろうと、あんな攻撃をする奴はまともな人間ではありません」と語った。

その夜、エルサレムで行なわれたコンサートで、指揮者のズービン・メータは聴衆に、演奏開始前の二分間、起立して黙禱を捧げ、演奏中も拍手はしないようにと提案した。その晩、筆者は空港からの道すがら、現場付近を通った。むっと暑い夜の大気のなかに、まだ焼けこげた匂いが鋭く鼻を突いた。丘の斜面の広い範囲が風に煽られた炎で黒焦げになっていた。

バスを小谷へ突っ込んだ二五歳のアラブ人アベド・アル・ムフティ・グネイムは、ガザのヌセイラト難民キャンプからやってきた。ネゲヴ・ベドウィンである彼の妻は最初の子供を身ごもっていた。彼の兄弟の一人は「インティファーダ」の最初の数カ月の間に逮捕されていた。グネイムはバスが転落炎上したにもかかわらず命は助かり、終身刑に処せられた。彼はどのアラブ人派閥にも属しておらず、まったくの単独犯行だった。それから三日間に二四人のユダヤ人がアラブ人の車への投石や、街路でアラブ人を襲撃しようとしてエルサレム警察に逮捕された。仕返しにユダヤ人のバスに火炎瓶が投げつけられる事件がいくつかあったが、死傷者はいなかった。アラブ人のトラックに石を投げたユダヤ人は八カ月の禁固刑を宣告された。七月一三日夕方六時に、西エルサレムのすべての公共交通機関が一分間停止し、バス襲撃事件の犠牲者の死を悼んだ。個人の運転者も車を停めて黙禱した。

一九八〇年代の終わりになっても、エルサレムの緊張状態は続いた。食事や仕事、学校や校庭、家族や友人との団欒、休日や祈りのときなど日々の暮らしの喜びは喜びとしていつも通りに続いていたが、心が張り裂けそうな、悲しく、つらいニュースがそうした日常に暗い影を落とすこともしばしばだった。

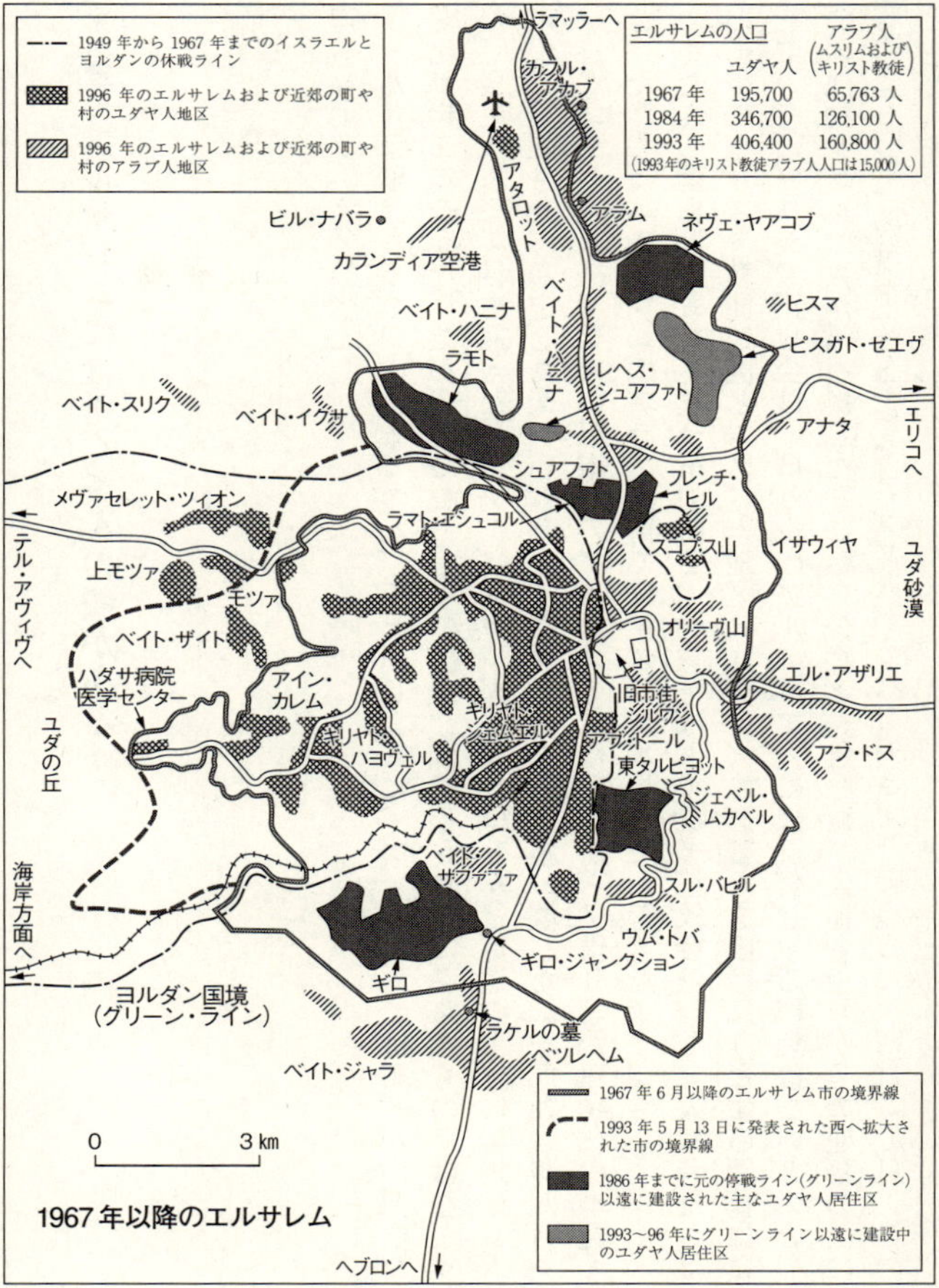

1967 年以降のエルサレム

第21章　エルサレムにはたくさんの顔がある

「アッラーフ・アクバル！」

一九九〇年代もまた、これまでの九〇年と同じように、エルサレムでは劇的かつ明白な変化が起こりそうだったが、新たな一〇年の出だしは、そう希望に満ちたものではなかった。発生から三年目を迎えた「インティファーダ」は、ほとんど毎週のようにエルサレム市民を緊張させ、安定した楽しい日常生活パターンを無遠慮に壊した。一九九〇年四月一一日、ユダヤ人入植者数人が旧市街のアルメニア人借家人から又借りした建物に引っ越すと、ただちにエルサレムのアラブ人街で反イスラエル・デモが起きた。

くだんの建物は聖ヨハネ巡礼宿泊所で、所有主はギリシア正教会だった。入植者たちは、旧市街のキリスト教徒地区とムスリム地区にユダヤ人の影響力を広げようとする団体に属していた。ギリシア正教会は、借り主のアルメニア人には又貸しする権利はないといい、この建物をユダヤ人が〝占拠した〟ことを公然と非難した。入植者たちがその建物の上に「ダビデの星」の旗を立てると、アラブ人がそれを引きずり降ろした。四月二七日、このユダヤ人の賃貸に対するさらなる抗議行動として、全市のキリスト教徒礼拝所すべてが観光客を閉め出した。イスラエルの住宅相ダヴィド・レヴィがパナマ人の持株会社を通じて、この入植者たちの借家権を入手するために約二〇〇〇万ドルをひそかに提供していたことが明るみに出ると、東エルサレムで新たに街頭デモが繰り広げられた。

ほとんど毎日のように、何かしら事件があった。英国からの旅行者ケイ・トムスンは、一九九〇年五月一九日付の日記にこう書いている。「大通りからちょっと入ったルンクツ通りにあるリモン・カフェ・バーでコカコーラを飲んでいると、近くの大通りに警察のライトバンが現れて、ラウドスピーカーでこの付近一帯を離れよと警告した。追い払われた人たちがこちらへやってきた。人々も警察官も心配そうだった。兵隊たちが人々を退去させるのを手伝い、やがて一人の警察官が私たちのいる通りのカフェ・バーのテーブルにいた人たちも追い払いはじめた。私たちは支払いを済ませ、いわれたらいつでも出て行こうと思って座っていた。私たちは路地の奥へ移動した。すると、防弾服にヘルメットをかぶり、マスクをつけた男が大通りの角に現われ、何かをもち去った。私たちはカフェに戻ってよいといわれた。白い服を着たアラブ人一家が入ってきた。すべては正常に戻った」

だが、まったく正常だったわけではない。ヤセル・アラファトの命令で、エルサレムのアラブ人は、営業を許されているパン屋を除いて週に三、四日は店を閉めていた。八月半ばには、一八歳のロネン・カラミと一七歳のリオル・トブルの二人のユダヤ人ティーンエイジャーがラモトの近くで刺殺された。怒ったユダヤ人青年たちが、そのシュムエル・ハナヴィの近くや、ヘブロン通りを通過するアラブ人の車に石を投げた。やがて一九二八年と二九年の「嘆きの壁」の暴動を思い起こさせるような暴力事件が旧市街で起こった。「神殿の丘信仰団」と呼ばれる小さな過激派ユダヤ人団体が、「第三神殿」の礎石を置く許可をイスラエル当局に求めたが断られ、さらにイスラエル最高裁判所に申し立てを行なったがそれも却下された。だが、一〇月八日、「崇高な聖域《ハラム・アッシャリフ》」に数千人のムスリム礼拝者が集まっているとき、ラウドスピーカーがここは危険だと警告を発した。やがてスピーカーからは「アッラーフ・アクバル（神は至大なり）」、「ジハード（聖戦を）」、「イドバー・アル・ヤフード（ユダヤ人に死を）」というどぎつい叫び声が響き渡った。

約二千人のアラブ人の若者が改装中の「聖域《ハラム》」のいろいろな建物から大きな石や煉瓦を集めはじめた。やがて彼らは「聖域」にある小さなイスラエル警察の詰め所に押し寄せて石を投げたため、数十人の警察官は仕方なくモグラビ門から逃走した。そのあと、群衆は「聖域」の西の端に集まり、その下方にある「嘆きの壁」の前で祈っていたユダヤ人に、上から石や岩を投げ落としはじめた。その日はユダヤ人の「仮庵祭《スコット》」だったため、そこには数千人のユダヤ人礼拝者が集まっていた。落ちてきた石で九人が怪我をした。

やっと「聖域」に戻ってきたイスラエル警察官もまた、石や岩、鉄棒などで攻撃され、一九人が負傷した。警察官らは催涙ガスや、ゴム弾を暴徒に向けて発射した。催涙ガスの容器のいくつかが投げ返され、この方法では暴徒を退散させられないことがわかると、実弾がはじめは空に向かって発砲され、やがて暴徒に直接撃ち込まれた。これで一八人のアラブ人が死亡した。暴徒たちがアル・アクサ・モスクのなかに逃げ込むと、発砲停止命令が出された。

　アラブ人の死に復讐すべきだという呼びかけと、イスラエル人がモスクめがけて発砲したという偽りの噂が広がって、旧市街で三人のユダヤ人が刺殺され、イスラエル人のタクシー運転手ラフィ・アヴラハモフ－ドロンが頭部を撃ち抜かれて死んだ。一〇月九日にも、「神殿の丘」で別のアラブ人群衆が催涙ガスで退散させられたが、その際、八〇歳のエルサレムのムフティ、サアド・アディン・アル・アラミも刺激性のガスにやられて病院に運び込まれた。同時に、ムフティ代理のムハンマド・アル・ジャマルは暴動を扇動した容疑で逮捕された。それから一二日後の一〇月二一日、一八歳のユダヤ人女性兵士イリス・アゾウライが西エルサレムのバカ近郊で街路を歩いているところをめちゃくちゃに刺されて死亡した。彼女を襲ったウマル・アブ・シルハンは、長さ四〇センチあまりの銃剣で彼女の胸を何度も突いた。

　数分後、シルハンは近所に植木鉢を届けようとしていたユダヤ人の花屋エリ・アルタラツに近寄り、彼を押し倒して銃剣で突き刺した。「何がほしいんだ？　おれはユダヤ人だ！」とアルタラツは叫んだ。シルハンは「アッラーフ・アクバル！」と大声で叫びながら彼を突き刺しつづけた。

　非番の警察官シャローム・チェローチェは銃をもっていたので、最初は空中に発砲し、それからシルハンの足を撃ってその行為を止めようとした。これは功を奏さなかった。だが、チェローチェは彼を撃ち殺すつもりはなかった。「怪我をさせたのではないか」と彼は見物人にいった。それから彼はシルハンを地面にねじ伏せ、武器を奪い取ろうとした。シルハンはなおも「アッラーフ・アクバル！」と叫びながら、チェローチェを刺し殺した。チェローチェの妻ははじめての子供を身ごもっていた。

その夜、テディ・コレック市長はさらなるロシア系ユダヤ人移民のエルサレム入植を呼びかけ、「アラブ人はテロ行為でわれわれを屈服させることができると勘違いしてはならない」と語った。

この三重殺人から三時間後、イリス・アゾウライとその家族をよく知っていたジャーナリストのルイス・ラポポルトは、殺人現場近くで、アラブ人との和解を支持している著名ユダヤ人の家に石を投げているユダヤ人グループを見かけた。ラポポルトは投石を止めさせようとした。するとそのユダヤ人たちに襲われて、ひどく殴られた。通りがかりの二人の警察官が彼の命を助けた。

国内のアラブ人テロばかりでなく、国外のイラクからの脅威も、エルサレムに不安な日々を多くした。一九九〇年八月のイラクによるクウェート奪取の瞬間から、イスラエルが毒ガス攻撃を受ける危険は常にあった。イラクがイスラエルに対して用いる恐れのあるスカッド・ミサイルの速度があまりにも速くて、市のどこのビルにもある防空壕に入る時間さえないのではないかと心配された。実際、毒ガスの性質によっては、現在あるりっぱな防空壕も換気装置からガスが逆流してくる可能性があるため安全とはいえそうもなかった。そこでどこの家庭でもマスキング・テープで外気を完全に遮断できるような特別な密閉された部屋を用意するように要請された。

アラブ人を含むエルサレム市民全員にガスマスクが配られた。その一つ一つに、非常時以外には使用しないようにという注意書きが貼られていた。そのラベルにはヘブライ語、英語、アラビア語の他に、最近首都にどっと増えたロシア系ユダヤ人移民のために、ロシア語も印刷されていた。

湾岸戦争の勃発からまだ二四時間も経過していない一九九一年一月一八日午前、最初のスカッド・ミサイルがテルアヴィヴの近くに落ちた。エルサレム住民は警報発令中はどうか爆発が起きないようにと願いながら、密室に籠もっていた。主な目標地点も、大半の被害もテルアヴィヴ周辺だった。エルサレム・シアターでアイザック・スターンのコンサートが行なわれている間に警報が発令されたとき、聴衆の大半はガスマスクをつけたまま座席にいた。スターンとオーケストラは警報が鳴るとステージから去ったが、すぐに戻ってきてまた演奏を続けた。

「インティファーダ」は湾岸戦争でも終わらなかった。エルサレムのアラブ人居住地では、屋根の上に登り、スカッド・ミサイルがテルアヴィヴに落ちるのを見て喝采を送る者もいた。西エルサレムの住民はそうした話を聞いたり、暴力事件が起こるたびに、絶望的になり、怒りと悲しみに沈んだ。一九九一年二月二八日、二五歳のユダヤ人神学生エルハナン・アタリが旧市街のムスリム地区の廃屋になっている物置で発見された。彼は喉をかき切られ、うしろから刺されていた。同じ年の三月一〇日には、四人のユダヤ人女性がキリヤト・ハヨヴェルの西郊外で刺殺された。その一人で六一歳のベラ・レヴィツキーは、カスピ海沿岸のバクーというソヴィエトの町から最近移民してきたばかりだった。

一九九一年三月には、エルサレムに新たな移民の流入があった。アディスアベバから飛行機でやってきた一万四千人のユダヤ人のうち、千人以上のエチオピア系ユダヤ人がこの町へやってきたのである。彼らはギロと東タルピヨットの同化センターにいるロシア系移民に合流し、この町の大事な一員となるための第一歩を踏み出した。

イスラエルの有識者、政治家、ジャーナリストのなかには、パレスチナ・アラブ人がイスラエルによる東エルサレムの併合により、住居、日常生活、生計にいたるすべてを完全にイスラエルに管理されることを承服しないだろうと憂慮する者もいた。一九九一年一二月一九日、ヘブライ大学のアヴィシャイ・マルガリト教授は、『ニューヨーク・タイムズ』の書評誌に、両者に受け入れられそうなエルサレム問題解決案を寄稿した。彼の提案によれば、エルサレムを合同統治のような形で、イスラエルの首都であるとともに未来のパレスチナ国家の首都にもし、市の日常的業務は合同市議会によって処理していくというものである。合同統治の問題の処理にあたっては、「エルサレムに特別な地位を与え、二つの国家の国会が認めたそれぞれの国の法律の一部でもある独自の法律をもたせるようにする」ことをマルガリト教授は提案した。これによりユダヤ人もアラブ人も個人および集団としての独自性が保持されるとともに、地位の平等も保証され、しかも市全体としては、一九四八年から一九六七年まで事実上この町を二分していた有刺鉄線やコンクリート壁、無人地帯などを必要としない一つの市の状態を保てる。

以来、十指を超えるこれと似たさまざまな案が提出されたが、どれも目指すところは同じだった。エルサレムがイスラエルとパレスチナの話し合いの議題になるときには、こうした案が交渉のたたき台になるかも知れない。

一九九二年三月、エルサレムのユダヤ人とアラブ人がおたがいに相手側に足を踏み込まざるをえない事件が起こった。東エルサレムのあるコーヒーショップの壁が崩れて、建物のなかにいた二三人が死亡した。一九八八年にアルメニア地震のときにも出動したイスラエルの特別救出隊の一行が現場に急行し、アラブ人のボランティアといっしょになって瓦礫の除去を手伝った。赤い三日月マークのアラブ人の救急車と赤いダビデの星のついたユダヤ人の救急車の隊員がいっしょになって働いた。怪我人は近くのアラブ系のモカセド病院とハダサ病院の両方に運ばれた。テディ・コレックとムフティ代理のシェイフ・ジャマル・アリファイが現場を見舞った。その日はユダヤ人の安息日だったが、ラモトの近くの救急隊の一員だったある信心深いユダヤ人は、シナゴグから飛び出して救助にあたった。

「共同の大仕事で反目は消えたように思われた」と『エルサレム・ポスト』紙は書いている。

だが、こうした友好関係がいかに脆弱なものであるかを示すような瞬間もいくつかあった。アラブ人青年の小さな一団が、イスラエルの救急隊に石を投げたり、担架を運ぶ数人のアラブ人が、重傷者のうちの何人かをハダサ病院の外傷専門病棟に運ばせようとするユダヤ人医師たちの勧めを拒否したりした。アラブ人医師の一人がその頑固者たちを懸命に説得した。

「インティファーダ」の激化は、一九九二年六月にPLOとの政治的合意を求めるイツァク・ラビン首相の率いるイスラエル新政権の誕生とともに、その夏には下火になった。蜂起はすでに四年以上も続いていた。一九八七年以来、イスラエル全土で六九七人のアラブ人がイスラエル軍によって殺されていた。この死者のなかには一四歳以下の少年七八人も含まれている。さらに、ヨルダン川西岸地区、ガザ、東エルサレムで五二八人のアラブ人が、同胞アラブ人からイスラエルに協力的であることを非難されたり、イスラーム原理主義聖戦運動のメンバーたちから窃盗、麻薬の密売、売春などを理由に殺害された。アラブ人によるアラブ人の殺害はナイフ、棍棒、めった切りによるものが多かった。イスラエル兵一三人とイスラエル市民一二人もナイフで刺殺されている。

一九九二年六月一二日、アメリカ在住のパレスチナ人エドワード・サイード教授が、家族連れでイスラエルのベングリオン空港に着いた。彼は一九三五年一一月にエルサレムの郊外タルビエで生まれた。一九四七年暮れ、イスラエル軍がやってくる前に彼は家族といっしょにこの町を出て、イスラエルに再占領される直前の一九六六年に一度だけ短期間、東エルサレムに戻ったことがあるだけで、その後の西エルサレムは見たことがなかった。アメリカの著名な文学者の一人である彼は、積極的かつ理路整然としたパレスチナの大義の唱道者だった。

一九九二年の旅行で彼が最初に訪れたのは東エルサレムと旧市街だった。「中心部の、そのまた中心である聖墳墓教会は、私の覚えていた通りだった」と彼は書いている(『強奪の政治学　パレスチナ人の民族自決闘争』、ロンドン、一九九四年)。「そこは、管理者のコプト正教、ギリシア正教、アルメニア正教その他のキリスト教諸宗派が、時として大喧嘩をすることもあるおよそ美しくもない諸教会の共通広場の古びた薄暗い一帯を、ぱっとしない中年観光客が大勢ぞろぞろと群れをなして歩き回っている、異様で荒れ果てたつまらない場所だった。私は父の肩車に乗せてもらってそこを訪ね、あの髭を生やした外国人たちはだれなんだろう、こんなところで本当にキリストが最後の時を過ごしたはずはないと、不思議に思ったのを覚えている」。

その日の午後、エドワード・サイードは西エルサレムのタルビエに、昔の自分の家を探しに出かけた。「いまだに一目見てアラブ人の家とわかる古い瀟洒な石造りの家が何軒かあったが、アラブ人の姿はまったく見かけなかった。私は自分の家がどんなだったかはっきり覚えていた。その家は二階建てで、入り口はテラスになっており、玄関のドアの前はバルコニーになっていた。キング・デーヴィッド・ホテルとYMCAに面した私が生まれた部屋の前は、公園に指定された広い（当時は）がらんとした空き地だった」。一九四八年以降、しばらくの間、この家にはエルサレムのもっとも著名なユダヤ人思想家マルティン・ブーバーが住んでいた。

英国委任統治時代のアラブ人住民は一人もいなくなっていた。サイードのパレスチナ人ガイドは、「それらの邸宅と元のパレスチナ人所有者の家族の名前を、キタネ、スヌヌ、タンノウス、ダヴィド、ハラミー、サラメと呼びあげていった。喪失した過去の悲しい点呼だった。小さな砂地の広場は今ではきれいに刈り込まれた芝生のある公園になっているが、正面に昔と変わらない堂々とした張り出しのついた家があるのに突然気づいた。あとで娘がいうには、私は彼女のカメラをひったくって、無我夢中でその場所を二六枚のフィルムに撮りまくった。最大の皮肉は、この家の門に「国際キリスト教徒大使館」という標札が掲げられていたことだった」。ようやく見つけた一族の邸宅に住んでいたのはイスラエル人家族ではなくて、キリスト教徒の親シオニスト団体だったのだ。サイードはこう続ける。「パレスチナ人キリスト教徒の息子にとってはまさに青天の霹靂だった。怒りと憂鬱でいっぱいになった私は、その家から腕いっぱいの洗濯物を抱えたアメリカ人女性が出てきて、「何かご用ですか」と訊いたとき、思わず「いいえ何も」という言葉しか出てこなかった。これほど気の滅入る歴史の結末を象徴するものはないその家に、私は入って行かなかったし、入ることはできなかった。木陰の窓の背後から私を見つめるその家の前には、越えることのできない深い淵が割れ目を覗かせていたのである」。

バカ、タルビエ、カタモンなどのアラブ人居住区が西エルサレムの一部になってからほぼ半世紀が過ぎたが、すばらしい設計のものが多い数百軒のアラブ人住宅はほとんどそのままか、あるいは一、二階が増築されただけで残っている。サイードが挙げているような当時の住人はもはやここには住んでいない。今いるのは一九四八年にここを手に入れた人たちの子供や孫たちである。こうしたアラブ人住宅の最初のユダヤ人住民のなかには、モロッコ、イラクその他のアラブ人の土地にいて一九四八年に家を取り上げられたユダヤ人難民もいた。それらの家は、今では市の完全なユダヤ人居住区のユダヤ人住宅になっている。かつてアラブ人が住んでいた南西のマルハ（現在のマナハト）やアイン・カレム（現在のエン・カレム）の村を含む周辺地区でも同様のことが起こっていた。

東エルサレムに戻ったエドワード・サイードは、ひとしきり過去と遭遇した。「私は家族を連れて大聖堂付属のアラビア語でも〝ビショップ・スクール〟という呼び名で通っていた古い学校を訪れた。そこで私は息子のワディに、一九〇六年から一九一一年までのクリケットとフットボール選手一一人の名を刻んだボードに、彼の祖父のワディの名があるのを示した。朝の祈りが行なわれていた集会室には七〇歳になる管理人がいて、昔の学校の写真を見たいかとはにかみながら私たちに訊ねた。彼は、もう少しで捨てるところだったといいながら、地下室から一九四二年の教室の写真や一九二七年の職員の写真など四点をもってきてくれた。その一つに私の目は釘づけになった。様式の整ったりっぱなその写真には、〝Kh. Raad〟という署名があった。それはハリル・ラアドというパレスチナでもっとも有名な写真家の名前だった。私は、ちょっと神経質だが、たいへん腕のいいこの男が、結婚式や堅信礼の集合写真を撮るときに、こまごまとあちらを直し、こちらのポーズを変えるなど走り回っていたのを思い出した。〝1906〟と横書きしたフットボールを抱えている青年と並んで床に座っているのは、まさしく一二、三歳頃の私の父だった」。

彼はエルサレム滞在中に、エルサレムではパレスチナ・アラブ人リーダーとして定評のあるファイサル・アル・フセイニを訪ねた。彼は一九四八年のエルサレム争奪戦で戦死したアブドゥル・ハデル・アル・フセイニの息子である。サイードの回想によれば、「私が彼に会った夜、彼は私に、代表団とか、ＰＬＯとか、ファタハなどの名で知られる〝民族運動〟の代表としての彼と自治区のなかのイスラーム抵抗運動団体ハマスとの間の合意をしたためた一枚の紙を見せてくれた。その書類にはまことにめでたくも、占領と和平プロセスに関する平和的協力と政治的駆け引きをめぐる筋の通った論拠が示されていた。やがてフセイニは「こちらも見て下さい」といって、前者のより一週間あとの日付の一枚のちらしを見せた。それはフセイニとその代表団を反逆者、売国奴、裏切者となじったハマスの発行と称するちらしだった」。

サイードは、彼がいうところの「パレスチナ人の内輪もめ」である東エルサレムの悲劇の一つに遭遇した。一九九一年一〇月にマドリードでイツァク・シャミルが先鞭をつけ、一九九二年六月の選挙以降、イツァク・ラビンによって目に見えて和平プロセスが加速されてきたにもかかわらず、彼が訪問した年に、暴力的な手段でイスラエルを攻撃しようとしていたパレスチナ人たちは、なおもエルサレムのユダヤ人とアラブ人の間に緊張、憎悪、誤解をかきたてようとしていた。

一九九二年七月、アメリカの国務長官ジェイムズ・ベーカーが和平特使としてエルサレムにきて、その足でエジプト、ヨルダン、シリア、レバノンを歴訪した。イスラエルとパレスチナの代表もワシントン、オタワ、ブリュッセル、ウィーン、東京、モスクワなどの世界の諸都市での公式会合で和平討議を行なった。だが、「インティファーダ」勃発後五年目にあたる一九九二年一一月には、エルサレムだけでも〝致命傷〟にはいたらない刺傷事件が二四件あり、投石事件は三千件、放火されたイスラエルの車は四〇〇台にのぼった。その月の半ばには、旧市街の六二歳になるアラブ人商店主が、ユダヤ人過激派の投げた手榴弾で死亡した。イスラエルの他の場所でも、一〇人以上のイスラエル人とパレスチナ人が、流血事件や相互の衝突で死亡した。一二月には、エルサレムのすぐ南のベイト・サフルの村で、戒厳令が出ていた時間帯に、イスラエル軍の制服を着て覆面をしていたアラブ人青年アブデル・ラフマン・ウゾウムが停止命令を無視し、兵士により射殺された。ウゾウムは一八歳だった。彼の死でエルサレムの「インティファーダ」は終止符を打った。一九九三年初頭には、「インティファーダ」は下火になり、バザールの活気も完全にとはいえないがかなり回復した。「インティファーダ」は発生から五年以上も経ってようやく終わった。エルサレムの将来をめぐって、イスラエル人とパレスチナ人の間で話し合いが始まった。一九九三年三月一五日、エルサレムのノートルダム・センターで行なわれたそうした会合の一つでのアラブ人歴史家ナフェズ・ナザルの発言は、その後の交渉にもつきまとうことになる諸問題を暗示していた。エルサレム近東研究センターで教えているアラブ・イスラム問題研究の教授である彼は、イスラエル人とパレスチナ人の有識者たちを前にこう語った。「たとえエルサレムが交渉の項目から除外されても、この市のパレスチナ人はエルサレムが対立する宗教団体間の闘争に必ず突入すると確信しているでしょう。なぜなら、一九九〇年一〇月八日のハラム・アッシャリフにおける衝突で、パレスチナ人一八人がイスラエル兵に殺されて以来、エルサレムのパレスチナ・アラブ人たちは、自分たちの市、預言者たちの市にこんなにたくさんの殉教者を捧げたことを誇りに思っているからです」。

イスラエル人は市の地位に関するどんな小さな変化についても非常に神経過敏になっていたが、一九九三年五月にイスラエル政府はエルサレムの指導的パレスチナ人活動家ファイサル・アル・フセイニが、マドリードでのイスラエルとの交渉再開にパレスチナ人代表として参加することに同意した。この交渉が、ヨルダン川西岸地区とガザからイスラエル軍および行政官を撤退させ、パレスチナ自治政権をそこに設立する一連の合意の出発点となった。

パレスチナ暫定自治「原則宣言」調印

一九九三年九月一三日、ワシントンで、イスラエルとPLOがヨルダン川西岸とガザ地区にパレスチナ自治を促進することを目的として、オスロで極秘のうちに交渉が重ねられてきた「原則宣言」が調印された。エルサレム問題のむずかしさを考慮に入れて、交渉者たちは、市の将来については今後二年間に実行される予定のさまざまな自治政権協議に含めることで合意した。その代わり、エルサレム問題は、一九九六年にスタートする予定のパレスチナ自治区の「恒久的地位」に関する交渉のなかで、パレスチナ難民およびイスラエル人の入植問題を含むいくつかの課題の一つとして扱うことになった。「原則宣言」ではまた、「エルサレム在住のパレスチナ人」は、ヨルダン川西岸とガザの暫定自治政権の将来の選挙に参加する権利を有することも合意された。

この協定が調印されて一カ月後の一〇月一一日、協定のイスラエル側の署名者シモン・ペレス外相はノルウェー外相ヨハン・ヤーゲン・ホルストに手紙を送り、「東エルサレムのパレスチナ諸機関および東エルサレムのパレスチナ人の福祉は非常に重要であり、これを保持する」ことを確約した。ペレスはさらに、東エルサレムにおける経済、社会、教育、文化を含むすべてのパレスチナ機関は、キリスト教徒とムスリムの聖所と同様、「パレスチナ人住民にとってもっとも重要な仕事を行なっており」、イスラエル政府は「こうした活動を妨げない。むしろその重要な使命の遂行を奨励するはずである」と付け加えた。

この手紙で認《したた》めた事項が、のちに多くのイスラエル人をひどく怒らせることになる。まず、東エルサレムの元ホテルだった「オリエント・ハウス」にいくつかのパレスチナ機関の本部が設立された。ペレスの手紙は、約一年間非公開だったが、その内容が漏れると、パレスチナ自治政府の事務所は「ガザとエリコ以外に」設置してはならないという「原則宣言」に明記してある事柄と矛盾していることが明らかになった。ペレスはのちに、彼の手紙で言及しているのは政治団体や政府関係団体ではなく、エルサレムのアラブ人住民のために役立つ市の機関を指していたのだと説明した。

パレスチナ自治政府は、ヨルダン川西岸とガザにおけるパレスチナ自治組織の運営機関として、パレスチナ＝イスラエル協定の一部として設立されたものだった。そうした組織の本部が、エリコやガザではなく東エルサレムに設立されたことは、多くのイスラエル人にとって、また実際に多くのパレスチナ人にとっても、イスラエルが望んでいたように将来のある時点で彼らの首都をラマッラーかベツレヘムにするのではなく、どうしても東エルサレムにしなければならないというパレスチナ人の主張に弾みをつけたように思われた。「オリエント・ハウス」の活動には、ここで働くパレスチナ人役人と、他国の外相との会談なども含まれていた。これはイスラエルにとって「原則宣言」の合意に反するものと思われ、激しい抗議が巻き起こった。だが、これらの機関のうち少なくともいくつかはエルサレムから退去せよというイスラエルの度重なる要請にもかかわらず、彼らは居座りつづけた。一九九五年九月までに、この「オリエント・ハウス」にそれぞれの大臣、役人、事務員を置いて仕事を行なっているパレスチナ自治政府機関は、パレスチナ宗教問題省、パレスチナ放送評議会、パレスチナ統計局、保健評議会、開発復興経済評議会、パレスチナ住宅評議会など一一にのぼる。後者はエルサレムのアラブ人居住者に貸付金を提供していた。「オリエント・ハウス」にはまた、ムフティの執務室もあった。

一九九四年八月に東エルサレムを訪問していたPLOの主席交渉者ナビル・シャアトは、エルサレムを「パレスチナの首都に」と呼びかけた。彼も同席のうえで行なわれた記者会見で、ファイサル・アル・フセイニは記者団に、「東半分をパレスチナ支配下に置く分断されない一つの都市としてのエルサレムを想定している」と述べた。アル・フセイニは、エルサレムがイスラエルとパレスチナ自治政府が合同で治安維持にあたる「開かれた都市」であってほしいと願っていた。「なぜエルサレムが二つの国の首都という特別な場所であることができないのか?」と彼は問いかけた。

一九九四年、イスラエルとPLOによって調印された「原則宣言」の一環として、エルサレムの政治的将来は、イスラエルとパレスチナの交渉者の間で、たとえ暫定的なものであるにしても、継続的に討議していくことになった。ときにはそうした話し合いの重要性が、外部の劇的な効果をもたらす事件で光彩を失うこともあった。一九九四年八月三日、東西エルサレムの住民は、ロイヤル・ヨルダン航空の王冠とロゴ入りのジェット機が市の上空に飛んできて、「神殿の丘」の上を旋回するのを見て仰天した。大勢の人がすぐにラジオをつけ、この驚くべき出来事がなぜ起こったのか知ろうとした。彼らはヨルダンのフセイン国王自身がこの飛行機を操縦していることを知った。

国王はイスラエルの領空に入ると、電話で地上のイスラエル首相イツァク・ラビンに話しかけた。フセイン国王がエルサレム上空に飛んできたのははじめてだった。上空から彼は最近金色に張り替えられたばかりの「岩のドーム」と、一九五一年に祖父エミール・アブドゥラが暗殺されたときそばにいたアル・アクサ・モスクを眺めた。その夜、たくさんの家庭で、国王が市の上空へ飛来した話でもちきりだった。国王の飛行はよりよい時代と収穫の多い話し合いへの先触れのように思われた。

キリスト教の聖所の将来もまた、大きな関心を集める課題だった。ヴァチカンもロシア政府もこの市に特別な関心があることをイスラエル政府に強く印象づけようとした。ローマ教皇庁初代大使アンドレア・コルデロ・ランツァ・ディ・モンテツェモロは、八月一六日にエルサレムで信任状を提出し、市内の聖所に関してローマ・カトリック教会だけでなく、すべてのキリスト教宗派の声が聞き入れられるべきであると述べた。それから九日後、ロシア外務省中東課長のヴィクトル・ポスヴァリュクはエルサレム滞在中に、「ロシアは世界最大の正教会コミュニティーを保持しているので」、信徒の礼拝所の政治的地位について発言の資格があり、かつ言い分を聞き入れてほしいと要求した。

イスラーム教徒にとっての民主主義

エルサレムでのイスラーム過激派のテロは続いた。フセイン国王の市上空への歴史的飛行からわずか二カ月後の一九九四年一〇月九日、シオン広場から歩いてすぐそばの買い物客やレストランの多いにぎやかなナハラト・シヴァの一角で二人のアラブ人が発砲し、一九歳のユダヤ人女性マアヤン・レヴィと三五歳のアラブ人サミル・ムグラビの二人が殺され、一四人が負傷した。ムグラビは二人の子供の父親で、和平プロセスの支持者だった。イスラーム原理主義団体「ハマス」の〝武闘派〟がこの攻撃の犯行声明を出した。

その秋、「ハマス」は一九歳のイスラエル兵ナフション・ヴァクスマンを誘拐した。一〇月一三日、ヴァクスマンがまだ秘密の隠れ家に監禁されている間に、五万人のユダヤ人が「嘆きの壁」の前に集まり彼の無事を祈った。翌日、「ハマス」の隠れ家がイスラエル軍に発見され、ヴァスクマンを救出しようとした瞬間に、彼は殺された。彼の父親イェフダは、ユダヤ＝アラブ関係の改善の提唱者で、和平プロセスの支持者だった。

ラビン政権はPLOとの合意を模索するとともに、ヨルダンとの交渉による和平への道をねばり強く求めてきた。一九九四年一〇月二六日、ヨルダンとイスラエルの間で調印された平和条約で、四六年にわたる敵対関係に終止符が打たれ、イスラエル政府はエルサレムのムスリムの聖所に関するヨルダンの地位を承認した。その条文には、「イスラエルはエルサレムのムスリムの聖所におけるヨルダン・ハシム王国の現在の役割を尊重する。その恒久的地位について交渉が行なわれる際には、イスラエルはこれらの礼拝所におけるヨルダンの歴史的役割を重要視する」と記されている。この二文に多くのパレスチナ・ムスリムは憤慨した。

ムフティの死去にともない、ヨルダン政府はシェイフ・アブド・アル・ハデル・アーブディンをその後継者に任命すると発表した。数日後、ヤセル・アラファトは、シェイフ・イクリマ・アル・サブリをムフティに任命すると発表した。その後、エリコのパレスチナ自治区から大勢のパレスチナ人がエルサレムへやってきて、アル・アクサ・モスクにあるアーブディンの執務室にアラブ人が入るのを阻止した。最初の数週間、アーブディンは姿を見せなかったが、やがて週に一、二度執務室にくるようになった。しかし、「ムフティ」としての権限は行使しなかった。エルサレムとヨルダン川西岸地区の大多数のパレスチナ人にとっては、シェイフ・アル・サブリが本当の「ムフティ」であり、彼らの精神的指導者だった。ヨルダンはその影響力を行使するにあたって、すかさず挑戦状を突きつけられた格好になった。

東エルサレムではパレスチナ文化の復興が行なわれつつあった。一九九四年一一月、企画に六年をかけたアル・ワシティ・アート・センターがシェイフ・ジャラに開館した。その第一回の絵画展は「亡命地からエルサレムへ」というテーマのもとに作品が集められた。ワシントンからカマル・ブラタ、バルセロナからサミル・バドラン、ロンドンからライラ・シャワ、パリからサミ・サラーメドらのパレスチナ人画家の作品が展示された。一九四四年にエルサレムに美術音楽鑑賞クラブを創設したベツレヘム生まれでバグダード在住のジャブラ・イブラヒム・ジャブラに特別の賛辞が捧げられた。このクラブは四年しか続かなかった。「それ以来、私たちにはエルサレムにそのようなセンターがありませんでしたが、文化は常にエルサレムのネットワークの一部でした」と、この新しいセンターの支持者の一人タニア・ナスィルは開館式で挨拶した。

暴力はその頃には下火になっていたが、たまに起こると市を混乱に陥れた。一二月二五日、ある自爆者が市の入り口でバスに乗り込む寸前にバスの運転手が必死でドアを閉めたため計画通りにはいかなかったものの、爆弾は車外で爆発し、犯人は死亡、イスラエル兵士と市民一三人が負傷した。「ハマス」が犯行声明を出した。八カ月後の一九九五年八月、郊外のラマト・エシュコルで自爆者がバスを爆破させ、当人と五人のユダヤ人が死亡した。それは、この一年以内にイスラエルで起きた七回目の自爆事件で、総計八〇人以上のイスラエル人が死亡した。エルサレムでの死者のなかには、ヘブライ大学へ行く途中の四五歳のアメリカ人教師ジョアン・ダヴニーもいた。彼女の両親のエーデルステイン夫妻は、エルサレムにすでに一九年も住んでいて、ジェベル・ムカベルでレストランを経営していた。元英国高等弁務官公邸の東にあるアラブ人居住区とのちょうど境界にあり、「岩のドーム」の眺望がすばらしいその店は、「インティファーダ」の間にアラブ人の若者に何度も放火された。アラブ人青年たちは、二つのコミュニティーの架け橋になろうとする夫妻の善意を拒否したのだ。

ジョアン・ダヴニーが死んだ一カ月後、彼女の父親バート・エーデルステインはこう語っている。「私たちはアラブ人に対して恨みの感情はまったくもっていません。そのニュースを聞いたとき、『ああ、これはアラブ人の仕業だ』などとはまったく思いませんでした。そんな思いは私たちの心をよぎりもしませんでした。親しいアラブ人の友人たちのなかには、娘がバス事件の犠牲者の一人だと聞くと、泣き崩れてしまった人もいます」

犯人のスフィヤン・ジャバリーンは六〇キログラムの爆発物を詰めたスーツケースで自爆した。その男は二六歳の失業者だった。ジャバリーンに自爆任務を命じたナブルスの男自身もイスラエル側に拘留されたが、平然とした冷酷な口調で、「ハマスは自爆任務のような軍事的成功がわかりきった仕事に古参メンバーを無駄死にさせたりしない。われわれの自爆者は、薬物や電気仕掛け代わりの人間ヒューズにすぎない」と語った。

それから二四時間、エルサレムはショック状態に陥った。だが、イスラエルとヤセル・アラファトにより最近設立されたパレスチナ自治政府との間で新たに生まれた和解の拡大は、せめてもの希望であるように思われた。相次ぐ殺害事件は、イスラエルとパレスチナ人との合意をぶちこわしにすることが狙いだった。ジャバリーンのテロ行為後、八月の最後の週にガザのパレスチナ警察はそうした破壊行為を防ごうとして、「エルサレムのセントラル・バス・ステーションに自爆テロを仕掛けに行く途中」の「ハマス」の活動家を逮捕した。

一九九五年の論議の一つは、分断されたエルサレムの両サイドが一つになる日がくるのだろうかということだった。テロ攻撃があるたびに、楽観主義は影をひそめた。だが、和解への努力は続けられた。一九九五年夏、筆者はたまたまエルサレムの丘陵地帯にあるアルツァというリゾート地にさしかかったところで、パレスチナ旗とイスラエル旗が並んで翻っているのを目にした。ユダヤ人とアラブ人の青年運動グループが数日間討議を行なうために集まり、宿舎は別だったが、日中は芝生に腰を下ろしたり、あるいは会議室で友好的な雰囲気のうちに熱い議論を交わしていた。外部からオブザーヴァーとして出席していたアメリカ人ジャーナリストが筆者に語ったところによれば、青年たちの間には、おたがいの見解が異なるということを認め合う以外に意見の一致はなさそうだったが、ともかく努力は続けられていた。

一九九五年五月二五日、東エルサレムのＹＷＣＡ技術大学で、一九歳から二〇歳までの大半がムスリムのパレスチナ・アラブ人女性約五〇人に、まもなく行なわれることになっているパレスチナの選挙を中心とした政治討論で、自由に意見を発表してもらう特別教室が開かれた。イスラエルはエルサレムをパレスチナ自治政府の管轄からはずしていたが、大部分のエルサレムのアラブ人はこの選挙に投票することになっていた。

技術大学における会合の目的は、言論の自由、女性の平等、少数者の権利などを含むアラブ人に関心のある問題全般の討議を奨励することだった。パレスチナ平和・民主主義センターの理事長ナセエフ・ムアレムは若い女性たちに、「民主主義とは単に四年に一度行なわれるだけの選挙のことではありません。民主主義とは社会生活の手段なのです。民主主義は家庭のなかから始まります」と述べた。

民主的な制度をつくりあげていくプロセスは、エルサレムのパレスチナ・アラブ人の権利がまだ制限されている現状ではむずかしい問題だった。ワシントンを本拠とする国際選挙制度設立協会のマーワン・バーガン会長も、その促進に努力してきた一人だった。彼は三カ月の間に、主としてエルサレムのアラブ人学校で一五三回のセミナーを計画した。そこで気がついたのは、市内に浸透しているムスリム感情の根深さだった。イスラーム原理主義者ばかりでなく、多数のムスリムが民主主義は異教徒のものであり、アラブ人の目標やイデオロギーとは相容れないものとみなして、そうした催しに乗り気でなかったことである。「現実には、よそ者が民主主義の闘士を務めることはできません」と彼は警告した。「最大の難関は、民主主義をイスラーム用語で定義することです。われわれはコーランのなかにその用例を探してみました。たしかに民主主義の要素はあったのですが、民主主義は西欧思想の一つとして拒否する学派があります」。

エルサレムの平和な未来の模索は、この都市の多様な、しかもしばしば相対立する人々の住む地域全体をどうまとめていくかの模索でもある。ムアレムやバーガンのような人たちは、そう簡単に絶望はしなかった。どんな未来が訪れるのか、はっきり見えてこないのは致し方ないが、挑戦者集団と調停者集団の抗争はほとんど毎日のように見られた。それは、一九九五年はじめの数カ月に、ユダヤ人の住むラモトとアラブ人の住むシュアファトの間の松の木に覆われた丘の斜面が、超正統派ユダヤ人のための二一〇〇戸の住宅を建てる新しいユダヤ人居住区レヘス・シュアファト（シュアファト尾根）を造成するために切り開かれたときにも起こった。この新しいユダヤ人居住区の東端は、既成のアラブ人地区からわずか数メートルしか離れていなかった。

一九九五年には、エルサレムの将来をめぐっていろいろな計画が浮上した。その年の六月一九日、ロンドンにおける公開講演で歴史家バーナード・ワッサーステインの行なった提案は、標準からすれば思い切った飛躍だが、可能性がないわけではない計画案の一つだった。「現代史のなかのエルサレムは、常に分断都市でした。今でもまだ、分断都市です。あえて予断を申し上げるなら、将来においてもこの都市は分断されたままでしょう」。ワッサーステインは、アラブ人が住んでいる細長い居住区と、北のラマッラーからシェイフ・ジャラまでをパレスチナ・アラブ人の管轄にし、追ってアラブ人の多いワディ・アル・ジョーズ、旧市街のムスリム地区と、できればシルワンから南の「エルサレムの市境界内ではあるが、いまだにアラブ人村の外的特徴を多く保持していて」、約三万人のアラブ人が住んでいる一帯にまでその管轄地域を「拡大する」ことを提案した。

イスラエル人は旧市街の残りの部分と、一九六七年以降の南部、東部、北部にできたユダヤ人居住区を保持することになる。ワッサーステインはこう書いている（『政治家としてのハーバート・サミュエル』、オクスフォード、一九九二年）。「そのような計画が実現すれば、エルサレムのほとんどすべてのユダヤ人と、大多数のアラブ人は、自分たち自身の自治共同体のもとで暮らし、自分たちの聖所を管理することになる。キリスト教徒とムスリムの聖所の利権については国際的協定によって保護することになるであろう。いずれの側もエルサレムを首都であると宣言してかまわない。いずれの側にとっても、領土の交換を、主要な利権には影響を与えずに、おおむね公平に行なうことは可能であろう」

ワッサースティンはこう結論した。「そのような案は、イスラエル人にとってもパレスチナ人にとっても、とてつもなくかけ離れた考え方ではないはずだ。実際、イスラエル政府は、過去においても折に触れて、神殿の丘につながるアラブ人の回廊地帯をアラブ人の主権下に置く自治共同体として除外し、その他の全市をイスラエルの統治下に入れることを考えてきた」。

ラビン首相暗殺

一九九三年一一月二日、二八年間エルサレム市長を務めてきたテディ・コレックが市長選で敗北した。当選した対抗馬のエフド・オルメルトは、反対党「リクード」のメンバーで、いくつかの正統派ユダヤ人政党からも支持されていた。コレックの支持者のなかには、オルメルトがコレックの決定のいいとこ取りをするのではないかと苛立つ者もいた。一九九五年九月に始まったダビデ王建都三千年祭を、オルメルトが市長として祝賀することになったからである。

「エルサレム建都三千年祭」の実行には発端から難題がつきまとった。四三年前にエルサレムで同じような祝賀式が行なわれたことを覚えているのは年配の住民だけだった。一七カ月にわたる祝賀行事は、三千年前に地元のエプス人から脱穀場を買い取って始まったダビデ王の治世を記念して行なわれることになっていた。のちにそこに、ダビデの子のソロモンがエルサレムの最初の神殿を建てたのである。一九九五年九月四日に行なわれた祝典の開会式で、イスラエル首相イツァク・ラビンは、「分断されていないエルサレムがユダヤ人の心の拠り所であり、イスラエル国家の首都であります。分断されていないエルサレムがわれわれのエルサレムです」と挨拶した。

開会式には七〇人の外国人外交官を招待したが、出席を承諾したのはわずか一七人だった。エルサレムのユダヤ人住民は、はじめてのユダヤ人アメリカ大使マーティン・インダイクも式典には出席しないことを知ってとりわけ失望し、なかには腹を立てる人もいた。エルサレムの新市長エフド・オルメルトはこの問題を、「われわれとアメリカとの関係にぱっくり開いた傷」とまで表現した。

開会式の中心的行事は、「ダビデの町」にある要塞化された三千年前のエルサレムの古代遺跡のなかで行なわれた。狭い谷を隔てたすぐ東のシルワン村のアラブ人たちは、祝賀式の間、無言の抵抗を続けた。「ダビデの町」での祝賀行事が終わると、赤、黒、緑、白のパレスチナ民族の色を表わす数百個の風船がシルワンの空に放たれた。

シルワンの風船とは無関係に、アラブ＝イスラエル間の和解はゆっくりと、着実に進められていた。一九九五年九月二一日、パレスチナ赤三日月協会（パレスチナの赤十字）会長で、パレスチナ自治政府議長ヤセル・アラファトの弟ファティ・アラファト博士と、同じ立場のイスラエル赤十字にあたる「ダビデの赤い盾《マゲン・ダヴィド・アドム》」会長ダヴィド・バルジライ教授がキング・デーヴィッド・ホテルで会談した。二人は救急医療体制および血液銀行の設立について、両協会が協力しあえるかどうかについて討議した。これは建設的な前進だった。

こうした重要な前進は、五〇年にわたる分断を乗り越える他のいくつかの建設的な発案の先鞭をつけた。だが、相互を隔てる亀裂の深さは、とりわけエルサレムをめぐるイスラエル人とパレスチナ・アラブ人の抱負が相容れないために、翌日の九月二二日の『エルサレム・ポスト』紙によるエフド・オルメルト市長との会見記事を契機にいっそう深まった。この会見でオルメルトは、北部の居住区ピスガト・ゼエヴと市の中心部の「隙間を埋めるために、ピスガト・ゼエヴからフレンチ・ヒルを経て市の中心部までの地域全体を連続したユダヤ人居住区となるようにする」という市長としての計画を発表した。現在一六万人いるアラブ人人口が移住者によって増加する可能性については、オルメルトはきっぱりとこういった。「アラブ人人口は自然増だけにとどめてもらいます。なぜならわれわれは市外から市内へのアラブ人の移住を認めていないからです。これは市の政策ではありません。イスラエルの政策でもないのです。世界中からのアラブ人のエルサレムへの移住に門戸を開いていないのです。エルサレムはイスラエル国家の一部です。彼らはイスラエル国家の一部になることを望んではいません。アラブ人を入れることによって、われわれがすでに抱えている問題をさらに大きくするつもりはありません」。オルメルトの目的は、「今後二五年間に」、ユダヤ人人口を少なくとも五〇万人に増加させることだった。

将来のエルサレムを恒常的にイスラエル的性格のものにするというオルメルトの主張（ほとんどのエルサレムに住むイスラエル人住民はこれを支持していた）にもかかわらず、東エルサレムの地位をめぐる問題は、イスラエル＝パレスチナ問題、より広範なアラブ問題の議題として残った。九月二五日にストラスブールで開かれた欧州評議会議員集会で、ヨルダンのフセイン国王は、エルサレムをイスラエルとパレスチナの両方の首都として想定するとともに、この聖都を「和解の舞台」にしたいと語った。この都市の歴史を、「二度と再び一方にとっての〝解放〟が、他方にとっての〝喪失〟にしてはなりません。ここは、唯一の神を最高権威者とするユダヤ教、キリスト教、イスラーム教の三つの宗教が寄り集まるのにふさわしい歴史をもった場所なのですから」。

フセイン国王は、「エルサレム問題」が克服不可能な争いのもとになるとは思っていなかった。「大エルサレム市はイスラエルとパレスチナの両方の首都にできるはずです。エルサレムは、三つの一神教の信者全員にとってはもとより、パレスチナ人とイスラエル人の間の輝かしいシンボルであり、永久平和の実在するところであるべきです」。

一九九五年一〇月一〇日、イスラエルとＰＬＯとの合意の一環として、元ＰＬＯエルサレム委員会の二人のメンバー、ムスタファ・リフタウィとマフムウド・アロウルがそれぞれラマッラーとナブルスの地域統治者になることを前提に、ヨルダンからイスラエルへの国境を越えた。この二人は、二〇年前、三人のアラブ人を含む一四人の死者を出したシオン広場爆破事件の首謀者として、イスラエルの指名手配容疑者のトップに並んでいた人物だった。エルサレムのユダヤ人のなかには驚きあきれる人もいれば、『エルサレム・ポスト』紙の「テロリスト首領ラマッラー、ナブルス地域統治者として戻る」という見出しを読んで腹を立てる人たちもいた。その日、ヨルダン川西岸地区のイスラエル軍政府は、四六〇村の最初の一つをパレスチナ自治政府の民政に委ねた。その日に移管されることになった最初の村は、ナブルス近郊のサルフィトだった。イスラエル軍のトラックが村を出ていくと、村民は「今日はサルフィト、明日はエルサレム」と書いた幟《のぼり》を立てた。

イスラエル人はほとんどみな、このスローガンを挑戦的で危険なものとみなした。一〇月二五日、「二つのエルサレムということはありえない」とイスラエル首相イツァク・ラビンはワシントンで語った。「エルサレムは一つだけです。われわれにとって、エルサレムをめぐる妥協の必要はなく、エルサレムなしの和平はありえません。過去に八回も滅ぼされ、長期間、先祖の神殿の遺跡に近づくことのできなかったエルサレムがわれわれのものになったのです。それは今もわれわれのものであり、これからも永遠にわれわれのものであります」。

こうした対立する見解に架け橋はなさそうに見えた。だが、現実はしばしば、妥協へと傾く。一〇月二七日、エルサレムのアラブ人住民に関する行き詰まりと緊張を打破する道を模索していたラビン自身が、新年早々に行なわれる予定のパレスチナ選挙の折には、選挙ポスターを東エルサレムのどこにでも貼ってよいこと、市内における投票はパレスチナ中央選挙管理委員会が管理することを認めた。東エルサレムのアラブ人に対するイスラエルの重要なジェスチュアが示されたわけだが、パレスチナ・アラブ人に便宜をはかろうとするラビンの努力は、国会で反対政党に非難され、街頭には「裏切り者」となじるポスターが貼られて笑い草にされた。バルフォア通りにある彼のエルサレムの公邸の近くには、ラビンがアラブ風の頭巾をかぶっているポスターがべたべた貼られた。一〇月二八日、シオン広場の反対派集会では、ナチスの制服を着た彼のモンタージュ写真がばらまかれた。それから一週間後の一一月四日土曜日の夕方、テルアヴィヴでの平和集会の終わり際にラビンはユダヤ人狂信主義者に暗殺された。

ラビンの殺害は、イスラエル全土を絶望で揺るがせた。エルサレムの街路では、男も女も手放しで声をあげて泣いた。一週間前に反対派集会が開かれたシオン広場には、電柱に新聞から切り取ったラビンの写真を貼りつけた間に合わせの記念碑が建てられた。そこには花が捧げられ、道沿いには追悼のろうそくが灯された。翌日から一一月五日の夜にかけて、推定一〇〇万人がイスラエル全土および国外から弔問に訪れ、国会議事堂の前庭に、棺に入れられて正装安置されたラビンの遺骸の前に列をつくった。悲しみに意気消沈している人もいた。声をあげて泣いている人も大勢いた。最後の別れを告げる気になれず、棺の前から離れることができないで立ちつくしている人もいた。数千の花束が捧げられ、数百本の追悼のろうそくが棺のまわりに灯された。いくつかの少年少女たちのグループが地面に跪き、静かに歌を歌った。

一一月五日正午、ラビンの棺は国会議事堂からヘルツルの丘の陸軍墓地へと市中を静かに運ばれていった。道路わきにはショックと深い悲しみのあまり無感動になった人たち数百人が無言で列をつくっていた。葬儀が始まると、サイレンが大きな音で、さめやらぬ怒りをつんざくように二分間鳴り渡った。その二分は永遠のように感じられた。参列者は無言で立っていた。徒歩でヘルツルの丘に向かう数万人の人たちは足を止め、気をつけの姿勢をとった。車を運転していた人は、車から降りて開けたドアのわきに立ち、弔意を表す黙禱をした。大勢の人がサイレンの鳴りつづけるなかで、街路や自宅で頭を垂れ、涙を流した。

葬儀には、八六カ国を代表する四千人の招待客が参列した。そのなかには四〇人の国家元首と首相がいた。ヨルダンのフセイン国王と、エジプトのムバラク大統領も弔辞を述べた。ムバラクの前任者アンワル・サダトは、一九七七年にエルサレムに突然の名誉ある訪問をしていたが、彼自身はエルサレムにきたことはなかった。フセイン国王もこの市のユダヤ人地区に入ったことはなかった。だが、彼は四四年前に祖父のアブドゥラ国王が「聖域」で暗殺されたとき、東エルサレムのその現場にいた。

二〇世紀のエルサレムの歴史を通して、ラビンの葬儀の日ほど陰鬱に静まり返り、一人一人が悲しみに満ち、大勢の人が物思いに耽った日はなかった。ラビンの孫娘ノア・ベンアルツィ・フィロソフは弔辞のなかで、「お祖父《じい》さまは国民の皆さまをどう慰め、ご自身の苦しみをどう分かち合おうとされるのでしょうか？　あなたがおられなくなっただけでぽっかりと空いた途方もなく大きな心の空白を感じ、お祖母《ばあ》さまは泣きやまず、私たちは言葉もありません」と問いかけた。

ラビンの葬儀の翌週、数十万人のユダヤ人が彼の墓に詣で、無言で頭を垂れ、追悼のろうそくを供えた。墓の前には数千通の弔問者の哀悼の手紙が置かれた。一一月一二日、一週間の服喪が明けると、彼の家族と親しい友人たちがささやかな儀式のために墓地を訪れた。「ヒマラヤスギの若木の枝が墓所に木陰をつくっていた」とバトシェヴァ・ツールは『エルサレム・ポスト』紙に書いている。「傷心の市民が灯した数百本の追悼のろうそくが明滅しつづけ、凍てつく大気のなかに蠟の匂いが漂っていた。早朝、兵士の一団が、ろうそくを集めて脇に寄せ、背の高いものを真ん中に、白いハトの形の燭台になるように丁寧に並べ替えたので、弔問者は墓所に近づきやすくなった。一本のオリーヴの苗木は森の近くに植え替えられた。市民からの数千通の手紙は、いくつかの袋にまとめられた」。やがてラビンの妻レアが弔問客を墓のまわりに案内した。

バトシェヴァ・ツールの記事はこう続く。「将軍たちは、偉大な国民のために確保されている墓地にはじめて埋葬されるエルサレム生まれの人の墓の前で敬礼した。ラビンの長年の官房長だったエイタン・ハベルは、立ち去りかねてきびすを返し、そこから動くことができなかった。秘書たちは静かにすすり泣きながら、花に覆われた墓に赤い薔薇と白い百合を置いていった。墓地の当直衛生兵や番兵も流れるように続いた。マスコミ関係者でさえ、いつになく声をひそめ、最後の別れをした」。

ラビンの最後の憩いの場はおごそかな巡礼地になった。ロシアの国防相パーヴェル・グラチェフが三週間後にエルサレムを訪れたとき、日程に特に載せてほしい場所として、ヤド・ヴァシェムとラビンの墓を挙げた。

ユダヤ人の伝統である三〇日の喪明けにあたる一二月五日、外国からの二〇〇人以上のユダヤ人指導者、二五の離散民《ディアスポラ》コミュニティー代表らを含む大勢の弔問者が集まり、ラビンの墓に花輪を捧げた。その日の午後、市の入り口にあるコンヴェンション・ホールで、彼の生涯と業績を偲ぶパーティーが開かれ、家族、友人、同僚、市民、外国からの訪問者、外交官など大勢が出席した。一九四八年のエルサレム争奪戦で彼の果たした役割が回想され、エルサレムへの道を確保しつづけたその年の激戦について、「私は今でもあの苦痛の叫びがこだまするのを思い出す。私は今でもあの死の沈黙を思い出す」という後年の彼の言葉を噛みしめた。追悼に集まった人々は、ラビンがこの四八年間でただ一人のエルサレム生まれの首相だったことを誇りに思った。

エルサレムの将来は、議論や争いの課題として残っている。ヨルダンのフセイン国王が一九九五年九月に想定して見せたように、この都市は「平和の実在するところ」になりうるはずだが、同様に、闘争の根源にもなりうる。過去においてこの市は暴動の舞台にも、和解の舞台にもなった。祝典の中心地でもあれば抗議運動の中心地でもあった。信仰のよりどころでもあれば宗教的対立の地でもあった。静かな瞑想の地でもあれば、大声で檄を飛ばされる地でもあった。将来もそうであろう。

一九九六年はじめの数カ月に、エルサレムで起こった二つのテロ事件はイスラエル全土に衝撃を与えた。二月二五日日曜日、セントラル・バス・ステーション付近でバスが爆発し、二六人が死亡した。そのなかには、パレスチナ・アラブ人の自爆者をはじめ、イスラエル人兵士、学生、労働者、八カ月前にイスラエルにきたばかりのボリス・シャルポリンスキーを含むロシアからの移民七人もいた。マシュー・エイゼンフェルドとその婚約者のサラ・デュカーはエルサレムに勉強にきていたアメリカ系ユダヤ人だった。二三歳のパレスチナ人ワエル・カワスメも死んだ。一週間後の三月三日、今度は中央郵便局付近のバス爆発で一九人が死亡した。やはり自爆者をはじめとするイスラエル兵や学生、ルーマニアからきていた労働者数人のほか、二人のパレスチナ人も死んだ。こうした殺害は、ラビンの後継者シモン・ペレスがもっとも大切にしているアラブ人とユダヤ人の和解の前途に不安を投げかけた。

エルサレムの二〇世紀は流血事件に満ちた一〇〇年だった。だが創意と満足、活気ある生活、決断、市民の努力と勇気で達成された事業、遠大な希望の世紀でもあった。イツァク・ラビンは一九九五年一〇月にワシントンの聴衆にこう語った。「エルサレムにはたくさんの顔があります。われわれ一人一人が自分自身のエルサレムをもっているのです」。

単行本解説　ユダヤ人とエルサレム——離散した民族の心を結ぶ永遠の都

（一般財団法人バッハの森代表・筑波大学名誉教授）
石田友雄

マーティン・ギルバート著『エルサレムの20世紀』は、この一〇〇年間、エルサレム市民が過ごした日々の記録である。著者は、公文書、新聞、旅行記、回想録、ガイドブック、日記、私信等々、多種多様の記録から可能なかぎり事件の目撃者の言葉や最初の報道をそのまま引用して、この都市の日常生活を生き生きと描く。臨場感あふれる記述を読み進めるうちに、いつしか読者はエルサレム一〇〇年の日々に、自分で立ち会っている。

こうして読者は、他の都市であったら明らかに非日常的な日々を、エルサレム市民が絶望と希望の間を往き来しながら、驚くべき忍耐と勇気をもって生き抜いてきたことを知る。人種も宗教も文化も国籍も違う様々な人々が、複雑な対立関係の下に居住するエルサレムでは、この一〇〇年間、しばしば対立がテロや暴動を引き起こし、ときには戦争になったからである。

エルサレムの住民を構成する多数の集団の対立関係は非常に複雑だ。表面的に理解するためにも、相当の予備知識が必要になる。まず大枠として知るべきことは、一九一七年まではドイツと同盟関係のトルコが支配、それ以後四八年までは英国が統治、四八年から六七年までの一九年間、東西に分断されたエルサレムには、それぞれヨルダンとイスラエルが支配権を確保していたことである。六七年から現在までは、再統一したエルサレムをイスラエルが統治しているが、国際社会はこの統治権を認知していない。

エルサレムの住民を宗教的に分類すると、ユダヤ人、キリスト教徒、ムスリムという一神教三大宗派の信徒集団になることは、一般に知られているとおりである。問題は、この三つの信仰と民族的・政治的アイデンティティが微妙に食い違っていることだ。例えば、イスラエルは事実上ユダヤ人国家であるが、少数のパレスチナ・アラブ人はイスラエル国籍を持つ。ユダヤ人は絶対にユダヤ教徒だが、アラブ人の中にはムスリムもキリスト教徒もいる。またエルサレムには、カトリックの各修道会、プロテスタント諸教派、ロシア正教、アルメニア教会、エチオピア教会のような東方教会が修道院や教会を持ち、その司祭、牧師、修道士、修道女、信徒たちが、各自の出身国の国籍を持ったまま住み着いている。

パレスチナ人といっても、ムスリムとキリスト教徒は一般に別々の区域に居住しており、ときには激しく対立する。同様に、キリスト教会各宗派は決して相互に友好的ではない。聖墳墓教会大聖堂の中の縄張り争いが、ときに乱闘騒ぎに発展することはよく知られている。他方、民族主義シオニズムに基づいて、ユダヤ人国家イスラエルを建国したシオニストと、ユダヤ教の戒律を厳格に守るユダヤ教正統派の人々は、奇妙な激しい愛憎関係で結ばれている。九五年に起こったイスラエル首相イツァク・ラビンの暗殺も、根本的にはシオニストとユダヤ教正統派の衝突であった。

しかし、エルサレムの全住民を二分する最も深刻な対立が、ユダヤ人とパレスチナ人の争いであることは間違いない。この中東全体にかかわる対立の平和的解決が未だに見えてこない状況で、エルサレム一〇〇年の歴史を、客観的に記述することは非常に難しい。もし本当に中立の立場を貫こうとするなら、対立する両者の意見を単に併記するだけの報告となり、一般読者には読み解くことができない記録の羅列になるだろう。

本書の著者が、ユダヤ人とパレスチナ人双方に対して努めて公平な立場で記述していることは疑いない。また事件の経緯を詳細に伝えても、著者の判断は控え目である。それにもかかわらず、本書の内容は著者の視点が良識あるユダヤ知識人のサークルに近いことを示唆する。たとえイスラーム原理主義者のような過激派ではなくても、パレスチナ人なら本書とは別の一〇〇年史を書くだろう。あるいは、もし著者がパレスチナ人の難民キャンプに住んでいたなら、当然、相当違った報告になったと思う。換言すると、中東問題が未解決の現状では、すべての人々を納得させるためには立場が対立する二冊のエルサレム史が必要なのである。それが一冊で十分になったとき、中東問題は解決しているのだ。

このように本書の限界を予め指摘することは、私自身が本書の著者と立場を異にすることを意味しない。非常にしばしば、著者の状況判断は私が理解していたとおりであり、従って共感するところが多い報告である。これに反して、パレスチナ人の窮状を、読者の感情に訴える筆致で報告し、声高に正義を叫ぶ中東問題の解説書には疑問を感じる。この一〇〇年間、故郷に侵入してきたシオニスト・ユダヤ人に対して戦いを挑んだあげく一方的に劣勢に追い込まれてきたパレスチナ人が、ユダヤ人に怨恨を抱き、強く自己主張をするのは当然である。しかし、いかに状況が絶望的に見えても、暴力以外に問題は解決できないという原理主義的主張に賛成することはできない。ここで私は道徳的な非暴力主義を唱えているわけではない。武力が現状を変更する強力な手段であることは、人間の歴史が証明してきた。しかし、武力だけが問題解決の方法ではないことも事実だ。パレスチナ人は、この一〇〇年間、もっぱら暴力に訴えてシオニストを追い出そうとしてきたが失敗したのだ。彼らは、より効果的な手段を必要としているのではないだろうか。

それにもかかわらず、私は自分の理解の限界を知っている。恐らくパレスチナ人の難民キャンプに住み、難民の現状に感情移入した経験を持てば、彼らと一緒に絶望的になり、武力によるレジスタンスを肯定するようになるのかもしれない。それでも、それでは根本的解決にはならない、という醒めた判断を捨てることはできないのだが。

私がエルサレムに特別な関心を抱くようになったのは、三〇数年前にエルサレムに住み、ユダヤ史の研究を始めたときにさかのぼる。そのとき起こった出会いと遭遇した事件が、その後、エルサレム問題を考えるための私の原点となった。従って、私にとっては、エルサレムについて語るとき、最初の出会いから始めることが重要なのである。

エルサレムからテルアヴィヴに向かって山間《やまあい》を一〇数キロ走ると、自動車道右手の丘陵の南斜面に豊かな緑が広がり、その中に点々と並ぶ赤屋根の集落が見えてくる。キリヤト・アナヴィムだ。ヘブライ語で「葡萄畑の町」を意味する。

今から三六年前、一九六二年（昭和三七年）から六三年にかけて一年間、私はこのキブツ（共同農村）に滞在した。三〇歳だった。まだ一ドルが三六〇円、海外留学も厳しく制限されている時代だったが、幸い私はイスラエル外務省の奨学金を得て、一年間キブツで共同生活を体験し、一年間エルサレムのヘブライ大学でユダヤ史を学ぶ機会が与えられた。キリヤト・アナヴィムは、一九二〇年に、ロシアとポーランドから移民したシオニストが建設したキブツである。海岸平野と中央山岳地帯のエルサレムを繋ぐ狭い回廊を扼《やく》する要衝にあるため、一九四八年のイスラエル独立戦争のときには、孤立したエルサレムのユダヤ人を救援する作戦の基地になった。このキブツで、苦しかった開拓時代を経験した老人たち、独立戦争を勇敢に戦った中年のキブツ・メンバー、それにナチスの絶滅収容所で家族を全員殺された人など、現代ユダヤ史の生き証人たちに出会った。

それまで私は、ユダヤ人についてもシオニズムについてもほとんど何も知らなかった。クリスチャン・ホームに育ち、聖書を学んでいたにもかかわらず、いや多分そのためだろう、私の「ユダヤ人」は、はるか昔の歴史に、どちらかと言うと否定的な役割を担って登場する人々でしかなかった。しかし、突然、現代のユダヤ人と生活を共にして、それまで全く知らなかった世界を次々と発見する日々の驚きは、三六年たった今なお鮮烈である。「四〇年前、ここはキリヤト・アヴァニムだったよ」と老人が語ってくれた。「アヴァニム」とはヘブライ語で「石」の複数、もちろん、「アナヴィム」をもじって、かつては「石がごろごろしている所」だったという語呂合わせの冗談である。「来る日も来る日も石ころを手で拾い集めていたもんだ。ほら、あそこに積んである」と言って、葡萄畑の周囲を囲む小石の山を指した。何年たっても満足な収穫を得ることができず、シオニスト基金のわずかな援助でどうにか食いつなぐ生活が続いたため、入植を世話したシオニスト組織からは、肥沃な北部の平野に移住するよう勧告される始末だったが、頑として石ころを拾い続けたという。最大の理由は、ここがエルサレムに近いということだった。ちなみに、彼らは労働党に属するマルキストで、そのエルサレムに対する思い入れは民族的な感情であり、宗教に基づく信仰ではないと言っていた。

すでに述べたとおり、キリヤト・アナヴィムは、独立戦争のときに孤立したエルサレムのユダヤ人を救援するために大きな役割を果たした。そのため、シオニスト組織は最初からパレスチナにユダヤ人国家の建国を目指して、計画的に戦略的要所にキブツを建設していったという指摘がある。しかし、このような計画性に、キリヤト・アナヴィムの人々は懐疑的であった。結果はそう見えるかもしれないが、このキブツがエルサレム回廊地帯に建設されたのは、初代の入植者たちが、エルサレムに対する思い入れから、経済性を無視して頑張ったからだ、と二代目の中年メンバーは主張した。

キリヤト・アナヴィムと境界を接して、古いアラブ人の村アブ・ゴーシュがある。パレスチナをトルコ人が支配していた時代に関所があって、エルサレムと海岸平野を往来する人々から通行税を取っていた所だ。キブツの人々はアブ・ゴーシュのアラブ人と、独立戦争当時からずっと友好関係を保っているが、決して気を許したことはないとも言っていた。文字通り隣接して居住する異民族が平和共存している現実が、島国に住む日本人には、到底想像することもできない厳しいものであることを、初めて学んだのもこの頃である。

一九三〇年代にナチスが政権を奪取して、反ユダヤ主義政策を実行し始めると、生まれ故郷のドイツに見切りをつけ、「ユダヤ人よ、父祖の地シオンに帰れ」というスローガンを掲げるシオニスト運動に参加して、たいていは親兄弟の反対を押し切ってパレスチナに移住してきたユダヤ人の青年たちがいた。その一人がこのキブツにもいて、ドイツに残っていた親族が、全員、絶滅収容所に送られて殺害された経緯を話してくれた。彼はこのキブツでたった一人の医学博士であり、ドイツのキリスト教文化についても造詣が深かった。決してファナティックではなかったが、しばしばキリスト教徒の偽善を激しく批判した。「彼らは敵を愛せと説教しながら、二千年間、ユダヤ人を迫害し殺し続けてきたんだ。イエスを十字架につけたのはユダヤ人だと言うけれど、あれ以来ユダヤ人を十字架につけてきたのはキリスト教徒だよ」という彼の言葉に私はショックを受けた。

日本のクリスチャン・ホームに育った私は、ときにノン・クリスチャンがクリスチャンに対して抱く違和感に気付くことはあっても、クリスチャンであることを理由に憎まれた経験はなかった。それまで、世の中にキリスト教徒を憎悪している人々がいるということは、考えたことがなかった。ナイーヴな世間知らずだったのだ。それ以来、私は、キリスト教ヨーロッパのユダヤ人迫害問題、いわゆるアンティ・セミティズムの歴史に深い関心を抱くようになった。

一九六三年の夏、秋から始まるヘブライ大学の授業に備えて、キリヤト・アナヴィムからエルサレムに移り住んだ。そのときは、まさかそれから一二年間もエルサレムに住み着くようになるとは、夢想だにしていなかった。住んでみて、エルサレムはユダヤ人、クリスチャン、ムスリムの区別なく、また宗教的信仰を持つ人も持たない人も、すべての市民がそれぞれの立場、それぞれの思い入れから特別な愛着を抱いている不思議な都市であることがすぐに分かった。

私が一二年間も住みついた理由も、エルサレム独特の魅力に取りつかれたからだ。宗教的ファナティックではない私にとって、エルサレムの魅力はヘブライ大学を中心としてエルサレムに集まったユダヤ知識人が醸し出す知的な雰囲気だった。毎晩毎晩、友人知人が集まって、熱心に議論したり、延々と冗談を言い合っていた。それは知的興奮と素朴な感動が同居する特殊な世界だった。当然、エルサレム問題がしばしば話題になったが、長い複雑な歴史的いきさつのゆえに、その平和的解決策が容易にみつからないことを誰もが知っていた。しかし、自分たちの住む都市が、いつ戦場になり、その結果、家族も財産も命さえ失うかもしれないという危機感を抱きながら、なお楽観的に生きている人々の強靭な精神に、感動を覚えたものである。

本書の第16章から第19章にかけて報告されている日々、私はエルサレムに住んでいたが、一九六七年までエルサレムは分断されていた。越えることができない危険な国境が目の前にあり、ときに国境を挟んで銃撃が起こった。しかし、袋小路のためかえって治安はよかった。ある日、テラサンタのバス停に立っていたとき、買い物袋を手にした年輩の婦人が一人で歩いているのを見かけた。なんと当時の外相ゴルダ・メイア女史が、近くの外務大臣官邸から護衛もなしに、広場の向こう側にあるスーパーマーケットに行くところだった。その数年前、東京のイスラエル公使館で紹介されたとき、「近くイスラエルに行きます」と話したので、駆け寄って挨拶すると、「本当にイスラエルに来ましたね」と微笑んで握手してくれた。このような平和な日々は、一九六七年六月五日を境にエルサレムから消えてしまった。

五月半ばから約一カ月半、エルサレムでは徐々に緊張が高まった。イスラエルの国民は、高校を卒業してから大学に入学する前の数年間、男女共に徴兵され、その後も相当年輩になるまで予備役に編入されている。大学の教室からまず青年たちが消えていった。続いて女子学生、そして若い講師や助教授たちもいなくなった。留学生も続々と国外に避難し始めると、結局、老教授と私が取り残され、休講にしようということになった。

六月五日昼前、食料を買い込むためスーパーマーケットに行こうと部屋を出たところで、突然、猛烈な撃ち合いが始まり、東の空に黒煙が立ちこめた。あわてて戻って一階の階段入口の鉄の扉を閉め、この家の別の階に住むユダヤ人の老夫婦と一緒に座り込んだ。そこは国境から一キロほどしか離れていなかったから、間断なく響き渡る砲声や銃声とともに、シュー、ヒュルヒュルという音をたてて弾丸が飛んできた。その不気味な音を聞いていると、今にも直撃を受けそうな気がして生きた心地がしなかった。やかんの水をガブガブ飲んでも乾きが止まらなかったことをよく覚えている。生まれて初めて味わう恐怖だった。砲撃が中休みしたところで、エルサレム西部に住むユダヤ人の友人と電話で連絡をとると、国境からやや離れているせいか直接弾丸は飛んでこないし、大きな防空壕もあるからこっちへ来いと親切に誘ってくれた。結局、その防空壕で、近くの住民数家族と一緒に三日三晩過ごした。

六月一〇日、まだ戦争は正式に終わっていなかったが、イスラエルの決定的勝利が確実になった日、エルサレム市の入口に建つヘブライ名ビヌヤネーハウマ（国民会館）という大ホールで戦勝祝賀コンサートが開かれた。その様子は、本書四九七―八頁に報告されている。一緒に防空壕で三日三晩過ごした友人が招待してくれたのだ。テルアヴィヴ国際空港が再開されるやいなや、一番機で飛んできたユダヤ人ピアニストのダニエル・バレンボイム、彼のフランス人の夫人でチェリストのジャクリーヌ・デュ・プレ、それに彼らの友人でインド人の指揮者、ズービン・メータがイスラエル・フィルハーモニーと共演した。政府閣僚や軍司令官たちの顔も見えたが、ものものしい警備はなかったし、戦勝祝賀といっても、政治家や軍人のスピーチのようなものは一切なかったと記憶する。メータの短い感動的な挨拶があっただけで、普通のクラシック・コンサートだった。ただ演奏者も聴衆も明らかに高揚していた。ズービン・メータが後ろ足で指揮台をドンと勢いよく蹴飛ばすと、タタタターンとベートーベンの「運命」が始まった瞬間を忘れることができない。

すぐに、一九年間にわたって分断されていたエルサレムを再統一する工事があちこちで始まった。例えば、エルサレムの目抜き通り、ヤッフォ・ストリートは、それまで、旧市街の城壁の北西端付近で、高さ一〇メートルはあったと思われる厚いコンクリートの塀で、突然、行き止まりになっていた。この塀を引き倒すブルドーザーの工事を、私は野次馬と一緒に見守っていた。中世の城壁に囲まれた旧市街は、これまで、目の前に見えているのに絶対に入ることができない幻の町だった。そこに自由に行き来できるようになったのだ。観光のため、どっと押し掛けたユダヤ人に混じって、中東的な雰囲気を色濃く残すアラブ人のバザールをうろついたものである。同時に、民族衣装をまとったアラブ人の家族連れがユダヤ人の新市街に現われた。彼らが物珍しげにウィンドウショッピングをしている姿が印象的だった。

エルサレムを分断していた軍事境界線とその中間の荒れ果てた無人地帯が跡形もなく撤去され、一見、再統一されたエルサレムに平和が訪れたように見えた。しかし、それまで境界線の両側に別れて住んでいたユダヤ人とパレスチナ人が、直接接触しながら平和共存することは、これまで以上に難しいことがすぐに分かった。ユダヤ人にとっては再統一だが、パレスチナ人にとっては、東エルサレムが占領されたのであった。間もなく私にもパレスチナ人の知人ができた。しかし、彼らと中東問題を話題にすることは、気まずくなるだけで、何一つ良いことはないことにすぐ気付いた。彼らにとっては、誰であっても敵か味方であって、中立は絶対に存在しなかったからだ。

エルサレムの再統一から三一年の歳月が流れた。この間に、一九七三年の第四次中東戦争（贖罪日戦争）を経て、七七年にエジプト大統領サダトの歴史的なエルサレム訪問があった。しかし、一〇年たっても遅々として進展しない中東和平交渉に業を煮やしたパレスチナ人は、八七年にイスラエルの占領に対して、「インティファーダ」と呼ばれる暴動を起こした。五年も続いた暴動が、ＰＬＯのパレスチナ暫定自治協定調印とともにようやく沈静化したとき、今度は、積極的に中東和平を推し進めてきたイスラエル首相、イツァク・ラビンが極右ユダヤ人青年に暗殺された。そして、ラビンの後継者ペレスが、イスラーム原理主義過激派の自爆テロの防止に失敗すると、九六年に右派のネタニヤフ首相が選出され、中東和平の動きは停滞して現在に至っている。イスラエル建国から五〇年、エルサレム再統一から三〇年たったが、中東問題の基本的構造は何一つ変わっていない。

エルサレム郊外のキブツ、キリヤト・アナヴィムに一年、エルサレムに一二年、私は主にユダヤ人の間に住み、ヘブライ大学でユダヤ史を学んだ。当然、一九七六年に帰国してからも、刻々と変化する中東情勢に注目しつつ、中東問題とは何か問い続けてきた。その結果、中東問題はユダヤ人問題、ユダヤ人問題を理解する鍵はエルサレム（別名シオン）、という命題が私の結論となった。

ユダヤ人とエルサレムの特別な関係は、今から三千年前、紀元前一〇〇〇年頃、ダビデがここに王都を建設したことに始まる。エルサレムの南三〇キロのヘブロンでユダ王国を建国したダビデは、兄弟王国イスラエルの王位につくと、ユダ・イスラエル統一王国を統治するため、両王国の中間に位置するエルサレムに遷都した。さらに、新首都を真の意味で全イスラエルの中心にするため、エルサレムに神殿を建て、ここにイスラエルの民族神ヤハウェを迎える計画を立てた。しかし、準備を整えたが着工すらできなかった。ダビデの計画を実現したのは、後継者ソロモンである。

ソロモンの死後、統一王国は分裂したが、ダビデ家はその後約三五〇年間、エルサレムからユダ王国を統治した。この間に、ダビデ家の永遠の支配とエルサレム（シオン）の永続を、ヤハウェがダビデに約束したという信仰が生じた。当時、エルサレム神殿で朗唱されていた典礼歌が歌う。

あなたのしもべダビデのために
あなたが油注がれた者（メシア）から
み顔を背けないで下さい。
ヤハウェはダビデにお誓いになりました。
「あなたの身から出た子のひとりを
あなたの王座につかせる。
あなたの子らが

わたしの契約と定めを守るなら
彼らの子らも永遠に
あなたの王座につくだろう」
ヤハウェはシオンを選び
そこに住もうとおっしゃった。
「これは永遠にわたしの憩いの地。
ここにわたしは永遠に住みたい」

詩編132編10―14節

「油注がれた者」のヘブライ語「マシーアッハ」が訛《なま》って「メシア」になり、ギリシャ語で「クリストス」、すなわち「キリスト」になった。油注ぎは、ダビデ家の王が即位したときに執り行なわれた儀式である。従って、ダビデ家の王は誰でも「油注がれた者」であった。ここから、後代、ユダヤ人を異国の圧政から救い出す理想の王「メシア」が、ダビデの子孫から現われることを待望する信仰が生じた。

ところが、紀元前五八六年に、三年の籠城の後、エルサレムはバビロン王ネブカドネツァルに征服された。ソロモンが建設した壮麗な神殿は廃墟と化し、ユダ王と廷臣はバビロンに捕囚された。ヤハウェが永続を約束したダビデ家の支配もエルサレム神殿も滅亡したとき、バビロンに捕囚された人々は、この大難を自分たちの背信が招いた神罰と理解した。

更に彼らは、怒ったヤハウェは一旦エルサレムを見捨てたが、自分たちが悔い改めるなら、必ずダビデに約束したことを思い出し、エルサレムに戻って下さると信じ、エルサレム（シオン）を思い続けた。当時の彼らの心情を吐露した詩が伝えられている。

バビロンの流れのほとりに座り
シオンを思い出して
わたしたちは泣いた。
ほとりの柳に
わたしたちの竪琴を掛けた。
わたしたちを虜にした者たちが
わたしたちに歌を求めたから。
わたしたちを嘲る者たちが
なぐさみに
「シオンの歌を一つ歌ってみろ」
と言ったから。
異国にあって
どうしてヤハウェの歌を
歌うことができようか。

エルサレムよ、
もし、わたしがあなたを忘れるなら
わたしの右手は萎えるように。
もしあなたを思い出さず
もしエルサレムを
わたしの最大の喜びとしないなら
わたしの舌は上顎に張り付くように。
詩編137編1―6節

紀元前五三八年に、バビロンを征服したペルシア王キュロスは、オリエント各地からバビロンに捕囚されていた人々を解放した。そこでユダの捕囚民はエルサレムに帰還して、ソロモン神殿の廃墟の上に第二神殿を建てた。同時に、彼らはバビロン捕囚中に編纂した「モーセの律法」を持ち帰り、エルサレム神殿を中心に律法を守る宗教的な民族共同体を形成した。これがユダヤ人とユダヤ教の始まりである。他方、バビロン捕囚時代から、オリエント各地と地中海全域に広く離散していたユダヤ人にとって、エルサレムは民族の心を一つに結ぶ地上唯一の場所となった。

紀元前三三二年のアレクサンドロスの征服以降、パレスチナはヘレニスト諸王朝とそれに続いてローマ人の支配を受けた。支配民の宗教的信条や慣習に寛容であったペルシア人とはちがって、彼らは支配領域をヘレニズム文化によって統一することに熱心であった。しかし、エルサレム神殿を中心に、律法を守る宗教・民族共同体を形成していたユダヤ人だけは、本国でも離散の地でも、ヘレニズム化政策に激しく抵抗した。このため、ヘレニズム主義者たちはユダヤ人を嫌悪した。これが現代まで続く反ユダヤ主義の始まりである。結局、紀元六六―七〇年と一三二―一三五年に、二度にわたって大反乱を起こしたユダヤ人は、ローマ人に鎮圧され、エルサレム第二神殿は破壊された。エルサレムとユダヤ地方から追放されたユダヤ人は、この時代以後、かつてエルサレム神殿が建っていた聖域の西壁の前に集まり、世の終末に現われるメシアが世界中に離散しているユダヤ人をエルサレムに集め、異国の圧政から救い出す日が来ることを祈願するようになった。この西壁をヨーロッパ人は「嘆きの壁」と呼ぶ。またこの頃から、世界中に離散したユダヤ人は、「来年こそはエルサレムで」と唱えて春の大祭、過ぎ越し祭の正餐の儀式を終わる習慣を守るようになった。

アンティ・セミティズムは、キリスト教ヨーロッパの不幸な裏面史であると同時に、ローマ時代から二千年間、どんなに迫害されてもユダヤ人であることを頑固に守り通した、誇り高い宗教・民族共同体の実在を証明する歴史だ。この正と負の歴史的遺産を引き継いで、一九世紀のヨーロッパでシオニズムが起こった。ユダヤ民族主義に基づく政治行動である。エルサレム（シオン）は、バビロン捕囚以来二五〇〇年間、世界中に離散したユダヤ人の心を結びつける地上唯一の場所であった。それなら、ヨーロッパでキリスト教徒に邪魔者扱いされるユダヤ人が「帰還」する場所はシオンしかない、という結論に従って、シオニストのパレスチナ入植が始まった。

当時のパレスチナは、末期オスマン・トルコが支配する荒れ果てた辺境だったから、最初のシオニストは、「祖国」の荒れ地を開拓するために入植することは、パレスチナの住民にとっても利益になるとナイーヴに考えていた。しかし、パレスチナ人にとって、シオニスト・ユダヤ人は、故郷に侵入してきたよそ者だった。両者の平和共存は最初から難しかったが、それ以上に、ヨーロッパ列強、冷戦時代の米ソ、周辺のアラブ諸国などが、各自の利益を追求して次々に介入してきたため、事態は一層紛糾した。一〇〇年続いた抗争は、無数の暴動と流血事件を起こし、イスラエル独立以後四回の戦争と数え切れない国境紛争をして、今なお解決していない。この間にシオニストは着々とユダヤ人国家イスラエルを建設してきたが、パレスチナ人はようやく居住地域の一部に自治権を確保しただけで、多数の人々が、今なお一九四八年以来、何世代にもわたって難民キャンプで生活している。

この一〇〇年間に、シオニスト・ユダヤ人とパレスチナ・アラブ人の間にこれだけ大きな差がついてしまったことは、両者にとって不幸なことだった。問題解決がいよいよ難しくなってしまったからだ。現在、国際世論は劣勢なパレスチナ人に同情的であり、圧倒的優位に立つイスラエルに問題解決のイニシアティヴをとるよう要求する。事実、イスラエル側にできることが多いことを、暗殺されたイツァク・ラビンが示した。それにもかかわらず、シオニスト・ユダヤ人とパレスチナ・アラブ人の抗争を、中東全体の枠組みの中で考えるなら、これはやはり、ユダヤ人がキリスト教ヨーロッパに同化しないために起こったユダヤ人問題と類似の問題である。問題解決の決定権は、この地域の絶対多数人口であるアラブ人の手中にあるのだ。

イスラエルは、特に一九六七年の第三次中東戦争（六日戦争）以後、占領地を返還しないという非難を国際社会から浴びてきた。イスラエル側の言い分によれば、イスラエルを包囲するアラブ諸国が、イスラエルを独立国として承認せず、いつ攻めてくるか分からない状態では、安全保障のため占領地を手放すわけにはいかないのだ。このイスラエルの強迫観念を解くことに成功した最初のアラブ人政治家が、エジプト大統領サダトである。七三年に起こった第四次中東戦争（贖罪日戦争）後、三年に及ぶ戦後処理交渉の末、イスラエルにシナイ半島を返還させた代わりに、七九年にエジプトはイスラエルを承認した。中東問題を解決するための画期的な第一歩であった。これで大きな枠組みはできたが、もちろん中東和平がそう簡単に進展するはずはなかった。それから十数年間に、インティファーダや湾岸戦争を経験した後、イツァク・ラビンが占領地と平和の交換政策を推し進めた結果、遂に九三年にパレスチナ暫定自治政府がイスラエルを承認し、九四年にヨルダンが続いた。しかし、現在、イスラエル人は、平和と交換できる占領地はもはやほとんど残っていないと感じているし、シオニズムを否定するイスラーム原理主義が広くアラブ人民衆に支持されている現状から、近い将来、中東においてより広くイスラエルが承認を受ける可能性は少ない。

他方、国際世論は、エルサレムがキリスト教徒とイスラーム教徒の聖都でもあることを理由に、ユダヤ人国家イスラエルが、その国家主権の下にエルサレムを置くことに対して批判的である。しかし、エルサレムを国際機関の管理下に置く案も、東エルサレムにパレスチナ自治政府の首都を置く要求も、イスラエルが受け入れるとは考えられない。離散したユダヤ人の心を一つに結ぶ地上唯一の場所として、エルサレム（シオン）が、二五〇〇年にわたって果たしてきた役割を、政治行動の基盤として国家建設を進めてきたシオニストにとって、エルサレムをユダヤ人国家イスラエルの首都とすることは、国家と民族の存立にかかわる問題だからである。

中東問題をどのように解決したらよいか、誰にも分かっていない。しかし今、イスラエルのユダヤ人とパレスチナのアラブ人両者の間では、憎悪が増幅されているだけではない。同時に、平和を希求する動きが深く広く進行していることも事実なのである。

都市名エルサレムは、ヘブライ語の民間語源によると「イール・シャローム」（平和の町）である。皮肉なことに、エルサレム三千年の歴史を学ぶと、この世界最古の都には、平和な歳月がほとんどなかったことを知る。「イール・シャローム」（平和の町）とは、現実のエルサレムではなく、民衆が夢見た理想の都らしい。

紀元前八世紀末から七世紀初めにエルサレムで活動した預言者イザヤも、この都の現状に幻滅し、いつの日か実現されるべきエルサレムの幻を描いた。

終わりの日々にこうなる。
ヤハウェの神殿の山は
山々の頭に屹立し、
諸々の峰よりも高く聳える。
すべての諸民族は
そこに流れとなって押し寄せる。
多くの民が来て言う。
「さあ、ヤハウェの山に登り、
ヤコブ（＝イスラエル）の神の家へ行こう。
わたしたちは彼の道に歩もう」
教えはシオンから、
ヤハウェの言葉は
エルサレムから出るからだ。
主は諸民族の間を裁き、
多くの民を戒めたもう。
彼らはその剣を鋤に
槍を鎌に打ち直す。
一つの民族は

他の民族に向かって剣を上げず、
もはや戦争を学ばない。
ヤコブ（＝イスラエル）の家よ、
ヤハウェの光の中を歩もうではないか。

イザヤ書2章2―5節

ユダヤ人は、旧約聖書を編纂し、キリスト教の母胎となり、イスラーム教の成立に大きな影響を及ぼし、その後も多数の思想家を生み出してきた。彼らが世界の文化史に果たしてきた貢献は計り知れない。この意味で、「教えはシオンから、ヤハウェの言葉はエルサレムから出る」という預言はすでに成就している。後は、どうしたら「一つの民族は他の民族に向かって剣を上げず、もはや戦争を学ばなくなる」のかという問いが残る。世界中の誰にも解けないこの難問を、ユダヤ人は解くかもしれない。そうなれば、エルサレムは、離散ユダヤ人だけではなく、全世界の人々の心を結ぶ永遠の都になるだろう。二七〇〇年前に預言者イザヤが夢見たように。

一九九八年

訳者あとがき

手もとに手描き風の一枚の美しい地図がある。『ナショナル・ジオグラフィック』誌一九九六年四月号付録の一辺が一キロメートルほどのいびつな菱形のような城壁に囲まれたエルサレムの旧市街図で、市内はやや変則的な十文字で四つに区切られ、それぞれに属する建物群が北東のイスラーム教徒地区はグリーン、西北のキリスト教徒地区は朱色、南西のアルメニア人地区は金茶、東南のユダヤ人地区は紫の濃淡に染め分けられている。題して『神授のモザイク』。

実際のエルサレム旧市街は、この地図以上に奇異な場所だ。同じ舞台で演じられた「マカビのイェフダ」、「キリストの受難」、「マホメットの昇天」という世界史の大ドラマの書き割りや舞台装置が、積年の堆積物にまみれながらもそのまま残されていて、それぞれのひいき筋がその遺物を大切に守っているかのように見受けられる。大昔から世界中で語り継がれてきたこれらの物語の台本もト書きもすっかり頭の中にある人たちは、ここへくるとなぜかみな、出演者の一人のような気分になるらしい。そのせいか、ステージから発せられる「響きと怒り」は「何の意味もありはしない」どころか、深い深い思い入れに満ちているのである。

舞台の東南の控え壁に支えられた高台の一角は、たいていの地図には「崇高なる聖域《ハラム・アッシャリフ》」と、「神殿の丘」という二つの呼称が併記されているが、エルサレムにきてだれかと話すとき、相手がどのドラマの文脈でものを言っているかを見定めて、呼称の使い方に気をつけなければならない。イスラーム教徒はここを通常「神殿の丘」とは呼ばないし、ユダヤ人はここが自分たちの「聖域」とは思っていないからである。

このように、イスラエルでは一つの場所をユダヤ人とアラブ人がまったく別な名前で呼んでいるケースはめずらしくない。そして、どちら式に呼ぶかでその人の民族的、宗教的、ひいては政治的立場まで表明することになる。外国の要人がイスラエルを訪問して、ある地名をホストの立場とはちがう方式で呼んだりすれば、公式晩餐会がキャンセルされたりすることも実際にあるのである。

エルサレムは、そのような微妙なちがいに敏感な人たちが、モザイクのように入り組んで暮らしているところだ。本書 *Jerusalem in the Twentieth Century*, Chatto & Windus, London, 1996 は、そういうエルサレムとは実際にどんな都市か、四〇〇〇年にわたるオスマン帝国支配の衰退から生じた辺境の地の政治的空白が、折からの民族主義の興隆のなかで、どのような抗争を経て次第に埋められていったかを、歴史の主役、脇役だけではなく、この特異な古代都市に暮らすおびただしい数の多種多様な「その他大勢」の人たちの一〇〇〇年の営みを、こまごました実例の叙述を惜しみなく豊富に、しかもきわめて注意深く体系的に示すことによって、複雑なモザイク社会のイメージをできるだけ鮮明に読者に提供

たびの厄介な質問にご懇切な回答を下さり、訳稿を丁寧に読んで、細部にわたるたくさんの貴重なアドバイスを頂いた。心よりお礼申し上げる。

白須英子

一九九八年八月

文庫版のための訳者あとがき

新しい世代がエルサレムの未来に向けてできること

本書の単行本訳出を機会に、イスラエルの風土や慣習、三大宗教の聖地、四回にわたる「中東戦争」の傷跡などを実際に見聞きしたくて、初めてエルサレムを訪れたのは一九九七年のことだった。

二〇世紀末のエルサレムは嵐の前の静けさだったのか、連日、四〇度近い灼熱の季節だったせいか、街は妙にひっそりとしていて、ヘルツルの丘の真っ白な小砂利を敷き詰めた広場の一角にあるラビン元首相の墓には衛兵はおらず、花束の一つもなかった。それでも訪れる人は多いのか、埋葬した棺を覆う大理石の上にはお詣りのしるしの小石がたくさん供えられていた。一九九五年、ラビン首相がユダヤ人過激派の一員に暗殺された時、国葬と多くの人々がこの墓の前でその死を悼む光景は本書の巻頭グラビアの最後の頁にあり、苦心の末に結ばれたオスロ合意締結にいたるまでの紆余曲折は、本書の「はじめに」（三四〜三五頁）に詳述されている。

墓所の近くにあるホロコースト記念館「ヤド・バシェム（記念のしるし）」入り口の道路

沿いには、ユダヤ人のために尽くした人々の名前のプレートが付いた記念樹の並木があり、日本のリトアニア領事代理だった杉浦千畝の名も見えた。いくつかの建物群の中には、ホロコーストで命を失った人々の写真、遺品、記念品などの展示室のほか、ガス室の悲劇を象徴する炎が大きな暗い部屋の中央で小さな光を放って燃え続けている「記憶のホール」、丘を少し上がったところには、やはりホロコーストでわが子を亡くした米国の大金持ちのある人物が、一〇歳以下の子どもの犠牲者一〇〇万人のために建てた、内部がプラネタリウムのようになった「子どもの記念館」と呼ばれる建物もあった。星の代わりに子どもの数だけの小さなろうそくが満天の星のように小さな光を放っており、子どもたちの名前と国名が一名づつ、「アンナ・ツエルク、チェコスロヴァキア……」などと絶え間なく読み上げられてゆく深い悲しみに満ちた記念館だった。

ホロコーストの犠牲になった「名前のあるすべての人のために」しつらえられた「名前の記念館」というのもあって、遠い親戚の犠牲者の名前をコンピュータに打ち込むと、写真から経歴までくわしい画面が出てきて、知らなかった素顔までわかりびっくりすることがあるという。

そのあと、本書第17章に詳述されている一九六七年の「六日戦争」時、市内にあるヨルダンとの国境線とされていた「グリーンライン」沿いの「マンデルバウム門」だった場所にある「トウルジュマン・ポスト」という小さな博物館に立ち寄った。三階建ての建物のバルコニーは、銃眼と小型ミサイルの発射装置まで当時のままに保存されており、すぐ脇の屋上に出ると、壁は銃弾の穴だらけで、防衛戦のすさまじさが想起された。案内してくれたのは、ユダヤ人と結婚し、テルアヴィヴで暮らして一〇年以上になるRさん（日本人）。「アラブ人と共生するのは……」とつぶやいてから、「むずしいわね」と声を落とした。

あれから二七年。世界、とりわけ、中東、近東情勢はさまがわりした。なのに、一年ほど前（二〇二三年一〇月七日）に始まったイスラエル・ガザ紛争を報じるニュースは、攻撃と報復、停戦とその約束違反と、半世紀前と同じようなパターンを繰り返しているように聞こえる。「歴史は繰り返さないが、韻を踏む」というマーク・トウェインの言葉さながらに。

歳月はしかし、人を待たない。三〇年近い歳月は、生まれた赤ん坊が社会人になり、次世代を育て始めるのに十分な時間である。グローバル化が進む中で、世代間のイスラエル・パレスチナ問題の受け止め方はどのように変化してきているのだろうか。

二〇二四年一〇月一一日の「朝日新聞」は、紙幅いっぱいの下方三段抜きで、「バイデン世代にとって **イスラエルは「弱者」**」「**若者世代には パレスチナこそ「守られるべき弱者」**」との大見出しを付け、二〇二四年二月のピュー・リサーチセンターによる「イスラエルがハマスと戦う理由は正当」と思うかどうかの調査統計（一八〜二九歳で38％、三〇〜四九歳で49%、五〇~六五歳で67%、六五歳以上では78%が「正当」と答えている)とともに、「対イスラエル関係については年齢層によって見方が異なる」という説を紹介している。

幼い頃、父親からホロコースト(ユダヤ人大虐殺)の歴史を繰り返し聞かされて育ち、イスラエル建国以来の苦難を同時代のできごととして目の当たりにしてきた世代であるバイデン大統領(八一歳)は、パレスチナへの敵意を隠さないイスラエルのネタニヤフ首相にいら立ちを見せることもあるが、米国では若い世代ほど、イスラエルによるガザへの反撃に批判的な傾向があるという。

「祖国喪失・不在」を錦の御旗に掲げたシオニストたちは、一九四八年五月一四日、仲介役の国連が出した決議一八一を、歴史上、またとないお墨付きと判断して、単独で国家の独立を宣言した。イスラエル国家を承認しないアラブ人はこれを「アル・ナクバ(大惨事)」と認識して宣戦を布告した。イスラエルはこれを「独立戦争」と呼んだ。

「天井のない監獄」と言われるような過酷な環境に閉じ込められてきたガザの人たちの「インティファーダ(抵抗)」に、イスラエルが国民を守るためと称して行なう反撃はしばしば犯罪的な暴挙にまでエスカレートする。

だが、昨今では、爆撃と破壊に晒され、家族、親戚、隣人、友人を亡くし、耐え難い生活環境にありながらも、その悲憤を世界のできるだけ多くの人たちに知ってもらうには、勝ち目のない攻撃と反撃を繰り返すより、世界共通言語である英語を学び、英語で自分たちの現状をFacebookやX（元Twitter）などのインターネットを利用して発信すれば、ガザやイスラエルも含む世界中の英語話者たちとの対話を始めることができるのではないかと考え、勉強し始める人たちが出てきている。ネット上に公開されるパレスチナ解放のためのアイディアやビジョンは、イスラエルの建てた柵や障壁によって制限されるものではない。

二〇二三年一二月六日、ガザ地区シュシャイーヤでイスラエル軍の空爆により兄弟姉妹やその子どもたち共々、命を落としたリフアト・アルアライールは、パレスチナ・ガザ地区出身の作家で詩人、社会活動家で、ガザのイスラーム大学で世界文学、比較文学、クリエイティブ・ライティングを教え、パレスチナ文学の発展や、若い作家の育成にも力を注ぐ四四歳の大学教授だった。

学部生として英文学を学び、ユニバーシティ・カレッジ・ロンドンで比較文学の修士号を取得。のちにマレーシアのプトラ大学で英文学の博士号を取得したアルアライールは、どんな体験でも、できればそれを、魂を揺さぶるような、研ぎ澄まされた言葉で物語にすることの大切さを強調した。学者であるとともに詩人でもあった彼は、こんな詩をX（元Twitter）に残している。

If I must die,
you must live

to tell my story
……………
If I must die
Let it bring hope
Let it be a tale

もし私が死ぬ運命にあるなら
あなたには生きていてほしい
私の話を語り伝えるために
……………
もし私が死ぬ運命にあるなら
その話が希望をもたらす
物語になるように

（筆者訳）

「書くことは証言することであり、一人の人間の記憶よりも長く残る。自分自身と対話し、世界にも伝えることが、私たちの義務だ。私たちが生き延びることには理由がある。それは喪失の物語、生き抜く強さの物語、そして希望の物語を語るためだ」（『ガザの光　炎の中から届く声』リフアト・アルアライール　ほか著、斎藤ラミスまや訳、明石書店。二〇二五、三八頁）と彼は学生たちに話していた。

アルアライールをめぐるエピソードは、二〇二四年三月七日、NHKの国際報道2024という番組で「〝ガザの詩人〟が遺したメッセージ」として放映されたので、ご覧になった方も多いであろう。この詩はすでに四〇以上の言語に翻訳されているという。

ガザの難民キャンプ出身の産婦人科医でイスラエルの病院で働いていたこともあるイゼルディン・アブラエーシュは、健康や平和をむしばむ、敵に対する「憎しみ」を「社会的伝染病」という病として研究する機関を立ち上げた。一五年前にイスラエルの攻撃で三人の娘を失いながらも、「私は憎まない」と明言する共存への呼びかけは多くの共感を呼び、そのドキュメンタリー映画は、昨年、日本でも上映されて大きな反響があった。

生まれてくる赤ん坊は、イスラエル人もパレスチナ人も同じ人の子だ。その厳粛な事実に立ち会うのは産科医ばかりでない。子どもたちの母であり、その未来を思う女性たちが「和平交渉に関与することによって、より実行可能で持続的な解決策が生まれると思う」と語るイスラエル人女性ナーマ・バラク・ウォルフマンらが集う「ウィメン・ウェイジ・ピース」（WWP）と、家庭や政治の世界で、まだ男性に決定権が握られがちなパレスチナで、市民団体「ウィメン・オブ・ザ・サン」（WOS）で代表を務めるリーム・ハジャーラは、「対立より対話を求めたい」と、直接手を取り合っての運動がまだむずかしいなか、オンラインで連絡を取り合い、女性による架け橋を築こうと活動を続けている。

文庫版の校正刷りを読み返しながら、ガザの現況はエルサレムの二〇世紀時代の相剋と深奥においてはほとんど変わっていないような印象を拭いきれなかった。「二一世紀のパレスチナ」は、まるで「エルサレムの二〇世紀」という「合わせ鏡」で見ているかのようだ。鏡の角度を少し変えれば、背後の空間がありありと映し出される。時間は変幻自在で、「いつのこと?」と絶えず問う声がする。

アラブ人ならば、イスラエルの「独立記念日」は今日の諸悪の根源である「アル・ナクバ(大惨事)」と映るであろう。だが、同日、同時刻のエルサレムにいた人たちが目にしたのは、本書の第14章から第15章で語られている物語そのものだ。

以来、今日まで四回の大きな戦争と、七〇有余年にわたるさまざまな紛争についても、そこに描かれた人たちの心に秘めた思い、それぞれの物語があったことがわかる。

本書を、同じ空間を別な次元から映し出す「合わせ鏡」として読み返していただければ、原著者はもとより、文庫出版に携わった大勢の方々にとって本望であろう。

訳者の私もそれにまさるよろこびはない。

二〇二五年二月　白須英子

	ヤ和平作戦。
1984	挙国一致内閣成立。
1987	「インティファーダ」（パレスチナ人暴動）始まる。
1989	イスラエル、四項目和平を提案。
	ソ連からの大量移民。
1991	湾岸戦争、イスラエルはイラクからミサイル攻撃を受ける。
	マドリード中東和平会議開催。
1992	労働党政権成立。
1993	イスラエルとPLOはパレスチナ暫定自治の原則宣言に調印。
1994	イスラエルとPLOはガザ・エリコ地区におけるパレスチナ自治実施合意に調印（5月4日）。
	ローマ教皇庁との国交成る（6月15日）。
	イスラエル・ヨルダン平和条約調印（10月26日）。
1995	イツァク・ラビン首相、暗殺される（11月4日）。

成される。
1949　エジプト・ヨルダン・シリア・レバノンと休戦協定結ばれる（イラクは拒否）。
第一回総選挙（1月25日）。
イスラエル、国連に五九番目のメンバーとして加盟を認められる（5月11日）。
1950　エルサレムをイスラエルの首都と宣言（1月23日）。
帰還法制定される。
トランスヨルダンは西岸地区を正式に合併し、「ヨルダン・ハシム王国」と改名。
1956　第二次中東戦争（シナイ作戦）。
1962　前年の裁判に続き、アドルフ・アイヒマンはホロコーストの責任により死刑。
1964　アラブ諸国代表が東エルサレムに集まり、PLO創設を発表。
1967　第三次中東戦争（六日戦争）。エルサレム再統一。

〈1967−現在　再統一されたエルサレム〉
1969　ヤセル・アラファト、PLO議長になる。
1973　第四次中東戦争（贖罪日戦争）。
1975　イスラエル、ECの准加盟国となる。
1977　「リクード」政権成立、三〇年におよぶ労働党支配に終止符。
エジプトのサダト大統領エルサレムを訪問。
1978　キャンプ・デーヴィッド合意成立、アラブ・イスラエル紛争解決のたたき台となる。
1979　イスラエル・エジプト平和条約調印。
1981　アメリカと戦略協力の覚書交換。
1982　イスラエル、シナイ半島からの撤退を完了。
レバノンからのPLO攻撃排除を目的とするガリラ

〇〇年に及ぶオスマン帝国の聖地支配に終止符。アレンビー将軍エルサレム入城（12月11日）。

1918　ハイム・ヴァイツマン博士がスコプス山にヘブライ大学の礎石を置く。

1920　サン・レモ会議でパレスチナ統治は英国に委ねられ、ハーバート・サミュエルを初代高等弁務官とする委任統治政府がエルサレムに設立される。
ユダヤ人自衛組織「ハガナー」創設される。
アラブ人の反ユダヤ暴動始まる。

1922　国際連盟による英国委任統治の追認。英国は委任統治領を分割、ヨルダン川以東をトランスヨルダンとする。
委任統治政府に対するユダヤ側の窓口として「ユダヤ機関」創設される。

1925　ヘブライ大学、エルサレムのスコプス山に開校。

1936-39　アラブ人の武装勢力による反ユダヤ暴動。

1937　ピール委員会、パレスチナ分割案（アラブとユダヤの二カ国）を提案。

1939　英国、白書を出し、ユダヤ人移民を制限。

1939-45　第二次大戦、ヨーロッパでホロコースト起こる。

1941　「ハガナー」の突撃隊「パルマッハ」創設される。

1946　「イルグン」がキング・デーヴィッド・ホテルを爆破。

1947　国連がパレスチナ分割決議案を採択（11月29日）。

1948　英国委任統治の終了（5月14日）。
イスラエル独立宣言（5月14日）。

〈1948-67年　分断されたエルサレム〉

1948　イスラエル、アラブ五カ国の正規軍により侵攻される（5月15日）。
第一次中東戦争（独立戦争）。イスラエル国防軍編

〈638-1099年　イスラーム時代〉

638　カリフ・ウマルのエルサレム入城。
691　「岩のドーム」完成。

〈1099-1187年　十字軍時代〉

1099　十字軍のエルサレム占領。
1187　サラディンが十字軍からエルサレムを奪回。

〈1250-1517年　マムルーク（エジプトの王朝）時代〉

〈1517-1917年　オスマン・トルコ時代〉

1517　オスマン朝のエルサレム征服。
1538-40　スルタン・スレイマン一世（壮麗王）が城壁を再建。
1700　ラビ・イェフダ・ヘハスィドがフルヴァ・シナゴグの建設開始。
1836　モーゼス・モンテフィオーレ卿の最初の訪問。
1838　最初の英国領事館がエルサレムに開設される。
1860　城壁外の最初のユダヤ人居住地ができる。
1882-1903　ロシアからの大規模移民。
1896　テオドール・ヘルツル、『ユダヤ国家』を著す。
1897　ヘルツルの提唱による第一回シオニスト会議がバーゼルで開かれ、世界シオニスト機構が創設される。
1904-14　ロシア、ポーランドからの大規模移民。
1909　ユダヤ人の最初の町テルアヴィヴが建設される。
1909　最初のキブツ、「デガニア」がガリラヤ地方にできる。
1914-18　第一次大戦。

〈1917-48年　英国軍の占領と委任統治時代〉

1917　英国、バルフォア宣言でパレスチナにユダヤ人の民族郷土を建設することを保証。トルコを打倒し、四

モン家が反乱。

164　マカビのユダがエルサレムを奪回して宮潔めを行なう。

〈紀元前 63-紀元 324 年　ローマ時代〉

63　ローマ軍司令官ポンペイウス、エルサレムを占領し、ローマ支配始まる。

37　ヘロデ王、アントニア要塞、宮殿、三つの塔を建設、神殿の改築を開始。

4　ナザレのイエス誕生。

紀元 30 頃　イエス・キリスト十字架により処刑される。

66　ローマの圧制下でユダヤ人の反乱始まる。

70　ローマのティトゥス将軍エルサレムの第二神殿を破壊。

73　マサダの要塞が陥落。

80-90 頃　ユダヤ史家ヨセフス、『ユダヤ戦記』、『ユダヤ古代誌』を著す。

132-35　バル・コホバの反ローマ蜂起。

135　ハドリアヌス帝によるエルサレムの完全な破壊と、新しい城壁、およびアエリア・カピトリーナと改名された新しいローマ都市の建設、ユダヤ人は追放される。

313　ローマ帝国がキリスト教を公認したため、キリスト教徒の反ユダヤ主義が始まる。

〈324-638 年　ビザンツ時代〉

326　コンスタンティヌス大帝の母、ヘレナ皇后がエルサレムを訪問、聖墳墓教会を建設。

エルサレム略年史

紀元前30世紀後半	エブラ文書中にエルサレムの名についての最初の記録。
18-16世紀	アブラハム、イサク、ヤコブらの族長時代。
13世紀	モーセの出エジプト、イスラエル民族のカナン定着。

〈紀元前12世紀-538年　古代イスラエル時代〉

1020頃	サウルによるイスラエル王国統一。
1000頃	ダビデ王のイスラエル・ユダ複合王国成立、エルサレムに首都を定める。
960頃	ソロモン王、エルサレムに第一神殿を建設。
928頃	統一王国が北イスラエルと南ユダの二王国に分裂。
722	北イスラエル王国、アッシリアに征服される。
597	第一次バビロン捕囚。
586	エルサレム滅亡、第二次バビロン捕囚。
538	ペルシア王キュロスが捕囚民を解放。

〈紀元前537-332年　ペルシア時代〉

537-15	バビロニアから捕囚民が帰還して第二神殿建立。

〈紀元前332-167年　ヘレニズム時代〉

332	イスラエルの地、アレクサンドロス大王に征服される。 以後、ヘレニスト諸王朝の支配。

〈紀元前167-63年と40-37年　ハスモン（マカビ）時代〉

167	アンティオコス四世のユダヤ教弾圧に反抗してハス

Simon Schama, *Two Rothschilds and the Land of Israel*, Alfred A. Knopf, New York, 1978.

Abdullah Schleifer, *The Fall of Jerusalem*, New York, 1972.

Gershom Scholem, *From Berlin to Jerusalem, Memories of My Youth*, Schocken Books, New York, 1980.(『ベルリンからエルサレムへ 青春の思い出』, 岡部仁訳, 法政大学出版局, 1991)

Yitzhak Shamir, *Summing Up, an autobiography*, Weidenfeld and Nicolson, London, 1994.

Zeev Sharef, *Three Days*, W. H. Allen, London, 1962.

Arieh Sharon, *Planning Jerusalem, The Old City and its Environs*, Weidenfeld and Nicolson, London, 1973.

Naomi Shepherd, *The Mayor and the Citadel, Teddy Kollek and Jerusalem*, Weidenfeld and Nicolson, London, 1987.

Naomi Shepherd, *Alarms and Excursions, Thirty Years in Israel*, Collins, London, 1990.

Evelyn Shuckburgh, *Descent to Suez, Diaries, 1951–56*, Weidenfeld and Nicolson, London, 1986.

Bernard Spolsky and Robert L. Cooper, *The Languages of Jerusalem*, Clarendon Press, Oxford, 1991.

Roanld Storrs, *Orientations*, Nicholson, and Watson, London, 1943.

Yehuda Taggar, *The Mufti of Jerusalem and Palestine Arab Politics, 1930–1937*, Garland, New York, 1986.

Eliezer Tauber, *The Arab Movements in World War I*, Frank Cass, London, 1993.

Colin Thubron, *Jerusalem*, William Heinemann, London, 1969.

Bertha Spafford Vester, *Our Jerusalem*, Doubleday, Garden City, New York, 1950.

Bernard Wasserstein, *Herbert Samuel, A Political Life*, Clarendon Press, Oxford, 1992.

Gideon Weigert, *Israel's Presence in East Jerusalem*, Jerusalem Post Press, Jerusalem, 1973.

Elie Wiesel, *All Rivers Run to the Sea, Memoirs*, Alfred A. Knopf, New York, 1995.

J. E. Wright, *Round About Jerusalem, Letters from the Holy Land*, Jarrolds, London, 1918.

London, 1995.
John Phillips, *A Will to Survive*, Dial Press, New York, 1977.
Y. Porath, *The Emergence of the Palestinian-Arab National Movement, 1918–1929*, Frank Cass, London, 1974.
Zipporah Porath, *Letters from Jerusalem, 1947–1948*, Association of Americans and Canadians in Israel, Jerusalem, 1978.
Terence Prittie, *Whose Jerusalem?* Frederick Muller, London, 1981.
David Pryce-Jones, *The Face of Defeat, Palestinian Refugees and Guerrillas*, Weidenfeld and Nicolson, London, 1972.
Yitzhak Rabin, *The Rabin Memoirs*, Weidenfeld and Nicolson, London, 1979.（『ラビン回想録』，早良哲夫監修，竹田純子訳，ミルトス，1996）
Abraham Rabinovich, *The Battle for Jerusalem, June 5–7, 1967*, Jewish Publication Society, Philadelphia, 1972.
Abraham Rabinovich, *Jerusalem on Earth, People, Passions, and Politics in the Holy City*, Collier Macmillan, London, 1988.
Louis Rapoport, *Confrontations*, Quinlan Press, Boston, 1988.
Malkah Raymist, *The Stiff-Necked City, A journalist's personal account of the Siege of Jerusalem, 1948*, Gefen, Jerusalem, 1989.
Anat Reisman-Levy（editor）, *Jerusalem: Perspectives Towards a Political Settlement*, United States Institute of Peace, Washington DC, July 1993.
Pauline Rose, *The Siege of Jerusalem*, London, 1951.
Trevor Royle, *Glubb Pasha, The Life and Times of Sir John Glubb, Commander of the Arab Legion*, Little Brown and Company, London, 1992.
Harry Sacher（editor）, *Zionism and the Jewish Future*, John Murray, London, 1916.
Moshe Safdie, *Jerusalem, The Future of the Past*, Houghton Mifflin, Boston, 1989.
Edward W. Said, *The Politics of Dispossession, The Struggle for Palestinian Self-Determination, 1969–1994*, Chatto & Windus, London, 1994.
Edwin Samuel, *A Lifetime in Jerusalem, The Memoirs of the Second Viscount Samuel*, Vallentine Mitchell, London, 1970.

Lieutenant-Colonel Netanel Lorch, *The Edge of the Sword, Israel's War of Independence, 1947–1949*, G. P. Putnam's Sons, New York, 1961.

R. A. S. Macalister, *A Century of Excavation in Palestine*, London, 1925.

Neville J. Mandel, *The Arabs and Zionism before World War I*, University of California Press, Berkeley and Los Angeles, 1976.

W. T. Massey, *How Jerusalem Was Won, Being the Record of Allenby's Campaign in Palestine*, Constable, London, 1919.

Basil Mathews, *The Freedom of Jerusalem*, London, 1918.

James G. McDonald, *My Mission in Israel, 1948–1951*, Simon and Schuster, New York, 1951.

Golda Meir, *My Life*, Weidenfeld and Nicolson, London, 1975.（『ゴルダ・メイア回想録　運命への挑戦』，林弘子訳，評論社，1980）

Abraham E. Millgram, *Jerusalem Curiosities*, Jewish Publication Society, Philadelphia, 1990.

Benny Morris, *The Birth of the Palestinian Refugee Problem, 1947–1949*, Cambridge University Press, Cambridge, 1987.

H. V. Morton, *In The Steps of the Master*, Rich and Cowan, London, 1934.

General Uzi Narkiss, *The Liberation of Jerusalem, The Battle of 1967*, Vallentine, Mitchell, London, 1983.（『エルサレムに朝日が昇る「六日戦争」エルサレム解放の記録』，滝川義人訳，ミルトス，1987）

Monsignor John M. Oesterreicher and Anne Sinai (editors), *Jerusalem*, John Day, New York, 1974.

James Parkes, *The Story of Jerusalem*, The Cresset Press, London, 1949.

Helen Palmer Parsons (editor), *Letters from Palestine: 1868–1912, Written by Rolla Floyd*, privately printed, Jerusalem, 1981.

Lieutenant-Colonel J. H. Patterson, *With the Judæans in the Palestine Campaign*, Hutchinson, London, 1922.

Maurice Pearlman, *Mufti of Jerusalem, The Story of Haj Amin El Husseini*, Victor Gollancz, London, 1947.

Shimon Peres, *Battling for Peace, Memoirs*, Weidenfeld and Nicolson,

1930, Magnes Press, Jerusalem, 1991.
Menahem Kaufman, *America's Jerusalem Policy, 1947–1948*, Hebrew University of Jerusalem, Jerusalem, 1982.
Edward Keith-Roach, *Pasha of Jerusalem, Memoirs of a District Commissioner under the British Mandate*, Radcliffe Press, London, 1994.
Henry Kendall, *Jerusalem, The City Plan, Preservation and Development During the British Mandate, 1918–1948*, His Majesty's Stationery Office, London, 1948.
Walid Khalidi（editor）, *All That Remains: The Palestinian Villages Occupied and Depopulated by Israel in 1948*, Institute for Palestine Studies, Washington DC, 1992.
Sir Alec Kirkbride, *A Crackle of Thorns*, John Murray, London, 1956.
Dr Joseph Klausner, *Menachem Ussishkin, His Life and Work*, Joint Zionist Publication Committee, London, no date.
Teddy Kollek and Moshe Pearlman, *Jerusalem Sacred City of Mankind: a history of forty centuries*, Steimatzky's Agency, Tel Aviv, 1968.（『聖都エルサレム』，石田友雄訳，学習研究社，1979）
Teddy Kollek, *For Jerusalem*, Weidenfeld and Nicolson, London, 1978.
Teddy Kollek, *Jerusalem*, The Washington Institute for Near East Policy, Washington DC, 1990.
Joel L. Kraemer（editor）, *Jerusalem, Problems and Prospects*, Praeger, New York, 1980.
David Kroyanker, *Jerusalem, Planning and Development, 1978/79*, Jerusalem Institute for Israel Studies, 1979.
David Kroyanker, *Jerusalem architecture*, Tauris Parke, London, 1994.
Arthur Kutcher, *The New Jerusalem, Planning and Politics*, Thames and Hudson, London, 1973.
Eli Landau, *Jerusalem the Eternal, The Paratroopers' Battle for the City of David*, Otpaz, Tel Aviv, 1968.
Harry Levin, *Jerusalem Embattled, A Diary of the City under Siege, March 25th, 1948 to July 18th, 1948*, Victor Gollancz, London, 1950.
Major H. O. Lock, *With the British Army in the Holy Land*, Robert Scott, London, 1919.

Robert H. Goodsall, *Palestine Memories, 1917-1918-1925*, Cross and Jackman, Canterbury, 1925.
Arthur A. Goren, *Dissenter in Zion, From the Writings of Judah L. Magnes*, Harvard University Press, Cambridge, Massachusetts, 1982.
Stephen Graham, *With the Russian Pilgrims to Jerusalem*, Thomas Nelson, London, 1914.
Philip Graves, *Palestine, The Land of Three Faiths*, Jonathan Cape, London, 1926.
Yael Guiladi, *One Jerusalem*, Keter, Jerusalem, 1979.
Eric Hammel, *Six Days in June, How Israel Won the 1967 Arab-Israeli War*, Charles Scribner's Sons, New York, 1992.
S. F. Hatton, *The Yarn of a Yeoman*, Hutchinson, London, no date.
Gideon Hausner, *Justice in Jerusalem*, Schocken Books, New York, 1968.
Joseph Heller, *The Stern Gang, Ideology, Politics and Terror, 1940-1949*, Frank Cass, London, 1995.
Theodor Herzl, *Altneuland, Old-New Land*, illustrated English-language edition, Haifa Publishing Company, Haifa, 1960 (first editions in German, Yiddish, Polish, Hebrew, Russian, French, Roumanian, Hungarian and Dutch, 1902-3).
I. W. J. Hopkins, *Jerusalem, A Study in Urban Geography*, Baker, Grand Rapids, Michigan, 1970.
Albert Hourani, *A History of the Arab Peoples*, Faber and Faber, London, 1991.
F. Robert Hunter, *The Palestinian Uprising, A War by Other Means*, I. B. Tauris, London, 1991.
Albert M. Hymanson (editor), *The British Consulate in Jerusalem in relation to the Jews of Palestine, 1838-1914*, Edward Goldston, London, 1941.
Dov Joseph, *The Faithful City, The Siege of Jerusalem, 1948*, Simon and Schuster, New York, 1960.
Mousa J. Kaleel, *When I was a Boy in Palestine*, George G. Harrap, London, April 1920.
Ruth Kark, *Jerusalem Neighborhoods, Planning and By-laws, 1855-*

Yona Cohen, *Jerusalem Under Siege, Pages from a 1948 Diary*, Ridgefield, Los Angeles, 1982.

Larry Collins and Dominique Lapierre, *O Jerusalem!* Weidenfeld and Nicolson, London, 1972.（『おおエルサレム！』，村松剛訳，早川書房，1974）

Ruby Cromer, *The Hospital of St. John in Jerusalem*, London, 1961.

Richard Crossman, *Palestine Mission, A Personal Record*, Hamish Hamilton, London, 1947.

Hillel Danziger（editor）, *Guardian of Jerusalem, The Life and Times of Rabbi Yosef Chaim Sonnenfeld*, Mesorah Publications, New York, 1983.

Joan Dash, *Summoned to Jerusalem, the Life of Henrietta Szold*, Harper and Row, New York, 1979.

Amos Elon, *Jerusalem, City of Mirrors*, Weidenfeld and Nicolson, London, 1990.

Elias M. Epstein, *Jerusalem Correspondent, 1919–1958*, Jerusalem Post Press, Jerusalem, 1964.

Walter Eytan, *The First Ten Years, A Diplomatic History of Israel*, Simon and Schuster, New York, 1958.

Captain Cyril Falls, *Military Operations, Egypt and Palestine*, 2 volumes, Macmillan, London, 1930.

Leslie Farmer, *We Saw the Holy City*, Epworth Press, London, 1944.

Isaiah Friedman, *The Question of Palestine, 1914–1918, British-Jewish-Arab Relations*, Routledge and Kegan Paul, London, 1973.

Isaiah Friedman, *Germany, Turkey, and Zionism, 1897–1918*, Clarendon Press, Oxford, 1977.

Thomas Friedman, *From Beirut to Jerusalem*, Collins, London, 1990.（『ベイルートからエルサレムへ　NY タイムズ記者の中東報告』，鈴木敏・鈴木百合子訳，朝日新聞社，1993）

P. Gillon（editor）, *Recollections of a Medical Doctor in Jerusalem, From Professor Julius J. Kleeberg's Notebooks, 1930–1988*, Karger, Basel, 1992.

Nelson Gluek, *Dateline: Jerusalem, A Diary by Nelson Gluek*, Hebrew Union College Press, Cincinnati, 1968.

Miss A. Goodrich-Freer, *Inner Jerusalem*, London, 1904.

1924.
Pablo de Azcazarte, *Mission in Palestine, 1948–1952*, Middle East Institute, Washington DC, 1966.
Michael Bar-Zohar, *Ben-Gurion*, Weidenfeld and Nicolson, London, 1978.
Alex Bein (editor), *Arthur Ruppin: Memoirs, Diaries, Letters*, Weidenfeld and Nicolson, London, 1971.
Saul Bellow, *To Jerusalem and Back, A Personal Account*, Viking Press, New York, 1976.
Shimon Ben-Eliezer, *Destruction and Renewal, The Synagogues of the Jewish Quarter*, Rubin Mass, Jerusalem, 1975.
Margery Bentwich, *Thelma Yellin, Pioneer Musician*, Ruben Mass, Jerusalem, 1964.
Norman Bentwich (editor), *Hebrew University Garland, A Silver Jubilee Symposium*, Vallentine, Mitchell, London, 1951.
Norman Bentwich, *Judah L. Magnes, A Biography of the first Chancellor and first President of the Hebrew University of Jerusalem*, East and West Library, London, 1955.
Norman Bentwich, *My 77 Years, An Account of My Life and Times, 1883–1960*, Routledge and Kegan Paul, London, 1962.
Meron Benvenisti, *Jerusalem, The Torn City*, Isratypeset, Jerusalem, 1976.
Folke Bernadotte, *To Jerusalem*, Hodder and Stoughton, London, 1951.
Estelle Blyth, *When We Lived in Jerusalem*, John Murray, London, 1927.
H. Eugene Bovis, *The Jerusalem Question, 1917–1968*, Stanford, California, 1971.
Randolph S. Churchill and Winston S. Churchill, *The Six Day War*, Heinemann, London, 1967.
Mary Clawson, *Letters from Jerusalem*, Abelard-Schuman, London, 1957.
Israel Cohen, *Travels in Jewry*, Edward Goldston, London, 1952.
Saul B. Cohen, *Jerusalem, Bridging the Four Walls, A Geopolitical Perspective*, Herzl Press, New York, 1977.

tine and Syria, Simpkin, Marshall, London, New edition, 1924.
J. E. Hanauer, *Walks in and around Jerusalem*, London Society for Promoting Christianity Amongst the Jews, London, 1926.
Christopher Lumby (editor), *Cook's Handbook to Palestine and Syria and Iraq*, Simpkin Marshall, London, 6th edition, 1934.
Zev Vilnay, *The Guide to Israel*, Ahiever, Jerusalem, 1955 (16th edition, 1973).
Elian-J. Finbert, *Israel*, Hachette, Paris, 1956.
Father Eugene Hoade, *Guide to the Holy Land*, Franciscan Press, Jerusalem, 4th edition, 1962.
Sarah Kaminker, *Footloose in Jerusalem, eight guided walking tours*, Footloose Publishers, Jerusalem, July 1970 (7th edition, 1988).
Nitza Rosovsky, *Jerusalemwalks*, Holt, Rinehart and Winston, New York, 1982.
David Benvenisti, *Tours in Jerusalem*, Kiryat Sefer, Jerusalem, 1985.
Arlynn Nellhaus, *The Heart of Jerusalem*, John Muir, Santa Fe, 1988.
Kay Prag, *Jerusalem* (Blue Guide), A. & C. Black, London, 1989.
Martin Lev, *The Traveller's Key to Jerusalem, A Guide to the Secret Places of Jerusalem*, Harrap, London, 1990.
Alan Mirsky, *Point by Point in the Jewish Quarter*, Jerusalem, January 1993.

著作

Zvi Abells and Asher Arbit, *The City of David Water Systems, Plus Brief Descriptions of Aqueducts, Storage Pools and the Present Day Supply of Water to Jerusalem*, Privately printed, Jerusalem, 1995.
David Aberbach, *Bialik*, Peter Halban, London, 1988.
Fannie Fern Andrews, *The Holy Land Under the Mandate*, 2 volumes, Houghton Mifflin, Boston, 1931.
Hannah Arendt, *Eichmann in Jerusalem*, Viking Press, New York, 1963.(『イェルサレムのアイヒマン　悪の陳腐さについての報告』, 大久保和郎訳, みすず書房, 1969)
C. R. Ashbee, *A Palestine Notebook, 1918-1923*, William Heinemann, London, 1923.
C. R. Ashbee (editor), *Jerusalem, 1920-1922*, John Murray, London,

Elihu Lauterpacht, *Jerusalem and the Holy Places*, Anglo-Israel Association, London, 1968.
United States Mission to the United Nations, *Press Release*, USUN-70 (69), 1 July 1969.
R. Lapidoth and M. Hirsch (editors), *The Jerusalem Question and Its Resolution: Selected Documents*, Martinus Nijhoff, Dordrecht, 1994.
The Planning of Jerusalem, Association of Engineers and Architects in Israel, Tel Aviv, April 1974.
Ora Ahimeir (editor), *Jerusalem, Aspects of Law*, Jerusalem Institute for Israel Studies, Jerusalem, 1983.
David Kroyanker, *Jerusalem, Planning Development, 1982–1985, New Trends*, Jerusalem Committee and others, Jerusalem, 1985.
Address by His Majesty King Hussein to the Parliamentary Assembly of the Council of Europe (speech), Strasbourg, 25 September 1995.
Menahem Milson, *Sadat's Visit, A Personal Memoir (November 19–21, 1977)*, Jerusalem, October 1995.

ガイドブック（刊行年度順）

E. A. Reynolds-Ball, *Guide to Jerusalem*, London, 1901.
Rev. J. E. Hanauer and Dr E. G. Masterman (editors), *Cook's Handbook for Palestine and Syria*, Simpkin, Marshall, Hamilton, Kent, London, 1907.
Father Barnabas Meistermann, *New Guide to the Holy Land*, London, 1908.
Rev. J. E. Hanauer, *Walks About Jerusalem*, London Society for Promoting Christianity Amongst the Jews, London, 1910.
G. E. Franklin, *Palestine Depicted and Described*, London and New York, 1911.
A Guide Book to Southern Palestine, Based upon the well-known enemy publication Baedeker's Palestine and Syria and augmented by numerous editions, Palestine Pocket Guide-Books, volume 1, Cairo, 1918.
Fr. Vester, *A Guide-Book to Jerusalem and Environs*, American Colony Stores, Jerusalem, 1920.
Harry Charles Luke (editor), *The Traveller's Handbook for Pales-*

文献目録

報告と公文書（年代順）

The Times History of the War, volume XV, Printing House Square, London, 1918.

A Brief Record of the Advance of the Egyptian Expeditionary Force, July 1917 to October 1918, His Majesty's Stationery Office, London, 1919.

The War Graves of the British Empire, The Register of the names of those who fell in the Great War and are buried in the Jerusalem Group of Cemeteries, Palestine, Imperial War Graves Commission, London, 1927.

Report of the Commission on the Palestine Disturbances of August 1929, Command Paper 3530 of 1930, His Majesty's Stationery Office, London, 1930.

The Hebrew University Jerusalem, 1929/30, Jerusalem, 1930.

Report of the Executives of the Zionist Organisation and of the Jewish Agency for Palestine, Jerusalem, 1937.

Palestine Royal Commission Report, Command Paper 5479 of 1937, His Majesty's Stationery Office, London, 1937.

Palestine Partition Commission Report, Command Paper 5854 of 1938, His Majesty's Stationery Office, London, 1938.

Hadassah Medical Organisation, *Report for 1939*, Jerusalem, 1940.

Report of the Anglo-American Committee of Enquiry Regarding the Problems of European Jewry and Palestine, Command Paper 6808 of 1946, His Majesty's Stationery Office, London, 1946.

The Hebrew University, Jerusalem, Its History and Development, Third Edition (Revised), Jerusalem, 1946.

Progress Report of the United Nations Mediator on Palestine, Command Paper 7530 of 1948, His Majesty's Stationery Office, London, 1948.

Geographical Section, General Staff, *Jerusalem Town Plan, Compiled and drawn by the Survey of Palestine, 1945*, War Office, London, 1952.

ロゾフスキー，ニツァ　252, 528
ロック，H・O　134
ロックフェラー，ジョン・D　264
ロンメル　302
ワッサーステイン，バーナード　200, 599, 600
ワッソン，トーマス・C　389
ワトソン，C・F　128, 129, 143

ライプニッツ，ロバート　80
ライミスト，マルカ　354
ラヴェル，A・J　219
ラスケル，アリス　354
ラダウ，アニー　172
ラビノヴィチ，アブラハム　457
ラビノヴィツ，ファニー　451
ラビノヴィツ，マルカ　479
ラフィ・レヴィ　565
ラポポルト，ルイス　562, 564, 565, 578
ランダウ，エリ　487, 491
ランディ，レイチェル　86, 112, 113
ランボールド，ホレイス　272, 275–278, 280
リアド・ベイ・アッソルフ　433
リー，マギー　116
リチャード一世　129
リッチフィールド，ナサニエル　534
リッチモンド，アーネスト　163
リッベントロップ，ヨアヒム・フォン　305
リフタウィ，ムスタファ　538, 603
リベカ・シーフ　230
リューク，ハリー　220
ルヴァルト，アレクサンダー　233
ルードベルク，ルドルフ　454
ルビツォフ，ネヘミア　204
ルピン，アルトゥル　103–105, 182, 193, 202, 210, 221, 224, 271, 277, 282, 285, 302
ルメール，レイモン　537
ルリ，テッド　344, 345
レイノルズ－ボール，E・A　40, 49, 50
レイブ・ヤッフェ　353
レイボビッチ，ダヴィド　362
レヴィ，ダヴィド　575
レヴィ・エシュコル　470, 493
レヴィン，ハリー　357, 360, 385, 386
レウーベン・ザスラーニ　354
レール，ウィム・ヴァン　497
レナルト，ハインリヒ　79
ロー，アンドリュー・ボナー　210
ロイド・ジョージ，デーヴィッド　111, 181, 183, 185, 210
ロイトヴェット－ハルデッグ，ユリウス　93
ローズ，ポーリン　362, 384, 406
ローチ，ネタニエル　387, 390
ローハン，デニス・マイケル　521
ローフェル，アブラハム　388, 398
ド・ロスチャイルド，エドモン　50, 91, 108, 135
ド・ロスチャイルド，ジェイムズ　135, 461, 466

58
マカリスター，R・A・S　213, 221
マクシミリアン大公　76
マクドナルド，ジェイムズ・G　412, 422, 424
マクドナルド，マルコム　287
マグネス，イェフダ・L　86, 212, 213, 223, 227, 228, 257, 262, 302, 320, 321, 365
マクミラン，ゴードン　364, 365
マクラッケン，ウィリアム　169
マクリーン，ウィリアム　160, 162, 163
マグレガー，P・J・C　83-85, 94, 104, 105
マザル，ベニヤミン　538
マジャリ，ハビス　384
マシューズ，バシル　131, 132
マネー，アーサー　157, 166, 167
マフディ・ベイ　100
マンデルバウム　445, 464
ミスズルスキ，ボリス　366
ミルソン，メナヘム　225, 544, 545
ムアレム，ナセエフ　597, 598
ムーゼル，ロバート　490
アル・ムズガル，アブド・アル・カディル　106
ムッソリーニ，ベニト　230
ムバラク大統領　606
アル・ムフタシブ，シェイフ・ヒルミ　544
アル・ムフティ・グネイム，アベド　571
メイア，ゴルダ（ゴルダ・マイヤーソン）　333, 338, 372, 454, 477, 493, 496, 522, 618
メイヤー，マーティン　42, 43, 46
メータ，ズービン　497, 498, 571, 619
メルツァー，ジュリアン　370
モーゲンソー，ヘンリー　105
モグハノン，マティエル　249
モッセリ家のマカビ　369
モルコス　57, 138
ディ・モンテツェモロ，アンドレア・コルデロ・ランツァ　592

(ヤ〜ワ)
ヤコブス，ユリウス　316
ヤスキー，ハイム　289, 305, 342, 365-367
ヤディン，イガエル（イガエル・スケニク）　290
ヤルコニ，ヤッファ　494
ヨスト，チャールズ・W　514, 515
ヨセフ，バーナード（ドヴ・ヨセフ）　292, 333, 357, 358, 361, 362, 398, 404, 408, 411, 414, 417, 425, 427, 493
ライト，J・E　82
ライヒ，ロニー　91, 92

184, 185
プライス－ジョーンズ，デーヴィッド　528, 529
フラニ，アルベルト　428
プラハ，ラビ・アブラホム・アハロン　159
フランクリン，アーサー　105, 106
フリードマン，トーマス　569
フリッツ，アイテル　79, 80
プリティ，テレンス　28, 314
ブル，オッド　470-473
ド・ブルース，ロバート　229
プルーマー元帥（プルーマー卿）　231, 257, 260
デュ・プレ，ジャクリーヌ　498, 619
フロイド，ローラ　73
ブローデ，ハインリヒ　94
ベイリス，メンデル　81, 82, 225
ベーカー，ジェイムズ　587
ペータル国王　300
ベギン，メナヘム　315, 545, 546, 550, 553
ベト・エロン　530
ヘヒト，ヨセフ　218
ヘルツォーグ，ゼェブ　412
ヘルツォーグ，ハイム　497, 504
ヘルツル，テオドール　44-46, 49, 53, 68, 449
ベルナドット，フォルケ　405-407, 411-415, 418, 422
ベルリン，ラビ・メイル　415
ペレス，シモン　495, 589, 590, 609
ベロー，ソール　541, 542
ベンヴェニスティ，メロン　539, 540
ベングリオン，ダヴィド（ダヴィド・グルエン）　81, 300, 338, 340, 347, 361, 362, 377, 411, 413-415, 417, 418, 422, 425, 426, 431, 438, 495, 496, 508
ベントウィチ，ノーマン　215, 258, 436
ホーデ神父　80
ボールズ，ルイス　176
ホス，ドヴ　276
ボスヴァリュク，ヴィクトル　592
ポラート，イェホシュア　216
ポラート，ツィポラ（ツィポラ・ボロウスキー）　320, 343, 367, 409
ポラト，ヨシュア　105
ホルスト，ヨハン・ヤーゲン　589
ボロチョフ，マシハ　57

（マ）
マーカス，ジェイコブ・レイダー　227, 228
マーティン，ジョン　277
マイスターマン，バルナバス　57,

302, 304, 316, 366
ビリグ，ルイス　29, 272, 285
ヒル，ジョン・グレイ　103, 182
ピンカーフェルド，ヤコブ　454
ピンツォヴェル，ヴェラ　94
ヒンデンブルク元帥　132
ファイサル皇太子　304
ファデル・ベイ・アブドゥラ　359
ファハド王子　552
ファラジ，ヤクブ　170
ファルケンハイン，エーリヒ・フォン　116, 117, 119, 133, 134, 164
フィールズ，デーヴィッド　531
フィールド，マーシャル　210
フィシャー，サンドラ　540
フィッシュマン，イェフダ・レイブ　286
フィッツジェラルド，ウィリアム　313, 314
フィリップス，ジョン　381, 396-398
フィロソフ，ノア・ベンアルツィ　606
ブーバー，マルティン　584
フェーレンツ，ベンジャミン　437
フェルディナント，フランツ　106
フォークト，エミール　251
アル・フセイニ，アブドゥル・ハデル　285, 345, 586
アル・フセイニ，アリフ　114
アル・フセイニ，イスマイル・ベイ　152, 171
アル・フセイニ，カメル　139, 152, 197
アル・フセイニ，サイド・ベイ　67, 105
アル・フセイニ，ジャマル　302
アル・フセイニ，ハジ・アミン　178, 197-200, 216, 243, 256, 286, 287, 305, 356, 410, 419, 420, 432, 434, 460
アル・フセイニ，ファイサル　359, 586, 588, 591
アル・フセイニ，フセイン・エフェンディ　127
アル・フセイニ，ムーサ・カゼム・パシャ　152, 165, 174-176, 179, 190, 359
アル・フセイニ，ムスタファ　114
アル・フセイニ，ムハンマド・サラ　101
フセイン，エミール（メッカの太守）　112, 217
フセイン・アブ・サウド　283
フセイン国王　31, 34, 434, 444, 459, 460, 466, 469-472, 479, 484, 486, 592, 593, 603, 606, 608
フッフシュミド，G・A　251
ブライス主教　108
ブライス，エステル　68, 69, 88,

ネガル，モハメド　363

(ハ)
パーカー，モンタギュー　88, 90
バーガン，マーワン　598
パークス，ジェイムズ　423
ハーナゥアー，キャノン　226
バーバー，ウォルワース　471
フォン・パーペン，フランツ　120, 121
パールマン，モーリス　198
デ・ハーン，ヤアコヴ・イスラエル　217–220
バーンスタイン，レナード　416
ハイアムスン，アルバート　215
ハイクラフト，トーマス　201
ハイデラバードのニザーム　216
バイド・アラ・アディン　523
ハイニング中将　292
ハウスネル，ギデオン　457
ハシムショニィ，アリエ　533
ハシムショニィ，ツィオン　533
ハットン，S・F　128
アル・ハティブ，アンワル　464, 523, 528, 544
アル・ハティブ，シェイフ・サイド　262
アル・ハティブ，ルヒ　435, 459, 461, 495
アル・ハデル・アーブディン，シェイフ・アブド　594
バトシェヴァ・ツール　607
ハハム・バシ　110
ハヨン，ラビ・ゲダリア　230
ハラリ，ヴィクトール　210
アル・ハリディ，フセイン・ファフリ　266, 269, 282, 341, 350
アル・ハリディ，ムスタファ　283, 309
アル・ハリディ，ムハンマド・サメ　255
アル・ハリディ，ルヒ・ベイ　67, 100
アル・ハリル，アブド・アル・カリム　114
バルジライ，ダヴィド　602, 638
ハルバーシュテッター，ルードヴィヒ　260
バルフォア，A・J　117, 190, 223–225, 634
バルラッシーナ大主教　261
バルレヴ，ハイム　486
バレンボイム，ダニエル　498
バロバル，ドン・アントニオ　119
ハンメル，エリック　474
ピアソン，ペーター　306, 307
ビアリク，ハイム・ナフマン　224
ピアチェンツィ，マルチェロ　252
ピーズ，ジャック　111
ヒトラー（，アドルフ・）　259, 260, 266, 272, 287, 293, 299, 301,

(タ)
ターナー，マイク　531
タイチュ皇后　40
アル・ダジャニ，アリフ・パシャ　170, 176
アル・ダジャニ，ハッサン・シドキ・ベイ　255
ダヤン，モシェ　31, 414, 417, 431, 478, 479, 485, 492, 493, 502, 505, 506, 522
タラル国王　434, 435
ダルマン，グスタフ・ヘルマン　55
ダンツィガー，ヒレル　151, 158, 167
チェトウッド，フィリップ　129
チャーチル，ウィンストン　29, 179, 185-196, 293, 294, 399, 453, 638
チャーチル，ジャック　364-366
チャイコフ　149
ツィムケ，クルト　121
ツウェブネル，ラビ・アブラハム・ハイム　419
ツォンデク，ベルナルド　260
ディートリヒ，マレーネ　465
ティドハル，ダヴィド　217-219
ティホー，アルベルト　113, 251
アル・テル，アブドゥラ　395, 397, 417
トゥーゲント，トム　416
ドーレ総領事　283
トスカニーニ，アルトゥーロ　278, 279
トムスン，ケイ　575
トルーマン大統領　389
ドルジャンスキー，L　366, 367
トン，ヤアコヴ　122, 133, 134, 137

(ナ)
アル・ナシャシビ，アリフ・ヒクマト　175
アル・ナシャシビ，ウスマン　100
アル・ナシャシビ，ザヒヤ　249
アル・ナシャシビ，ファフリ・ベイ　239, 255, 286, 287, 295
アル・ナシャシビ，ラゲブ・ベイ　104, 180, 182, 199, 200, 221, 256, 295, 301
アル・ナシャシビ，ラシド　301
ナスィル，タニア　595
ナセル大統領　471, 472, 474, 479, 484
ナビル・シャアト　591
ナビル・フーリィ　507
ナフェズ・ナザル　588
ナフマン・アヴィガド　548
ナルキス，ウジ　358, 385, 473, 477-479, 485, 487, 489, 490, 493
ヌセイベ，アンワル　432, 523, 556
ヌロック，マックス　183

シェイ，J・S・M　128, 129
シェイフ・ジャマル・アリファイ　581
シェイフ・フサム・アディン・ジャララ　419
シェパード，ナオミ　456, 512, 513, 557
シェヒテル，ミハエル　338
ジェマル・パシャ　110, 114, 116, 121, 123, 133, 134
シェメル，ナオミ　467, 468
シェルトク，モシェ　390
シナトラ，フランク　449
シニオラ，ハンナ　556, 560
シャウカト・アリ　255
シャウル・ナフム　259
シャケッド，J　279
シャッツ，ボリス　52, 53, 102, 112
ジャボチンスキー，ウラジーミル　177-179, 258
アル・ジャマル，ムハンマド　577
ジャミール・マルダム　400
シャルティエル，ダヴィド　347, 383, 493
シャレヴ，メナヘム　568
シャローム，ヨセフ・アブラハム　214
シュヴァルツ，ハイム　225
シュチャランスキー，アナトーリ　559, 560
シュテルン，メナヘム　567, 568
シュピーゲル，アブラハム　559
シュプリンガー，アクセル　465, 466
シュミット，エドムント　93
シュワイド，ヨセフ　533, 534
ショーレム，ゲルショム　212, 368
ジョーンズ，C・P　366
ショヘットマン，バルーフ　454
シルヴァー，エリック　566, 567
シルハン・シルハン（サーハン・サーハン）　428
スケニク，E・L　368
ストーズ，ロナルド　80, 120, 138-141, 143-147, 149-155, 157, 158, 161, 162, 164-169, 174-177, 179-181, 197, 207, 210, 211
ストラウス，ネイサン　85, 86, 230
スリーマン・サライタ　478
ズリハ・シハビ　249
セア，ジョセフ・ヘンリー　55
セラシエ，ハイレ　300
セロ，アンドレ・ピエール　414
ソコロフ，ナフム　194
ゾハル，ミハエル・バル　81
ゾルド，ヘンリエッタ　264, 265
ゾンネンフェルト，ラビ・ヨセフ・ハイム　136, 158, 159, 166, 167, 217

ケイリンゴールド，エステル 394
ゲオルギオス二世 300
ケニヨン，キャサリーン 537
ケネディ，G・D 428
ケネディ，ジョン・F 297, 298
ゲンシャー，ハンス・ディートリヒ 546
ケンドール，ヘンリー 374
ゴート卿 310, 311, 338
コートニー，ダヴィド 317, 326, 338
コーヘン，イスラエル 87
コーヘン，ラビ・シェアル・ヤシュブ 498
コーヘン，ヨナ 352, 407, 419
コーヘン－ライス，エフライム 93, 94
ゴリー，エミール 282, 359
ゴールドシュミット，ヴィルヘルム 316
コーン，オスカー 116
コーン，モシェ 507
ゴルシュマン，シーラ 253
コレック，テディ 32, 252, 461-465, 467, 468, 472, 475, 476, 480-482, 495, 498, 500, 505, 506, 509, 510, 512, 517, 518, 521, 522, 524, 525, 530, 532-534, 538, 539, 546, 550, 555, 558, 561, 562, 565, 578, 581, 600
ゴレン，ラビ・シュロモー 492
コンノート公 151

（サ）

サイード，エドワード 582-587
サイクス，マーク 111
アル・サカキニ，ハリル 102, 103
ザケイ・ベイ 109
サケル，ハリー 88, 195, 196, 230, 243, 466
サケル，ミリアム 466
サソン，エリアフ 510
サダト，アンワル（大統領） 35, 543-546, 606, 621, 628
ザハロフ，ベジル 210
サフディエ，モシェ 559
アル・サブリ，シェイフ・イクリマ 594
サブロン，コリン 519, 520
サミュエル，エドウィン 161, 183, 237, 354
サミュエル，ハーバート 111, 117, 118, 137, 161, 181-183, 195, 197-200, 202, 203, 208, 231, 599
サラディン 129, 133, 521
サラメ，D 152
サリム，モハメド・アフムド 483
サレフ・ジャブル・パシャ 332, 333
ザングヴィル 66
シーガル，エリック 540

エリツィン大統領　33
エルキント，メナヘム－メンデル　253
エロン，アモス　529, 530, 566
エンヴェル・パシャ　109, 120
オーステル，ダニエル　282, 310, 419
オームズビー－ゴア，ウィリアム　115
オコンナー，リチャード　296, 302
オルメルト，エフド　600-603

（カ）
カーガン，ヘレナ　86, 113, 231, 251
カークブライド，アレック　400
ガースタング，ジョン　213
カーゾン卿　183
アル・カウクジ，ファウジ　380
カウフマン，リチャード　367, 368
カニンガム，アラン　338, 352, 374-376, 378
カプラン，エリエゼル　372
カプラン，ローズ　86, 112
カリール，モウサ　39
カルスキ，ヤン　303
カンリフ－リスター，フィリップ　260
キース－ローチ，エドワード　172, 240, 241, 266, 292, 298
キシュ大佐　247
キタジ，R・J　540
ギロン，フィリップ　480
キング，ヘンリー　171
クシァギヤン，トルゴム　152
クッチャー，アーサー　531, 532
グッドサール，ロバート　144, 145
グッドマン，ハリー　555
グッドリッチ－フリーア，A　51, 58-65, 67, 72-75
クラウスナー，ヨセフ　211, 241
グラチェフ，パーヴェル　608
グラハム，スティーヴン　95, 96, 99
グラブ・パシャ（ジョン・バゴット・グラブ少将）379, 384, 385, 391, 392, 399, 434
グリュック，ネルソン　502
グル，モルデハイ　469, 478, 486-489
グレイブズ，フィリップ　204
クレーベルク，ユリウス　250, 251, 301, 304, 422
クレーン，チャールズ・C　171, 172
クローソン，メアリー　439-442, 444, 446, 447, 449-452, 463, 464
グローベルマン，イェホシュア　329
クロスマン，リチャード　314
クロヤンケル，ダヴィド　552

アンドリューズ，ルイス　284
イェフダ，エリエゼル・ベン　50, 92, 169, 203, 210-211, 351, 571
イェリン，アヴィノアム　285
イェリン，ダヴィド　46, 47, 71, 92, 93, 104, 211, 285
イェリン，テルマ　233
アル・イサ，イサ　106
イシドーレ・シャリト　420
イゼット・ベイ　112, 114, 119, 121, 122, 124
イッサ・モハメド・イラクァシュ　330
ラビ・イツハク・イェルハム・ディスキン　158
イツァク・シャミル（イツハク・イゼルニツキー）　315, 414, 561, 587
イツァク・ニシム　494
イツァク・ハレヴィ・ヘルツォーグ　294
イツァク・ベンツヴィ　270, 292, 443
イツァク・ラビン（ラビン首相）　34, 35, 204, 358, 370, 377, 383, 384, 395, 492, 493, 582, 587, 592, 601, 604-609, 611, 621, 627, 628
イツハク・レヴィ　106
イブラヒム・ダルウィーシュ　283
インダイク，マーティン　601
ヴァールブルク，オットー　54
ヴァイゲルト，ギデオン　524
ヴァイツマン，ハイム　86-88, 108, 109, 115, 136, 151-154, 156, 158-161, 166, 193, 224, 260, 274, 418-420, 443
ヴァイル，レイモンド　91
ヴァルブルク，フェリクス　213
ヴィーゼル，エリー　503
ヴィルヘルム二世　40
ウィルソン，ウッドロー　171
ヴィンディッシュグレッツ公　76
ヴェイセイ，アーサー　476
ヴェスター，ベルタ　125, 230
ウォーク，ハーマン　541
ウジェル，ラビ・ベン・ツィオン　317
ウスシュキン，メナヘム　87, 102, 103, 156, 211, 212, 224
ウマル・アウダハ・ハリル　512
ウマル・ベン・フタブ　246
ウリ・ゾハル　512
ウリエリ，ザハリア　218
エイタン，ワルター　354, 370, 403, 427, 553
エーデルステイン，バート　596
エールリヒ，パウル　87
エデル，モンタギュー・ダヴィド　202, 203
エバン，アバ　551
エプステイン，エリアフ（エリアフ・エラット）　177, 224, 225, 437, 502

人名索引

(ア)
アーダルベルト公　43
アードラー，サウル　226
アイヒマン，アドルフ　457, 458
アヴィシャイ・マルガリト　580
アウニ・ベイ・アブドゥル・ハディ　269
アグノン，S・J　241, 466
アル・アサド，カミル　113
アシュ，ムスタファ・シュクリ　434
アシュケナージ，ギオラ　487
アシュビー，C・R　163, 181, 206-209, 211
デ・アズカザルテ，パブロ　354, 375, 397
アタ・アリ・ハザア　483, 485
アル・アトラム・イブン・サイド，シェイフ・ハジ・サルマン　343
アトリー，クレメント　399
アブドゥラ，エミール（アブドゥラ国王）　193, 217, 273, 332, 379, 390, 400, 406, 413, 419, 420, 426, 431, 433-435, 606
アブドゥル・ハミド・サイド　255
アブドゥル・ハミト（トルコ皇帝）　151
アブラハム・モシェ・ルンクツ　49, 82
アムノン・ニヴ　547
アラファト，ファティ　602
アラファト，ヤセル　35, 568, 575, 594, 596, 602
アル・アラミ，サアド・アディン　577
アル・アラミ，ハジ・アブド・アル・カディル　127
アリ・フアド・パシャ　119
アル・アリフ，アリフ　101, 432, 433, 435, 459, 519, 520
アルール，マフムド　538
アルマリア，アブラハム　345
アルロゾロフ，ハイム　256-258, 260
アレント，ハンナ　458
アレンビー，エドマンド　28, 115, 116, 119, 122, 130-134, 137, 140, 157, 160-161, 164, 177, 178, 228, 229, 262, 316
アロウル，マフムウド　603
アワド，バディ　473, 474
アル・アンサリ，ムスタファ　545
アンテビ，アルベール　100
アントーニアス，ゲオルグ　210, 230

本書は、一九九八年九月一四日、草思社より刊行された。

ディスコルシ
ニッコロ・マキァヴェッリ
永井三明訳
ローマ帝国はなぜあれほどまでに繁栄しえたのか。その鍵は〝ヴィルトゥ〟。パワー・ポリティクスの教祖が、したたかに歴史を解読する。

戦争の技術
ニッコロ・マキァヴェッリ
服部文彦訳
出版されるや否や各国語に翻訳された最強にして安全な軍隊の作り方。この理念により創設された新生フィレンツェ軍は一五〇九年、ピサを奪回する。

マクニール世界史講義
ウィリアム・H・マクニール
北川知子訳
ベストセラー『世界史』の著者が人類の歴史を読み解くための三つの視点を易しく語る白熱の入門講義。本物の歴史感覚を学べます。文庫オリジナル。

古代ローマ旅行ガイド
フィリップ・マティザック
安原和見訳
タイムスリップして古代ローマを訪れるなら？　そんな想定で作られた前代未聞のトラベル・ガイド。必見の名所・娯楽ほか情報満載。カラー頁多数。

古代アテネ旅行ガイド
フィリップ・マティザック
安原和見訳
古代ギリシャに旅行できるなら何を観て何を食べる？　そうだソクラテスにも会ってみよう！　神殿等の名所・娯楽ほか現地情報満載。カラー図版多数。

古代ローマ帝国軍非公式マニュアル
フィリップ・マティザック
安原和見訳
帝国は諸君を必要としている！　ローマ軍兵士として必要な武器、戦闘訓練、敵の攻略法等々、超実践的な詳細ガイド。血沸き肉躍るカラー図版多数。

世界市場の形成
松井透
世界システム論のウォーラーステイン、グローバルヒストリーのポメランツに先んじて、各世界が接続される過程を描いた歴史的名著を文庫化。（秋田茂）

甘さと権力
シドニー・W・ミンツ
川北稔／和田光弘訳
砂糖は産業革命の原動力となり、その甘さは人々のアイデンティティや社会構造をも変えていった。モノから見る世界史の名著をついに文庫化。（川北稔）

スパイス戦争
ジャイルズ・ミルトン
松浦伶訳
大航海時代のインドネシア、バンダ諸島。欧州では黄金より高価な香辛料ナツメグを巡り、英・蘭の男たちが血みどろの戦いを繰り広げる。（松園伸）

ハプスブルク帝国 1809-1918　A・J・P・テイラー　倉田稔 訳

ヨーロッパ最大の覇権を握るハプスブルク帝国。その19世紀初頭から解体までを追う。多民族を抱えつつ外交問題に苦悩した巨大国家の足跡。（大津留厚）

歴史（上）　トゥキュディデス　小西晴雄 訳

野望、虚栄、裏切り――古代ギリシアを殺戮の嵐に陥れたペロポネソス戦争とは何だったのか。その全貌を克明に記した、人類最古の本格的「歴史書」。

歴史（下）　トゥキュディデス　小西晴雄 訳

多くの「力」のせめぎあいを通して、どのように諸々の政治制度が確立されてきたのか？　透徹した眼差しで激動の古代ギリシア世界を描いた名著。

日本陸軍と中国　戸部良一

中国スペシャリストとして活躍し、日中提携を夢見た男たち。なぜ彼らが、泥沼の戦争へと日本を導くことになったのか。真相を追う。（五百旗頭真）

世界をつくった貿易商人　フランチェスカ・トリヴェッラート　玉木俊明 訳

東西インド会社に先立ち新世界に砂糖をもたらし西欧にインドの捺染技術を伝えたディアスポラの民。その商業組織の全貌に迫る。文庫オリジナル。

カニバリズム論　中野美代子

根源的タブーの人肉嗜食や纏足、宦官……。目を背けたくなるものを冷静に論ずることで逆説的に人間の真実に迫る血の滴る異色の人間史。（山田仁史）

インド大反乱一八五七年　長崎暢子

東インド会社の傭兵シパーヒーの蜂起からインド各地へ広がった大反乱。民族独立運動の出発点ともいえるこの反乱は何が支えていたのか。（井坂理穂）

帝国の陰謀　蓮實重彦

一組の義兄弟による陰謀から生まれたフランス第二帝政。「私生児」の義弟が遺した二つのテクストを読解し、近代的現象の本質に迫る。（入江哲朗）

増補 モスクが語るイスラム史　羽田正

モスクの変容――そこには宗教、政治、経済、美術、人々の生活をはじめ、イスラム世界の全歴史が刻み込まれている。その軌跡を色鮮やかに描き出す。

交易の世界史(上)
ウィリアム・バーンスタイン
鬼澤忍訳

絹、スパイス、砂糖……。新奇なもの、希少なものへの欲望が世界を動かし、文明の興亡を左右してきた。数千年にもわたる交易の歴史を一望する試み。

交易の世界史(下)
ウィリアム・バーンスタイン
鬼澤忍訳

交易は人類そのものを映し出す鏡である。圧倒的な繁栄をもたらし、同時に数多の軋轢と衝突を引き起こしてきたその歴史を圧巻のスケールで描き出す。

フランス革命の政治文化
リン・ハント
松浦義弘訳

フランス革命固有の成果は、レトリックやシンボルによる政治言語と文化の創造であった。政治文化とそれを生み出した人々の社会的出自を考察する。

ローマ人の世界
長谷川博隆

古代ローマに暮らしたひとびとは、どのような一日を過ごしていたのか？　カルタゴなどの故地も巡りつつ西洋古代史の泰斗が軽妙に綴る。（田中創）

移民の歴史
C・ハルツィヒ／D・ヘルダー／D・ガバッチア
大井由紀訳

国境を越えた人口移動。その背景には、地球上にくらす人類の、個別複雑な生活誌がある。それを読み解く移民研究を平明に解説した画期的な入門書。

戦争の起源
アーサー・フェリル
鈴木主税／石原正毅訳

人類誕生とともに戦争は始まった。先史時代からアレクサンドロス大王までの壮大なるその歴史をダイナミックに描く。地図・図版多数。（森谷公俊）

近代ヨーロッパ史
福井憲彦

ヨーロッパの近代は、その後の世界を決定づけた。現代をさまざまな面で規定しているヨーロッパ近代の歴史と意味を、平明かつ総合的に考える。

イタリア・ルネサンスの文化(上)
ヤーコプ・ブルクハルト
新井靖一訳

中央集権化がすすみ緻密に構成されていく国家あってこそ、イタリア・ルネサンスは可能となった。ブルクハルト若き日の着想に発した畢生の大著。

イタリア・ルネサンスの文化(下)
ヤーコプ・ブルクハルト
新井靖一訳

緊張の続く国家間情勢の下にあって、類稀な文化と個性的な人物達は生みだされた。近代的な社会に向かう時代の、人間の生活文化様式を描ききる。

共産主義黒書〈ソ連篇〉
ステファヌ・クルトワ／ニコラ・ヴェルト
外川継男訳
史上初の共産主義国家〈ソ連〉は、大量殺人・テロル・強制収容所を統治形態にまで高めた。レーニン以来行われてきた犯罪を赤裸々に暴いた衝撃の書。

共産主義黒書〈アジア篇〉
ステファヌ・クルトワ／ジャン＝ルイ・マルゴラン
高橋武智訳
アジアの共産主義国家は抑圧政策においてソ連以上の悲惨を生んだ。中国、北朝鮮、カンボジアなどでの実態は我々に歴史の重さを突き付けてやまない。

ヨーロッパの帝国主義
アルフレッド・W・クロスビー
佐々木昭夫訳
15世紀末の新大陸発見以降、ヨーロッパ人はなぜ次々と植民地を獲得できたのか。病気や動植物に着目して帝国主義の謎を解き明かす。（川北稔）

民のモラル
近藤和彦
統治者といえど時代の約束事に従わざるをえなかった18世紀イギリス。新聞記事や裁判記録、ホーガースの風刺画などから騒擾と制裁の歴史をひもとく。

台湾総督府
黄昭堂
清朝中国から台湾を割譲させた日本は、新たな統治機関として台北に台湾総督府を組織した。抵抗と抑圧と建設。植民地統治の実態を追う。（檜山幸夫）

新版 魔女狩りの社会史
ノーマン・コーン
山本通訳
「魔女の社会」は実在したのだろうか？ 資料を精確に読み解き、「魔女」にまつわる言説がどのように形成されたのかを明らかにする。（黒川正剛）

増補 大衆宣伝の神話
佐藤卓己
祝祭、漫画、シンボル、デモなど政治の視覚化は大衆の感情をどのように動員したか。ヒトラーが学んだプロパガンダを読み解く「メディア史」の出発点。

ユダヤ人の起源
シュロモー・サンド
高橋武智監訳
佐々木康之／木村高子訳
〈ユダヤ人〉はいかなる経緯をもって成立したのか。歴史記述の精緻な検証によって実像に迫り、そのアイデンティティを根本から問う画期的試論。

中国史談集
澤田瑞穂
皇帝、彫青、男色、刑罰、宗教結社など中国裏面史を彩った人物や事件を中国文学の碩学が独自の視点で解き明かす。怪力乱「神」をあえて語る！（堀誠）

メディアの生成　水越伸

無線コミュニケーションから、ラジオが登場する二〇世紀前半。その地殻変動はいかなるもので何を生みだしたかを捉え直す、メディア史の古典。

オリンピア　村川堅太郎

古代ギリシア世界最大の競技祭とはいかなるものであったのか。遺跡の概要から競技精神の盛衰まで、綿密な考証と卓抜な筆致で迫った名著。（橋場弦）

古代地中海世界の歴史　本村凌二／中村るい

メソポタミア、エジプト、ギリシア、ローマ――古代に花開き、密接な交流や抗争をくり広げた文明を一望に見渡し、歴史の躍動を大きくつかむ！

大衆の国民化　ジョージ・L・モッセ　佐藤卓己／佐藤八寿子訳

ナチズムを国民主義の極致ととらえ、フランス革命以降の国民主義の展開を大衆的儀礼やシンボルから考察した、ファシズム研究の橋頭堡。（板橋拓己）

英霊　ジョージ・L・モッセ　宮武実知子訳

第一次大戦の大量死を人々はいかに超克したか。仲間意識・男らしさの称揚、英霊祭祀等が「戦争体験の神話」を構築する様を緻密に描く。（今井宏昌）

ナショナリズムとセクシュアリティ　ジョージ・L・モッセ　佐藤卓己／佐藤八寿子訳

何がリスペクタブルな振舞か。ナチズムへと至る国民主義の高揚の中で、性的領域も正常／異常に分けられていく。セクシュアリティ研究の先駆的著作。

ヴァンデ戦争　森山軍治郎

仏革命政府へのヴァンデ地方の民衆蜂起は、大量殺戮をもって弾圧された。彼らは何を目的に行動したか。凄惨な内戦の実態を克明に描く。（福井憲彦）

増補　十字軍の思想　山内進

欧米社会にいまなお色濃く影を落とす「十字軍」の思想。人々を聖なる戦争へと駆り立てるものとは？その歴史を辿り、キリスト教世界の深層に迫る。

増補　決闘裁判　山内進

名誉のために生命を賭して闘う。中世西洋の決闘裁判とはどのようなものであったか。現代に通じる当事者主義の法精神をそこに見る。（松園潤一朗）

アレクサンドリア　E・M・フォースター　中野康司訳

二三〇〇年の歴史を持つ古都アレクサンドリア。この町に魅せられた作家による、地中海世界の楽しい歴史入門書。（前田耕作）

シャボテン幻想　龍膽寺雄

多肉植物への偏愛が横溢した愛好家垂涎のバイブル。異端作家が説く「荒涼の美学」は、日常に疲れた現代人をいまだ惹きつけてやまない。（田中美穂）

クワイ河収容所　アーネスト・ゴードン　斎藤和明訳

「戦場に架ける橋」の舞台となったタイ・クワイ河流域の日本軍俘虜収容所での苛酷な経験を綴った、イギリス将校による戦争ノンフィクション。

虜人日記　小松真一

一人の軍属が豊富な絵とともに克明に記したジャングルでの逃亡生活と収容所での捕虜体験。戦争の真実、人間の本性とは何なのか。（山本七平）

八月の砲声（上）　バーバラ・W・タックマン　山室まりや訳

一九一四年、ある暗殺が欧州に戦火を呼びこむ。情報の混乱、指導者たちの誤算と過信は予期せぬ世界大戦を惹起した。'63年ピュリッツァー賞受賞の名著。

八月の砲声（下）　バーバラ・W・タックマン　山室まりや訳

なぜ世界は戦争の泥沼に沈んだのか。政治と外交と軍事で何がどう決定され、また決定されなかったのかを克明に描く異色の戦争ノンフィクション。

最初の礼砲　バーバラ・W・タックマン　大社淑子訳

独立戦争は18世紀の世界戦争であった。豊富な挿話を積み上げながら、そのドラマと真実を見事な語り口で描いたピュリッツァー賞受賞作家の遺著。

米陸軍日本語学校　ハーバート・パッシン　加瀬英明訳

第二次大戦中、アメリカは陸海軍で日本語の修得を目的とする学校を設立した。著者の回想によるその実態と、占領将校としての日本との出会いを描く。

アイデンティティが人を殺す　アミン・マアルーフ　小野正嗣訳

アイデンティティにはひとつの帰属だけでよいのか？　人を殺人にまで駆り立てる思考を作家は告発する。大反響を巻き起こしたエッセイ、遂に邦訳。

十五年戦争小史　江口圭一

満州事変、日中戦争、アジア太平洋戦争を一連の「十五年戦争」と捉え、戦争拡大に向かう曲折にみちた過程を克明に描いた画期的通史。（加藤陽子）

たべもの起源事典 日本編　岡田哲

駅蕎麦・豚カツにやや珍しい郷土料理、レトルト食品・デパート食堂まで。広義の〈和〉のたべものと食文化事象一三〇〇項目収録。小腹のすく事典！

ラーメンの誕生　岡田哲

中国のめんは、いかにして「中華風の和食めん料理」へと発達を遂げたか。外来文化を吸収する日本人の情熱と知恵。丼の中の壮大なドラマに迫る。

京の社　岡田精司

旅気分で学べる神社の歴史。この本を片手に京都の有名寺社を巡れば、神々のありのままの姿が見えてくる。（佐々田悠）

山岡鉄舟先生正伝　小倉鉄樹／石津寛／牛山栄治

鉄舟から直接聞いたこと、同時代人として見聞きしたことを弟子がまとめた正伝。江戸無血開城の舞台裏など、リアルな幕末史が描かれる。（岩下哲典）

士(サムライ)の思想　笠谷和比古

中世に発する武家社会の展開とともに形成された日本型組織。「家（イエ）」を核にした組織特性と派生する諸問題について、日本近世史家が鋭く迫る。

戦国乱世を生きる力　神田千里

土一揆から宗教、天下人の在り方まで、この時代の現象はすべて民衆の姿と切り離せない。「乱世の真の主役としての民衆」に焦点をあてた戦国時代史。

三八式歩兵銃　加登川幸太郎

旅順の堅塁を白襷隊が突撃した時、特攻兵が敵艦に突入した時、日本陸軍は何をしたのであったか。元陸軍将校による渾身の興亡全史。（一ノ瀬俊也）

増補改訂 帝国陸軍機甲部隊　加登川幸太郎

第一次世界大戦で登場した近代戦車。本書はその導入から終焉を詳細史料と図版で追いつつ、世界に後れをとった日本帝国陸軍の道程を描く。（大木毅）

ちくま学芸文庫

エルサレムの20世紀《せいき》

二〇二五年四月十日　第一刷発行

著　者　マーティン・ギルバート
訳　者　白須英子（しらす・ひでこ）
発行者　増田健史
発行所　株式会社　筑摩書房
東京都台東区蔵前二―五―三　〒一一一―八七五五
電話番号　〇三―五六八七―二六〇一（代表）
装幀者　安野光雅
印刷所　株式会社精興社
製本所　株式会社加藤製本

ISBN978-4-480-51298-7 C0122